茶山优秀传统文化系列丛书

茶山历史建筑图志

东莞市茶山镇人民政府 编

袁艺峰 主编

陈贺周 副主编

华南理工大学出版社
SOUTH CHINA UNIVERSITY OF TECHNOLOGY PRESS
·广州·

图书在版编目（CIP）数据

茶山历史建筑图志/东莞市茶山镇人民政府编；袁艺峰主编. —广州：华南理工大学出版社，2021.2

ISBN 978－7－5623－6550－1

Ⅰ.①茶…　Ⅱ.①东…　②袁…　Ⅲ.①古建筑－东莞－图集　Ⅳ.①K928.71-64

中国版本图书馆 CIP 数据核字（2021）第 012637 号

Chashan Lishi Jianzhu Tuzhi

茶山历史建筑图志

东莞市茶山镇人民政府　编　袁艺峰　主编　陈贺周　副主编

出 版 人：卢家明

出版发行：华南理工大学出版社

（广州五山华南理工大学17号楼，邮编510640）

http://www.scutpress.com.cn　E-mail: scutc13@scut.edu.cn

营销部电话：020-87113487　87111048（传真）

策划编辑：王魁葵

责任编辑：李巧云　刘绮雯　骆　婷

印 刷 者：广州市新怡印务股份有限公司

开　　本：889 mm×1194 mm　1/16　**印张**：26　**字数**：493 千

版　　次：2021 年 2 月第 1 版　2021 年 2 月第 1 次印刷

印　　数：1～1000 册

定　　价：296.00 元

茶山优秀传统文化系列丛书

编委会

作者介绍：

袁艺峰

东莞理工学院建筑学专任教师，广州大学建筑学硕士、台湾大学城市与乡村研究所访问学者，主要研究和实践领域为岭南地域传统建筑、建筑遗产的保护与活化。曾参与多项各级文物保护工程，主持完成“莞城文物径”、善馀堂修缮活化等项目。

陈贺周

东莞市茶山镇文化服务中心文史研究员。2015 年，出版学术专著《莞语探源——东莞方言语音研究及词语考释》、散文集《乡愁里的童年——东莞的民俗、方物与方言》。2018 年，主编、出版《茶山历代碑刻》。另已发表《19 世纪东莞方言音系》《“雁塔嘉泉”及“茶园”“茶山”地名初考》等多篇论文。

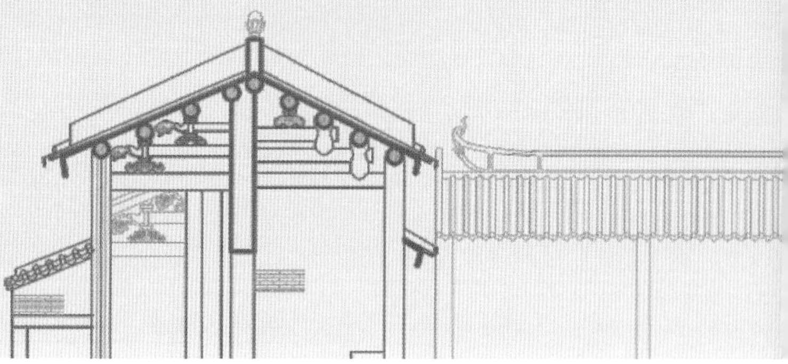

序

东莞是岭南的重要地段，其历史建筑包括古建筑和近现代建筑，是岭南传统建筑的重要组成部分。之所以重要，是因为东莞位于广州与惠州之间，广州是广府文化的发源地，而惠州是广府文化和客家文化交汇地。因此，东莞以广府建筑文化为主，融合了客家建筑文化。另外，历史上东莞曾管辖香港，因此，香港古建筑文化缘起东莞。以上关系至少可以从两处建筑细部看出：一是东莞古建筑屋面铺瓦是以客家阴阳瓦为主，临近檐口处采用小段广府辘筒瓦收口；二是东莞古建筑有前连檐而无后连檐，香港亦如此。

茶山是东莞的大镇、重镇，至今保存大量历史建筑，是东莞建筑遗产的宝库。本图志就是对这一宝库进行地毯式摸查、整理和评估，进而提出保护建议的珍贵成果。之所以珍贵，一是资料齐全，图文并茂；二是介绍全面，有地理气候分析，也有历史文化发掘；三是对村落布局和单体建筑有详细的建筑学专业诠释，这是其它相关著作中少见的。

本图志脉络清晰：先从河川、山脉的地貌变迁引出村落、城寨选址布局的形成；再从南朝、南宋、元、明、清、民国至中华人民共和国的历史沿革中，对各时代重要建筑进行历史文化发掘；在此基础上，对茶山镇区和所有村落的历史建筑遗存普查成果进行价值评估，提供这些建筑遗存的测绘图，并通过航拍图指出其在村落中的位置，同时附上二维码方便读者进一步观赏建筑和村落的全景、模型；最后，依据《威尼斯宪章》和国内外建筑遗产保护经验提出茶山镇历史建筑保护的原则和理念，并对修缮时的某些具体做法提出建议。

本图志的主编袁艺峰和副主编陈贺周均为土生土长的东莞茶山人，对东莞，特别是茶山的历史文化遗产有深厚的感情。主编袁艺峰在广州大学建筑学专业毕业后，返回家乡，进入东莞理工学院任教，教学之余，主持过东莞历史建筑善馀堂的修缮工程，编写了《莞城文物径》，积累了一定的东莞历史文化遗产保护经验。从2018年开始，他花了3年时间，走遍茶山乡镇，测绘、拍照、记录和访谈，取得丰富的第一手资料，并查阅乡志族谱、古碑和历史照片，然后进行整理、研究，其中还绘制一些已消失的重要历史建筑的复原图，如广济桥、上步林氏宗祠头门。当然，这一重大而艰苦的课题少不了东莞理工学院众多学生的参与，这种教学与研究的结合也是培养当代大学生实践精神的必由之道。

希望将来在东莞乃至全国会有更多类似的著作出现，不断夯实遗产研究的基础、推动遗产保护事业的发展。

汤国华
广州大学岭南建筑研究所所长
广州大学建筑与城市规划学院教授
2021年1月20日

前　言

茶山，自古乃莞邑巨镇，大概也是东莞古代唯一编撰有地方志的乡[1]，所谓“志不从莞”。虽然这里的“茶山乡”指的仅是茶山镇区及附近数村，而非如今的辖内全境，但也无损其对全镇乃至东莞、岭南的史学贡献。乡志作者袁应淦在序里写道：

“乡之有志，犹国之有史……然史正褒贬以定国是，志则著事寔[2]以诏来哲而已，安用褒贬乎？往迹不载则考正无由，故寔无存则典章散佚，吾辈之责也。”

历经百年沧桑，幸得前贤先见之明，我们才能在当代知晓更多历史的轮廓与细节，确认脚下土地的厚度。《茶山乡志》中“地略”“建置略”“古迹略”记载了许多关于茶山地形地貌、建筑景观的信息，卷首“插图”更是利用当时罕有的摄影技术为我们展现了十数帧百年前建筑名胜的照片，弥足珍贵。建筑作为“凝固的历史”，有着志书一样的意义，它们不正褒贬，也不定国是，历史的书写者无法篡改它们，建筑所镌刻的事寔永远待诏来哲，直到它倒下。然而，这些被记载在文字、影像里的建筑名胜至今大多已经灰飞烟灭，历史正以另一种形式被“洗牌”。

为写作本书，我们地毯式普查了茶山镇所有传统聚落，除了上述的带有正统大历史叙事意义的名胜建筑外，还有小历史的市井民居、村头小庙，乃至水塔泵房、柴间食堂，只要具有时代的叙事可能，我们都一一记录，力求截取更多被时间累积的切面，以诏来哲。这是一件迫切的事，我们无法预知历史会如何被书写，随着这些物质遗产的消失，湮灭的不仅仅是风景名胜，更是各自定义历史的可能。

图志，是指附有地图的地方志，如唐李吉甫有《元和郡县图志》、清魏源有《海国图志》。本书绝没有为茶山历史建筑立志的能力和意图，而只是取其志向，结合建筑语言（图纸），将历史建筑里所蕴含的故事与智慧向读者娓娓道来，拓宽我们对历史的想象。

本书分作五章，从宏观地貌到微观建筑、从历史叙述到遗产保护，力求从各方面呈现我们从实地踏勘、文献史料、口述历史等多渠道所获得的关于茶山历代物质空间的信息。行文也力求兼顾文学、史学与建筑学的书写方式，让其可读性更高，不流于宏大叙事，甚至于堆叠成一串术语数据。

①据传另有《樟村乡志》，待考。

②即“实”。

第一章　山川，着眼于人类造物之前，纵观茶山山脉、河流的形塑过程，以便了解往后的一切，均是自然给我们留下的伏笔。

第二章　村寨，考察了从寨城到各村落的选址与规划格局，以及在山河的伏笔里，茶山先民如何经营他们的乡土。

第三章　筑迹，用编年史的形式，以建筑为出发点，展现茶山历代代表性建筑所映射的时势变幻。

第四章　遗产，回归对现状田野考察的报告，逐村介绍其建筑遗产的留存情况，对其中佼佼者作简要介绍，并附遗产分布图、统计表和相关建筑测绘图纸、模型，以提供更为全面精准的研究资料，也方便各村（社区）明了各自家珍。

第五章　保护，可视为本书余论，结合现场勘察和实践经验，对茶山镇内的历史建筑保护工程提出具体建议与意见，以供参考。

最后有附录，详列研究过程中通过文献检索、口述历史和现场踏勘整理出来的《茶山历代建设记事》，以供读者查阅了解。

这里简要说明一下本书凡例：

一、本书地名根据语境和前后文，其所表示的范围可能会有不同。例如，“茶山乡”指的是民国及以前茶山寨与下朗、横江、坑口、棠里、上元数村（自然村）范围；“茶山镇”则指行文当时的全镇辖区；而“茶山”则根据前后文语境可能有不同所指。论及某村，也可能会有自然村和行政村甚至是生产队的区别，为求行文通畅，未能一一备注，请读者阅读时注意甄辨。

二、书名的“历史建筑”，泛指具有一定历史的建筑，以年代论，自有史以来至整个20世纪（公元2000年前）均有可能作为书写对象，这也是本次调研的年代范围。因此本书的“历史建筑”与相关法定概念并非同一指代，《历史文化名城名镇名村保护条例》中定义的“历史建筑”为“经城市、县人民政府确定公布的具有一定保护价值，能够反映历史风貌和地方特色，未公布为文物保护单位，也未登记为不可移动文物的建筑物、构筑物”，茶山镇被认定的历史建筑共94处，均在南社村内。

三、本书论及历史建筑，根据行文语境和不同章节，可能会有多种别称，如“古建筑”“建筑遗产”“古迹”“遗迹”甚至“文物”等。其中“文物”根据语境有泛指各类建筑遗存或已确定保护级别的文物保护单位，已确定保护级别或已登记为不可移动文物的“文物”概念，将在第四章具体说明。同理，对村庄的称呼也会有“村落”“聚落”等区别，前者多指文化定义，后者多为形态学定义。

四、行文中的引述部分，一般情况会在引文末标注出处，但在前后文已经标注的情况下，相同出处的注释可能会被忽略，以保证行文简洁。

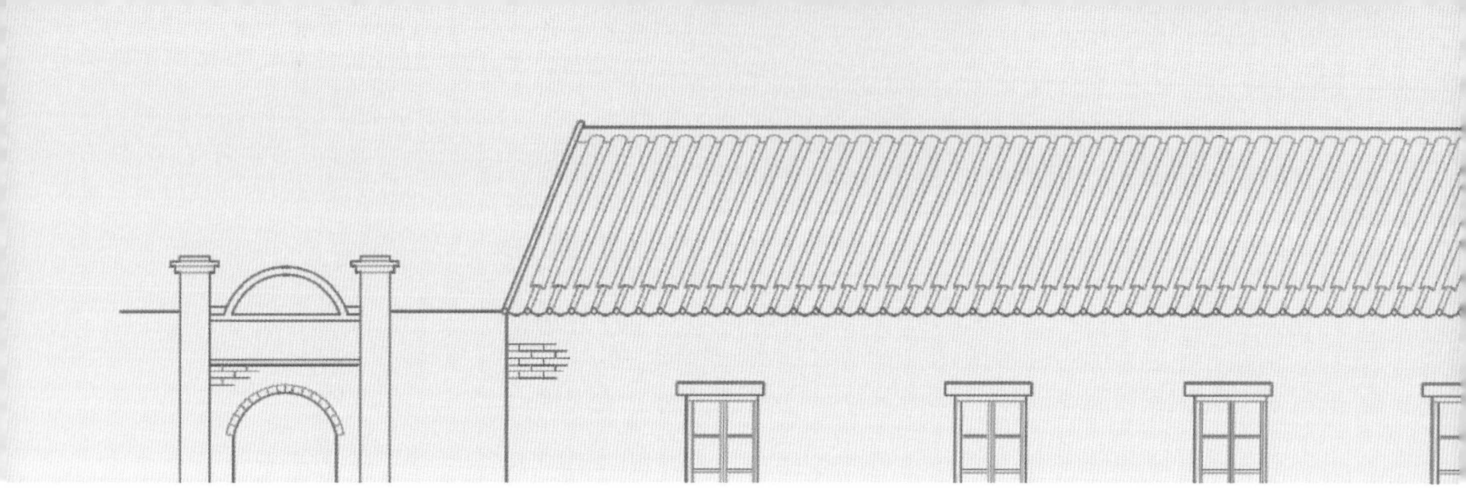

目 录

第一章

山川：茶山历代地貌变迁

1.河川

“地至广南而尽，尽者，尽之于海也。”

这是屈大均在《广东新语》里对广东之于整个大陆的关系之概括，这大地的尽头，并非一直如今天的繁荣，五岭横亘在汉地南端，在秦兵到来之前，汉人难以逾越，原住民越人在此背山面海，独成天地。但这里也并非世外桃源，事实上，这里山岭延绵，丛林密布，甚少平原，越人无法像汉人一样发展农业，只能穿梭在丛林中靠采集果实、狩猎为生，虽然得以繁衍，但缺乏农业文明的保障，终究无法壮大，敌不过秦兵的铁戈。

汉民最先在政治军事因素的考量下有组织地通过广西灵渠到达岭南，再沿西江聚集在广信（今肇庆封开一带），而另一端的东江，从上游下船翻过南岭可通赣江，也成为后来的主要移民通道，潮州、循州（今惠州、河源、汕尾、梅州一带）等地随之兴起。唐代大庾岭道开通，再有大量移民为避战乱迁入，聚居南雄，于胡妃之祸[①]后进而南下珠三角。东、西、北三江从三个方向穿越山岭翻滚入海，此时下游三角洲地带虽然有南海（广州）这样的大城市，但是周边的城镇乡村大多还未出现，甚至连陆地都还没形成，还是一片汪洋。

“古时五岭以南皆大海，故地曰南海。其后渐为洲岛，民亦蕃焉。东莞、顺德、香山又为南海之南，洲岛日凝，与气俱积，流块所淤，往往沙潭渐高，植芦积土，数千百晦膏腴，可趼而待。”[②]

屈大均以上对“沙田”的描述展现了珠三角冲积平原的形成过程，中国史学家马立博（Robert B. Marks）则用组图视觉化了这一跨越两千年的宏观过程。

①宋度宗咸淳八年（1272年），胡妃得罪了皇帝，逃出京城临安，为商人黄贮万所得，携归南雄珠玑巷。皇帝密令兵部尚书张英贵查访，祸及珠玑巷。故珠玑巷居民纷纷南逃，散居于南方海滨各地。

②摘自屈大均《广东新语》卷二《地语》。

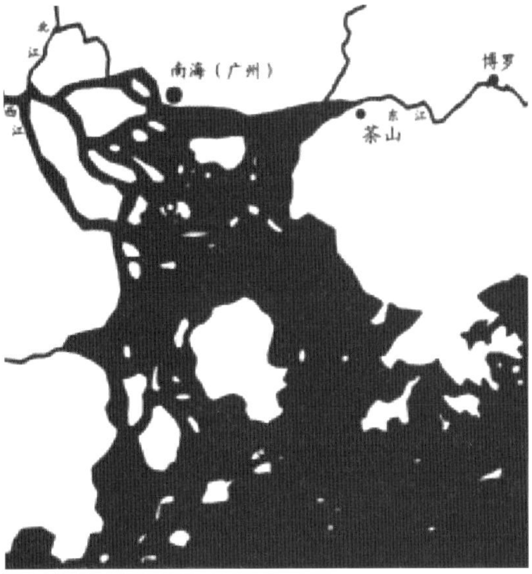

公元2年

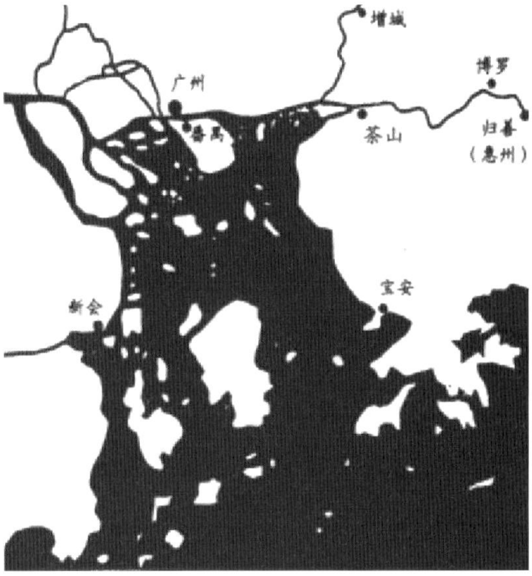

公元742年

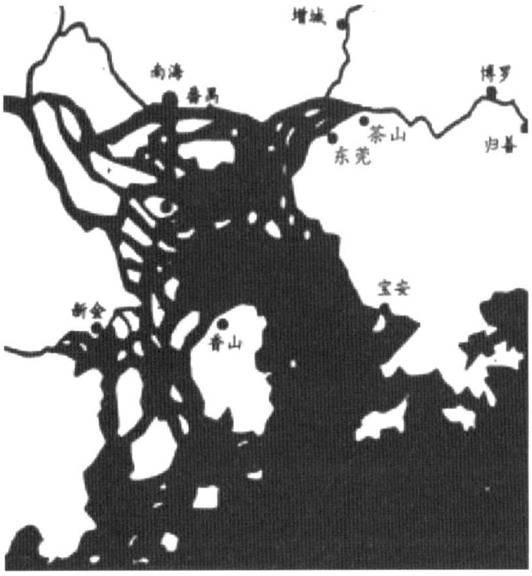

公元1290年

公元1820年

珠江三角洲的成陆过程

（来源：马立博《Tigers,Rice,Silk&Sile》、冯江《祖先之翼》）

把焦点移向东江出海口，受水流方向和地球自转影响，东江河口的冲积平原面积不如西岸的大，但也足以形成如今的东莞水乡一带（东江干流与太平水道之间的地带）的大片陆地。在《六千年珠江三角洲地区海岸线变迁图》中，我们可以更清楚地看到这个变化过程，且可上溯到秦朝之前数千年。

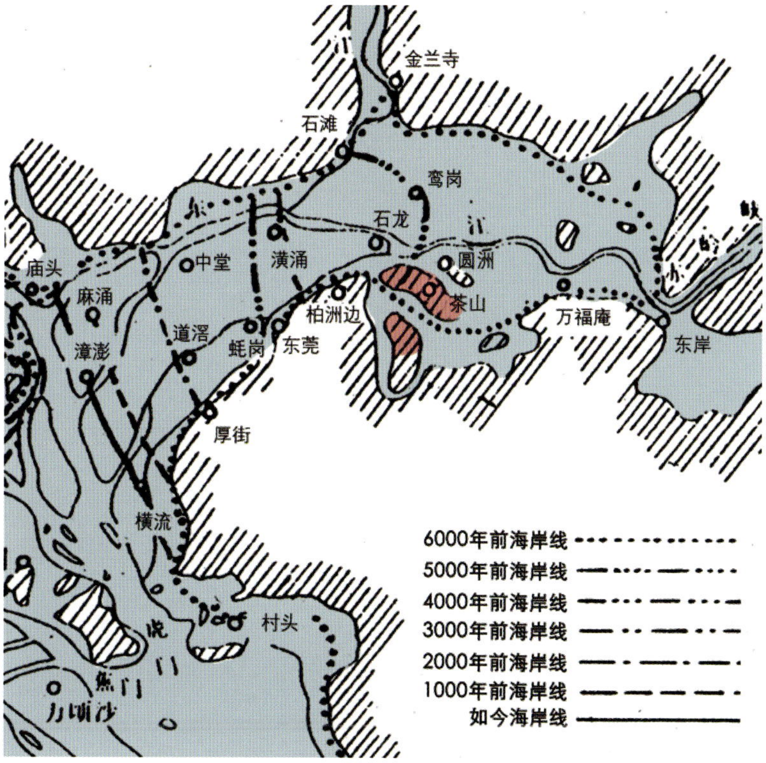

六千年珠江三角洲地区海岸线变迁图（局部）

（红色位置为茶山；来源：东莞市规划展览馆）

距今五六千年前的新石器时代末期，惠州罗浮山以南的博罗，东莞北边的石排、石龙 、企石，都漫没于东江或增江的入海口，东莞如今的水乡片区更是深不见影。东莞中南、东南丘陵山区所形成的高地，像是一个巨大的海岛或半岛。岛的西北岸边已经有古人类定居，并留下大量陶器、石器、骨器和蚌器，还有水沟遗迹和墓葬，这便是后来被称为“珠三角第一村”的蚝岗，位于如今的东莞南城。而岛的北端便是茶山所在位置，但其时只有北部（博头—石排燕窝）、中部（京山—粟边）和南部（增埗、卢边）高地冒出水面成为独立的离岛，其余片区都在水面之下。当时是否有人类在此居住尚不可知，但随着江河把上游砂石冲积至此，陆地面积渐渐扩大，距今2500—3000年时，塘角一带岗地已有人类活动踪迹。据东莞市博物馆2019年的《东莞市茶山镇岗地遗存考古调查报告》，“调查发现了塘角先秦遗址……该遗址年代为距今2500—3000年，大约是商周—战国晚期，与石排圆洲贝丘遗址年代相近……陶片标本实物将茶山镇的历史从汉代往前推进到商周时期，跨越上千年的时间维度。”[①] 这是在茶山发现的最早的人类遗迹，其海拔12米，证明这个高度在当时已经露出水面，而这个海拔并不算高。

至秦代，海岸线已越过石龙，增江汇入东江进而出海，茶山大部分土地已经露出水面，形成京山、增埗两线山脉之间的广阔平原，发源于大屏嶂观音髻的青鹤湾水流过，汇入东江干道；而石排、茶山之间则冲积成另一块埔田，青鹤湾水分支石冈水流经其间。此后珠江东岸的海岸线逐渐向西南下移，而茶山的基本地貌格局已然成形。

①东莞市博物馆，《东莞市茶山镇岗地遗存考古调查报告》。

民国茶山及周边水系分布图

（来源：改绘自陈伯陶《东莞县志·东莞县境分图》，1927 年）

2020年茶山及周边卫星图

（来源：百度地图）

茶山出土的汉代陶屋

（来源：陈效坚藏）

茶山出土的汉代陶盐田

（来源：陈效坚藏）

秦朝将百越纳入版图以后，在此设置南海、桂林、象三郡，东莞茶山属南海郡。虽然茶山一带至少自先秦时便有人类活动，但毕竟人迹罕至，只有少量定居先民。但茶山既然已形成两大片肥沃的冲积平原，定居先民的繁衍壮大只是时间问题。茶山京山—上元一带的汉代砖墓中出土大量陶屋，古人视死如生，会将生前生活场景通过陶屋复刻带入墓中。从这些陶屋我们可以看出，汉代茶山的建筑上已经出现与中原几乎一致的斗栱、脊式，也呈现出较为复杂的二合院、三合院住宅，并在建筑内外圈养牲畜。由此可见，秦汉期间，茶山先民的人居水平已经相当发达。茶山考古研究者陈效坚先生收藏并修复的京山汉代盐田陶塑，则展现了一个更具史学价值的场景：数人在划成方格的盐田里收采晒成的海盐，侧面印证了京山汉代时还处于东江出海口边缘，也佐证东莞名字由来的“莞盐”说①。

关于茶山见诸文献最早的记载，是南朝梁武帝时（502—549年）僧人于铁炉岭建雁塔寺之说。民国《茶山乡志》卷十三载《茶山古今录》道：

“其时（南朝）人居尚少，河边一带，蛋（疍）房湾泊岸旁，煅瓦烧缸，后至陈朝、隋朝、唐朝及唐五代，庶民渐渐星居，宋朝始有别省异县人民迁来居住。”

疍房，即疍家族群的住宅。疍家是秦朝以来南迁汉民与南越本土居民交融而成的族群，生活在水陆交汇的岸边，以渔为生。他们长期浮家泛宅于江河之上，形成独特的疍家水寮住宅形式。如今东莞的疍家仅分布在沙田等水乡地区，而在南朝时疍家却是茶山主要族群，可见当时茶山依然是离河口不远、水网纵横的地区。其后至五代，庶民已经“星居”，农耕则成为必他们繁衍壮大的必然选择，而一旦农耕发展起来，水患便成了他们绕不过去的难题。

①据卢忠光《莞商密码》：三国时期，盐业日益成为重要的产业，东吴在今深圳南头设立司盐都尉，管理盐业的生产与买卖，又称“东官太守”。到东晋咸和元年（326年），析南海郡东部（增城）置东官郡，郡治设在安怀（今东莞大朗镇东）。咸和六年（331年），从博罗县析出宝安县、海丰县、安怀县，而宝安县即包括了今东莞市的范围。东莞的正式立县，自此时始。南朝梁天监六年（507年），改东官郡为东莞郡。

唐、宋年间，东江沿岸屡受洪水侵扰，北宋元祐二年（1087年），东莞知县李岩兴筑东江堤（福隆堤）[①]，其中便包括茶山段的京西鳌大堤。福隆堤将北边的东江水拒之堤外，但是石冈水本由此出东江，宋建福隆堤后便改道于茶山、石冈（石排）间的广阔埔田之间穿过。此后南宋宝祐年间（1253—1258年），邑宰杨公顺筑牛过荫堤，后乡人在牛过荫堤外增修龙湖堤，长300丈，护田200余顷，又建石桥为水门，以资蓄水。[②]如今这座石桥仍在，民国元年（1912年）由邑人麦日桃筹资重建，谓"永赖桥"，位于超朗村叶屋东侧数百米的河堤上，为红砂岩单孔石桥，桥洞原有闸门（现已不存），通过闸门可调节堤围内外水量。

福隆堤、牛过荫堤、龙湖堤再加下游的西湖堤，共同拱卫这片经数千年冲积而成的平原埔田。这些堤围始建之初，堤外的河滩地较为宽阔，洪水得以容蓄。明清以来，本地基围发展较快，堤外滩地陆续被开垦种植，至清末，"皆堤外有堤，直濒江浒"，使东江江面逼窄[③]，历代决堤的记载不绝，但良田已经开垦，也只得前仆后继不断修补。民国三十五年（1946年），作为京西鳌大堤系统一部分的南畲塱水闸排水工程竣工，以此控制石冈水的流量。1959年改为电排站，1977年南畲塱系统整治工程动工，从前

南畲塱（今生态园湿地公园）

（来源：自摄）

南畲塱系统整治工程施工现场

（来源：曾棋年摄，1977年，东莞规划展览馆）

①东莞大堤，位于东莞市东北部的东江下游，自常平镇九江水大榄树横堤开始，途经桥头围的桥头镇、五八围的企石镇、福燕洲围的石排镇、京西鳌围的茶山镇、东莞大围的附城、莞城至南城的周溪，是桥头围、五八围、福燕洲围、京西鳌围、东莞大围五条主要东江堤围的统称，全长63.71千米；福隆堤，为珠江支流东江防洪大堤，位于今广东东莞县东3.5千米。北宋元祐二年（1087年）县令李岩始建，近代上自司马头、福隆，下至京山镇。全长约4.3千米，防护东莞93乡居民田庐和21028顷耕地的安全。大堤与沿线山岗连接，分作7段，统称东江堤。其中福隆附近的一段最为险要，故又称福隆堤。

②陈伯陶，《东莞县志》卷二十一。

③水利百科https://www.59baike.com/a/173456-42。

蜿蜒的石冈水被改造挖深成笔直的南畲塱排渠，同时也成为茶山、石排两镇的分界线，并在茶山塘角与石排中坑之间架设水泥拱桥沟通两镇。

茶山另一边青鹤湾水（俗名峡内水，今名寒溪河）流域两侧的埔田较窄，水流也较缓，两岸人民则发展出另一套与自然共处的方法，茶山八景之“鹤湾渔火”便是这种相处之道所产生的景致。这里的青鹤湾，特指青鹤湾水由横江海珠寺开始顺流而西至峡口出江口之间的浅湾，这里每年都会随着上游的水量变化而产生不同的生态：雨季水涨，青鹤湾会变成汪洋泽国，从横江可以直接划艇到对岸两公里外的沙墩；旱季水退，肥沃的土壤露出，万物生长，一碧万顷，人们便可以开始耕作；旱季、雨季之间的四、五月，青鹤湾是一大片湿地。袁应淦在《茶山乡志》中用优美的文字描述了鹤湾渔火的醉美景致：

“白涌碧翻，葭芦荇藻，半露半沉，蛋艇渔舟旁午，湾上罟网乍收乍放，缤纷如潇湘暮雨。及日将西坠，数百渔艇浮舣分泊，严整若阵；黄昏候，灯光射散，疏篷映带清波，一霎眼间，恍惚火树银花，千重锦绣，真不数元宵灯火也。”[①]

民国时期“鹤湾渔火”

（来源：袁应淦《茶山乡志》，袁学甫摄，1935年）

①袁应淦，《茶山乡志》卷九“古迹”。

这样的景致随着20世纪50—60年代茶山的大兴水利而渐渐消失。1959年，暴雨引发百年一遇的洪水，使得京西鳌堤决堤，进而冲毁广九铁路京山段，青鹤湾水河段也受灾严重。洪水过后，茶山开展大规模水利建设，修复京西鳌围决口，建南畲塱电排站，最大的工程是从上元开始截流，改青鹤湾水道，挖深、裁直、拓宽正面河道，并用整治得来的河泥修筑茶山大围、增卢大围。三年自然灾害期间，青鹤湾水两岸人民日夜奋战“担水利”，如此宏大的项目才得以于1962年完工。此外，北起粟边，南至东坑角社的大圳埔围于1958年动工，东接大圳埔围的刘周大围也于1962年动工，途经孙屋、刘黄、上周塘、下周塘，西至寒溪旧桥。一连串的筑堤围田、截流改道的水利工程大大地改变了青鹤湾水流域的面貌，以前分南北两支的河道合二为一，成为既深又宽的寒溪河，往后经年，两岸堤坝逐渐加高，旧时的青鹤湾水道渐渐变成涓涓小溪，鹤湾渔火也变成鹤湾埔田，不再有随节气的水文变化，两岸埔田全年可以耕作，一年两造成为常态。1964年2月10日，全国人大常委会委员长朱德访问茶山人民公社增埗大队，登上大松山，眺望茶山大围。1965年《治水六年，茶山巨变》报告在《人民日报》和《南方日报》头版发表。自此，茶山公社水利建设受到广泛瞩目，并因此获得全省标兵称号，歌谣《学习茶山好榜样》响彻南粤大地。

大圳埔西端

（来源：自摄）

如今，我们驱车从生态园大道寒溪河桥经过时，可以看到西边一片广袤的湿地，水陆交融，在城市建筑包围下尤其显得生机勃勃。这里是东坑镇与寮步镇交汇的大圳埔西端，属青鹤湾河道，离茶山的粟边村不远。大兴水利前的青鹤湾茶山两岸大概与之相近，我们可以借此想象当年鹤湾渔火的景致。如今这里已经被列入生态园湿地系统加以保护，体现了与自然相合的“海绵城市”[①]的规划理念，更多的湿地得以保留，让自然发挥自身的调节能力。南畲塱埔田也被改造成生态园湿地公园，从农业转型为观光与生态；而在重围之下的寒溪河茶山段两岸，除了上元保留了小片农田开辟为稻田公园外，其余埔田基本已经在近四十年中陆续发展成工厂或房地产楼盘。

茶山历代河堤分布图

（橙线为中华人民共和国成立前围堤，红线为中华人民共和国成立后围堤；来源：自绘）

2.山脉

在漫长的农耕年代里，相对于河川，山脉的变化则小得多。河口地区的丘陵在人类文明踏足之前，往往都是海边隆起的岛屿，经年累月，冲积平原在其周围显现，先民在此山丘与滩涂之间的狭小地带小心经营，逐渐发展出星罗棋布的农耕村落。

茶山的山脉自南而北明显地分成增埗—卢边、京山—粟边/龙头、京山—博头三线。

南边增埗—卢边线从东莞南部莲花山（笔架山）分出一支向东北行为牛屎坳山，经

①海绵城市是一个比喻的说法，是一种在城市中建设防洪防涝并兼有生态环保功能的新型城市模型。国际通用术语为“低影响开发雨水系统构建”，下雨时吸水、蓄水、渗水、净水，需要时将蓄存的水释放并加以利用，实现雨水在城市中自由迁移。来源：Bao-jie He, Jinzhu, Dong-xue Zhao, etc. Co-benefits approach: opportunities for implementing sponge city and urban heat island mitigation.

几山后为桂子岭入寮步新圩众山，又西北行为狗门岭，折而北行至寒溪水村众山，再西行入增埗大岭（又名军山，海拔88.3米，为茶山最高山岭）、鲤鱼山、大松山（又名大堂山）众山。此线仍是东南来脉，西北走向。

北边京山—博头线由东莞中部黄旗山分出一支向东北行，经莞城、峡口入京山蟾蜍岭，跨京九铁路到西湖再到博头，其后继续东延至石排燕窝等地。该山脉有别于茶山其他山体，普遍为红砂石岩体。1939年，京山蟾蜍岭上曾建日军碉堡，而京山林边后山、博头马王山一带均发现古代红砂岩采石场遗迹点。[①]这些采石点正与石排燕岭古采石场同脉。袁应淦在《茶山乡志》里认为此山脉“逆东江而上者，正可见红龙甚有气骨，非寻常可比”。

中部京山—粟边/龙头线与北边京山—博头线有部分山体相接（金钗岭），即如今东莞火车站附近。东北行为九梅岭，后分作三支：其一南行至横江村左右众山；其二东北行为卖粥寮山，又东行为南社诸山，再东南行为指岭而至龙头众山；其三从卖粥寮山别出一支东南行为象岭，折而西南行为茶山附圩众山。南社村众山别出一支南行至员头山一带，再折而西南行至上元村旁的五点梅山。此线属东南来脉，西北走向，再别出散衍，连绵起伏，如渔翁撒网。[②]

这一线为茶山的主体山脉，其中茶山乡段（横江、下朗、茶山、上元）在民国《茶山乡志》的“舆地略”中有详细描述，并在乡志插图《茶山境内全图》中画出诸山具体的来龙去脉，但由于全图比例与相对区位较为写意，且如今山体已被严重破坏，大不如前，很难与当今区位对应。故将1984年的卫星图与《茶山境内全图》作对比斟酌，在当前卫星图上标记茶山诸山脉，并引述袁应淦《茶山乡志》对乡内山脉的描述于此，以助读者识别区内古今山名与位置。

我莞邑诸山，由新安梧桐山脉北行而入。而茶园山脉，则由老黄旗第二支来。黄旗峰者，入县城之主山，亦我茶山脉之远祖也。由老黄旗东北行，为龙背岭，为覆船冈。复西北行，为鸦叫尾村山。又由鸦叫尾别出一支，为大冈，为鹧鸪岭，皆东北行。其北行，为七龙坛山，至鼓镇峡，为龙山。跌断过峡，再起虎山。由仰天螺山，逆东江而上，历京山、西湖诸村，东至燕窝及石冈一带而止。其由西湖村后山中抽一脉东南行，为金钗岭，为九梅岭。由九梅岭过卖茶岭（俗呼卖粥寮）。此卖茶岭山，耸拔浑雄，遂为我茶园山脉来龙之少祖焉。据形胜家言，卖茶岭为玉釜金形，东南抽一倒地木，金牛转车，起一小三台，两边嶂角，一至西湖凤边岭；一至较椅环、木井头。由此三台中出，束气而为鹅仔岭，成玉枕形。复由鹅仔岭出，起一绝大金水帐，中名藏鹅岭（在大杭山村之后）；南帐角直至小榄村止；北帐角直走至塱头村对面之蛇岭、涌尾村旁面之龟山止。横飞二三里，占地颇阔。又从藏鹅岭中心抽出，过青龙岭，与大冈岭相连，成折中三台形。更中出，蜿蜒而至乌锥沥。重重大帐，节节中抽，龙格之贵，以此为最。自此以后，由乌锥沥山右边过锁匙髻，跌断过刘岭。由刘岭过濮家山之大岭贝，由大岭贝过卫家山之红石磡，错综参伍，略为停顿。及至象顿岭，起一御屏土星，形势雄伟，又为我茶山乡入脉之近祖。

①东莞博物馆，《东莞市茶山镇岗地遗存考古调查报告》。

②以上山脉走向描述引自《东莞市茶山镇志》。

茶山山脉图①

（来源：自绘，底图自百度卫星图）

象岭兀立开帐，左为白马嘶缨，右为燕子傍梁、蟾蜍窟，中间由岳庙处抽脉，过走架岭，抛梭过白衣庙，分二支，右边过庚家坊、铁炉园；左边由张王爷庙处入城，分而为鹊岭、仁面岭、坟头岭、鹿山，其正干则东南行，为台山、罗山、凤山。罗、凤二山，我茶菁华所萃之地。由罗山右角欧祠前，过芦葭墩，为罗山下关。由罗山后右帐殷祠左，过铁炉岭，至西门镜庵，为凤山下关。中间由凤山左边茶峰祠，过旧�塘，至鹧鸪岭、公安当处止。由凤山右边北城侯，过晒谷地，至蚬壳墩闸门坐康帅处止。其蚬壳墩、鹧鸪岭之间，又恰为凤山、五袁祠一带作盘脚，形势天然。南面增步一带，由莲花山来龙，如尖冈、三台山等，隔江特朝，虽非茶山境内，亦可一望而得云。

①该图基于《茶山乡志》茶山境内全图改绘，略有校正，但尚存诸多位置不明确的地方，仅供参考。

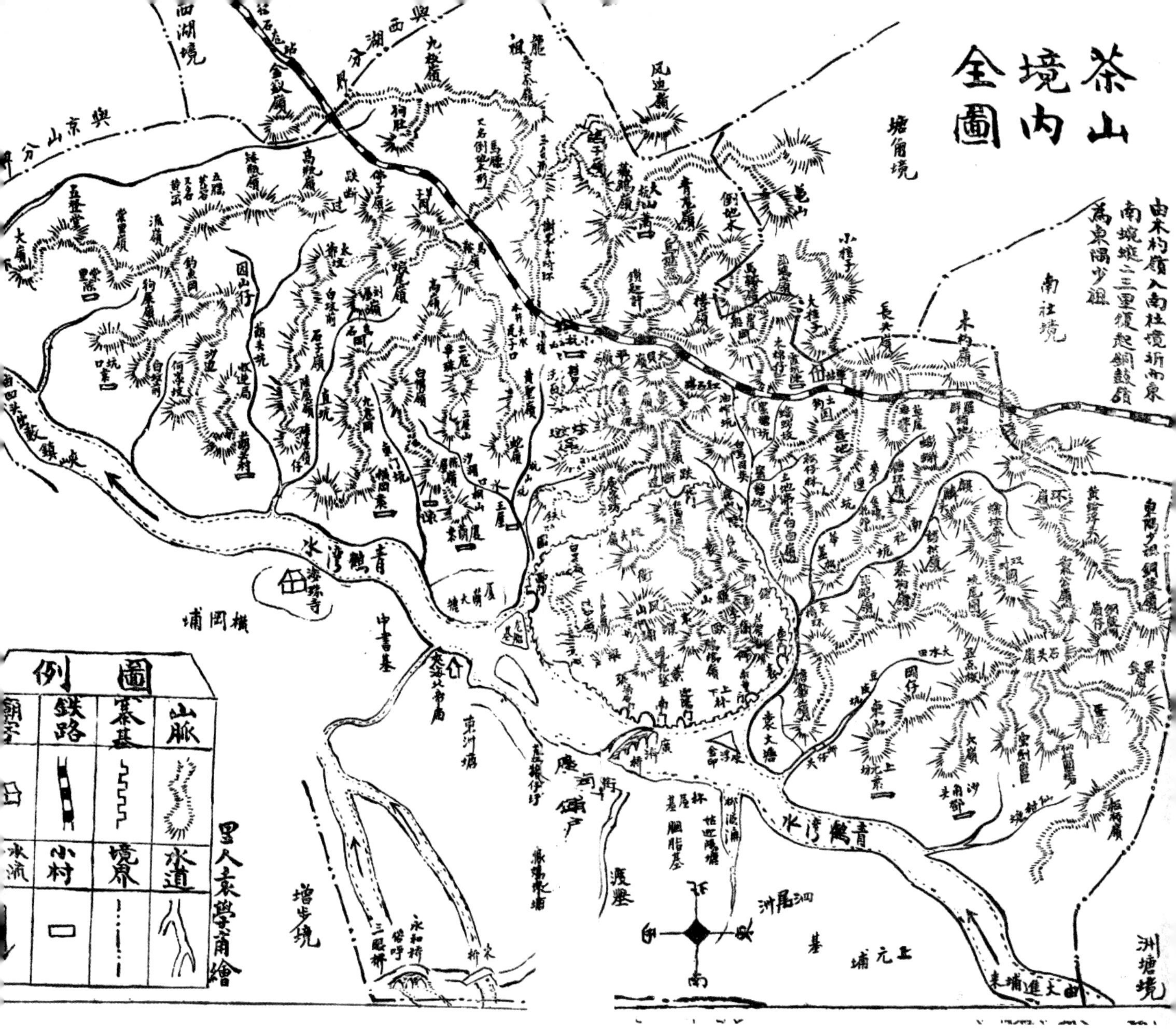

茶山境内全图

（来源：袁应淦《茶山乡志》，袁学甫绘，1935年）

其东隅一带，系从龙身刘岭分支，过霞坑、飞鹅岭、覆船冈。由覆船冈分二支，一由木棉仔至蜜糖坑；一由大桂子至长头岭（别为小桂子诸山）。由长头岭复分数支，一由茶山站直下，蜿蜒至土狗园、蟾螺坟；一由林家草尾垂珠分而为蛋地、白面岭、土地窟诸山；最外一支，经行木杓岭，过高岭，又分为西、南。西行跌断过钟家罗裙铺地，经蝥蟹、糖环岭、金鸡抱卵山，至华盖松止。南行入南社境，盘旋数里，复回铜鼓岭，为东隅诸山少祖。其铜鼓岭分出之外一支，为黄蛤浮头、横岭诸山；内一支由铜鼓岭仔，至蛋家钟山。由蛋家钟左边过果盒岭、板桥岭；右边过秉公岭，更直行为石头岭。除新村一支外，亦分三派，一至双对冈、蟾蜍窟、麒麟头而止；一至坑尾园、伏狗岭、猪拱岭、边涌岭、腾伞岭而止；一至五点梅、大岭、冈仔之六卦坟及上元村后东山而止。此皆东隅山脉，为茶山城之上砂者也。

其西隅一带，亦从龙祖卖茶岭分出之倒地木形而来。北与后龙之九梅岭、金钗岭相接，为西湖分界。直行为羊子冈，分左右二支。左一支，由羊子冈过马鞍岭，蜿蜒而至瓦子口。由瓦子口东南行，为蛇岭、黄圣岭。西南行，为二龙争珠及王屋村前之王家山。其由瓦子口过高岭者，一由白帽岭过陈屋岭，至桐山而为下萠村；一由乌石岭过九龙冈，至横冈后山而为横冈村。右一支，由羊子冈过虾米岭，仍分为二：一由大爷坟历白坟前、石子岭、陆屋岭，至陆屋岭仔止；一由佛子前穿田过甑岭，历五脑芙蓉而至流岭。及至流岭，更分二支：一支外出，由棠里岭至五登堂、大岭厦而止；一支内行，由钓鱼冈分至坑口狗屎岭及坑口村坑口白坟前而止。至于钓鱼冈分出之圆山仔、沙边，则由何家三穴坟过萠头，至萠头村后收逆局诸山而止。此皆西隅山脉，为茶山城之下砂者也。

虽然这些山脉相对于莲花山、大岭山、银屏山等大山而言，只是小小的丘陵，且看上去颇为散乱，但袁应淦将其来龙去脉梳理得井井有条，指出茶山山脉之远祖是东莞老黄旗山、少祖为卖茶岭（卖粥寮）、近祖为象岭，而铜鼓岭则为东隅（上元一带）诸山少祖，等等。这些宏观的视野在飞行器普及之前便了然于胸，跃然纸上。从古人对山川河流的洞察可见，其时人文、社会与自然息息相关；而时至今天，较年长的乡民亦都对家乡的山川名字如数家珍。

如今我们虽然有了航拍器、卫星图，也可以登上比古人更高的地方鸟瞰大地，但已经很难再感受、洞察到山脉的格局。四处林立的高楼已经代替山峦充斥着视野，古时被隆重命名且视之为少祖、近祖的山岭，如今或已被推平，或成为国道、省道上一段不知名的斜坡。漫长农耕历史长河里纹丝不动的山脉，近四十年来发生了较大变化。

通过卫星图的时间轴可以看到，从1984年至2016年，茶山乃至整个东莞、珠三角的地表都经历了翻天覆地的变化。茶山尤其以1992年前后变化最为剧烈，自来水厂二厂、茶山电子工业城、寒溪大桥、茶山政府新办公楼、多家大型工厂、产业基地、多条公路相继开建或竣工；其次为十年后的2002年，在此一年前的2001年，茶山镇政府与京山、横江、增埗、南社等村委会签订统筹土地合同，茶山地貌迎来20世纪90年代巨变之后的第二波巨变。

第二章

村寨：茶山村寨选址与布局

1.相地

“俗之美恶，在人心之淳漓，不在形势之得失。”

下朗村碑记《修围序》里的第一句，欲扬先抑地说道民风民俗的好坏，在于人心淳朴或人情单薄，而不在于地形、地势的得或失。但后文却马上补充道：

“然《诗经》曰：‘逝彼百泉……乃陟南冈’[①]，则又何说？盖籍形胜以保聚，而爰众爰有，淳庞遂可立臻，理固然耳……则知形胜之美，不仅都邑然也。”

意思是，凭借优越的地形地势，容易聚集百姓，聚众守卫，百姓众多且富有，淳厚的民风民俗由此兴起、实现，这是理所当然的，因此，优越的地形、地势不仅对城市有重要意义，对乡村来说也一样。

众所周知，古人选择村址是一件非常考究的事，南社始迁祖谢尚仁在选择茶山定居点时便数易其地，最终相中了“田多地沃”的南社。正如谢尚仁在意耕地是否足够且肥沃一样，撇开带有神秘色彩的风水八卦、奇门遁甲学说，能否取得足够的耕地喂饱子孙，往往是南来移民相地的第一法则。

前一章我们梳理了历史上茶山的山川地貌，东江和寒溪河（青鹤湾水）带来广袤、肥沃的冲积平原和充足的灌溉水源，但频频而至的水灾也必将世代困扰南迁移民，淹没田地的洪水虽可以通过筑堤设闸或者“鹤湾渔火”式的策略达到刚柔并济，但村落本身如果常遭水淹，岂得安宁？

事实上，茶山历代确有房屋被淹的水情记载，但远远少于农田被淹。《茶山寨境内全图》标明了茶山乡内各村落的位置，大部分村落，包括茶山寨，背山面水自不用多说，但具体而言，在山岭与河道之间尚需要选择一个适当的位置。从图中可以看出一个普遍的规律：村落选址往往在紧挨着山岭的一边，如下朗背靠桐山、横江背靠九龙岗等，有的村落民居甚至延伸至山岭之上，如上元大部分民居在东山山腰，村落纵剖面无一不呈现一种逐渐升高的形态，只是有缓急之别。

也就是说，它们都在大尺度上选择背靠山岭同时靠近水体和平原，因为这有利于耕作、灌溉；而在更小尺度上，则希望稍微远离河道，且往稍高处建造民居，哪怕只能比河边高出一米，水灾时的损失也会大大减少，甚至能免于灾难，而且这样也能尽量少占用耕地。更进一步，在河道和民居的中间，先民们往往利用天然水体或人工开挖，形成

①走向一个个水泉，登上南冈，考察是否适合居住。

水塘，作为过渡区域，旱可蓄水，涝时缓冲。于是，这种背山面水，且山水距离适中的地区在村落选址时特别受欢迎。建筑学者冯江在《祖先之翼》一书中称之为“高地中的低地，低地中的高地”原则。

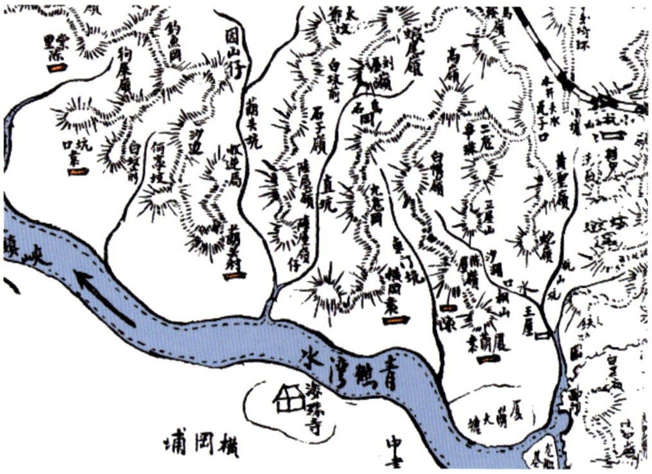

茶山境内全图（局部）

（来源：袁应淦《茶山乡志》，袁学甫绘，1935年）

在茶山乡诸聚落当中，只有茶山寨紧邻青鹤湾水道，这是其乡中“首府”地位所致。茶山圩市自古发达，是东莞重要的圩市之一，尤以香市、灯市、果市、布市远近闻名，分别销售莞香、茶山泥公仔、荔枝和布匹。这些圩市往往靠近河道，方便远方来客，还可通过水运将货物远销他乡。南门广济桥两岸渡头众多，商贾云集，最为繁荣。20世纪70年代，青鹤湾水改道后，诸村距离河道更远，茶山圩首先往新航道寒溪河北岸扩张，即如今广济路两侧，更将码头和造船厂搬迁至河边，建立峡内水运公司。因此，与以务农为主的乡村相对靠山相比，着重商贸的聚落更倾向于靠近水边，水路交通是其选址的重要考量因素。纵观民国《东莞县境分图》，县治莞城、商镇石龙和地图上称“圩”的，如桥头圩、常平圩、塘头厦圩等，莫不紧贴河道，其中石龙更是直接濒临东江主干，其商贸繁盛自无须多言。

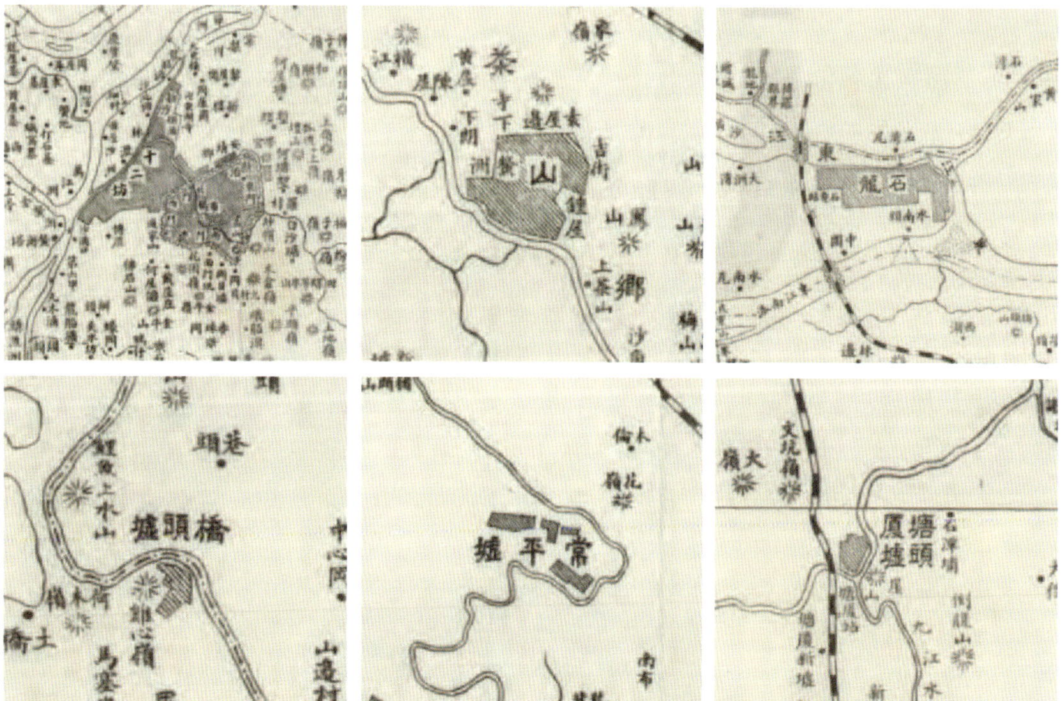

莞城、茶山、石龙、桥头圩、常平圩、塘头厦圩选址与河流的关系

（来源：陈伯陶《东莞县志·县境分图》，1927年）

2.村落

如前文所说，在依山傍水的选址基础上，村落尽可能靠近山岭，即使没有河流在附近，在布局村落时也会在村正前人工开挖水塘，形成“山—居—塘”的格局。广府聚居以三到五人的核心家庭为主，故民居以小型三合院居多，它们被规划成较为均质、有序的棋盘式，以横纵交错的耙梳式巷道组织而被称为梳式布局。村居第一排面临水塘处往往布置宗祠、祖祠，前为晒谷地堂，或称晒埕，四角有村门，成熟者更有围墙、碉楼拱卫，较大的庙宇一般在村外围，这便是典型或理想状态下的梳式布局。

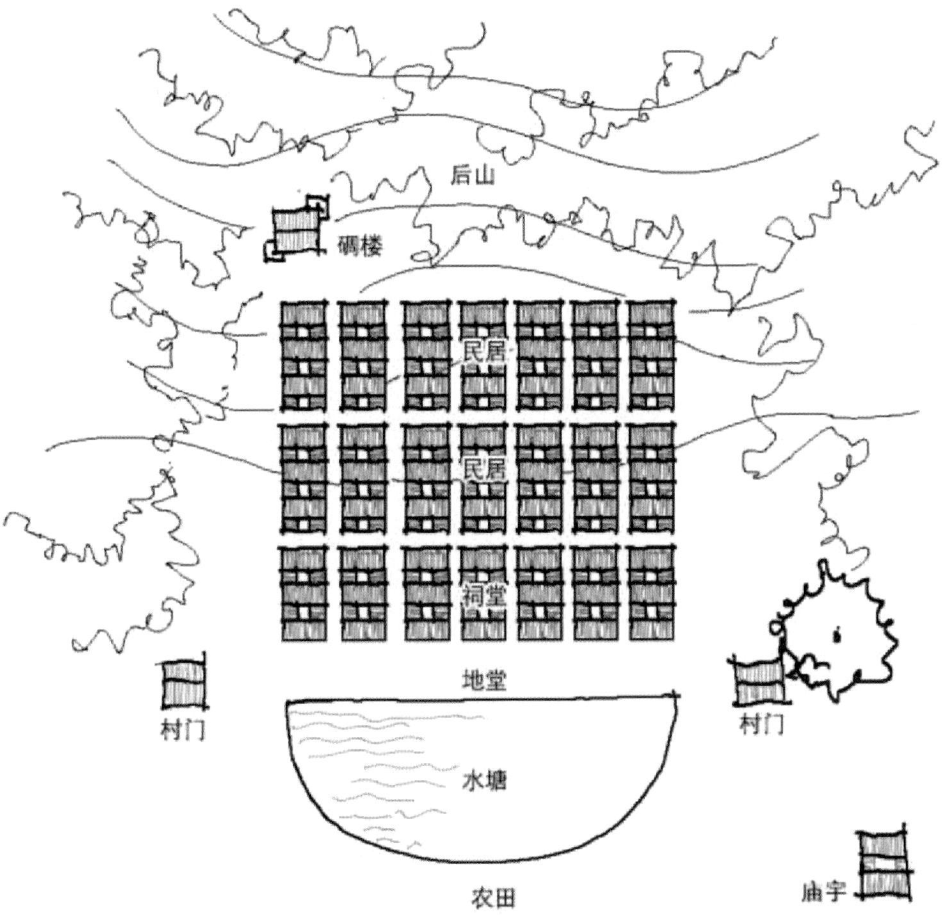

典型梳式布局总平面图

（来源：自绘）

梳式布局进一步实践了依山傍水的原则，除了在风水上的考量外，还有诸多实际的意义，例如水塘可以蓄水防涝，也可以供火灾时取水救火；另外，“山—居—塘”的格局还有利于形成微型气候，调节村居的温度。在岭南炎热的夏季，由于水的比热容较大，水塘水面温度较低，塘外田野或河流的温度也相对较低，在有风的日子，风从田野或水塘吹向村落，会将较冷的空气带到村居中，耙梳式的巷道非常利于空气流动，凉风便逐次通过巷道进入民居，此为风压通风；当无风时，由于栽满树木的后山地势高且空气温度低，使得较高气压的冷空气沿着山坡往下流，这种冷风称为“下山风”。下山风顺着耙梳巷往下流动，巷子窄而长，进一步增强风压、风速，将村居内热空气带走，且补充新鲜的冷空气。巷子两侧建筑山墙高耸，太阳直射地面时间较少，使得巷子本身也是冷源，故称之为“冷巷”。空气流至围面（村前），空旷而硬质的地堂受晒后温度上升，空气膨胀、上升而气压变低，进一步带动下山风的流动，此为无风天气时的热压通风。这套系统配合民居内部的通风设计，在电风扇与空调尚未出现的时代，能有效地降低夏季村居的温度。

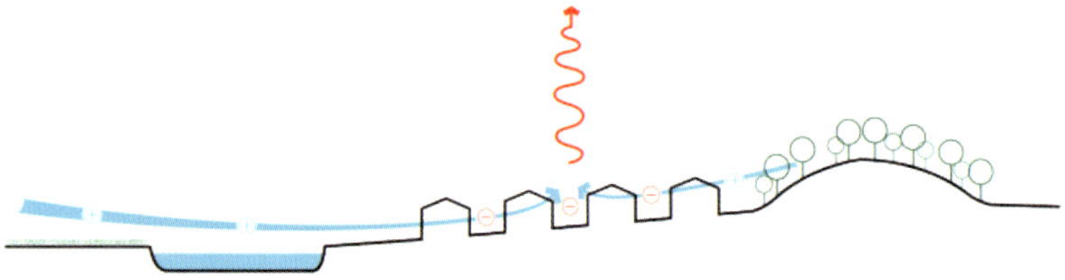

（a）风压通风原理

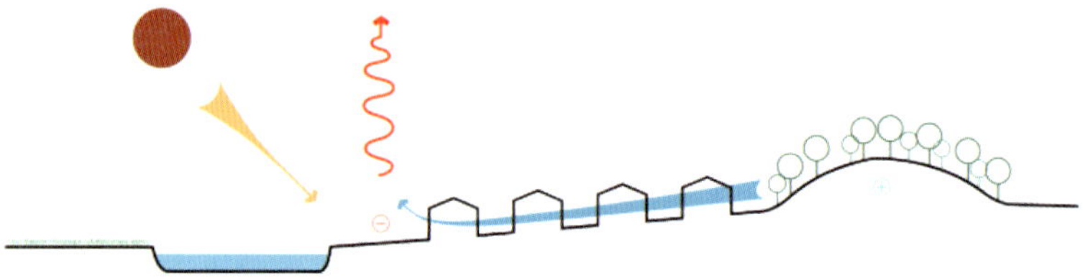

（b）热压通风原理

梳式布局通风模式

（来源：自绘）

但事实上茶山不少村落并非典型的梳式布局，而是在梳式布局原则下基于不同地形呈现出各种变形，即保持“山—居—塘”格局，且民居呈有规律的耙梳秩序，但也会因地制宜，根据山、塘的形状而作出调整，打破严整的棋盘状，从而变得姿态各异。通过总结茶山聚落的特征，本书提出梳式布局的七种形态，包括：典型梳式、带状、扇状、环状、波浪状、蝙蝠状、两山夹一水。茶山镇的大部分聚落布局可以归纳在此七种范式内，但也有少部分聚落组织方式未有明显规律。以下我们对此七种情况一一举例介绍。

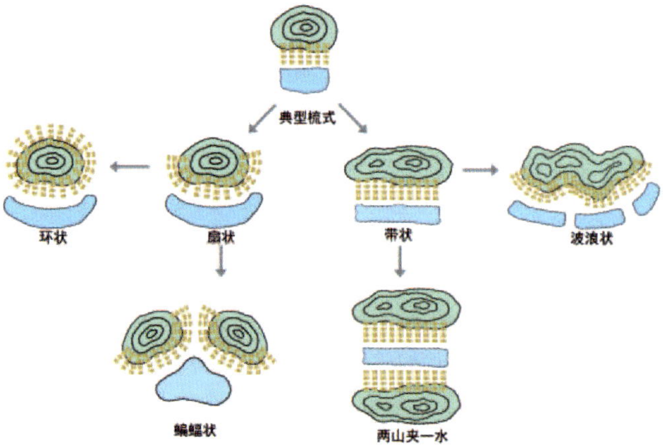

梳式布局的变形模式

（来源：自绘）

典型梳式

典型梳式布局的自然村落（以下均指自然村而非行政村）包括霞坑、棠里、茶山吉街、下朗、陈屋、超朗上围、叶屋、上周塘、新塘、牛过萠、沙墩。最为典型的是霞坑村。霞坑于宋末立村，现旧村已拆迁。村中华侨居多，在美国旧金山打拼后衣锦还乡，于民国二年（1913年）在广九铁路以北数百米选址建村。也许正是因为建村时较为富裕，且村民见多识广，霞坑被统一规划成典型的梳式布局，并延续旧向朝西，前挖水塘，晚霞倒映坑水之中，名“霞坑”。所谓典型，主要体现在民居严格的棋盘式耙梳分布，横平竖直，整齐划一。村落共有纵巷4条，横巷10条，划出21米宽、10米长的多个单元格，每格由3间金字屋组成，每个金字屋的面宽均为7米，深10米。后期加建的建筑基本延续棋盘布局，发展出更多巷道，但由于空间需求增加而把一个单元格分割为两间或一间房屋，并向高处发展。围面现存祠堂两座，左侧（南）有炮楼一座，村前水塘呈较为规则的矩形，村后及两旁稍高，拱绕中心，建村时在其上种植簕竹作围墙，在围面前右边筑成一条风水垦（bó），种大榕树、木棉、天梯竹抵御北风。[①] 可惜这些外围格局已不存，只剩村右侧（北）山岭作为祖茔地。霞坑村如此典型的梳式布局在实践中并不常见，在茶山更是唯一例子，故具有较大意义。

霞坑村

（来源：自摄）

其他较为典型的梳式布局则随着规模增大、山体水塘形状变化而多少有点变形，如下朗村[②]的西侧因为迁就桐山的方向或希望调整朝向，面向青鹤湾而将巷道肌理稍向西侧偏转，形成一主一次的两向肌理脉络，主导肌理西北—东南走向，巷道基本成棋盘布局划分，最前为祭祀始迁祖之袁氏大宗祠和其他数座祖祠，分支肌理接近南北朝向（朝南偏西），最前有祭祀七世祖的菊隐袁公祠。两脉络交接处成两段折巷，南段与主肌理对齐，北段则顺从分支肌理。我们已经无法考究这样的调整在何时发生，但从《建祠记》碑文可知，清乾隆癸巳年（1773年），菊隐公祠落成，则此时分支肌理已经存在。

而在两年前的乾隆辛卯年（1771年），下朗刚刚修筑了自己的围墙与村门，另一块碑刻《修围记》对其前因后果有所描述，能帮助我们了解下朗村落围面的大致变迁：

“原吾居场前，塘分四口，乔木森蔚，或以为蒙蔽隘塞，宜宏敞其局。于是，诸大父介民等于乾隆丁巳年，斧木通塘，聿成大观。久之，识者谓村场旷散。塘阔滩高，

①《东莞市茶山镇志》118页。

②这里所说的下朗村包括下朗村与王屋村，两村在格局上连续且连成一体，而与西北侧陈屋相对独立。

局不束而气不聚。族长天五集众筹之，议东西峙以两门，周围环以水墙……是役也，经始于乾隆甲申年，观成于乾隆辛卯年。堂哉！皇哉！较前始称美备。”

大意是：我们原来居住的下朗村的村居、广场前，池塘分为四口，树木高大、浓密。有人认为村中的地形、地势被遮挡了，变得狭窄、堵塞，应该拓宽村中的格局。于是，祖父辈介民等人于乾隆丁巳年（1737年）伐去大树，将四口池塘连通起来，村景由此变得盛大、壮观。时间久了，有识之士说村里的广场太空旷，池塘太大、滩岸太高，格局不够收束，元气不能聚集。族长天五聚集族人一起谋划，建议在村的东、西两边建两座门楼，池塘边用围墙围起来……这次工程，开始于乾隆甲申年（1764年），竣工于乾隆辛卯年（1771年）。现在的村景，其气势是多么的宏伟！和从前相比，才真正是优美、完备。

下朗村

（来源：自摄）

卢屋村（局部）

（来源：自摄）

由此可知，乾隆丁巳年（1737年）前，下朗村前的水塘分成四口，族人觉得不够大气而将它们连成大塘，后又觉不够聚气而加建东西两村门与围墙将大塘围绕。这说明建围墙有时并非只有防盗一个意义，凝神聚气也是重要的因素。现围墙已不存，但两座村门仍在，分别是西门“西接朝宗”、东南门“光摇天市”，和西北角一座高耸的炮楼，另有王屋东门“紫垣长曜”、北门“敦厚”，四门一楼[①]，加之中间梳式排布的祠堂民居、前面下朗大塘，后靠桐山，西临青鹤湾，东傍沙湖口水，整体格局清晰完整。

①另有邻村陈屋北门“聚德门”。

扇状

扇状布局村落包括刘黄、孙屋、冲美、陈屋（超朗）、卢屋、沙墩、近江、茶山圩凤山、罗山附近聚落群。

扇状是指，当村落后的山体为单独山岗，平面呈圆形或类圆形，且山体较小，或村落规模较大时，村落的梳式布局会随着山体转向，横向巷道和整个村落呈现弧形。这会导致一个有趣的结果，即聚落的建筑朝向多变，这种变化的程度会因山体走向而异。这种形式其实相当普遍，只是往往不会呈现较为清晰的扇形，而是随山体走向扭曲成不同形态。茶山各村中比较清晰的扇形格局是卢屋村的西半部分，可以明显见到聚落绕山发展。如果仔细观察，会发现纵巷巷道并非一直顺山体改变方向，而是似乎在某一优势朝向范围内努力保持相互平行。东边面对水塘的一侧，几乎呈现典型的梳式布局，而超出水塘控制的范围则出现一个三角区域，这里的房子往往呈现相应的梯形，而非矩形，但这个区域很小，很快又会变成另一段较为规整的梳式布局，如此继续。这有利于以最小的代价建立看上去更为方正的秩序，也方便取得方正的地皮，方便绝大多数民居的建造。

环状

环状布局村落包括寒溪水、下周塘。

如果扇状的村落继续环绕发展至闭环便会成为环状聚落。传统村落中这种情况虽然存在，但并不多见，因为这表明山体太小或者民居太多，一般未到形成环状，后人便会易地另立新村，以保证容积率不会太高，即留有一定量的自然山体。如茶山圩凤山附近聚落，几近闭环，但在北侧留了梁园和水塘，未见民居 。到近代，人口暴增，用地紧张之后，新建的房屋往往会把原来的扇状补全，成为半新半旧的环状，例如上文举例的卢屋和附近的近江。增埗一带多独立的山体，故这种环状的聚居形式很常见，尤其是全新发展起来的聚落。

通过如今的卫星图判断，几乎形成完全闭环的传统聚落只有寒溪水。寒溪水聚落周

寒溪水村

（来源：自摄）

寒溪水围面图

（来源：《寒溪水罗氏族谱》）

下周塘村

（来源：自摄）

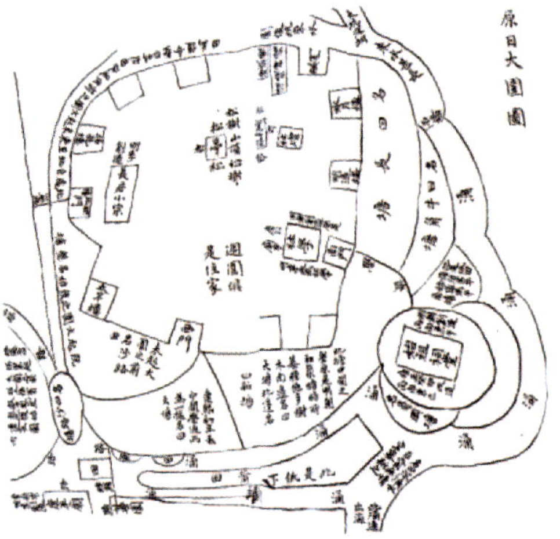

下周塘《原日大围图》

（来源：《周塘陈氏族谱》，1839年）

围有多座山体，罗氏宗祠背靠着的山体几乎被全包围，但北侧留有一小块缺口。据普查，该处存在传统建筑，不过密度较低，大概因为地势太陡不适宜密集建造。但《寒溪水罗氏族谱》中的《寒溪水围面图》显示，虽然北侧建筑确实较稀疏，但建筑密度大概比现时要高，则证明清代时村落已经完全包围了靠山，并且向横头岭发展。我们也可以从围面图中看到，清代寒溪水主朝西，围面满布7座祠堂，其后是井然有序的梳式布局，北边与西面几乎成直角转向，也分布了4座公祠，只是其后地势太陡，民居较为稀疏。其他两边的转角也较为刚直，与卢屋呈现出来的较顺滑的圆弧不同，整体更像矩形。除了大部分祠堂已不存之外，这些特征大体上都能够在如今的卫星图上体现出来，只是矩形不如图上规则。

下周塘目前的状态更接近扇形，但根据该村的《原日大围图》，整村呈现围闭的环形，并有围墙和东西南北四村门，东、西、南三面均为水体。从这些古代地图可见，环形村落旧时水体远多于现在，环绕在村庄周围。其他地方的环形布局村落亦都如此。较著名的如广东高要市蚬岗镇蚬岗村，较近的如东莞市寮步镇横坑村，还保留着较为明显的环形水系。

带状

带状布局村落包括林边、上元、博头、何屋、游屋、粟边。

如果典型梳式布局中的山体呈长条带状，且山体与前方水体的距离过短，中间供村落发展的用地狭窄，村落格局在前后受限的情况下只能横向发展，便会形成带状的梳式布局。林边、上元、博头都是典型的例子，宽深比最大的林边达9∶1之悬殊。但过长的格局不利于聚拢人气，传统上罕有填埋水体的做法，故这些村落在横向发展的同时，会尽可能往山坡上发展，但一般不会到达岗顶。这便造成这些村落的纵向高差大，形成坡地村落的空间特点。若山体蜿蜒，其下村落便会顺着山体前后凹凸，呈波形带状。员头山一带何屋、游屋、粟边等村落便是这种形态。

林边村

（来源：自摄）

何屋—游屋—粟边村

（来源：自摄）

两山夹一水

两山夹一水布局村落包括塘角、南社。

若有先民远离主要村落群区域，选址较偏僻的地方，山坳地是其首选，因为独立的村落更需要山体环绕保护的安全感，南社和塘角便是这样的聚落。但是茶山一带并无环抱式的山坳地，两村选址于两邻近带状山体之间的条形坳地，中间有长条形的水体，形成两山夹一水的格局，聚落便分别在两山之下、水带两边展开，形式上其实是两个带状聚落相对而居，但往往在其中一端相连。南社村便在此安置了祖先茔地。

南社村立村于南宋，谢氏经数百年发展成南社第一大姓，并于明末崇祯年间在村落四周建起围墙，包围西北的马头山、东南的樟岗岭、中间四口带状水塘和其间的民居，周长近千米。据《南社谢氏族谱》中的《本围谯楼志》描述，南社村四周之围墙从西边的西门城楼开始，向南沿着西门塘西岸至南门城楼，间距一百四十步。自南门向东行，经吉庆楼、西园楼、百尺楼、南薰楼、永平楼、永镇楼、明远楼、远志楼而至村东南的

南社村

（来源：自摄）

南社村围墙布局

（来源：南社村委会供图）

东门城楼；自东门北上经鹤鸣楼而至北门城楼；自北门向西北而西行经神庇楼、友云楼、镇北楼、大观楼、广运楼、康远楼、定边楼、新兴楼而至西门城楼。如此绕村一周，经四座村门及十七座城楼，共二十一座，全长一千七百一十八步，合302.5丈（1008.3米）。其中南门、西门与北门皆直通村中心水塘两岸大道，而尤以西门更为重要，为自东莞、茶山方向进村的主要入口。[①]如今围墙与城楼大部分已经不存，现存西、东、北门均为近年原址重建。残存的遗迹有西北谯楼与附近墙基、北段小截墙基夯土和东段较为成形的十数米断墙，是难得的村落围墙实物。[②]村内民居在塘之南北各自往山上展开，围面遍布祠堂，因南向为佳，故重要的祠堂普遍位于北岸。两岸由三座桥相连，桥边植大榕树。整体而言，村民视整个聚落为一条大船，村东北相连处高地的祖坟为船头，村中的四口带状水塘为船舱，中间大树为风帆，两侧民居巷道仿佛众人划起的船桨，在围墙的保护下承载着村内子孙遨游在南畲塱田野这一大海中，这大概是两山夹一水格局的完美阐释。

蝙蝠状

蝙蝠状布局村落包括横江、京山、坑口、卢屋、寒溪水、卢边。

当“两山夹一水”中的山体并非舒展的带状，而是偏集中的圆形，水体并非被夹住而是与两山呈三角布置时，便会形成蝙蝠状的村落形态。当然，也可以将它理解成两个扇形聚落的结合，或者是波浪形带状村落中的一部分。这种聚落布局犹如一喇叭开口，也可以想象成蝙蝠展翅，故称蝙蝠状。从九龙岗两山岭间发展起来的横江村便是这样的格局。从山坳处沿窄巷走出，一片水塘于眼前豁然开朗，形势先抑后扬，颇有戏剧性的空间质感。水塘之外，还有鹤湾水一碧万顷，明代名贤袁昌祚少时便是在聚落山脚建鹤洞书屋读书成才。

横江村

（来源：自摄）

这种格局并不罕见，京山、坑口、卢屋、寒溪水都或多或少地呈现出这种状态，只是形态有所变异。如坑口、卢屋两翼一凸一凹，而京山两翼交接处后增太多房屋使虎口不甚明显，卢边的虎口处被改建成篮球场和停车场，且两翼后仰得已经不太像蝙蝠形。茶山以外，东莞大岭山镇新塘村、广州番禺小谷围练溪村亦为此类布局。

①楼庆西、李秋香，《南社村》。

②见第四章南社村建筑遗产分布图及登记表。

复合形态

复合形态村落有超朗下围。

原则上“蝙蝠状”和“两山夹一水”也是复合形态的一种，但其复合结果却成为一种新的形式。有的聚落的复合形态没有主导格局，例如超朗下围复合了带状和梳式布局，但中间斜插入其他无序组团。

无序形态

水围村

（来源：自摄）

无序形态村落包括水围、孙屋（超朗）、塘边、榄山。

在茶山众多聚落中，以现存状态而论，有几个没有呈现出梳式布局或其他任何有序的规律。其中，榄山村由于只剩下一座村门和为数不多的传统民居，无法准确判断其布局形式；塘边村则由于夹在沙墩与卢屋之间的平坦区域，没有成规模的山体依靠，因而发展成较为随机的布局；超朗孙屋村侧有类似梳式的状态，但宗祠朝向与民居不一致，且规模太小、改建太多，原来可能有的格局已经不复存在。

水围村则呈现出非常混乱的布局，完全没有规律。普查发现，该村几乎没有现存的传统建筑，几个成规模的坡顶建筑都是20世纪五六十年代建造的联排式民居。这些民居是1959年水灾之后建造的灾民安置住宅，那场洪水几乎摧毁了村里所有建筑，其后建起来的建筑似乎并没有采取统一的规划格局，而是见缝插针。这种状态通过地皮的继承延续至当代的水泥民房，使得旧村呈现有机无序的状态。

从上述各种布局形态（除了无序型）我们可以看到，梳式布局的不同变形主要取决于山势的走向，山形基本决定了村貌，这进一步印证了“低地中的高地”原则。若立村在平坦的旷野或者稍远离山体，有很大可能会遭受洪水侵扰。下朗村是茶山乡诸村中最靠近青鹤湾的村落，且桐山之下、大塘之后有较为广阔的平坦地，故下朗村发展出茶山罕见的深大于宽的梳式形态，即大部分民居向地势平坦的水塘边发展。从刻画在楼下巷32号民居墙上的历代洪水线[①]可以看出，下朗村内频遭水患，水位往往高至1.6米左右。幸好下朗村民居多为青砖砌筑，才在洪水中免遭像水围一样被“团灭”的结局。

①见第三章第79页。

3.城寨

一千五百多年前的南朝梁武帝时，有僧人在茫茫山野中相中了青鹤湾以北一里开外的铁炉岭，建雁塔寺，沿山植茶，开启了茶山的历史。随后，迁居于此者陆续开枝散叶，铁炉岭附近诸村也陆续出现，形成较为密集的聚落群，最后以寨墙围合，统称茶山寨。

清光绪桐山居士在清代《茶山乡志》中描绘了一幅茶山寨内图，最先用图示的方法展现了茶山寨的布局。稍后的民国袁应淦《茶山乡志》则由刘朴轩（文亮）绘制了更为详尽的《茶山寨内全图》。该图详细标注了寨内重要的山岭、水体、寨墙、寨门、机关、闸门、小村、祠堂、学校、庙庵、牌坊、桥梁甚至遗迹，是研究茶山文史和规划布局的重要资料。我们以《茶山寨内全图》为基础，通过对比、勘察、采访，在如今的航拍图上绘制了1935年时的茶山寨内布局，以供参考研究。

据袁应淦《茶山乡志》记载，当时所建的城墙周长共五百多丈（约1.7千米），高一丈九尺（约6.3米），但按《茶山寨内全图》范围在如今地图上测量，可知寨城周长约2.7千米，与乡志所说“五百余丈”相去甚远。究竟是当时袁应淦计算有误，还是引述的其他文献不准确，便不得而知。

寨墙东西南北建有四个城门，因为东西南三方有河或断续的水塘围护，故此三个城门都建有石桥与对岸相连。另再建南薰、城头、迎阳三个小门，以便通商。城

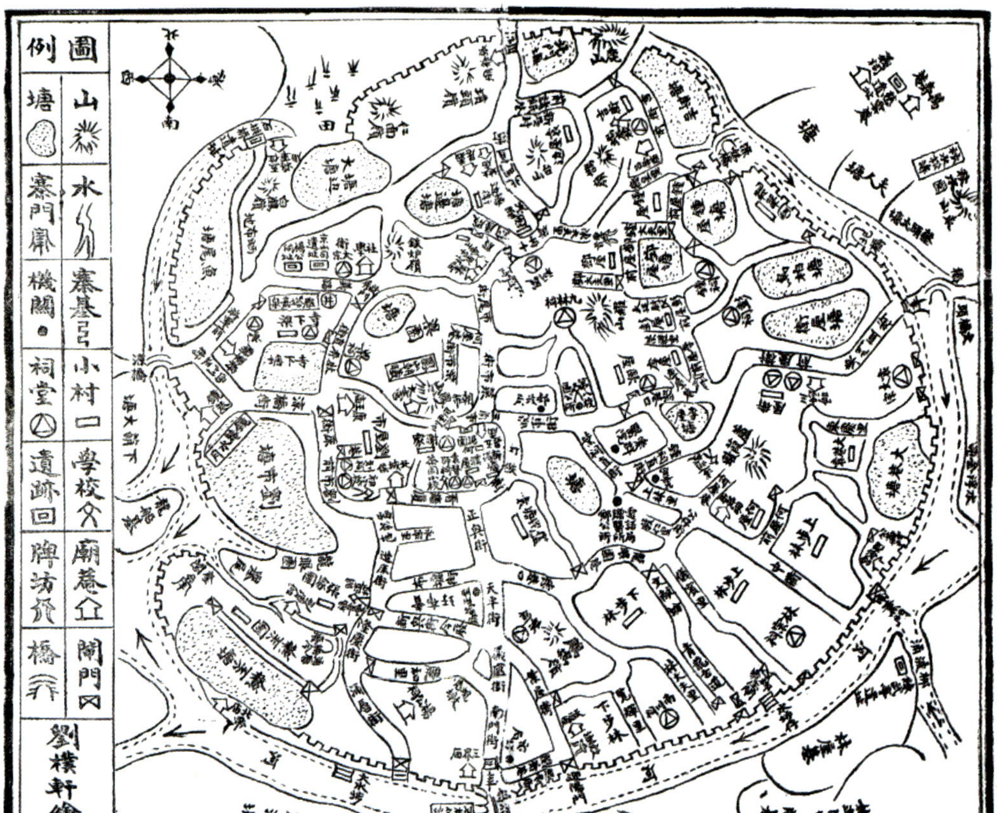

茶山寨内全图

（来源：袁应淦《茶山乡志》，1935年，刘朴轩绘）

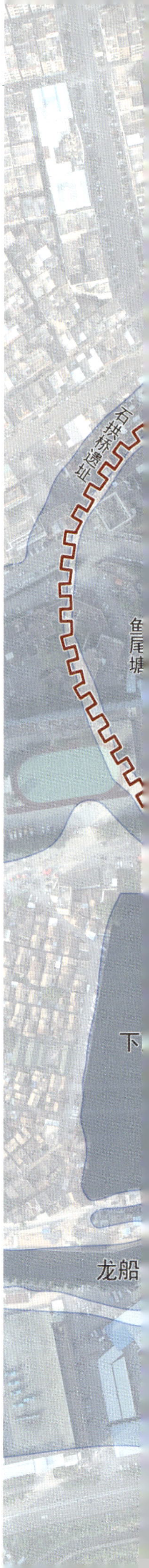

茶山寨内古今对比图
（来源：自绘）

内有3座山，7个岭，18口鱼塘①，内外分13坊。整体而言，寨内外东、西多水塘，南临青鹤湾，三面水体对寨城形成包围之势；中间山脉自北而南横亘寨内，北面山脉从寨外少祖象岭南来，鹿山入城一半，经台山到寨内最高的罗山，与西面凤山对望，再分别向南分衍出鹧鸪岭、芦葭墩。众村落依然遵循背山面水的原则，各自觅地安营扎寨。总体上看，罗山、凤山、台山脚下聚集着最密集的村落；南面较为平坦的区域，即上、下埗林一带紧邻水道，街巷纵横民居连成一片，是圩市商户聚集之地；西北则较为偏僻，保留着较为原始的山丘和田野。

如前文所说，台山下袁屋边、吉街呈现出较为典型的梳式布局，而作为茶山寨内最主要的山岗，罗山和凤山四周也发展出密集的环形聚落，复合成类似“蝙蝠状”的格局，中间由菜市街、市尾街（即如今爱国路）相隔，虎口位正是寨内最为繁华的三角市。东侧的罗山至今还能看到由欧屋、李屋、彭屋、邓屋、钟屋等一系列小村组成的扇形聚落布局，而凤山四周传统格局被现代建筑稀释严重，但仍可辨别出几乎闭合的环形聚落，北侧留出梁园和旁边的水塘未有围闭，即如今的茶山公园。

通过茶山寨内古今对比图，我们可以看到民国寨内整体格局大体得以保留，特别是南面、东面和东北面，只有部分道路有所增废、拓宽。而恰在1935年寨图绘制之前的三年，即1932年，茶山圩的晚市街（现爱国路）、打铁街（现健康路）、正兴街、天平街（现卫生路）已被拓宽、铺设水泥。1959年洪水后，上述路段再次拓宽，并陆续改为今名。

寨内水体大多已被填埋造地，仅存东侧几口水塘，其中以吉街塘最为完整，是现存最大的寨内水体。西侧水塘不复存在，其上已是市场、幼儿园、民居等；北面田野山头都被推平建房，故此区域均新房林立，肌理迥异。寨外周边变化则更剧烈，寨北山岭除象岭外悉数被夷平，建成茶山新区，寨东与上元交界的大片水塘均已成为密布的民居。

这正是路网虽仍依旧，但山水已然沧桑。

20纪60年代初，专职摄影的林锡南先生来到东隅藤伞岭万寿庵之后的高处，用50mm的定焦镜头朝茶山寨方向拍了两张照片，后在暗房里把这两张胶卷底片细心拼合成一张完整的茶山寨全景图。这张珍贵的照片留存至今，给我们展示了当时茶山寨的鸟瞰实况：寨内房屋与树木交错，略见罗山隆起；寨东侧从左到右，即自南往北，清晰看到大巷塘、大巷袁氏聚落、化工厂（原大巷袁氏大宗祠）、卫屋祠堂、李屋、彭屋、邓屋、邓屋炮楼、

打铁街（现健康路）

（来源：林锡南摄，19世纪60年代）

南门街（现卫生路）

（来源：林锡南摄，19世纪60年代）

市尾街（现爱国路）

（来源：林锡南摄，19世纪60年代）

①此为《东莞市茶山镇志》的统计，但民国《茶山寨内全图》所绘只有16口鱼塘。

三角市（现爱国路）

（来源：林锡南摄，19世纪60年代）

龙船围，最北可见吉街塘和吉街陈氏宗祠；前方是宽阔的水塘和藤伞岭山麓，万寿庵已不见踪影；后方远处可见陶瓷厂高耸的烟囱，更远的寨外山环水抱，对岸增埗鲤鱼山，甚至七千米外的榴花塔也尽收眼底。

张穆所描述的茶山“背山临水，周围百里皆浅泽，春夏积水汪洋无际”[①]的场景，在这帧珍贵的照片里跃然纸上。

①张穆，《茶园乱后记》（载于袁应淦《茶山乡志》）。

邓屋炮楼
龙船围
沙塘
吉街小宗祠
卫生站
吉街陈氏宗祠
吉街塘

第三章
筑迹：茶山历代建筑史迹

在村落的选址、布局规划确定以后，建筑的营造逐次展开。古代对此亦十分重视，特别是重要的公共建筑，新建、重修时总是会请达官明贤作记并镌刻在石碑上以示纪念。这些碑记无意中也成为历史的一种书写方式，除了镶嵌在建筑的墙上，一般还会被摘录到地方志书流传下来。当我们查阅古代关于村落、庙宇、祠堂等建置方面的文献、碑刻时，常常会看到“鸠工庀材”“鸠工而营”等字眼，如邓大林《重修关帝庙记》记载：“于是诸绅士踊跃醵金，共一千八百两有奇，鸠工庀材，雨飘注者补，塌者整，折挠者坚致完密……”前后行文也有大概“范式”，即先描述建筑物历经年岁，风雨飘摇，接着由某人发起，大家筹措资金，鸠工庀材而营，竣工后建筑气象巍峨，翚飞鸟革，云云。

但这一般只是行文的铺垫或过渡，我们或可从来龙去脉中读到一些优秀的撰文者借题阔论，讨论国计民生，讨论宗族神权，也能看到许多正史里不曾瞥见的细节，如集资方式、决策过程等。建筑作为历史的载体与百姓生活紧密地联系在一起，一个生动的社会在一砖一瓦与字里行间渐次浮现，与大历史交织在一起，徐徐展开。

1.南朝

茶山雁塔寺

从下朗桐山市场往茶山粮所，有一段稍陡的坡道，这里人声鼎沸，民房林立，市井气息浓郁。很难想象，此市井一隅，却可谓茶山历史开篇之地：“梁武帝时，乡人创建雁塔寺，僧人沿山种茶，茶山之名实始于此，事迹之可考亦始于此。”[①]这是民国《茶山乡志》里关于铁炉岭雁塔寺的记载，相传建于南朝梁武帝时（502—549年）的雁塔寺，被认为是“茶山”得名之处。

梁武帝时期佛教大兴，朝廷诏令民间广立寺院，于是便有杜牧所言的“南朝四百八十寺”。铁炉岭上的雁塔寺大概就在这样的历史背景下建立。此时茶山一带人居尚少，只有零星的渔民“蛋（疍）房湾泊岸旁，煅瓦烧缸”[②]。雁塔寺应是当时罕有的比较像样的建筑物了，也正因相传此处是“茶山”得名地，后世多有题咏，约在明隆庆、万历年间（1573—1620年），雁塔寺所代表的“雁塔嘉泉”作为“茶山八景”已有题咏[③]。所谓“嘉泉”，是指“寺外有井一坎，泉水清冽，凉沁心肺，耽卢仝癖者必买力募致之。研金书画，非此不消融其渣滓”[④]。

①袁应淦，《茶山乡志》。

②袁应淦，《茶山乡志》卷十三《茶山古今录》。

③陈贺周，《“茶园”“茶山”地名初考》。

④欧苏，《雁塔嘉泉序》（载于清代桐山居士《茶山乡志》）。

雁塔嘉泉插图

（来源：桐山居士《茶山乡志》，1904 年）

然而“南朝四百八十寺”的辉煌之后，却是落寞的“多少楼台烟雨中”。雁塔寺在明正统三年（1438 年）时已“荒废，遂改为社学”[①]。清光绪年间的《茶山乡志》中的寨图标有雁塔寺，而民国乡志《寨内全图》中该处已改为社学，隔着义路，有雁塔嘉泉的井，位于寺下村后。对照现存寺下村的擢升梁公祠，其坐向右边已拆的梁氏宗祠和已被填埋建起幼儿园的寺下塘，均有在寨图中标记，于是我们可以大致推断嘉泉井的位置约在擢升梁公祠右后方不远。据现场勘察，此处附近确有一井，但已非原物，故未知其位置与嘉泉井是否相同，泉水是否依旧清冽。如果以上推断正确，那么其后便是社学，即雁塔寺原址，

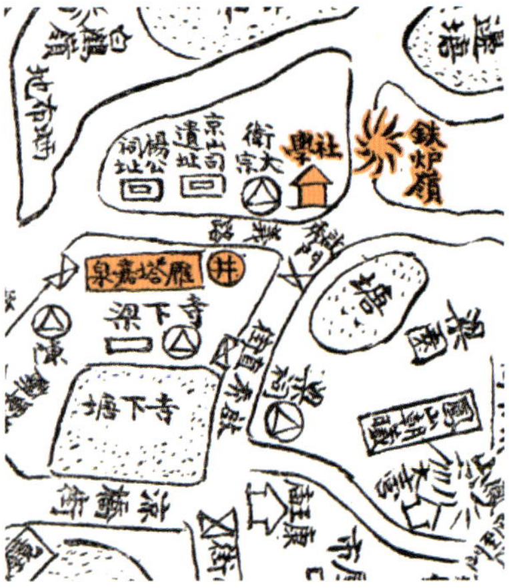

雁塔寺（社学）位置

（来源：袁应淦《茶山乡志》，1935 年）

①袁应淦，《茶山乡志》卷三。

今茶山公安局大楼附近，可惜大楼动工时未有详细勘探考古，茶山最古之雁塔寺，终究未能以实物遗迹佐证文字历史。

清桐山居士所纂的《茶山乡志》将包括“雁塔嘉泉”在内的八景绘制成简图，让我们对早已不存的雁塔寺及嘉泉有了些许感性认知：图中铁炉岭漫山种满的应为茶树，山后为殷家庄，寺前便是嘉泉井，井口呈方形，因光绪年间嘉泉井尚存，故画中井的形状较为可信。但寺庙其时已毁，改作社学，故画中雁塔寺形制可能只是意会，即有门、殿、阁三进，围以墙垣，山门重檐，楼阁三层。尽管不足信，但却是合理的寺庙布局。

雁塔寺对于茶山有重要的意义，皆因“茶山之名实始于此，事迹之可考亦始于此”[①]。但其实这种说法在清初才渐渐流行，而此前，雁塔寺在史料中的登场，往往别有所述。以下，我们将考察一下与“茶园”“茶山”地名密切相关的“雁塔嘉泉”在史料中的蛛丝马迹。

元末，茶山雁塔寺已有。民国《东莞县志》卷三十载张穆《茶山志》：“元至正二十六年（1366年），王成树栅守茶山，何真募壮士拔木大破之，逐至溪南，编筏再战，复遁。真悬赏构成，成仆擒其主，献于雁塔寺。”明初，庾氏曾布施茶园雁塔寺：“及洪武初，贵戚贻患[②]，父子兄弟，遂尔分散四方……（德信公）舍陈子山田（租五十石）于茶山雁塔寺。”[③]庾德信后迁谷涌（今属万江街道），其向雁塔寺捐献时当仍在茶山。

雁塔寺所在之铁炉岭，在明代或之前可能被称作“茶山”。《卫氏族谱》载陈用元撰于宣德癸丑年（1433年）的《重修安人庾氏墓志铭》称：“庾之先，茶园庾家坊人……铭曰：茶山之阳，厥地允臧。”庾氏墓在今茶山圩茶山公园凤山南（阳）麓，也在雁塔寺所在的铁炉岭之南（阳）。凤山与铁炉岭相毗连，《铭》中所说“茶山”，指的是如今的凤山还是铁炉岭已不可考。又或者，其时雁塔寺尚知名，所在之山名曰“茶山”，为乡中胜景，故《铭》中有“茶山之阳”之句。桐山居士《茶山乡志》（1904年）所载《雁塔嘉泉序》云：“雁塔寺旧址在茶山之麓，今社学是也。”其“雁塔嘉泉”插图中有“铁芦（炉）岭俱茶山”句，皆可佐证。可能雁塔寺所在之山在不种茶之后，由“茶山”改名为“铁炉岭”。

到明正统三年（1438年），雁塔寺已荒废。桐山居士《茶山乡志》载《茶山社学记》：“自正统三年雁塔寺荒废，遂改为社学。”袁应淦的《茶山乡志》（1935年）卷三“明事迹”载：“正统三年，茶山迁社学，即铁炉岭雁塔寺为之。吾乡社学，初在北门邱氏祠侧，今将铁炉岭雁塔寺改作焉。”明万历至崇祯年间（1573—1644年），雁塔寺仍存其名。张穆（1607—1683年）的《故园茶山记》（1652年）云：“予稺时，先子已七十。诸父老角巾扶杖，朔望期于废寺雁塔为社学。”

约在清初，始有“梁武帝时创建雁塔寺”之说。桐山居士的《茶山乡志》载《茶山古今记》：“至梁武时佞佛，始创寺，有僧于铁炉岭造雁塔寺，僧众植茶自给而芳发蔓沿，以此，茶山之名始自来也。”袁应淦的《茶山乡志》卷十三载《茶山古今录》：“爰及六朝，梁武帝好佛，诏民间广立寺院，于是土人创有雁塔寺。僧人沿山种茶，年

①袁应淦，《茶山乡志》，卷首“凡例”。

②指洪武二十六年（1393年）庾氏姻亲、何真之子何荣涉蓝玉案。

③庾氏，《族谱旧序》（作于明成化二十年，1484年）。

中分给居士，岁以为常，此茶园乡名所由始也。”按《茶山上步林氏谱传》载《茶园古今记录（亦名茶山）》，与上述二文均记事至清顺治甲午年（1654年），三文内容大同而小异，当为清初袁立俊撰。

清康熙六十年（1721年），袁起元所纂的《义祠记》（载袁应淦《茶山乡志》卷二）云：“粤稽吾乡，自梁武帝时创建雁塔寺。”这是目前已知有确切年代的关于茶山始于“梁武帝时”的最早记载。

约在乾隆年间（1736—1795年），欧苏（1750年—？）《茶山八景序》（据桐山居士《茶山乡志》）云：“木乡八景，昉自前明，惜所咏泯没。乾隆初，恩阳前哲会课，精择其尤者序而镌之，故予得以罗摭入志，并将各目附以小记，俾览者详焉。”欧苏《雁塔嘉泉序》（据桐山居士《茶山乡志》）云：“雁塔寺旧址在茶山之麓，今社学是也。当寺未废，僧众沿山莳茗，分赠居士，茶山实缘此得名。寺外有井一坎，泉水清冽，凉沁心肺，耽卢仝癖者必买力募致之。研金书画，非此不消融其渣滓。当年陆羽尝饮兹泉品藻，《茶经》何至中泠之泉为天下第一也？”欧苏所辑《咏雁塔嘉泉》诗，其中有关僧人、种茶的诗句如下：邓云鹤“何年卓锡仝谈易，水涌聪明自昔传。”欧铨“种茶分馈当年事，茗碗风流仰昔贤。”马世图“卓锡人何处，而今尚有泉。”叶焕“古寺有荒址，寒泉香不歇。犹忆种茶人，时来汲秋月。”由此可知，在乾隆初年或之前的明代，茶山文人是确信“雁塔寺僧人沿山种茶”之说的。

民国十六年（1927年）出版的《东莞县志》卷九十六云：“茶山雁塔寺，相传梁天监中（502—519年）僧徒建，僧于寺旁种茶数百株，故后名茶园。（《茶山乡志》）”此说称源于《茶山乡志》，但此版《茶山乡志》已佚，所言“梁天监中”比“梁武帝时”更具体，但也只是“相传”而已，无文献佐证。又，卷十四“茶”云：“邑有茶山，旧以种茶得名。今水帘山巅有种茶为业者。”

民国二十四年（1935年）出版的袁应淦所纂的《茶山乡志》，亦沿用了“梁武帝时”说。卷首“凡例”云：“《事迹略》：书阙有间，前事多不可考。梁武帝时，乡人创建雁塔寺，僧人沿山种茶，茶山之名实始于此，事迹之可考亦始于此。”卷一“物产”云：“吾乡以种茶得名。梁武帝时，僧人建雁塔寺于铁炉岭，沿山莳茶。清季万寿庵尚存古茶一树。”卷九“寺观”云：“雁塔寺，在茶山铁炉岭。闻此寺建于梁武帝时，今圮。当寺未废时，寺僧沿山莳茶，采以分赠居士，茶山之乡以此得名。前有井，味甘而清冽，名‘雁塔嘉泉’，为茶山八景之一。”

2010年出版的《东莞市茶山镇志》第781页认为：“我国种茶历史虽久，而梁武帝时尚无饮茶之风……茶山即有种茶，断非始于梁武帝时。”此说不确。晋斐渊的《广州记》云：“酉平县出睾卢，茗之别名，南人以为饮。新平县出皋芦，茗之别也。茗叶大而涩，南人以为饮。”南朝宋沈怀远的《南越志》亦有记载：“浈阳县北五里有茶山……茗，苦涩，亦谓之过罗。”茶山在古代属广州，茶山在汉以前即有人居住，故梁武帝时有人在茶山种茶是有可能的，只是梁武帝时茶山有没有寺庙就不可考了。

2.南宋

如果雁塔寺果真始建于南朝，那么史料中关于茶山从其后的唐到北宋的历史记载可谓寥寥无几，其中关于建设的记载更只查找到北宋元祐二年（1087年），知县李岩筑东江堤（京西鳌大堤）[1]一条。但从南宋开始，各类记载涌现，这从侧面印证了北方战乱，靖康之难（1127年）后，宋室南迁，给岭南带来了大量移民、建设的历史。茶山考古学者陈效坚先生通过出土文物的年代分布亦大致印证同样的情况：茶山京山—上元一带发现大量汉代古墓或其陪葬陶器，其后仿佛出现历史断代一般，至宋代出土文物才又渐渐增加。

横江、下朗初世祖墓

宋建炎元年，即靖康之难后，金国大举南侵，宋高宗在众臣护驾下南渡，护驾之臣中就有镇守粤东的大司马袁臻（号泽庵）。袁臻其后从南雄携二子迁居莞城阮涌。长子祯，又名弘道，字天祐，官授广东准备将军；次子弘德，字懿文，官授贵州团练副使。宋绍兴三十年（1160年），袁祯由阮涌迁居茶山，生二子，长琚，字子瑜，居横江；次珂，字士鸣，居下朗。袁祯遂为横江、下朗两房之初世祖。宋绍兴三十二年（1162年），袁祯回江西探亲，年老未返，妻莫氏葬于本乡之白雾岭。[2]

白雾岭位于横江与下朗村交界处，为带状的荔枝林，现乡人多不识其名。每逢清明、重阳，村民聚族拜祭祖坟，平时冷清的白雾岭一时间童叟咸至，熙熙攘攘。一处古墓却格外寂寥，它偏居一隅，几乎不会被人察觉，这便是横江、下朗袁氏初世祖之墓。土改之后墓地改作果园，后逐渐荒废，以至如此。该墓现仅露出一双护坡，灰砂合土夯成，臂长三米余，可知其规模之大，月池、拜台、享堂等原物已经无存，但形制依稀可辨，应为典型的灰砂夯土抄手墓。

现存的初世祖墓为明代名贤、横江袁氏后人袁昌祚于明隆庆三年（1569年）倡议重修，所幸重修时的明代墓表和墓记石碑尚存，乡人之有识者在墓被毁坏时将其搬回收藏，至今才能重见天日。两碑分别是明代进士钟卿所撰的《宋将袁公墓表》和进士袁昌祚所撰、书法家袁秋所书的《修初祖宋将公墓记》，均具有极高的文学、考古、书法方面的价值，尤以后者更佳。

在《修初祖宋将公墓记》中，袁昌祚详细描述了重修发掘祖墓时的所见，是研究宋墓的重要一手文字资料，可让我们在千年之后，一窥宋将墓内究竟：

今岁启公阡，辟土方尺余，则墓没土中，垒砖为封，环石为□，中划墓门，承以石踹……茔左右环列武士，皆陶瓦为之，高四寸，广方寸余，有帻而介者，有介而兜鍪□拳立者，有帻介而趋若呵殿者，凡土士有四。初族之修墓也，以将□故。不意向遗迹尚宛然未泯泯也。□睹诸规制，乃知公葬时，墓故坚完，为久远谋。岁久，浮土湮注茔中，累叶踵承，锼失厥故，复加土封焉，故狭隘若此。武士环卫，参以“将”字，即异时墓碑所称宦游语，益有征云。莫不悲且喜，既修墓晚会，苦碑断裂□，弗能得其详。复谋启公圹，冀有遇者。乃于石踹下，穿及尺许，得瓶二，绀缃色，高四尺，围约五尺，上施鸱鸟，四角觚棱，檐阿栏楣，型范仙像，中为蠼龙，蟠绕瓶腹，

①《东莞市茶山镇志》第8页。

②袁惠波，《茶园报》第二期、《雄绪堂袁氏族谱》。

袁昌祚《修初祖宋将公墓记》

（来源：《茶山历代碑刻》）

横江、下朗初世祖墓遗迹

（来源：自摄）

蜷尾矫首，鳞翼之而蜿蜿如也。瓶前各铜环一□，以灵閟不忍近也，复篑土筑坚焉。[①]

修缮后的初世祖墓“土堂广二丈，阶五级，视前加壮焉”。袁昌祚感叹：“嗣是，子姓绳绳，登降斯所，得无有感念本始□□？”（从此以后，袁氏子孙代代传承不息，当他们来到墓前，能不溯源、怀念自己的祖宗吗？）然而，数百年沧海桑田，历史像走了一个圈，宋将公墓再次“四顾彷徨，坏[②]土垒然”。

①译文：今年，我们挖开宋将公的墓道，挖到一尺多深时，发现墓已经埋没在泥土中。此墓垒砖为封顶，中间刻划着墓门，下面是石碑的石底座……墓里环列着数十个陶制的武士，高四寸，宽一寸多，有戴着头巾、穿着甲胄的，有穿着甲胄、戴着头盔而抱拳站立的，有戴着头巾、穿着甲胄急走着，像是官员出行时在前面呵叱行人让道、在后面殿后的随从人员。土制的卫士共四个。祖先的遗迹尚十分清晰而没有泯灭。我们察看此墓的规格、制式，可知宋将公安葬时，墓是坚固、完整的，是为了长远打算的，只是年岁久了，浮土塌下，注入墓室中，经历年沉积，墓地便不复旧貌。子孙们在上面堆上土堆作为坟丘，因此，墓地便显得狭隘。墓里陶制武士环侍护卫，再参考墓碑上的“将”字，后世袁氏列祖的墓碑上所说的“宦游”等说法，便有了更多佐证。大家莫不悲且喜，感慨修墓太晚了，苦于墓碑断裂，不能获得更详细的资料。大家又建议打开墓室，希望能有所发现。于是，在墓碑底座下面挖开一尺来深，得到两个“魂瓶”，黄绿色，高四尺，腹围约五尺，瓶顶塑着鸱鸟和四角宫殿，宫殿上有屋檐、栏杆，还有用模子印出来的仙人像，瓶子的中部塑着虬龙，缠绕在瓶腹上，昂首弯尾，精细的鳞片在龙身上蜿蜒。瓶前各有一个铜环，我们觉得这是祖先灵魂的隐秘之地，便不忍心继续进一步打开，于是覆土夯实。

②“坏”，音péi，山丘，此句亦出自袁昌祚《修初祖宋将公墓记》。

京山叶永青家族墓

横江、下朗先祖袁祯偕弟随父从河南汴梁护驾南渡，官授准备将军，镇守粤东。不料南宋在勉强抵抗了金国之后，又迎来了更强大的蒙古人。

宋咸淳十年（1274年），元兵大举入据中原，国难当头，京山村年近半百的叶刚（字永青）报国心切，毅然自荐，先后跟随熊飞、文天祥统兵抗元，收复广东梅州、江西会昌。景炎二年（1277年）八月，叶刚在一场战役中为掩护文天祥突围，力战而死。其弟叶钊背其尸回莞，葬于京山犁雾岭。

可惜宋、元至明，叶家“门祚衰微，行掩名藏”，叶刚的事迹也“久未勒石”，不为人知。明永乐十六年（1418年），曾孙叶新铭重修叶刚与妻熊氏（熊飞之亲妹）旧墓，并请福建布政使司参政南海彭森撰《宋永青叶公墓志铭》，记录叶刚的英勇事迹，该文其后被载于民国《东莞县志》，传颂至今。至今叶墓保存完好，连同其父叶植梅、后人叶玉田夫妇墓一起，以“叶永青家族墓”之名被列为东莞市文物保护单位。三墓以叶永青夫妇墓保存最佳、规模最大，为抄手墓，由灰砂三合土筑成，与横江宋将公袁祯墓质地相同。护坡、挡土、月池、拜台、享堂等均保存完好，碑为青石板岩，红砂岩碑框，碑首前约10厘米有一长方形拜桌。碑首后有八角形宝顶。

叶刚墓所在的犁雾岭，与铜岭（现东城榴花公园）熊飞的衣冠冢遥遥相望，那里正是他们当年联手打败元兵之地。[①]可惜最后壮志未酬身先死，彭森在《墓志铭》文末不由叹道：“迄今阴雨，犹闻战阵金鼓声云……”

叶永青家族墓

（来源：自摄）

①可惜如今叶墓前已建起高楼，遮挡了遥望视线。

茶山北帝庙“玄天真宰”匾

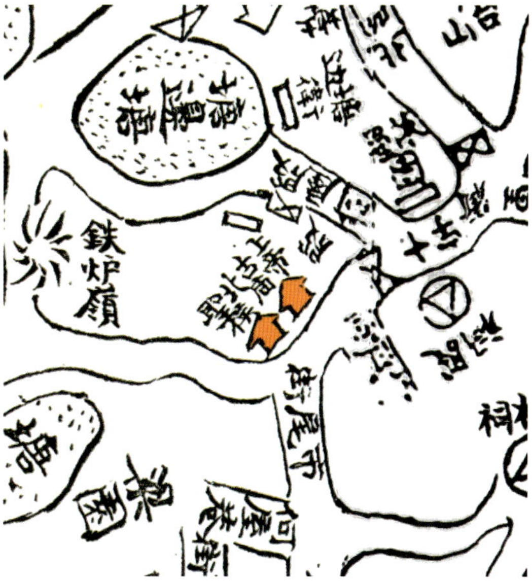

上帝古庙（北帝庙）位置

（来源：袁应淦《茶山乡志》，1935年）

就在叶刚自荐从戎报国的宋咸淳年间（1265—1274年），茶山铁炉岭雁塔寺另一侧的北帝庙，挂起了一块“玄天真宰”匾。宋朝自宋徽宗父子当国时期，道教盛极一时，至南宋末仍多道观。民国袁应淦《茶山乡志》卷二“庙祠”载：北帝庙“内有一扁（匾），非竹非木，或说是籐质，上书‘玄天真宰’四字，旁有‘咸淳年立’字样，所书之字系用朱色写，未经雕刻，而字画玲珑，尚自清晰”。袁应淦先生感叹道：“吾乡建筑物除雁塔寺外，实以此庙为最古。”①按《寨内全图》标记，此“第二古”之北帝庙大概位于现在东岳路、罗山街、彩虹路、爱国路交汇的十字路口爱国路西侧。民国时期的北帝庙大概率不是南宋原物，因为岭南的南宋建筑在闹市中能留存七百余年机会甚微，但按袁应淦所述，该庙至少始建于南宋无疑，且南宋时牌匾能留存至民国也实属难得，难怪袁先生如此着墨慨叹。

1279年，南宋在广东新会崖山海战惨败，陆秀夫背着少帝赵昺投海自尽殉国。这块宋咸淳年间的“玄天真宰”宋匾刚刚挂立不久，便见证了大宋的灭亡。

根据现存史料，最早定居茶山的是北宋时的庾氏②，而到南宋，尤其宋末随着元兵进逼，各村始迁祖也纷纷南下茶山立围。至元初，茶山的村落分布格局基本成形。横沥镇长巷《香氏族谱》载有一首歌谣，可大概知晓茶山其时各姓氏概况：

来到茶山不见查，只见陶洪柳陆家。
袁林卫叶初抽蕊，欧濮岑彭未发芽。

有意思的是，该族谱提到“茶山”名称起源另有一说：茶山原名“查山”。洋平（横沥村头一带）香氏始祖铃辖“本姓查，原居山东……仕于宋季……后随宋帝幼主……主崩，公乃卜居于南雄珠玑巷。闻保安风俗淳厚，又卜居于查山。因元兵追急，复卜居于洋平，改姓查为姓香”（把“查”字末横上移变成撇），逃过一劫（村头后来分出长巷、六甲二村，香氏族人部分迁徙异地）。查山自此改名茶山。村头香氏祠堂（“文化大革命”前已拆）及香氏后人香棣芳所著《四声词谱·后记》均纪其事。香氏后人至今每年都来茶山沙墩金盆岭拜祭查氏祖先。据传，以上歌谣便是元兵追杀查氏时某官回禀上司所附的诗，在茶山、横沥村头乃至广西香氏聚落等地一直流传。③

①袁应淦，《茶山乡志》中说“距今近八百年”，但实为计算错误，其时1935年，应为“距今近七百年”。

②《庾氏族谱》。

③《东莞市茶山镇志》779页。

但说茶山原名“查山”，其实不可信。

据《香氏钤辖公行传》所言，查开祥与其父查铨録避乱于南雄，宋咸淳元年（1265年）查铨录去世后，查开祥随文天祥等人抗元，“秀夫抱帝赴海”（事在元至元十六年，1279年）后“隐于茶山”，再迁洋平。但是，立于南宋德祐元年（1275年）的周塘陈氏“始祖蒙庵公暨配谭氏墓”碑已明确记载“茶园”地名①，先后顺序已非常明显。且元至元十六年（1279年）之前，茶园早已有庾氏、卫氏、袁氏、陈氏、钟氏、林氏、钟氏、叶氏等众多姓氏聚居，最早的庾氏已定居茶园一百多年，各姓人才辈出且颇为富裕，暂居茶园的查开祥将众姓聚居之地以其“查”姓命名，并不在理。

3.元

下朗御书楼、菊隐公祠

下朗元朝时曾建有一座御书楼，这座楼“奂轮辉耀，邑闬称之”，是袁义安（号菊隐）的里居。菊隐公家境富庶，但为人谦谨，重孝悌，睦乡邻，村人有争执不去官府，都去找他主持公道。他热心公益，曾捐田十五亩给东莞县城资福寺，以供祭祀。元泰定三年（1326年），羊城（今广州）大饥荒，百姓粮食紧缺，菊隐公捐献巨资购买粮食赈灾，使得很多饥民幸免于难。泰定皇帝闻此事，本想把菊隐公招到朝廷任用，无奈其时菊隐公年迈，便下御书褒奖。于是菊隐公便建楼藏御书，此便是御书楼。

可惜时至今日，御书楼已不存，但所幸纪念菊隐公的菊隐袁公祠尚保存完好，且祠内仍存袁廷凤所撰《建祠记》碑，为我们讲述了更多关于菊隐公后人的故事：清乾隆己丑年（1769年），族人正积极集资筹建菊隐公祠之际，东莞县发生饥荒。族人继承菊隐公的志向，毅然捐出积下的建祠资金用以赈灾。高义流徽，可见菊隐公的品德已代代相传。公祠因赈灾暂时延误，一直到癸巳年（1773年）春才动工，同年冬落成。

竣工后的祠堂“版兴百堵，如竹松并茂，翚飞三栋，为正□备修”。②族人欣喜之心溢于言表。

我们现在所见的菊隐公祠虽经清道光二十年（1840年）重修，但基本保留了乾隆年间原构的风格，呈现出典型的岭南清代早期的建筑特色。祠凡三进三开间，山墙为东莞特色的飞带式，头门敞楹，前后四塾台，额枋木质，与檐口一样均在两端渐渐升起，前天井两侧廊四柱三间，在同等规模的祠堂中较为罕见，中堂为常见的八柱厅，寝堂高敞，构架前端用卷棚，以示隆重。

该村大宗祠内《重修袁氏大宗祠记》碑刻有言：

“祖有祠，前人既能创，而我后人不能葺，安所用子孙为？……虽然，莫为之前，则后无以述；莫为之后，则前无以彰。……若而人自今以往，其或有不忘厥本，复起

①翟鸣时，《始祖蒙庵公暨配谭氏墓》碑文：“始居茶园……时宋德祐元年岁在乙亥（1275年）十二月念五日。”

②袁廷凤，《建祠记》碑文，大意：“一堵堵高耸的墙，像是茂盛的竹子、松树，高峻壮丽的祠堂有三进，大小祭祀空间都具备了。”

而董葺之，则元等不又大有赖于后之继起者哉？”①

恰在本书写作之际，下朗村再次对菊隐公祠进行修缮，彰显祖先功德，并激励后人继往开来。

重修中的菊隐公祠

（来源：自摄）

何屋何真公祠

元朝是中国历史上首次由非汉族统治的大一统王朝。虽然忽必烈舍弃故土定都汉人的大都（今北京），且学习汉人制度，泰定帝也仿效汉人皇帝下御书嘉许民间如菊隐公等杰出乡贤，可惜大元的政治仍久久未上正轨，汉化迟缓，发展不前，汉人心中始终未臣服。元末，吏治腐败，横征暴敛，致使农民起义四起，东莞一带也豪强割据，石冈（现石排）的王成是其中最有势力的一伙，他四出抢掠，茶山乡人不堪其扰。距茶山乡不远的员头山（今刘黄一粟边一带）何屋，有能人何真，本任职于河源，但见王成扰乡，逐弃官回乡组织义军，其善于用兵，不久便亲擒另一豪强陈仲玉。元至正二十六年（1366年），再攻王成，王成“树栅守茶山”，被何真“募壮士拔木大破之”。王成败走溪南，正准备卷土重来之际，何真悬重赏擒王成，王成之仆阿巢闻之心动，便擒王成献于雁塔寺。

①译文：我们供奉祖先的宗祠，前人既然能创建，如果我们后人不能修葺，那么要我们这些子孙有何用……没有人在前面做表率，后人就无法继承、发扬；没有后人在后面接着做，前人的功绩就无法彰显……从今以后，如果子孙有不忘记祖先的，再次发起重修，则我们这次重修的人不又有赖于后起者来彰显我们现时的功绩吗？

当阿巢以为能得到重赏的时候，何真竟然松开王成，引之上坐，王成深感惭愧，自愿乞归田里为农，自此茶山复归安定。擒主的仆人阿巢则没有那么幸运，何真虽然兑现诺言给他重赏，但同时命人绑阿巢于一大汤锅内，载在四轮车上，边烹煮边游街示众，并要求他随路惨叫："有奴缚主者当受此刑！"

明洪武元年（1368年），朱元璋派大军出征岭南，何真上书归附明朝，并入朝觐见，受朱元璋重用。洪武二十年（1387年），何真受封"东莞伯"。次年，何真逝世，朱元璋亲撰祭文，令朝廷百官素服三日致哀，可谓极尽哀荣。

何真名声在外，20世纪50年代东莞粉厂隔河对面仍可见一何真祠，不远处还有一何真桥[1]。据民国十六年（1927年）《东莞县志》记载，"东莞伯何公祠，在教场五云亭左，祀明邑人何真，万历十四年知县蔡淮建……祠前门后寝，深十丈，阔八丈"[2]，按明丈计算，大概为进深32米，面阔25.6米，符合两进建筑的比例，而25米多的面阔，极有可能是五开间建筑，而五开间两进，则颇为罕见。查《东莞县志》的《城外街道图》，仍可见何祠的标记（但未见何真桥），如今周边街道格局基本未变，可惜何祠、何桥均已不存，所在位置现应为粉厂宿舍。

茶山唯一留下与何真有关的建筑物，是何屋的何真公祠。但该祠非古时原物，而是1994年所重建，规模远远不及莞城何祠，只有两开间，明字式，几乎通体绿瓦绿瓷砖，很有20世纪90年代的品味。何屋乡民大概觉得不能彰显祖上名望，在本书写作之时将旧祠拆除，准备重建更为大气的何真公祠。

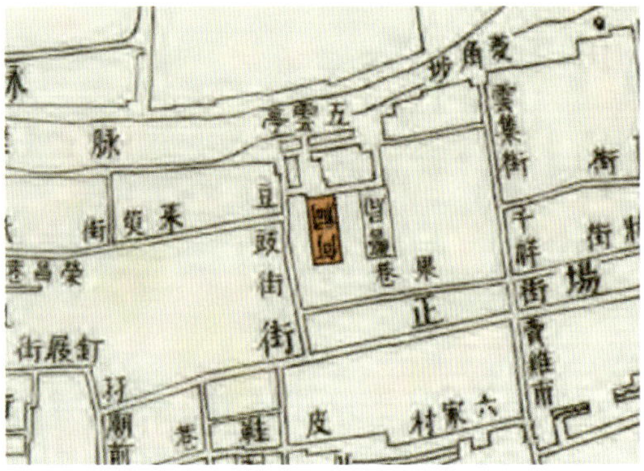

莞城东莞伯何公祠位置

（来源：陈伯陶《东莞县志》，1927年）

何真公祠

（来源：自摄）

4.明

京山巡检司

朱元璋建立明朝后，为加强地方管理，旋即在全国范围内普遍、大量设置巡检司。明洪武三年（1370年），茶山于铁炉岭设立京山巡检司，管辖茶山、石龙各地。[3]巡检

①《东莞市茶山镇志》787页。

②陈伯陶，《东莞县志》卷十八。

③陈伯陶，《东莞县志》。

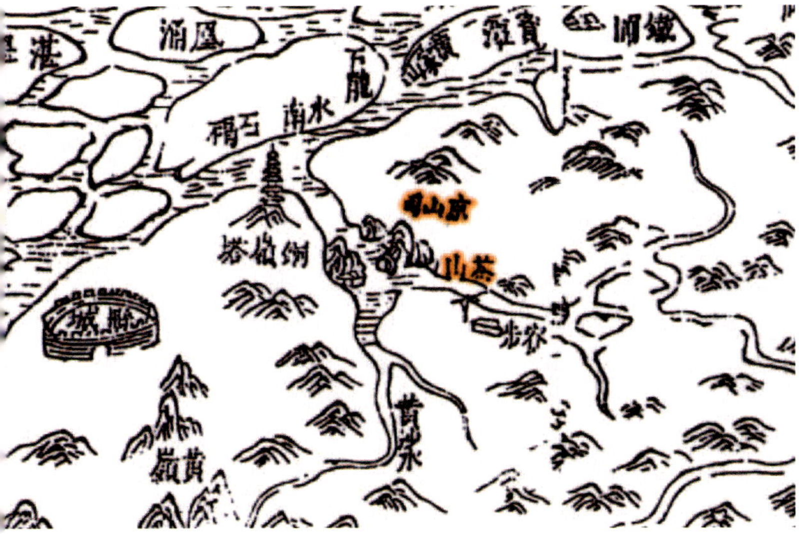

清康熙年间东莞京山司位置示意图

（来源：《清初东莞县总图（康熙）》，东莞规划展览馆）

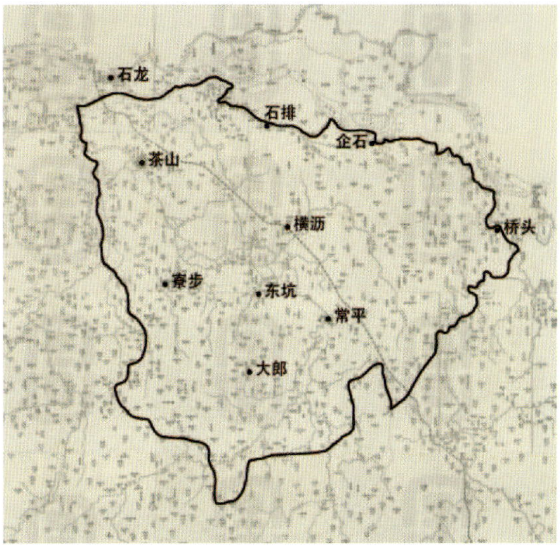

民国东莞京山司管辖范围

（来源：改绘自陈伯陶《东莞县志·全县分图》，1927 年）

司为县级衙门属下的基层组织，类似于如今的派出所，故民国《茶山乡志》把京山巡检司归在建置中“衙署”一类。从南朝时雁塔寺创立于铁炉岭，开茶山之史，到元末何真收王成于此，再到明初建立巡检司，我们可以看出铁炉岭可谓茶山的政治、文化中心，在各种史料中的曝光率非常高。但巡检司在此设立十六年之后，便迁至京山，“中为正堂，左右为司房，后为官廨，旁为吏舍，前为鼓楼”[①]，设施完善。其后又迁往石龙水南，借民祠为之。直至清乾隆十八年，因乡人王亮臣谋反，次年便将巡检司迁回茶山旧址，以稳定治安。

茶山社学、文庙、魁阁

除加强治安管理外，明初还非常重视民间教育。据民国《东莞县志》记载，明洪武八年（1375 年），朝廷下诏地方官员设立社学[②]，选聘有才能的儒者为师，教化民间子弟。明洪武十六年（1383 年）开始，社学改为民办，官员不得干预。除社学外，文庙、魁阁也是宣教崇文的重要建筑，三者在民国《茶山乡志》中有多处记载，可知它们的位置历代屡次变迁交替，读起来难免让后人迷糊。兹将乡志中记载的社学、文庙、魁阁三者变迁过程以时空轴制图呈现如下：

①陈伯陶，《东莞县志》；司房，负责记录口供、管理案卷的文书部门；官廨，官吏办公的房舍。

②元、明、清时期官府设立的学校，现多指社会学习。元制50家为一社，每社设学校一所，择通晓经书者为教师，施引教化，农闲时令子弟入学，读《孝经》《小学》《大学》《论语》《孟子》，并以教劝农桑为主要任务。明承元制，各府、州、县皆立社学，以教化为主要任务，教育15岁以下之幼童；教育内容更包括御制大诰、本朝律令及冠、婚、丧、祭等礼节，以及经史历算之类。

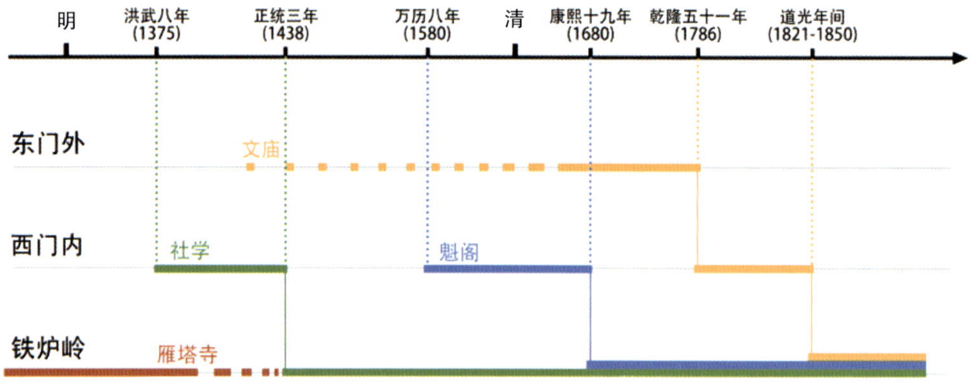

茶山雁塔寺、社学、文庙、魁阁历代位置变迁示意

（来源：根据袁应淦《茶山乡志》描述整理、自绘）

茶山社学始办年代未有记录，依前文朝廷政策推断，估计亦在洪武初，社址在北门内邱氏宗祠侧。明正统三年（1438年），铁炉岭雁塔寺已废，社学迁去雁塔寺的故址重建；142年后的明万历八年（1580年），兴建魁阁，坐落于社学北门内的原址，袁昌祚、钟继英有序①。整整100年后，即清康熙十九年（1680年），魁阁、社学均“垣壁告圮”，乡人于是将北门内魁阁迁往铁炉岭与社学一并重建。文庙始建时间亦不可考，原位于东门外万寿庵侧，在魁阁迁往铁炉岭后的106年，即清乾隆五十一年（1786年），文庙迁建于魁阁北门内原址，数十年后的道光年间（1821—1850年），再迁往雁塔寺社学，于社学后座魁阁下供香火。至此，学、庙、阁三合为一于茶山的“政治文化中心”铁炉岭。

从图中我们可以清楚看到，学、庙、阁三者先后创立，本在不同地方，后代数易其址，均以北门内邱祠侧的位置为过渡，从外而内再中心，最后于铁炉岭合为一体。从区位来说，应该是逐渐位居中心，可见乡人对文教的重视。

民国二十四年（1935年）出版的《茶山乡志》刊载了十六帧关于茶山名胜的照片，为记录茶山筑迹的极为重要资料，其中就有社学。但照片中的社学非清康熙年间，亦非清道光年间的那座，而应该是清光绪四年（1878年）重建的。清康熙年间的社学前而头门，中而社学（在兹堂），后而魁阁（炳灵宫），与民国乡志所载社学照片类似。照片显示，其时社学亦为三进，硬山，龙船脊，脊末段饰鳌鱼。头门前沿山墙出矮墙，中开拱门，门上匾曰“义路”。民国版《寨内全图》社学前道路正是叫“义路”，与之相符。最值得注意的是第三进的魁阁，在照片中只露出一角，但信息量可不少，按透视法将前两进山墙尖相连画直线延伸的话，便可知其实第三进其实非常高，符合“阁”的形制。

清光绪四年（1878年），里人林萼华所撰《重建社学记》中记载了一段颇有意思的关于魁阁的故事：在众人决定要重建社学之后，“惟魁星阁前面罗列，不见峰峦，众欲建高，未敢擅断”。听闻石排云冈寺有最擅风水占卜者，于是大家便前往求签，得占诗云：“规模乡学不须更，水改潆堂六秀清，中匹后楼高四宿，窗②开三面焕文明。”于是加高魁阁的想法才确定下来。

①袁昌祚《炳灵宫记》，钟继英《在兹堂记》，所指“宫”“堂”实均为魁阁的不同部分。
②即“窗”。

茶山社学

（来源：袁应淦《茶山乡志》，袁学甫摄，1935年）

重建后的社学、魁阁，还有阁下的文昌庙“规模再振，气象一新，识者预决文风之必盛焉”。回顾历史，茶山确实文风极盛，历代人才辈出，堪称邑中巨乡。社学、文庙、魁阁、书院、诗社乃至近代的学校，在乡志中着墨极多，而茶山也是古代东莞罕见立志的乡，此等成就有赖于前人对教育事业的苦心经营。然而，如今上述的社学、文庙、魁阁均已泯灭无闻，只留下一帧照片、数段文字，不禁发人深省。

茶山东岳庙

茶园北面有一山岗曰象岭，为茶园的少祖。明初，这里遍植梅树，每当梅花盛开，满望晴雪（满眼洁白的梅花就像晴天的白雪），幽香袭人。一位踌躇满志的少年游歌其下，被这里的清幽美景深深吸引，便在此卜室静居，潜心学问。这位少年便是日后茶山的理学名家林光（号南川，下埗林屋人）。在他卜居处不远，有一座古庙，林光总是感叹它荒芜狭小，与庄严的祭祀太不相称。

这座荒芜狭小的古庙便是茶山如今尚存最古老、最知名的东岳庙。

据林光的记载，东岳庙“兴创维始，岁久罔稽矣”（年代太久远而无法查考）。按目前所知的史料，东岳庙的始建年代至今依然无法确定。[①]关于东岳庙最早的记录为林光晚年（明正德九至十四年，1514—1519年）为东岳庙重光所撰写的《重建东岳行宫

①关于东岳庙的始建年代，最早的相关记述是林光所撰的《重建东岳行宫记》，称“兴创维始，岁久罔稽矣”，其后历代亦沿用这个说法，无法确定始建年代。但2010年茶山商会立于东岳庙前的介绍碑文称“创修于大唐开元盛世年间”，未知其说法出处，疑混淆了民国《东莞县志》里提到的“城南五里外”的另一座东岳庙。

东岳庙香亭

（来源：袁应淦《茶山乡志》，袁学甫摄，1935 年）

记》[①]，嘉靖二十一年（1542 年）复修，其后约在隆庆、万历间（1567—1620 年）袁昌祚再修东岳庙，并书“岱宗灵贶”山门匾额和十数对楹联。至清朝，至少经历过康熙二十六年（1687 年）、四十二年（1703 年）、嘉庆二年（1797 年），还有一次纪年不详的清末重修。民国二十二年再修。1962 年被改作林场。1960 年代末香亭、大殿被拆毁，取材用于修筑工事。1985 年，拆除林场时期的后加物，恢复庙宇功能。1993

东岳庙大殿上梁

（来源：骆炳根摄，1993 年）

东岳庙全景

（来源：骆炳根摄，1993 年）

①该碑现存东岳庙内，是茶山最著名的碑刻。

年，依照老人回忆的样式重建香亭、大殿，恢复原有格局。2008年，大殿毁于火灾，2010年再次重建复光①。可谓历朝历代，东岳庙的劫难和修缮活动都几乎没有停止过。

现存的东岳庙格局基本保持了原貌，主体三进，中路统一用绿色琉璃瓦，两侧厢房、耳房除山门外则施素瓦，广场前的三开间三重檐牌坊为当代所加，山门前有十数级台阶，为山势使然，也让庙宇山门气势尽显。山门屋顶形制较为特别，主体屋顶分中间高两边低三部分，两侧复加耳房，屋顶再跌落一级，平面向前凸出，使整个山门呈扁平凹形。立面用东莞常用的红砂岩石柱十根，形成疏密不等的9个开间，再加上耳房两间，共计11开间。虽然按屋顶计实质为三、五开间，但这种做法亦相当罕见，颇具韵律。正门上所挂便是袁昌祚撰“岱宗灵贶”匾和两侧对联，惜已非原手迹。入内天井宽阔，两侧廊庑，正前香亭（或称拜亭）为重檐歇山，现状与民国《茶山乡志》所刊照片大致相同，但细节有所差别，例如正脊鳌鱼由“含脊”变成位于脊上，下檐戗脊脊饰由鳌鱼变成北方惯用的仙人走兽②。大殿为独立的重檐歇山三开间殿堂式建筑，上下檐下均施如意斗栱，是茶山仅有的殿堂式大木构架，可惜与香亭一样，均为当代重建，已非原物。

但重建不会影响东岳庙历来在茶山人心中的崇高地位，它已成为茶山的精神象征。中华人民共和国成立初期，东岳庙庙会（即茶园游会）依然如期举办，每年农历三月廿五至廿七，茶山当地居民及四方香客、游人均会来到东岳庙举行祭祀活动，并抬出东岳大帝和民间吉祥神到乡内各地进行巡游，祈求风调雨顺、国泰民安，场面盛大。“文化大革命”中，东岳庙亦得以幸存，茶园游会也在停办六十多年后于2010年恢复，成为一方盛会③。

时间回到明正德九年（1514年），林光告老还乡。年迈的他再访少年读书之地，徐徐登上象岭之巅，极目远眺，罗浮山四百三十二峰、宝山、花林、莲峰等名山尽收眼底，群山像是环抱保卫着茶山。其时，东岳庙已经修葺一新，栋宇宏敞，神仪俨若，而家乡茶山也变得士庶交集，商贾懋兴，比前代有了更大的发展。林光感慨：这大概得到东岳大帝的保佑，“（神）在一方则阜乎一方之民”，对庙宇进行修缮、祭拜，是报答神灵的保佑，不算过度祭祀。

以上事迹和论述记载在林光所撰的《重建东岳行宫记》中，这篇文章也引起了后人关于敬神乃至宗教的进一步讨论。

清康熙四十四年（1705年），东岳庙修缮后重光，邓廷喆作《重修东岳庙记》论道：“乡人之父老子弟祈于斯、迁善悔过亦于斯，则斯庙大有造于乡也。”约百年之后的嘉庆二年（1798年④），邓廷喆之孙邓大林在东岳庙的另一方重光碑记中表示赞同南川先贤和祖父的见解，也同意孔子曰“祭则受福”，但“余愿更有进”，应当“有善必迁，无过不改”“齐厥心，省乃躬”⑤。民国二十二年（1933年），即邓大林碑百余年

①据相关碑文和骆炳根先生采访整理。

②本书第五章“保护”会有相关讨论。

③重新发掘整理茶园游会资料并推动游会恢复的骆炳根先生于2020年4月被认定为第六批省级非物质文化遗产代表性项目代表性传承人。

④原碑落款时间为“嘉庆二年（1797年）岁次丁巳季冬”。季冬，即十二月，当年的农历十二月，为公历1798年1月。

⑤有好的就要学习，所有的过错都要改过，心灵恭敬，反省自身。

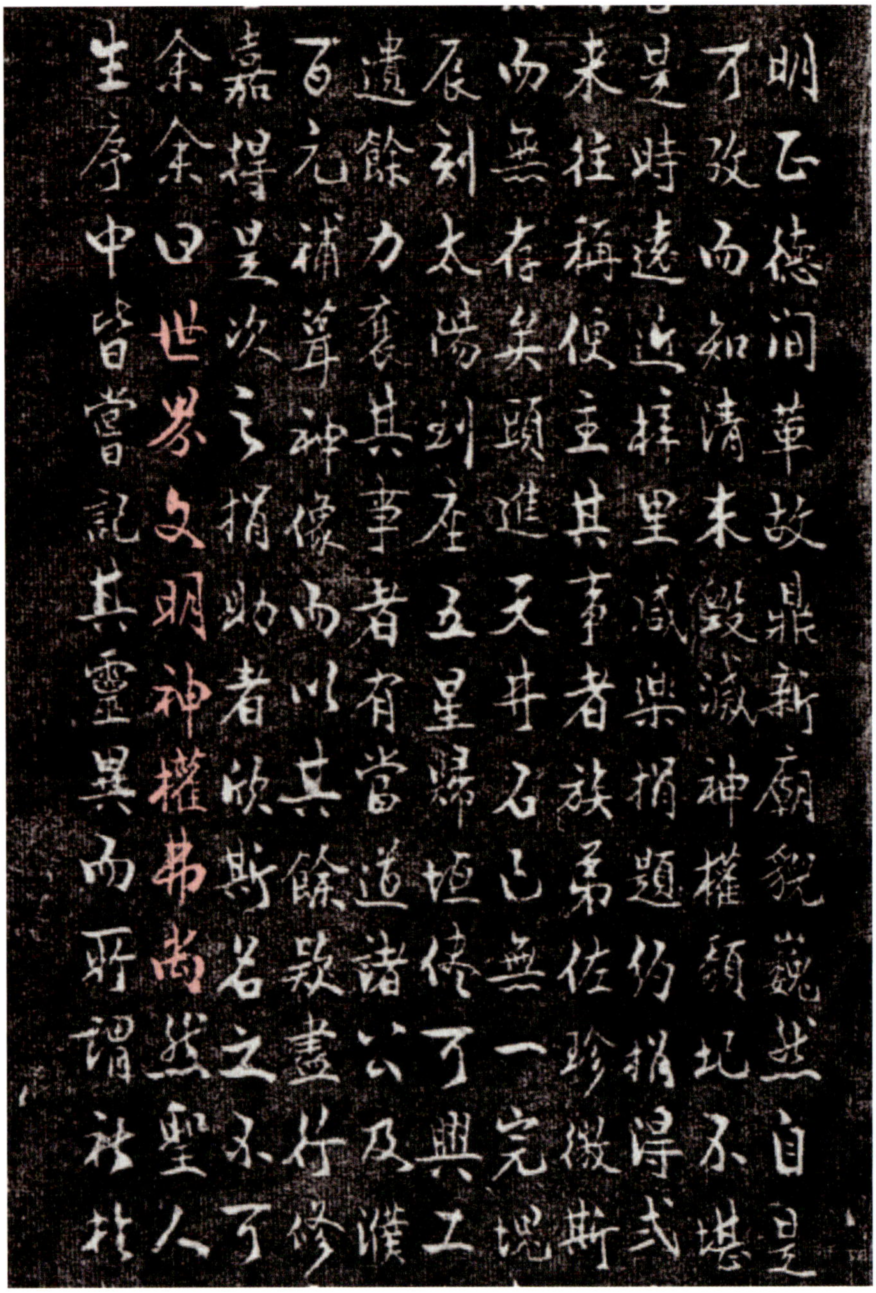

刘文亮《重修茶山东岳行宫记》（局部）

（来源：《茶山历代碑刻》）

之后，东岳庙再次重修。自清末西学东渐，神权旁落，当时人们对宗教已经没有那么痴迷，刘文亮写下另一篇重修碑记，继续对此话题作议：“世界文明，神权弗尚，然圣人以神道设教，使愚夫愚妇有所畏而不敢逞，意至深也。”最后不忘呼应前贤诸记里的话，意指虽然如今神权不再那么受崇拜，但信仰仍对普通百姓有重要的教化作用。如果说社学等教育机构代表了当时的精英教育，那么，东岳庙等寺庙则承担着教化平民的职能。

这些碑刻在东岳庙并肩而立，从林光到邓廷喆再到邓大林而后到刘文亮，仿佛进行了一场跨越数百年的有益对话，既有道德的传承，又有思想的革新，如今我们在拜祭或参观之余，若能在诸碑前细细品读此番对话的深意，则东岳庙这座百年古庙，就更耐人寻味。

林光《重建东岳行宫记》

（来源：《茶山历代碑刻》）

榄山书屋

林南川在象山东岳庙附近修学之后，于明成化元年（1465年）中举，五年后上京会试，可惜下第。当时同样被错过的贤才还有新会的陈白沙[①]，这两位广东老乡同船而归，话语投机。林南川十分敬佩陈白沙的学问，至新会拜他为师。其后陈白沙曾到访林南川在榄山（现属下朗）修学的书屋，与林南川叙旧论道，并写下《宿榄山书屋》和《别榄山书屋》，后诗云：

罗浮山色眼中来，老子心情不易裁。
高浪不惊南海舶，白云聊共榄山杯。
未知竹径留人否，那问天公着雨催。
主人更道秋来好，收拾黄花待我回。

有罗浮山色，与南川剪烛，陈白沙对榄山书屋是何等留恋。如今我们再临榄山，周围已被民宅工厂包围，再也看不见罗浮山色，榄山书屋也泯灭不知所在，唯留一破败村门，杂草已经蔓延至屋顶，门梁都已经断裂，但上面依稀可见“公甫停骖”四字。陈白沙字公甫，此墨书门额即纪念陈白沙曾在此停车驻马，拜访得意门生林南川的佳话。茶山历代名贤，数林南川为一二，其亦师亦友的陈白沙更是岭南地区唯一一位从祀孔庙的大儒，他们的史迹颓败至此，实在让人唏嘘。

榄山村门
（来源：自摄）

榄山村门“公甫停骖”门额
（来源：《茶山历代碑刻》）

①明代著名的思想家、哲学家、教育家、书法家、诗人、古琴家。岭南地区唯一一位从祀孔庙的大儒，也是明朝从祀孔庙的四人之一，是明代心学的奠基者，被后世称为“圣代真儒”“圣道南宗”“岭南一人”。

茶山寨墙

明天顺五年（1461年），为维护治安，知县吴中代茶山禀请立寨，翌年起建寨城，与广州新城同日（十二月二十四日）兴工，次年四月告成。这是茶山建立城寨的开始。自此，茶山便有了自己的寨墙。嘉靖三十七年（1558年），日本浪人自虎门入寇，茶山戒严防御，增筑寨墙；嘉靖末年，茶山大旱导致饥荒，乡贤钟黄山怕因饥荒致乱，便报请知县杨守仁在寨墙上增筑雉堞[①]，加强防御力，以防盗贼。

关于茶山寨墙的始建年代，以上是主流说法。但袁应淦在《意园小草》中提到，"邑志（《东莞县志》）云茶山寨当筑自元时"，袁应淦对此提出反驳，依据是元至正二十六年（1366年）"王成树栅守茶山，何真募壮士拔木大破之"的事迹，袁应淦指出："苟有城，安用树栅哉（如果有城墙，怎么用得着树立栅栏呢）？盖茶山之有寨，实始于明初之天顺时。"

如前章介绍，当时所建的城墙周长共五百多丈（约1.7千米），高一丈九尺（约6.3米），东西南北共建有四个城门，其中东西南三个城门建有石桥与对岸相连。另再建南薰、城头、迎阳三个小门，以便通商。但城墙经清初李万荣四劫茶山（详见后文）后大为残破，至1935年时仅存城墙的石基础和东西南北四座城门。而十七年前的1918年，与茶山寨墙同日新筑的广州新城与旧城一并被拆除，墙址用作修筑马路。这是全国第一波拆城墙的高潮，第二波则出现在"大跃进"时期，当时全国各地大搞集体生产建设，但原材料却极度缺乏，所以很多以前的非实用性的建筑物都被拆除，取其旧材搞新建设。而最无用、体量最大、拆毁后可用之材最多的便是城墙。于是，全国掀起拆城墙之风，东莞县治莞城的城墙大概在同样的背景下被拆毁，只剩西城门城座。

如今我们如果造访莞城，尚能从复建的西城楼知晓城市以往有城墙环绕的历史。但在茶山，除了少数老人，几乎没有人知道其实茶山也同样有城墙，因为如今我们几乎看不到任何城墙曾经存在的痕迹。说"几乎"，是因为其实在茶山村有一处叫龙船围的地方，前面保留着一条狭长的水坑，这条其貌不扬的水坑其实是旧时东护城河的一部分。在龙船围与水坑的驳岸边，尚存一段长约80米、高约1米多的矮小砖墙，此即为当时城墙所在位置，城墙被拆后用余砖砌成河边围栏。

民国时期的袁应淦先生在《茶山乡志》中提及在民国时仅存东西南北四城门，但据茶山民俗学者骆炳根先生忆述，1962年左右上埗林至东门一段尚存围墙，但只有约两米多高，其时十一二岁的他和小伙伴两人踩着肩膀刚好可以爬上墙顶，墙顶可站人的位置只有30厘米左右宽，外侧有雉堞，高出墙顶60～70厘米，墙外即护城河。据拍摄了许多茶山早期照片的摄影师林锡南先生回忆，南城门两侧的城墙早已不存，墙身原址建了许多店铺，侵华日军进入茶山时这些店铺被烧毁，墙基才显露出来。综上我们可知，20世纪60年代时，南门两侧城墙均已无存，而上埗林至东门段尚存，但骆先生60年代所见的城墙规格、存废情况与袁应淦30年代所描述的相去甚远，是否抗日战争时期或其后曾重建较小规模的城墙？袁先生所描述的城墙只是其中一种形态？这有待进一步考究。

①雉堞，又称齿墙、垛墙、战墙，是有锯齿状垛墙的城墙。

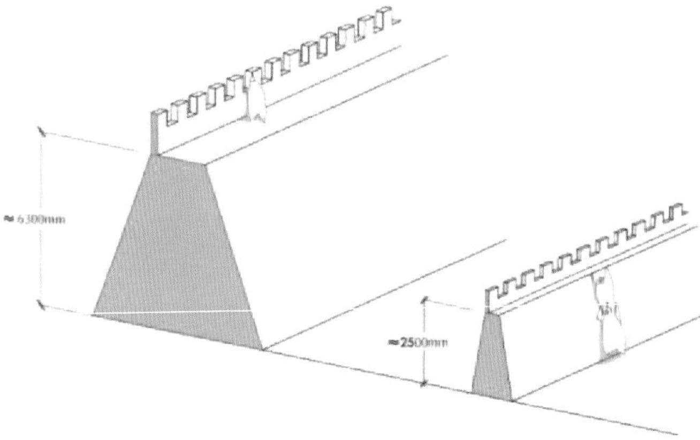

关于茶山寨城的两种形态描述示意

（来源：左图依据袁应淦《茶山乡志》、右图依据骆炳根描述，自绘）

林锡南先生曾拍摄过一张广济桥的照片，照片中除了可以看到广济桥和广阔河面上的鹅群外，还清晰可见北桥头岸边的船厂和一栋高耸的炮楼——南楼。南楼建于南城门城座之上，顶楼的瞭望台有双坡瓦顶，四面开敞，以便观察四周情况。此处原来是南门城楼，应为楼阁状而非照片中的炮楼状，原城楼毁于何时已不可考，民国乡志里提到1935年仅存四城门，是否包括南门城楼亦未可知，但据林先生所说，照片中炮楼式的南楼应该建于日军入侵之前，即1938年之前。该照片摄于1955年左右，数年后的1958年人民公社化运动开始后，南楼便被拆除，其下的明代城门估计也在当时被一并化作建设社会主义的砖块。

广济桥及南楼

（来源：林锡南摄，约1955年）

茶山广济桥

南楼城外的位置土名“浮桥头”（“浮”土音“蒲”），这里的“桥”指的便是广济桥，其实它才是林先生拍摄的这张照片的主角。

广济桥是茶山城墙南门外与对岸相连的交通要道，可谓远近闻名，民国《东莞县志》亦有记载，称其“宏壮甲于他处”。广济桥未建成之前，增埗、茶山的两岸只能通过浮桥来往，故附近沿岸土名“浮桥头”，沿用至今。这里水患甚多，用浮桥过渡很容易出事故。明天顺七年（1463年），茶山寨墙告竣，里人王宜信倡议将浮桥改建成石桥，可惜未能成功，但在两岸建起十一间房屋，用来收租以继续筹措经费。好事多磨，直到半个世纪后的明正德十年（1515年），石桥才由乡人袁晃（东溪）重新倡建，得到林南川、钟云瑞等人积极响应，大家踊跃捐资购买木材、石材，聘请工匠，工役大兴。其中，仅袁晃一人的捐款就达到了总捐款的八成。工期紧急时，袁晃更是不惜亲自挑石建桥。其急公好义的品德，广为乡人称道。对广济桥的修建有关键贡献的还有林光（南川）。当时邻乡石冈（石排）李本清以“阻塞水口”为由，状告茶山，意图阻止广济桥的修建。朝廷派官员到茶山视察，幸赖林南川先生据理力争，力言其便民之利，才

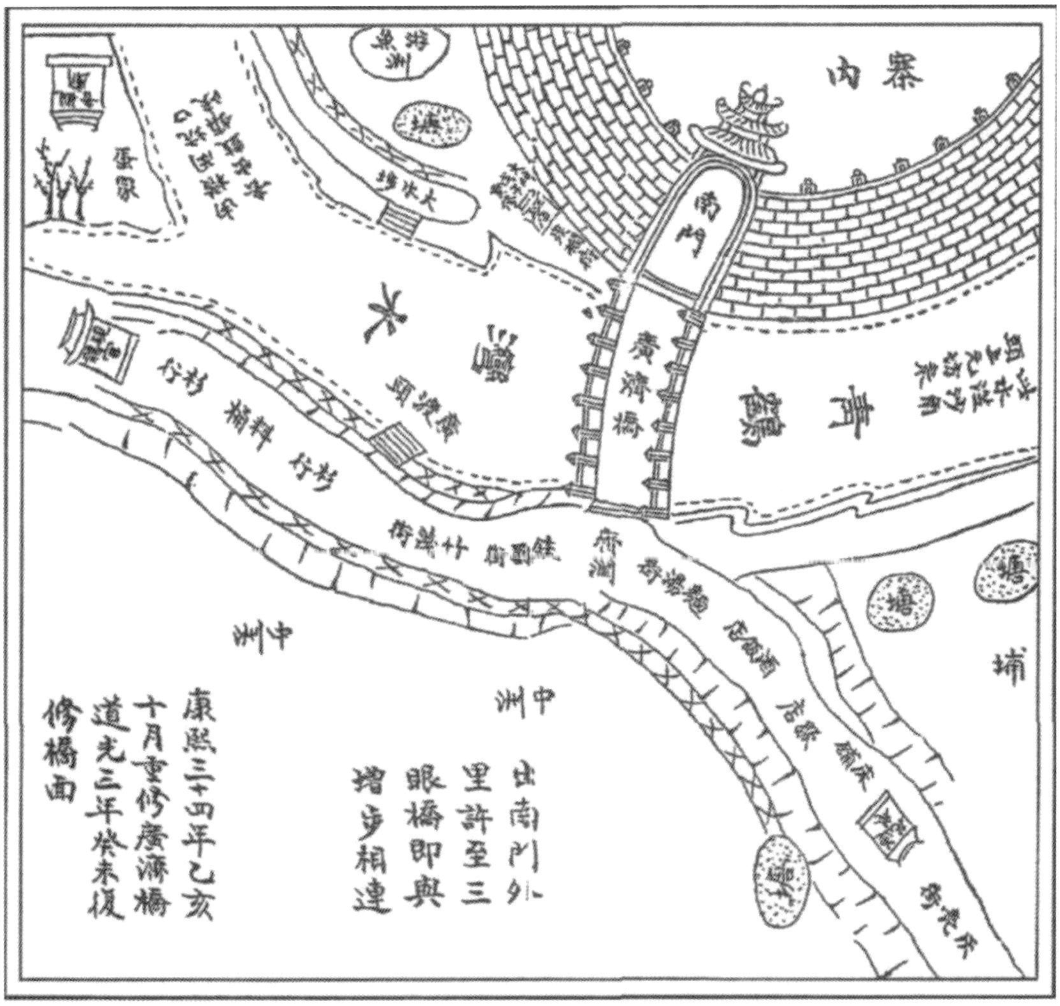

茶山南门外

（来源：袁应淦《茶山乡志》，1935年）

使建桥大业得以继续。三年后，广济桥终于竣工，从此，浮桥头来往乡民络绎不断，圩市在此繁盛起来，商贾云集，广济桥确实成为广济世人之桥。明万历三十九年（1611年），茶山富商刘武孔捐资增筑桥之南数百丈石堤，历代乡贤为此前仆后继地付出，曾任四川参议的袁昌祚在《重修广济桥募捐疏》里将广济桥与成都万里桥、潮州湘子桥等名桥并论，并借追忆诸葛亮、韩愈，赞颂造桥广济百姓的前贤："若万里桥在成都，朝阳桥近在吾广之潮郡，异时诸葛亮、韩愈实雄构焉，至今颂义不衰……幸有贤大夫来造福我邑，竟所就，固诸葛亮、韩愈之后劲哉。"

钟云瑞作有《创建广济石桥记》，记载了石桥创建初期的面貌："八墪以承梁，七洞以宣流，扶栏以翼，飞轩以荫，首尾以关限，左右以碑亭。"由此可见，初创时广济桥用八个桥墩承梁，但结构用的是木梁而非后来我们在旧照片里看到的石拱，这从后世重修记录"石基木道"[①]"风雨浸蚀，木以朽腐"[②]中也可见一斑。至清康熙三十三年（1694年），才"易木以石，图其久远"，改成石拱形式。且原来桥面上有栏杆扶手、廊道遮蔽，两端还有碑亭，这些都是旧照里没有的，推测是毁于明末清初李万荣之劫[③]。

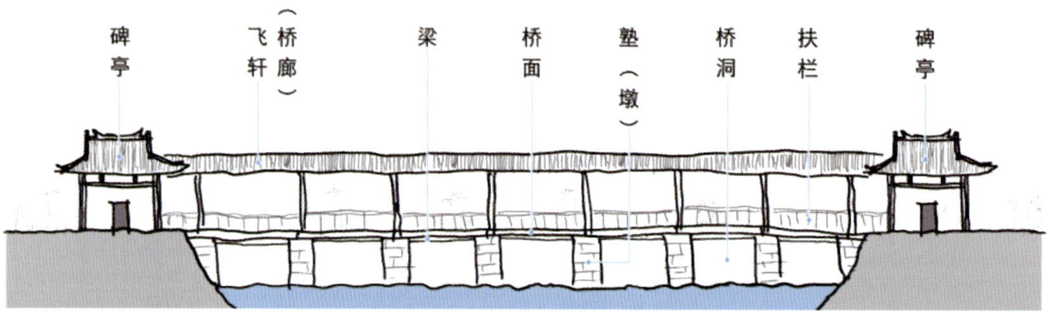

广济桥明代旧貌示意

（来源：根据袁应淦《茶山乡志》描述整理、自绘）

经过明万历，清康熙、乾隆、道光数度重修之后，1962年，由于整治水利，河道变窄，广济桥由七孔被改为四孔，拓宽桥面，并易名为茶山桥。林锡南先生再度来到广济桥，记录下它的新貌。依照片，可见其时石墩两端加建了短柱，承托加宽的桥面；桥面上新做水泥栏杆，并且还有路灯，这在当时应当是相当隆重的配置了。1989年，河道愈窄，广济桥（茶山桥）再次改建拓宽，成单孔石桥。2012年11月，广济桥被彻底拆除，告别历史，重建成为一座普通的水泥公路平桥。

①袁昌祚，《重修广济桥募捐疏》。

②邓奇，《募捐重修广济桥引》。

③邓奇，《募捐重修广济桥引》里记载"前朝戊子寇焚桥亭"，前朝即明朝，明朝戊子年有寇出没于茶山的记载唯有最靠近清朝的南明永历二年（1648年），时李万荣第三次劫掠茶山，"戸舍尽成灰烬、墙角木料亦被拆卖"（民国《茶山乡志》）。南明永历二年亦记作清顺治五年，但其时广东尚在南明政权下，故邓奇称"前朝"。

四孔广济桥

（来源：林锡南摄，20世纪60年代初）

单孔广济桥被拆除前

（来源：骆炳根摄，2012年）

茶山慕德祠

与袁东溪、林南川共同倡建广济桥的还有钟黄山（云瑞）。其生时为茶山贡献巨大，《茶山乡志》中处处可见他的事迹。除了倡修广济桥外，他还在茶山内忧外患时团结乡民，赈灾御敌。明嘉靖戊午年（1558年）夏，茶山旱灾严重，致使群盗并起，钟黄山动员赈灾，并率领乡人立乡约、谋防御。不久，日本浪人沿海登岸，焚荡乡村，所幸茶山在钟黄山的带领下早有所备，乡勇训练有素，且邑候杨守仁向上级申请维修城墙，增修雉堞。流贼见无机可乘，便打消了侵扰念头，相继远去。

乡民感戴钟黄山大德，为他建立生祠——慕德祠。生祠，即所祀之人尚在世时修立的祠堂。为专人立祠本来已经少有，立生祠则更为罕见，可见钟黄山在乡民心中地位之高。慕德祠建成于明隆庆元年（1567年），在象山之南，北门之外。这一带古时寺庙、祠宇林立，但现在除东岳庙外，包括慕德祠在内的其他庙祠均已不存。清桐山居士《茶山乡志》的寨图中标记了慕德祠的位置，大概在如今东岳路东侧，茶叶交易市场对

慕德祠

（来源：袁应淦《茶山乡志》，袁学甫摄，1935 年）

面，与关帝庙毗邻。据戴记所撰《重修慕德祠记》，“祠凡三楹，外为仪门，仪门之外为大门，翼以四廊，缭以垣墉，负山临水，厥位面阳”（该祠有三进，外面是仪门，仪门之外是大门，两侧有连廊，四周有围墙环绕，背山面水，坐北朝南）。可知其布局和一般祠堂差别不大，为典型的三进建筑，所不同的是中进不是“堂”的形式，而是仪门。祠堂的中进称为中堂，一般前后四柱三进深，中间为大空间，而仪门，即礼仪之门，一般为分心槽，前后两进深，中间为门。民国《茶山乡志》中有一帧慕德祠的照片，为现存唯一真实图像资料，它给我们展示了一个更为特别的头门建筑造型：五开间，两侧次间、尽间屋面层层跌落。这种造型在祠堂类建筑里极为罕见[①]，广府范围内目前只见佛山南海沙头崔氏大宗祠与之相似，但沙头崔祠正、次间屋顶檐角为假歇山式（即硬山顶檐角斜出，模仿歇山），而茶山慕德祠为工整的硬山。其檐下是否如崔祠一样施如意斗栱则不得而知[②]，但屋面可清晰见到龙船脊、鳌鱼，外有围墙、门洞，仪门和寝堂应该同为五开间，但屋顶为整片双坡，而非头门的五片跌落形式。慕德祠整体气势不凡，尤其头门的造型殊为罕见，足以体现钟黄山先生的德高望重和在乡人心中的崇高地位，该建筑也是岭南建筑形制研究的特殊案例。

巧合的是，慕德祠建成当年，钟黄山驾鹤西去。“大跃进”时期（1958—1960 年间），慕德祠被拆毁，一同毁掉的，还有钟黄山先生的泥塑像[③]。茶山失去了一座非凡的建筑，钟黄山先贤的事迹也随之淡出了后人的集体回忆。

①其造型与茶山东岳庙山门从外观上类似，但东岳庙头门两侧实为耳房。

②笔者认为可能性不大，因为如意斗栱一般只在歇山或假歇山檐下施作。

③陈雪轩，《茶山史话》。泥塑像的照片在民国乡志有载。

横江晏公庙、海珠寺

在慕德祠建成，也就是钟黄山去世后的四年，即明隆庆五年（1571年），茶山横江35岁的袁昌祚（另名炳，号莞沙）第二次赴京会试。

有“奇童”①之称的他在14岁时即中秀才，19岁中解元（举人第一名），其后首次上京会试，初到京城，袁昌祚即以高才名震京师。其时，严嵩、严世蕃父子把持朝政，严世蕃见到袁昌祚后极其欣赏，欲招为女婿，袁昌祚生性正直，不愿依附佞臣，凭才智多番婉拒，但也得罪严氏，其后会试因试文不合格式而落第还乡。

还乡后，袁昌祚即将自己平日读书的鹤洞书楼改建成晏公庙，以谢晏公老爷在他进京赴考途中的一段神恩：

上京途中，袁昌祚夜宿江西储潭，忽然梦见一神仙告诉他江上即将飓风大作，须速速躲避，否则覆舟殒命。袁昌祚醒来马上招呼大家把船驶入小港躲避，不一会，果然狂风暴起，巨浪滔天，许多来不及躲避的船只淹没其中。次日，袁昌祚登山突然见到一晏公小庙，里面的神像与昨夜报梦的神仙一模一样，遂与同船幸存者携带祭品再到小庙拜谢。因此，袁昌祚回乡后的第一件事便是将自己的书楼改建成庙宇，供奉晏公老爷，此外还特意塑了一青蛙大将，纪念他乘船归来时一直攀附在船壁不肯离去的青蛙。为让晏公老爷宾至如归，袁昌祚还在庙门前造了一小港，架石桥于其上，点缀风景，细心模仿了江西储潭的环境。

如今晏公庙尚在，一直是横江村民心中重要的庙宇。每年除夕夜，村民络绎而至，燃点塔香，拜谒晏公老爷，以祈求来年国泰民安，诸事顺景。但现存的晏公庙早已非原构，据现任庙祝袁志伟回忆，中华人民共和国成立初期的晏公庙占地面积比如今大许多，庙前有大地堂，寺庙依山而建，三进深，逐进地势升高。后来庙宇逐渐破败；“文化大革命”期间，庙宇损毁严重；20世纪80年代，村里老人四处募捐重建，并寻回庙内原匾“明德薦馨”②，但原庙已被拆毁，原址地基也被分配用于民宅，只得将重建的庙宇前移至原来庙前地堂，并缩小成两进。2010年，横江村再次重建晏公庙，规模比之前稍有增大，使之更为庄重。历经沧海桑田，袁昌祚初创时的小港石桥、江西风景已经不再，但门槛前的对联始终不变：

“风平歌大德，浪静感鸿恩。”

晏公庙前恰恰是流经横江的青鹤湾水，袁昌祚曾以“东莞茶山青鹤湾”对“南雄梅岭乌猿洞”，成为一时佳话。80年代以来，青鹤湾河水污染严重，河体乌黑发臭，村人戏称为“黑龙江”。稍年轻的村民大概不知道，晏公庙前的“黑龙江”曾经是茶山八景中的两景：“鹤湾渔火”“海珠春浪”。其中，“海珠春浪”指的便是晏公庙对岸的海珠寺，村人称之为隔海庙，意为隔着河而在对岸的庙宇。该寺也是袁昌祚所建，取名

①阮元，《广东通志》：“昌祚，字茂文，原名炳，东莞人。生而颖悟，过目成诵，少有奇童称。”

②出自先秦左丘明的《宫之奇谏假道》：“若晋取虞，而明德以荐馨香，神其吐之乎？”意指只有有德行的人的祭品，才是真正的祭品。没有德行，百姓就不和，神灵也就不享用了。此匾未有落款，未知何人何时题写，但按理推测，有一定概率是袁昌祚亲笔。

于省城广州海珠之胜景。寺庙门面东洲，绿毛千顷，坐镇水口，为茶山一乡之关锁。每当春水涨发，文澜壮阔，游鱼出没，浪花飞溅，[1]是为“海珠春浪”。从民国《茶山乡志》插图中可见，海珠寺为单檐歇山顶，龙船脊，此建筑未知是山门还是大殿，抑或为单进小庙，已不可考。拍此照片时（1935年），海珠寺左侧檐角已经坍塌，一片荒芜。据村民回忆，20世纪六七十年代，仍可见海珠寺，但已更为破败，被用作农具储藏间。此后不久，庙宇彻底湮灭，又一茶山胜景消失。

晏公庙

（来源：自摄）

袁昌祚在家乡横江沉寂十多年后，严嵩垮台，遂于明隆庆五年（1571年）第二次上京会考，终于中得进士，其后历任左州知州、湖广夷陵知州、广西提学佥事、四川参议。他为官清廉，体恤民苦，重教兴学，广受乡亲爱戴，至父亲去世而丁忧返乡。我们并不能知晓袁昌祚经历多年仕途后再次见到海珠春浪、鹤湾渔火和救命恩神晏公老爷会有如何的心情，但可以肯定的是，这些美好的家乡风光和因缘际会潜移默化地影响他的人生。他既有史才，又通音律；既充满人文关怀，又具自然志趣。他自明志气曰：“祚生平有四不愿，生不愿为乡宾、死不愿祀乡贤、出不愿入权门、入不愿凌乡里。”丁忧后被起用到广西做官，他坚持不就，其后潇洒地周游名山大川达三十年之久，终年八十岁。

①袁应淦，《茶山乡志》。

海珠寺

（来源：袁应淦《茶山乡志》，袁学甫摄，1935 年）

清末民初，里人刘文亮读袁昌祚传有感而发：

八十年来一梦幽，月明林下晚优游。
每怀政绩人同仰，不祀乡贤我岂羞。
燕市已无严相在，鹤山尤有晏公留。
蒹葭何处歌洄溯，水满横江空自流。

南社谢氏大宗祠

我们现在在老村中经常可见大小祠堂遍布，茶山尤以南社村为最，村里现存大小祠堂 22 间，但这样的祠堂林立的盛况其实并非一直如此。在古代，在很长的一段时期内，庶民是不能建立祠堂的，只有有品位的官员或皇帝特赐才能建祠。不仅如此，连祭拜祖先也有相当严格的要求，如庶民只能祭拜两代以内的先祖，品官可祭拜四代，而四代以上的先祖（始祖）则不能祭拜，祭拜的时间也限定在冬至日，且品官家祠（祠堂）里的祖先牌位不能是木制的常设牌位，而只能是在祭拜时用纸做牌位，祭拜完毕即须焚毁。立家庙、祭始祖、设牌位的权利，只有皇室才拥有。这样等级分明的礼制规定被列入《大明会典》，形成一套严格的礼制传统。

可是这样严苛的制度与民间祖先崇拜的强烈愿望之间无疑有着很大的冲突。明嘉靖帝即位后，事情迎来转机。因为嘉靖帝继承的是皇兄而非其生父之位，故其父的谥号究竟应是“皇考”还是“皇叔考”，成为一个巨大的礼制问题，引发朝内激烈的争论，史称“大礼议”。虽然有违礼制，受群臣反对，但嘉靖帝最后还是坚持把先父的谥号定为“皇考”。礼部尚书夏言借此上书奏请嘉靖帝“推恩”，放宽官民祭拜祖先的限制，让臣民均可以在冬至日祭拜始祖。嘉靖帝准奏，是为明嘉靖十五年（1536 年）的“推恩令”。虽然夏言并没有提及庶民可以给始祖或其他先祖单独建庙，但是“推恩令”最后演变成“许民间皆得联宗立庙”，朝廷也并没有严格追究，这才掀起全国特别是边陲岭南的建祠热潮。

不久后的明嘉靖三十四年（1555年），南社村便兴建了谢氏大宗祠，供奉始祖谢尚仁及其后历代祖先。大宗祠位于村中西水塘以北，面向东南，背靠马头山，远眺樟岗岭，地理位置优越。经明万历四十一年（1613年）、清乾隆五十八年（1793年）、清宣统元年（1909年）、1997年先后多次重修，现存的谢氏大宗祠依然保留着明代的风格，最明显的是使用了悬山屋顶。悬山顶，即屋顶悬挑出山墙，在岭南被认为是一种较为早期的形制，在现存茶山古代建筑中极少出现。另外，头门屋檐檐口线呈左右翘起的弧线、梁架檐柱出木梁头承托挑檐桁，亦都是早期建筑的特征。[①]颇有特色的是它的平面。与绝大多数祠堂的方正规整不同，谢氏大宗祠的平面略有不规则的变形，总体来说是头门、寝堂略窄，中堂较宽，形成“窄—宽—窄”的室内空间层次，而在较窄的前后进两侧，又有类似耳房的小房间凸出。这些都是极有趣的平面变化，增加了内部的实用功能空间，而这些变形最后用出挑的悬山顶覆盖，使其在整体造型上被统一起来。这种生动的操作，在后期已经定形的祠堂平面中并不容易见到。

按传统礼制和谢氏家规，每年合族祭祖分春、秋两次，每次祭祀都由各房派轮流派人主持，主持人当然是房派中有威望者，但不受年龄的限制。祭祀之日，全村族人集中于祠堂，祠堂门大开，堂内前后两层格扇门也全部开通，使大宗祠成为一个由头门直至寝堂纵向贯通的大空间。祭祀时只许男性族人进祠堂，女性在堂外，由主持人领头叩拜

1936年的谢氏大宗祠

（来源：南社村委会，摄于1936年2月24日）

①见第四章“遗产”相关图纸。

祖先。待祭祀仪式结束后，将供品乳猪分赠给族人，每人一份，凡六十岁以上族人可分两份，七十岁以上分四份，八九十岁的老人可以分得更多，以表示对老年人的尊敬。[①]

南社的尊祖与孝道传统历来兴盛，而宗祠在其中起到了极为重要的作用。

1936年，南社创办小学，校址便选在谢氏大宗祠。开学典礼时，一张在谢氏大宗祠前的合影记录了有趣的一幕：头门前数十人排成几排，长者在前排正襟危坐，稍年轻的或小孩在后面或旁边站立，绝大部分是男性，一切尊卑有序。在人群之外，一些女人或小女孩躲在角落，好奇地看着前面的照相机。最为戏剧性的是右上角一小伙子赫然站立在宗祠旁边民居的屋顶之上，一脚马步踏上垂脊尖顶，朝照相机挥舞着右手，摄影师拍下了这看似穿越的一幕。屋顶上的小伙子就如谢氏大宗祠的平面一样，在传统的差序格局[②]中显得如此破格而生动。

5.清

李万荣之劫

明朝崇祯皇帝在煤山自缢后，大明覆亡，但南明政权依旧在南方抗清。南明永历元年（1647年，即清顺治四年）正月，清军入广，张家玉组织义军反抗，一度收复许多失地，但最后中箭重伤，投塘殉国。其旧部李万荣退守大鹏所城，沦为草寇。

时政局动荡，适逢饥荒，许多饥民加入李万荣部队四处抢掠，茶山富甲一方，自然成了首要目标。顺治四年至十年（1647—1653年），李万荣四劫茶山。茶山虽然有城墙的保护，但再无钟黄山一样的贤人坐镇未雨绸缪。李贼部队势大，入城后四处抢劫杀戮，几近屠城，茶山经历了有史以来最严重的劫难："户舍尽成灰烬，墙脚木料亦被拆卖充饥，土匪饥民联成一气，骷髅遍野，燕巢于林。二三年间，日中只有青蝇声，夜间惟闻哭泣声而已。"[③]石冈（今属石排）王崇际遣广慧庵僧人印初和尚来茶山，施佛事、收白骨，积于东岳庙左，堆积如雪山，焚之十日，火始灭。

袁应淦在《荔坡谈余》中谈到："本乡人物，以明清两朝相较，清似逊于明。惟吾乡鼎盛，莫如明代，其时居民人数几倍于清。自经李万荣之乱，元气大伤。隆、嘉以后百余年，休养生息，仍未复元，此衣冠文物所以不及明代也。"

"当年层楼大厦，今无片瓦容身"，除了文明衰落，现在回顾茶山寨内的古建筑，清代以前的原构一概无存，亦可能与此劫有关。

在茶山寨第三次被李万荣劫掠的同年，即顺治五年（1648年），数里外的南社村也受到李贼的进攻。南社村在四年前曾经被劫掠过一次，损失惨重，次年便痛定思痛，修筑村围，并制定守围规条，研究对敌战术，颇有当年钟黄山率乡民守城之风。围墙竣工后的三年，贼寇果真杀气腾腾而至。所幸南社村民早有防备，训练有素，巨寇万余人围攻八昼夜，仍然没有破围，最终无功而去，南社幸而避免了与茶山一样的惨痛结果。

①楼庆西、李秋香，《南社村》。

②费孝通《乡土中国》提出的描述中国传统乡土社会中，以亲缘为中心的人际网络关系。

③张穆，《茶园乱后记》。

南社家庙、资政第

经李万荣的噩梦之后，茶山在清代元气大伤；而南社成功御寇，后福渐临。

自南宋末谢尚仁卜居南社至明末，三百多年间，南社只出过一名举人，但到清同治、光绪年间，却一连出了四位进士：同治四年（1865年）武进士谢遇奇、光绪二年（1876年）进士谢元俊、光绪六年（1880年）武进士谢汝镠、谢遇熊。其中尤以谢遇奇、谢元俊为翘楚，他们均曾在村中留下显赫的建筑。

谢遇奇，清同治四年（1865年）武进士，之后因随清军在西北甘肃、新疆一带作战有功，被朝廷赐为忠勇之士，最后官至副将、总兵，封为建威将军，为谢氏族人中地位最高的人物。告老归乡后，建宅第（建威第），营家庙，其住屋规模也是村里至今留存的住宅中最大的。

谢遇奇家庙建于清光绪二十七年（1901年），虽然只有两进，但其面阔和高度都达到了三进祠堂的规模，且隆重程度一点不输谢氏大宗祠。头门的装饰尤为精美，且与寻常祠堂大异其趣，垂脊通体灰塑，顶端宝瓶，脊身塑花鸟、博古，檐端矗立一座“麒麟送子”巨型灰塑，可惜头部已经缺失；正面三级整条长达4.8米的花岗岩石阶显示了谢遇奇的地位，左右塾台和檐柱、门墩一样均为东莞少用的花岗岩，左右梁架三步梁下有葡萄、松鼠木透雕通长雀替，寓意“多子多孙”①。门匾亦为花岗岩制作，“家庙”两字刚劲有力，由清末书法家陶濬宣题写。绕过头门内屏门后，天井、两廊、寝堂的空间仿佛连成一体，这种后进空间体验在其他祠堂难以感受到。大概是因为三进祠堂后天井都非常窄，寝堂也较浅，而该家庙以

谢遇奇家庙（一）

（来源：自摄）

谢遇奇家庙（二）

（来源：自摄）

①用葡萄作装饰的另一种说法是，葡萄为谢遇奇征战西北新疆时的挚爱水果。

资政第
（来源：自摄）

资政第门楣
（来源：自摄）

中堂的尺度做成寝堂，使空间连成一个环形，让人产生莫名的肃穆感。

清光绪二年（1876年）进士、钦加礼部郎中谢元俊留下的则是他的书房，即资政第，位于村南围墙边。这栋建于清光绪八年（1882年）的宅子可以称得上是全茶山最精致的民居。三间两进，正门位于台基之上，凹斗式，墙面用极为讲究的水磨清水青砖，除此以外均用花岗岩，包括高大的石门框。磨过的青砖和灰白的花岗岩使其气质变得清秀文雅，有别于东莞一般民居惯用的红砂岩所渲染的热烈喜庆。大门分趟栊、板门两道，入内后天井正中是一亭式连廊，高于四侧屋顶，显得气度不凡。环顾室内四周，无一不是上乘的传统工艺品，真正显露出建筑工艺之精美。两廊封檐板的雕刻已是美不胜收；正厅当心间的木透雕挂落花罩，花树果实栩栩如生，无与伦比；通往两侧间的小门上嵌上半圆亮子，内嵌彩色玻璃。资政第其上门楣灰塑更是同类作品中的一流之作，别出心裁地局部嵌进了冰裂纹玻璃镜。资政第几乎所有的细节都保存完好，不禁让人赞叹。

从南社的两位俊才的家庙和宅第建筑中可以看到，清末茶山这些社会上流或商人有更多的乡外生活经验，待他们还乡时，往往会将省城甚至是外省的建筑特色或生活文化带回家乡，从而潜移默化地影响着本土的营造。

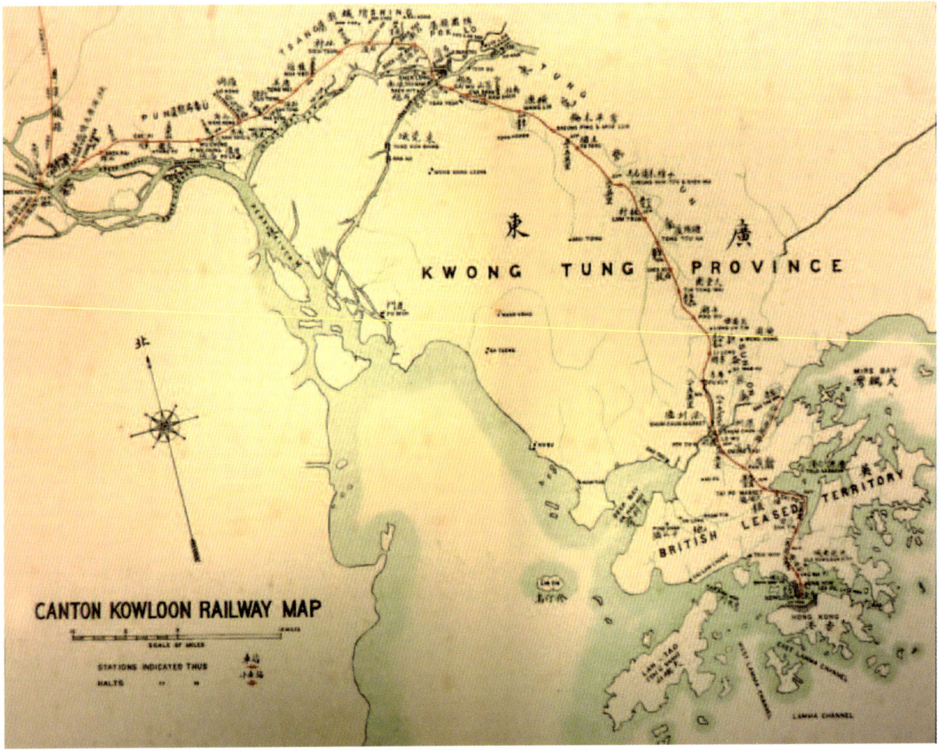

广九铁路站点图

（来源：东莞规划展览馆）

广九铁路

清末是中国历史上的一个转折期，国内的文化发生城乡、南北交流，而西洋的文化与技术更是以贸易或战争的方式撬开大清闭关多年的大门，长驱直进。英国政府为在中国扩展势力，提出兴建广州至九龙铁路。清光绪三十三年（1907年），英国与清政府签订专项借款协议，借150万英镑给清政府兴建广九铁路华段[①]，次年动工。清宣统元年（1909年），广九铁道修筑至南社，要穿过南社春山谢氏祖坟地，村民群起抗阻，东莞县令数次到村调解无效，后朝廷谕诏谢遇奇出面说服并监督工程。在谢遇奇的调解下，广九铁路最终离谢氏祖坟14丈（46.7米）穿行而过，双方矛盾得以解决。

这也是耐人寻味的一幕，宗族、朝廷、西洋，夹在中间的士大夫们平息得了小小风波，但终究没有解开这个时代的症结。广九铁路华段于1911年10月5日通车，仅5天后的10月10日，武昌起义爆发，革命党给了封建体制致命的最后一击。

①即位于中国内地的路段。

广九铁路茶山站

（来源：袁应淦《茶山乡志》，袁学甫摄，1935年）

6.中华民国

1911年辛亥革命之后，中国漫长的帝制结束，共和政体从此开启。

民国元年（1912年），茶山废司立区，属第六区，区府（区公所）设在晚市街叶祠内，即如今爱国路一巷附近，民政部在其西侧，即大概处于如今的旧茶园商场所在。由此可见，茶山的政治中心已从铁炉岭迁往位置更为中心的晚市街，邻近的三角市也成为全茶山最繁华的地方。虽然革命胜利，但北方军阀割据，南方陈炯明叛变、割据粤东，孙中山发动东征，期间经过茶山，驻马殷氏宗祠，即前文所说北帝庙的侧对面。这是有记载的孙中山在茶山的唯一足迹[①]。

直至1928年东北易帜，国民政府终于统一中国。1928—1937年，广东乃至全国局势相对稳定，是民国“黄金十年”。其时与蒋介石分庭抗礼的陈济棠主政广东，大力发展市政建设，尤其重视兴办教育，对广东特别是珠三角一带建树良多，人称“南天王”。1929年，茶山由乡中“惜字会”拨款开办茶园小学，即茶山中心小学前身；1930年，由茶山社学拨款在上林里林氏芦山祖祠内开设赠医所，聘名中医陈渔洲为医师，同年上元开办拔萃小学；1932年，改建茶山圩街道，将晚市街、打铁街、正兴街、天平街等主要街道的石板路扩宽，建成水泥路，同年，下朗桐山小学、横江莞沙小学、坑口小学开办；1935年，寒溪水闸建成，保护56村、8.1万亩农田，同年，袁应淦修编的《茶山乡志》付梓。

①《东莞市茶山镇志》16页。

下朗桐山小学校

陈济棠提出“教育是立国之本，是永久的事业”，提倡民办中、小学校，设立图书馆，奖励专门技术之研究及发明。在短短的三年内，广东全省小学和中学分别增加了400余所和60余所，小、中学生人数分别增加了14万人和1.6万人。[①]

下朗桐山小学校就是在此背景下设立的。1932年9月，在广州、香港等地经商的下朗人袁德辉倡议在家乡创办小学。经下朗村筹款，利用菊隐公祠办起了桐山小学校（因村后有一山名桐山而得名）。当时设3个班，100多名学生，除本村外，还有横江村和茶山圩的部分学童。教学不分年级，只有3个来自广州的老师（是因袁德辉在广州经商而从广州聘请）[②]。

如今，学校部分建筑依然保存完好，是茶山唯一尚存的民国学校建筑。学校位于青鹤湾畔，门前百年榕树庇荫，校门带明显的中西结合式民国风格，清水红砖，左右围墙凸出，再斜切接正门。墙在成年人高处开漏窗，以陶瓶支撑，转角柱上有方形柱头和顶饰，左右斜墙上方有巴洛克式卷草灰塑，顶着中间大门砖柱。大门较围墙高出许多，横梁上方门匾灰塑校名“桐山小学校”，其上复加三角形山花。门扇铁制，难得保留至今。入门后，左边有一六角亭，位于一米余高台上，使整个亭子居高临下，视线可跨越围墙望见青鹤湾之水。在此歇息，颇合亭子上联“晨夕课余，尽[③]有闲亭容小憩”的意境。整个亭子除了檐口线脚和柱础外，省略了所有装饰，造型简约，以水泥为屋顶结构，瓦面屋脊也简化成简单的弧角卷起，简洁气质正合下联“尘氛涤尽，从无俗驾扰清

桐山小学校校门

（来源：自摄）

①肖自力，陈芳. 陈济棠［M］. 广州：广东人民出版社，2006.

②《下朗村志》（2011年）123页。

③繁体“儘”，别于下联繁体“盡”。

桐山小学校校舍

（来源：陈培坤摄，2016年）

谈”的心境。亭后与大门正对的是校舍，面积不大（主要办学空间在旁边的菊隐公祠内），歇山顶，脊饰同样是简化的弯卷，正面有深1.5米的前廊，占总进深的三分之一。柱子排布很有意思，前面四柱，当心间窄，次间较宽，是心间的两倍，而廊后的两金柱与前檐柱错位，分布在次间的中间位置，正面看来呈现出六柱前后错落、但又均分的错觉。可惜这样巧妙的布置在近期修缮中被改变。因为担心次间横梁刚度不够而在中间增加了一根柱子，使得前檐的通透感大打折扣。心间两柱前有弧形翼墙，中间五级台阶，柱上阴刻对联：

楼下巷38号外墙刻字

（来源：自摄）

当门饶绿水青山，见智见仁，各自会心征乐寿；

此地有茂林修竹，可觞可咏，任人游目骋襟怀。

楹联写得如此文雅脱俗，尽管学童们也许暂时不解其意，但其志趣定会受到潜移默化的影响。

离桐山小学不远的下朗村旧围内，一间普通民居[①]的外墙青砖上，竖刻着“民廿六年「七·七」”，下接八字，已被刮去，依稀可辨“□□民族□□烽火”，落款为“H.Y.C.刻”。我们已经无法考究更多的细节，但可以肯定的是，H.Y.C.特意刻下了一个必须为历代中国人铭记的日子。

①楼下巷38号，后文将有详细介绍。

茶山袁宅

民国二十六年，即1937年，7月7日，北平卢沟桥遭遇炮轰，日军全面侵华，来势汹汹，同年便轰炸广九铁路石龙南桥。次年10月，国民党军队从石龙撤退，并炸毁石龙南桥，茶山有强烈震感。不久，茶山沦陷，日军进入茶山，驻军于茶山圩天元当铺。恰在这年，茶山圩袁鉴坤的自宅落成。由于建得相当气派，日军一到，便被侵占驻军。

据袁鉴坤的孙子袁钜明忆述，袁鉴坤早年到柬埔寨首都金边谋生，发家致富后回茶山在看墙厦（今健康路西端）南侧建造了自己的住宅。由于当时柬埔寨为法国保护国，袁鉴坤便在自宅中融入许多西洋元素，使其成为当时茶山为数不多的“洋楼”，不料安居不到一年便被日军抢占。如今袁宅大门还有当年日军留下的痕迹：据说日军入驻后抢了附近的家猪打算饱吃一顿，便拆下袁宅的一扇大门作为砧板宰猪切肉，在门板上留下了累累的刀痕。

袁鉴坤自宅

（来源：自摄）

袁鉴坤自宅局部

（来源：自摄）

如今，袁宅被街道旁的铁皮店铺遮挡，在街上不容易看见。这些店铺所在位置曾是袁宅的前花园，进入花园后便是正门的门廊，两根洗石米饰面的罗马爱奥尼柱子格外引人注目。柱子前原有三级台阶和左右弧形翼墙，因地面填高，均已不存。罗马柱上有女儿墙和半圆山花，组成一套完整的西方古典建筑语汇。大门是板门、趟栊两件套，入门后是小天井，左客厅、客房，前厨房，均高一层，水泥平顶；右为主体建筑，一层正厅，主、次卧。后有楼梯到二层。楼板原有一洞，以栏杆围合，其下方正是摆放祖先牌位的神台，开洞是为了在二楼活动的人不会踩在祖先“头顶”，以示尊敬，同时也可以让二楼屋顶明光瓦透入的光线直达一楼正厅，改善光环境。二楼布局大致相同，但多出一个由楼下客厅、厨房平顶组成的大阳台，中间便是天井。据袁钜明先生回忆，其小时候与弟妹们常在阳台玩耍，原有一个铁制罩子包裹着整个天井，小孩可以爬到上面而不会摔下，可惜这个精致的铁笼子于1958年“大跃进”时被拆去。

寒溪水罗允俭故居

1938年10月12日，日军从大亚湾登陆，随后长驱直入，三天后惠州沦陷。时任惠州杨村宪兵大队长的罗允俭（后化名“罗剑魂”掩护抗日工作）在与日军一场血战后，撤回到家乡寒溪水村继续抗战，任两埗乡联防大队长。1939年10月，长年在外执行任务的罗允俭回家看望孩子，却被汉奸发现行踪，并向日军告密。日军随即派一小分队赶至寒溪水村，包围其宅一天一夜。次日清晨，日军抓住多名村民作为要挟，又施火攻，企图破门而入，不料当时大门乃坤甸红木所造，坚实而耐火烧，大火久攻而不入（现大门门框上依然可见火烧痕迹）。罗允俭眼看情况危急，为免连累更多无辜村民，他把家里小孩都抱入水缸中避火后，自己则从天井爬出宅子引开日军，在屋顶攀爬时遭日军埋伏的机枪击中，英勇捐躯。①

罗允俭故居为两进金字屋，比一般的金字屋多出一进倒座，形成一座小型的四合院，如今被修葺一新，辟为纪念馆，院子里还特意放了两口瓦缸，以缅怀罗允俭救子抗日的事迹。

罗允俭故居

（来源：自摄）

①寒溪水村委会罗允俭故居简介。

京山帝相庙

日军在茶山受到激烈的抵抗，自卫团、游击队、壮丁队四起迎击，试图收复失地。1939年，日军在战略要地京山蟾蜍岭修建堡垒，并建立傀儡组织“维持会”，会址设在蟾蜍岭对面的帝相庙，1940年再改为警察所，改写了这座百年古庙的历史。

在整整一百年前的清道光庚子年（1840年），帝相庙在京山创立，乡人称之为“大帝庙”，里面供奉着北帝和丞相（包拯）。也正是在这一年，英国炮舰抵达珠江口岸，鸦片战争爆发，中国跌宕起伏的近代史拉开序幕。这一百年间，帝相庙经历过至少四次重修，最后一次刚好在1937年，山门壁画落款不久，日本人便到来，将此处强占为维持会。

如今帝相庙已经重光，回归到村民的世俗生活之中，大马路紧贴门前拐了个大弯，车水马龙声取代了隆隆炮火声。庙内格外安静，二进院落依山而建，虽为清代风格，但大部分结构已在民国时改成水泥材料。后进大殿高出山门许多，从两廊后可拾级而上。拜亭紧贴着大殿，在此可远眺蟾蜍岭和广九铁路，可谓战略要地，难怪当初日本人要将此占为据点。

帝相庙

（来源：自摄）

7.中华人民共和国

1945年，日本投降，国民党新一军派兵进驻茶山。不久，解放战争爆发，国民党节节败退。1949年10月17日，东莞全境解放。新时代前所未有的动员能力和社会主义新的生产关系，使得无论是百姓的生活、生产，还是城乡面貌，均开始发生天翻地覆的变化。

茶山、卢边粮仓

1952年，茶山土地改革开始，贫下中农分到土地。但由于农民单家独户，常因缺乏劳力、耕牛、农具等问题影响生产，不能改善生活，最后甚至卖掉土地，再次沦为雇工。[①]这显然不符合社会主义的设想，于是一场自上而下的小农经济改造运动兴起，即“三大改造”中的农业社会主义改造。互助组、初级农业生产合作社、高级农业生产合作社逐步形成，生产资料和生产工具最终转为公有。

集体的生产和公粮制度使得一种建筑应运而生—粮仓。1952年，茶山镇最早的粮仓在茶山村建成，位置正是古时的铁炉岭，很有可能也是古时京山巡检司、茶山社学的所在地。较高的地势也许是粮仓选址于此的原因，这样便保证其不会受内涝的威胁。

茶山粮仓至今保存良好，仓体分方仓和圆仓两种，其中临街的圆仓的圆筒造型非常引人注目。该仓原为淡黄色墙灰，新近翻新为白色，筒体三节收分，下大上小。除了靠近屋顶处开小窗外，其余墙体密闭，檐口留有整圈透气孔。屋顶为瓦铺圆形斜坡顶，坡面中间有一折断，使屋顶分上下两层，不太明显，这一构造的用意可能是为了增进仓内透气或防止木构架朽坏。铺瓦形式采用相对较为防水的碌筒式而不是蝴蝶瓦。筒仓分两排并列，中间沿着筒体外壁的楼梯，可以登

茶山粮仓（一）

（来源：自摄）

①《东莞市茶山镇志》214页。

茶山粮仓（二）

（来源：自摄）

上较高的平台。20 世纪 50 年代所建的最早期的圆仓沿壁弧形楼梯为砖拱结构所支撑，且与仓体稍稍分离，而稍后建设的其他筒仓楼梯则直接用水泥浇筑，与仓体连成一体。可见，早期仓体应为砖砌，后期仓体为现浇水泥墙体。交公粮时，农民把晒干、计量好的稻谷挑到平台上，通过高处的仓门把稻谷倒进仓内。仓内底部微微呈漏斗状，最低处原设计有洞口，以便稻谷通过暗道和皮带输送到室外，进而转运粮食。但这种方法很快被弃用，转而直接在底层大门顶部开缝隙让稻谷直接流出。

茶山除了镇区，部分村落的生产队也建有自己的粮仓，只是规模略小，形式上也非茶山粮仓的圆筒状，而各有不同。有的生产队在早期条件有限时，只能把旧有的公共建筑（如祠堂）作为储藏粮食的仓库，有的会专门新建粮仓。如超朗新塘村的粮仓就为极具时代特色的苏式建筑，位于如今的球场巷 17 号，以山墙面为主立面，水平三段（三开间），左右低中间高，中间最高处为三角形山花，后面是整体的大屋顶，其下是大空间，四周墙体承重，中间砖柱承木桁架。

但这种建筑形式并非专门为储藏粮食设计，没有很好地考虑防潮、通风的问题，而卢边村的粮仓则为专门的粮仓。该粮仓位于大巷坊路六巷 1 号，由三座长方形仓库并排组成，正面也为山墙面，可以看到三个仓体的三角形山面。墙体分三段，从上往下逐段加厚。上段开窗以便通风。大门开在山墙正中，原有门廊（檐）已毁，侧立面是特有的扶壁结构，跟西方早期哥特式建筑的飞扶壁形式和功能类似，即一段段与侧墙垂直的短墙顶扶着侧面墙体，且往下逐级增阔。这种结构有助于侧面墙体抵抗屋顶和仓内谷物的侧推力，为仓库或大屋顶建筑的特有构造。更为特殊的是其内部的支撑结构，一般建筑

卢边粮仓的密肋拱结构

（来源：自摄）

用的是三角形木桁架，但卢边粮仓使用了预制水泥密肋拱，助拱间距约240毫米，刚好为一块瓦的宽度，以便直接承托其上瓦片。所以这种密肋拱结构同时替代了传统结构中的桷板和桁条，中间也不需要梁，使得室内净高增加，空间更为整体，存储量更多。更

卢边粮仓

（来源：自摄）

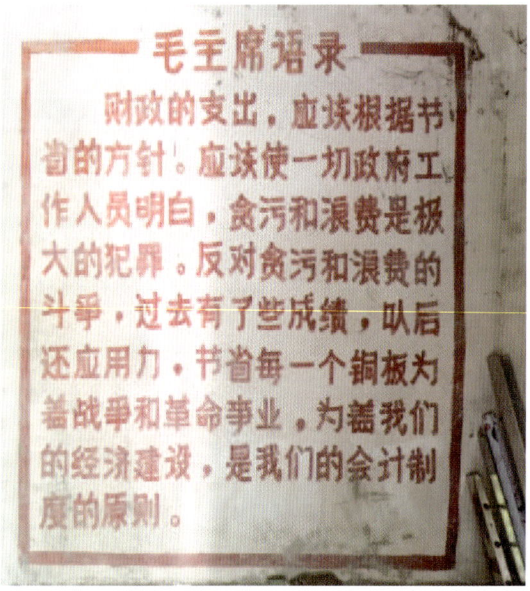

卢边粮仓内的标语

（来源：自摄）

重要的是，水泥不怕潮气侵蚀，这点相对于木结构来说，优势尽显。但缺点也是有的，即会对墙体产生更大的侧推力，而这点正好被前文所说的扶壁抵消。因此，外面的扶壁和立面的密肋拱，是一套精心考量设计的结构系统。这种密肋拱施工方便、结构合理、空间大、耐潮气，且在如今看来也极具结构美感。这种结构在当时未能得到广泛推广，也许是因为其时水泥极为匮乏。茶山粮所也有类似的长方形并排仓库，外面亦有扶壁，且体量更大，屋顶的内部结构大概也是密肋拱。

这样的联排粮仓和桶状粮仓基本在东莞每个镇街都有建设，可见在以粮为纲的背景下，各地建设粮仓是一个基本政策。1951年底，增产节约运动中揭发出大量的贪污浪费现象，“反贪污、反浪费、反官僚主义”的三反运动随即开始，同期，抗美援朝战争爆发，粮食告急。卢边粮仓大门入口玄关处有两堵矮墙，上面仍然保留着当时的毛主席语录，白底红字：“财政的支出，应该根据节省的方针。应该使一切政府工作人员明白，贪污和浪费是极大的犯罪。反对贪污和浪费的斗争，过去有了些成绩，以后还应用力，节省每一个铜板为着战争和革命事业，为着我们的经济建设，是我们的会计制度的原则。”[①]

塘边大饭堂

1958年10月初，石龙人民公社成立，茶山在其辖下。

早期人民公社的一个特点是大办公共饭堂。石龙人民公社成立后，茶山以生产队为单位办食堂，各户不再开灶，全队社员均在食堂吃饭，实行“放开肚皮食饭”的任吃管饱政策。数月后，粮仓空虚，粮食紧缺，居民粮食定额供应，每餐每人4两大米，后降至2两，不足部分以番薯、木薯等粗粮代替。[②]

位于增埗塘边村大饭堂巷的塘边大厦，是一座公共饭堂的典型代表。以“大饭堂”命名巷道，且称之为“大厦”，可见其佼佼者的地位。该饭堂规模与一座五开间三进的大型祠堂相当，主体宽15.3米，总长36.4米，门面高达10.3米，且坐落在一个两米多的高台之上，不愧为“大厦”。门面（正立面）是苏式造型，五开间，左右对称，一层中间内凹，两根独立柱子发券成中间高两边低的三个拱券，形成拱廊，两侧各凸出一个阳台，以方柱平梁支撑，水泥花格栏杆，犹如太师椅的两臂。二层立面以壁柱分成五开

①出自1934年1月在江西瑞金召开的第二次全国工农代表大会，毛泽东所作的《我们的经济政策》报告。

②《东莞市茶山镇志》217页、相关采访。

塘边大厦

（来源：自摄）

间，左右开门通向阳台，中间各开一窗，与其下拱券对应，中大次小。窗上中间灰塑“唐边大厦”（疑“塘”的提土旁缺失），两侧分别有两字“石龙”和“公社”。最上为典型的三角山花和两侧巴洛克式的小翼，中间五角星大部分已经剥落。

从“石龙公社”灰塑可知，塘边大饭堂建于1958年10月至次年6月间，其后，茶山从石龙公社分出，成立茶山人民公社。

大饭堂内部只有门廊上方有局部二层，其后是桁架瓦顶搭建的大空间，中间两列砖柱，左侧有凸出主体的耳房，有门与大堂相通，估计是厨房所在。最后是高一米余的舞台。当时大饭堂除了供社员在此吃大锅饭外，还是召开村民大会、宣讲最高指示、表演革命文艺节目、观看样板戏的场所，所以一般都会设置舞台。因为大饭堂内部足够大，且地势高，历年洪水来袭时，尤其1959年的大水灾，全村村民均到此避灾，所有粮食也都存在这里以免遭水浸。

叶屋牌坊

叶屋是茶山最东边的自然村，属超朗村。这一带旧称“龙头”，至今保留着良好的生态环境。村内有一中华人民共和国成立初期所建的牌坊，与塘边大饭堂一样，造型极具时代特色，强调竖线条，中间高两边低，对称，正中最高处有灰塑五角星，下面的

“叶屋生产队”字迹依稀可辨。正间为通道，两侧为实墙，中间凸出一块类似拉毛工艺的墙面作装饰，上方仍依稀可见毛主席红漆头像。

这座牌坊作为村门入口，见证了生产队队员们每天披星戴月，到村外田头劳作、担水利，然后归来记工分、开大会的往昔岁月。

如今，叶屋牌坊依然是村民们的日常交通要道，已成为村中标志。2019年10月，我们到此调研，通过其后的普查，确认这是全茶山镇仅存的中华人民共和国成立早期的两座牌坊之一（另一座也在叶屋，见后文）。同年年底，一辆卡车从此门经过时不慎撞到牌坊立柱上，具有六十年历史的叶屋牌坊轰然倒塌。2020年，当我们再到叶屋时，正在依原样重建牌坊，通道特意加高，比例略显失调。据说此事连许多移居海外的村民都很关注，大家均非常惋惜。

叶屋牌坊

（来源：自摄）

下朗、沙墩“水号”

中华人民共和国成立初期，天灾连年。当时人们常说“三日晴天要抗旱，三天下雨即防洪”。下朗村楼下巷32号民居外墙面青砖上刻划着不同年份的划痕，屋主人用这些划痕记录了这些年份他所经历的内涝水位高度。最早可见清光绪十三年（1887年）的标记，这大概是上几辈屋主的划记。其后大多是20世纪五六十年代的记号，最晚至1989年，共十余处。最高的是清光绪十三年（1887年）的记号，离地高约1.72米，查阅《东莞市茶山镇志》（下称《镇志》），只见光绪十四年（1888年）的水灾记录：“三月，东江遇百年未见大水，福隆堤缺七十余丈，茶山水淹半年，田舍多毁，民多露宿。”未知是《镇志》还是屋主所记的年份有误。光绪年间标记之下1厘米，即1.71米处，是“1957.6.9大水”的记号，与《镇志》的记载完全契合：“1957年5月中旬到6月中旬，茶山遭遇洪水侵袭，其中6月8日洪水威胁最大，石龙北站东江洪峰水位高达5.75米。”

下朗楼下巷32号外墙洪水线
（来源：自摄）

沙墩刘氏宗祠檐柱水号
（来源：自摄）

无独有偶，位于沙墩村的刘氏宗祠也有类似的洪水水位标记，谓之“水号”。在祠堂的八角红石柱上，自上而下分别整齐刻划着历次水灾的水位高度：

一九五九年（粉笔字。离地面210厘米）；

一九五七年（离地面180厘米）；

一九五三年五月廿六日（离地面168厘米）；

乾隆癸巳水号（1773年，离地面163厘米）；

光绪戊子水号（1888年，离地面159厘米）；

同治甲子水号（1864年，离地面137厘米）；

咸丰甲申水号（1884年，离地面132厘米）；

民国戊五[①]（1918年）水号，民国癸亥（1923年）水号（离地面127厘米）。

刘氏宗祠这些前后跨越187年的“水号”，与下朗民居墙上的记录相互印证。刻下这些记录的人当时也许只是单纯想做些记录，但他们的无心插柳之举不仅为我们提供了珍贵的水文资料，也间接使得这些普通的建筑附加了特别的意义。柱上最高的“水号”为1959年，距离祠堂第二进地面210厘米，而祠堂第二进地面比祠外路面又高出几十厘米，由此可见当年洪水之凶猛。据《东莞市茶山镇志》记载：“1959年5月底至6月中旬，东江沿岸连降暴雨，河水猛涨，石龙北站洪峰水位6.69米，京西鳌围西湖蚬麻涌段决堤，洪水冲断广九铁路京山段，淹没农田万余亩，倒塌房屋近千间，为百年一遇水灾。”[①]下朗村楼下巷32号民居的屋主并没有刻下1959年的这场洪水的水位线，对比刘氏宗祠的记录，这场洪水应该淹没了下朗楼下巷32号民居2米以下的部分，也许当时灾情太严重，屋主已经仓皇逃离住处，根本无暇顾及记下这历史时刻了。

①“五”为“午”之误。

②《东莞市茶山镇志》24、25页。

冲美、水围水灾后重建住宅

冲美、博头和水围等村在1959年洪水中受灾尤为严重。通过实地普查可知，这些村落存留下来的民国及之前的建筑极少，现存建筑大多为中华人民共和国成立后所建。据冲美村经历过当年水灾的村民所述，因为村中房屋多为泥砖建成，被洪水一泡，很容易倒塌，当时常听见泥房子倒塌时发出的沉闷撕裂声。洪水过后，整个村子几乎被夷为平地。茶山公社发起“重建家园”运动，为了迅速推动重建，规定限期内没有完成重建的地皮将会被收回。冲美村选择在高处开辟林地重建家园，现在东兴街二巷3-13号的排屋便是当年灾后建造的住宅，十个单元并排连在一起，内用公共墙，门面统一，靠下的墙体用回收的质量较好的青砖横砌，大门往上用质量较差的杂砖竖砌，不碍观瞻的背面用泥砖。每个单元正面都是一门两窗，门扇和门上墙壁画毛主席像，檐口挑出约半米，屋面是最普通的蝴蝶阴阳瓦铺盖。室内格局参照传统民居中的直头间，前厅后房，侧面有过道连通前后，并有直跑楼梯通往阁楼。阁楼只覆盖厅的前半和后房，侧面用靠墙天桥连通，使得厅的中间挑空，以便屋顶明光瓦采集的光线照进一楼厅内。

冲美水灾后重建住宅

（来源：自摄）

水围水灾后重建住宅

（来源：自摄）

水围的灾后重建住宅则稍有讲究，在前面加设前廊，并用砖拱承托屋顶，以取得较大的正面开间跨度。从林锡南先生在“文化大革命”期间拍下的照片也可以看到茶山圩市尾街（现爱国路茶山公园处）有类似的灾后重建建筑，沿路排成一列，也用檐口砖拱，不同的是正面开窗方式较为特别，颇有设计感。

如今这些房屋大多已经拆除重建成新楼或出租给外地人居住，外来租客和村里年轻人都不会知道这些房子的建造历史，村里知道情况的年长村民大多也并不觉得这些房子有特殊价值或意义，但建筑不会错过任何历史，历史就在那里，不增不减。

茶山圩水灾后重建住宅

（来源：林锡南摄）

水围高架泵水渠

象山高架泵水渠

（来源：林锡南摄）

1959 年的洪水过后，茶山开展大规模水利建设（详见第一章），一定程度上减少了洪水的威胁。1962 年中央允许“三自一包”“四大自由”①。虽然往后村庄偶尔还会遭水浸，但总的来说粮食自此增产。但洪水退去，干旱却又接踵而至。1963 年，茶山经历了严重的春旱，旱期长达 3 个月。为了解决干旱带来的困境，茶山各处开始建造输水灌溉工程，借着潮汐或洪水，从寒溪河、南畲塱等水道引水到达各处田畴。高处的山头和远河村落则通过电泵抽水到高位，再往下输送。这样，一种全新的农业构筑物——高架泵水渠②便应运而生。林锡南先生曾拍下一帧东岳庙旁泵水渠的照片。照片中，水渠紧贴庙宇西侧山墙，用独立砖柱架起约五六米高。照片中三名青年站在水道上，其身后是茶山圩方向，水源从他们身后的山涧引来，流到东岳庙旁的水塘，再由电泵抽到高处水槽，凭借高差往象山流去，灌溉山上的农作物。

①“三自”指自留地、自由市场及自负盈亏；“一包”即包产到户。“四大自由”指的是在“土地改革”后的农村中允许农民有借贷、租佃、雇工、贸易的自由。

②高架泵水渠其实在古罗马时期就存在，例如现在仍然保存的法国戛合输水道、意大利马尔采输水道。

水围高架泵水渠

（来源：自摄）

水围高架泵水渠砖柱

（来源：自摄）

据我们的普查，全茶山如今保存的泵水渠遗迹仅有水围村一处。该遗迹位于村北民居与田畴交界处，现存泵房一座，高架泵水渠20余米；水渠宽约40厘米，如今已长满杂草。据当地老人介绍，水源从南畲塱顺着潮汐冲入洼地田畴间的蓄水池，旁边的泵房再把水通过铸铁管道泵向五六米高的高架泵水渠，进而沿缓坡向下，经过新开垦的山头农地，通向一千米以外的霞坑村。霞坑村恰在寒溪河与南畲塱中间，远离水源，水围的这条泵水渠可谓霞坑村农作物的生命之源。

横江代销店

在横江的围面，有几栋建于中华人民共和国初期的建筑，较为大型的有横江大会堂（公共饭堂）、大队部和代销店。当时私人建设活动几乎停止，仅有的新建筑都是公共建筑，极具时代特色，并使用了当时极为珍贵的水泥，因此也往往建有二层，出挑阳台。这在当时的农村是一种全新的建筑，在满眼单层瓦屋顶的旧房子中，几栋双层“大厦”仿如鹤立鸡群。

这几栋建筑中，最为耀眼的是代销店。代销店，或称代销社，在20世纪50年代初社会主义工农商“三大改造”后，米、布等粮食和重要生活用品实施粮票、布票限购政策，购买时需要同时使用票据和钱币，而其他日用品则统一在公营的代销店用钱购买。因此，每个村基本都会有供应日用品的代销店，而横江的代销店则格外气派。该建筑高两层，位于两口鱼塘的分界处，是围面的重要节点，正侧均为主立面，所以当时的“设计师”兼工匠将转角位作倒角弧线处理，并作为大门入口。大门前有五级台阶，两砖砌抹灰圆柱，柱顶水泥横梁表面有灰塑花叶、稻穗和五角星，梁柱交接处做有水泥花格镂空雀替。尤为特别的是梁下伸出钢筋，吊着由水泥塑成的“代销店”三字。这种特别的门面招牌，在茶山仅此一家，在其他地方也甚为罕见。大门左侧阳台下有楼梯通往二楼。二楼及三楼阳台栏杆是传承自民国样式的水泥弓形栏杆，中间顺着弧面凸出，虚实、前后层次丰富。二楼阳台用有别于一楼的清水红砖方柱，雀替花纹也变成正交的博

横江代销店

（来源：自摄）

古式，与方形的柱子协调，横梁灰塑则变成蓝色、抽象的几何水纹。两层阳台的尽端均不设柱子，而靠丁梁出挑，使阳台之于建筑主体，就像翅膀一般轻盈。屋顶为平坡结合，是当时惯用做法，但水泥平顶面积较一般同期建筑更大，营造了一个三层高度的大平台。可以想象，当时站在这里，向前可以隔着鱼塘远眺鹤湾渔火或千顷田埔，往后则能俯瞰村落瓦顶鳞次栉比，视野何等开阔！

横江代销店建好之后曾经享誉茶山，也成为横江村民的重要日常生活场所，所有油盐酱醋都离不开这里。改革开放后，统购统销政策取消，代销店改成老人活动中心。每当围面播放露天电影，成群小孩便会挤上代销店的外挂楼梯或者阳台，视线穿越拥挤的人头，直达流光溢彩的屏幕。

横江代销店门面招牌

（来源：自摄）

这些历史的见证、精湛的设计与宝贵的集体回忆，在2018年随代销店的拆毁而消散。

为了弄清楚这座已成历史的代销店的准确建造年份，我们访问了许多本地年长村民。村民回忆道，当年的“设计师”兼工匠名叫毛睿，围面几栋同期建筑都经他手建造。村民们对他做圆柱子的手工津津乐道，还看到他在围面地堂专心地用砖块拼出五角星的形状作为模具浇筑屋顶的大队标志。但对于代销店的建造年份，大家却莫衷一是，只知道它的建造时间稍晚于大队部，而几位村民均表示曾经在大队部二楼阳台见到当年毛睿刻下的建造年份。循迹寻去，找了许久，才在淡黑的苔痕下发现浅浅的字迹，用水擦净，“建于一九六五年十一月五日”赫然显现，关于该建筑建造时间的问题便有了清晰的答案。

南社祠堂

“文化大革命”期间，大量历史文物遭受破坏。但据南社村中老人回忆，“文革”时，村里23 间祠堂只拆了一间，大部分祠堂都保留了下来，分到某几户人的名下，用作牛舍或堆放农具。其时，南社大队党支部书记谢袁桥对因破“四旧”而前来拆屋的红卫兵说：“这些古屋、祠堂都是纪念先人的地方。先人披荆斩棘，为我们创造了良田沃土。这种战天斗地、不畏万难的创业精神，不正是我们今天要学习和光大的吗？”一席话，说得红卫兵们哑口无言[①]，未来的国家级文物保护单位——南社村古建筑群才得以在浩劫中幸存下来。

1959年南社村全景

（来源：南社村委会供图）

①《东莞市茶山镇志》第62页。

叶屋知青宿舍

1962年，中央为了缩小“三大差别”（工农差别、城乡差别、体力与脑力劳动差别），动员城镇知青（知识青年）下乡接受贫下中农再教育，大批应届毕业生和待业青年分批下放农村。茶山成立知青安置办公室，安置知识青年。1968年12月22日，《人民日报》文章引述毛泽东指示：“知识青年到农村去，接受贫下中农的再教育，很有必要。”随即全国开展了大规模的知识青年“上山下乡”运动。知青再次分批下放农村。

超朗叶屋现在仍保留着一组特别的宿舍建筑，即当年知青们下放到这里的落脚点。据普查，这是茶山唯一存留的有明显时代特征的知青宿舍。该宿舍位于叶屋与陈屋交界处的叶屋一侧，当时应该为村落的边缘。路边有一牌坊作为入口，风格与叶屋生产队牌坊类似，但造型不同。双柱单开间，柱内侧凸出红色半圆倚柱，连成一体，上承水泥横梁，再上为门额，字迹已经全然褪色，但从痕迹依稀可辨认为“□□忠于毛主席”。左右有灰塑红色五角星，衬托以黄底，最上为山花部分，两端冲天锥头柱，中间凸起半圆，正面灰塑已模糊，但背面清晰可见四颗小星环绕中心大红星，即中华人民共和国国旗图案。虽然整体造型不及同村村门牌坊，但也极具时代特色。自2019年底村门牌坊倒下后，它已成为全茶山现存唯一一座中华人民共和国成立初期建造的牌坊。

穿过牌坊，左右两侧便是知青的宿舍，为简单的联排单间，清水红砖墙，前有檐廊，顺山墙方向发砖拱支撑屋檐。顺着檐廊看去，透视效果下拱券渐渐收拢，如有阳光洒进，则光影交错，颇富空间诗意。宿舍入口是一扇简单的木门，左右和门上黄字红底写着各种革命对联和横批。室内非常简单、窄长（宽2.2米×长6.5米），主要采光来源是后墙稍大的窗户。

超朗叶屋知青宿舍牌坊

（来源：自摄）

超朗叶屋知青宿舍

（来源：自摄）

博头七姐庙[1]

20世纪70年代末，博头村的几名村民合力把毁于“文化大革命”时期的七姐庙简单重建起来。这几位村民后来赴香港谋生，又于改革开放后回乡扩建七姐庙，以答谢神恩。

七姐庙地处茶山、石龙、石排三镇交界处，自古香火颇盛；历次重建、扩建后，规模更为可观，香客更是从四面八方而来，络绎不绝。寺庙群依山而建，从低到高依次布置着牌坊、小广场、土地庙、前殿、后殿，后殿往左侧扩展，有庙祝的修院，其后则有蜿蜒山路通往后山最高处的小庙和七姐洞水潭。整组建筑既有秩序又非严格的中轴对称，而是灵活地利用地形顺势而为，使其中空间组合稳中有变。建筑本身虽然没有古代传统建筑的精美讲究，但红砖配合水泥梁柱、瓷砖彩画，创造出许多结构新奇、跨度可观，又有时代特色的空间。经历年扩建，庙内除了七姐以外还供奉着其他各路神仙，多半与世俗生活关系密切，例如山顶最高处的富贵公公庙供奉着富德财爷，这也展现了另一种时代的特色。

七姐庙

（来源：自摄）

七姐洞

（来源：自摄）

茶山建材厂、水泥厂

1978年，改革开放开始实行，地处改革开放前沿阵地的茶山，建筑开始走向现代化。七姐庙的东侧，是建于1981年的茶山自来水厂，建设资金中包含港澳同胞捐赠的二十余万元。该水厂1983年开始向茶山圩供水，1984年在茶山凤山建成水塔，日均供水200立方米。著名书法家商承祚为水塔所题写的“清泉长流，春满茶山”，是改革开放初期的茶山生机盎然的生动写照。

整个80年代，茶山建设如火如荼，且都集中在基础设施、民生工程方面。自1981年建自来水厂之后，1982年茶山大桥建成；1983年重建茶山中心小学、开办茶园

①按如今的行政划分，七姐庙属石龙镇管辖，但历史上此处属茶山，故纳入本书书写范围。

综合商场；1986年各乡道均实现水泥硬底化，与茶山大公路接通；1987年重修、扩建茶山公园；1988年扩建茶山水泥厂，茶山敬老院、汽车站、新农贸市场建成剪彩；1989年兴建茶山医院，茶山市场投入使用，广济桥改建为单孔石桥，并投资342万元进行水利建设。

茶山建材厂和水泥厂为这个时期的建设提供了充足的建材。除了公共建设，改革开放后逐渐恢复、兴盛的私人民宅建设也离不开两厂。从茶山各地的口述历史采访中我们大概得知，当时许多要建设住宅的民众为了节省资金，往往会到寒溪河挖河沙，并想办法捡来碎石，再到建材厂和水泥厂购买其他必要的材料。因此，可以毫不夸张地说，茶山20世纪八九十年代所建的建筑，几乎都离不开建材厂和水泥厂。

建材厂的前身是何湖的义合砖瓦窑。最初，何湖在河边创办制炉灶的小工场，20世纪30年代转办砖瓦窑，当时只有几名工人，以制瓦为主，兼制阶砖。1956年合作化时，转为公私合营，有职工37人；1959年人民公社期间称为陶瓷厂，为社办企业，此时为该厂全盛时期，职工人数达500多人；1972—1986年，公社从该厂先后划出部

茶山建材厂（又名陶瓷厂）

（来源：林锡南摄，约1964年）

分场地和人力转办水泥厂、胶厂和光华电器厂。由于多次被划分和分割，建材厂生产能力大大削减，再加上改革开放后市场竞争激烈，业务日渐萎缩，于1992年12月停产结业。[①]

茶山水泥厂位于对岸广济路附近的东洲，1972年从建材厂分出兴办，初时只有一个由建材厂划出的瓦亭，员工也只有10人。1980年该厂更新设备，1985年厂房全部改为钢筋混凝土建筑。1997年10月，茶山水泥厂改制为民营企业，此后多次大规模改建和扩建。虽然水泥厂大大推动了茶山的建设，但也对青鹤湾的水质和附近空气造成了严重的污染。2000年初，后工业时代的各大城市开始兴起工业建筑遗产的改造活化，以发展旅游观光及文化产业，可惜茶山水泥厂此时已被整体拆除。

茶山水泥厂

（来源：林焕根供图）

峡运宿舍

改革开放初期，运输业迅速发展，但在公路运输普及之前，物流的支柱还是水运。1969年茶山峡内运输公司（简称峡运）造出东莞县第一艘机动水泥船，随后船的数量不断增长；1979年，茶山船只数量全县最多，仅峡运公司就有103艘。[②]此时的峡运公司进入全盛时期，员工来自四面八方，公司便在码头附近建造了给员工安家的宿舍。宿舍建筑至今基本保留着原貌，三组建筑顺着河岸方向一字排开，每组中间设置公共楼梯，梯间为混凝土顶，两侧宿舍则为瓦顶，有单边混凝土阳台，形成柱廊灰空间，尽端以凸出的弧形阳台收尾，颇具美感。墙身为清水红砖，柱廊和栏杆则为灰色水刷石饰

①《东莞市茶山镇志》280页，原文“两合砖瓦窑”应为“义合砖瓦窑”。

②《东莞市茶山镇志》319页。

峡运宿舍（一）

（来源：自摄）

面，材质内外不同，层次分明。连续的柱廊一字排开，像极了骑楼街。这是茶山一处颇具时代特色且生活气息浓厚的建筑群。

如今，当年的员工均已搬离，部分人已在附近新建了自己的独栋住宅，原先的宿舍则出租给外来务工者。在宿舍、厂房、仓库、民居和河岸围合成的大院子内，几棵葱葱郁郁的大树之后，生活气息依旧浓厚。两层宿舍的外走廊上，租客们在洗菜、做饭、晾衣、歇凉，俨然20世纪七八十年代单位宿舍时期的氛围。

峡运宿舍（二）

（来源：自摄）

京山瑞榴学校、下朗桐山小学校、刘黄刘茂林学校

情系桑梓的香港同胞、海外侨胞在八十年代的建设潮中扮演着重要角色，对教育事业更是不遗余力地慷慨解囊，从不缺席。1981年，即兴建茶山自来水厂的同年，由130多名香港同胞集资37万元兴建的京山瑞榴学校竣工，与上元拔萃小学一同成为茶山最早的砖混结构校舍，当时被誉为茶山校舍之冠。京山瑞榴学校校舍如今尚存，在空置多年后，最近被改作工厂。校舍整体面貌依然保留八十年代的原状。校舍主立面整体用灰色、粉色水刷石饰面，正中凸起，高三层，三层阳台镶嵌云石阴刻“京山瑞榴学校”校名，落款为“一九八一年”。一层正中掏空作为校门入口，入口两侧用瓷砖墨书记录下香港宗亲筹建京山瑞榴学校的捐款芳名——这是当时的常用形式。穿过校门，两层校舍围合出中间宽阔的操场，几株榕树参天成荫，教室均匀分布在四周，教室前有面向庭院操场的单边走廊。本校舍的布局与其后甚至如今的学校并无二致，很难想象这是1981年的建筑。本校舍不愧为茶山校舍之冠，估计其造型与布局方式，也影响了其后不少校舍。

1984年建成的下朗桐山学校，其前身是民国初年创办的桐山小学校（见前文）。1983年筹建新校时，有意保留、避让旧校，选址于旧校侧后方不远处的鸡笼围（地名）。新校舍和京山瑞榴小学类似，亦为合院式、两层、水刷石饰面，不同的是校门为独立牌坊式。校内楼梯间侧墙仍然完好保存着写有当年捐资芳名的瓷砖贴面，并作序简要记载学校沿革与建校经过。从捐款统计可以看到，捐款总额10.958万元，为京山瑞榴学校的三分之一，其中香港同胞资助了10.47万元。该校的课室以捐款较多者及牵头人分别命名，如“雄崑堂”“方筱堂”“衢康堂”“效贤堂”“浩田堂”“苞蕙堂”“锐兴堂”“镜海堂”等等，以示不忘他们的助学功德。

京山瑞榴学校

（来源：自摄）

1988年，刘黄刘茂林学校落成。校内的流芳亭的芳名碑记载了非常详细的捐助信息：新加坡华侨刘森先生家族捐资达港币50万元，其余香港同胞、村民捐资20余万元，总投资约70余万元。不过，这是学校落成三年后（1991年）的统计，约半数资金其实是用作学校的运作开支。而据校门的《建校碑记》，建造校舍耗资约人民币35万元（按当时汇率换算，约为港币29万元）。校舍由刘茂林嫡孙刘森等人捐助，故以刘茂林之名命名学校，以作纪念。值得留意的是，《建校碑记》由建筑师林伯良撰写。在1988年，以“建筑师”作为碑记落款，可谓新潮，也可见建筑师地位之高。碑文文采典雅，且具有建筑师的特色，文首便说明建造年代及面积“一千六百多平方米”，这在一般碑记中较为罕见。校内流芳亭碑文更称誉该校为“具有九十年代气派的新型学校”。可惜如今学校已经彻底改建成幼儿园，碑文所谓“九十年代气派的新型学校”究竟为何样，已经无从知晓。

从刘茂林学校的碑记可以看到，时至1988年，人们依然以碑记的方式记录建造活动。所不同的是，撰文人不再是社会名流，而是建筑师本人。这仿佛宣告了“建筑师”作为一种身份，携带着现代建筑登上了历史舞台。

被誉为“凝固的历史”的建筑物不断联结历史碎片，而我们可期的未来，建筑依然是书写历史的方式，当代的建造也终将成为未来的历史建筑。

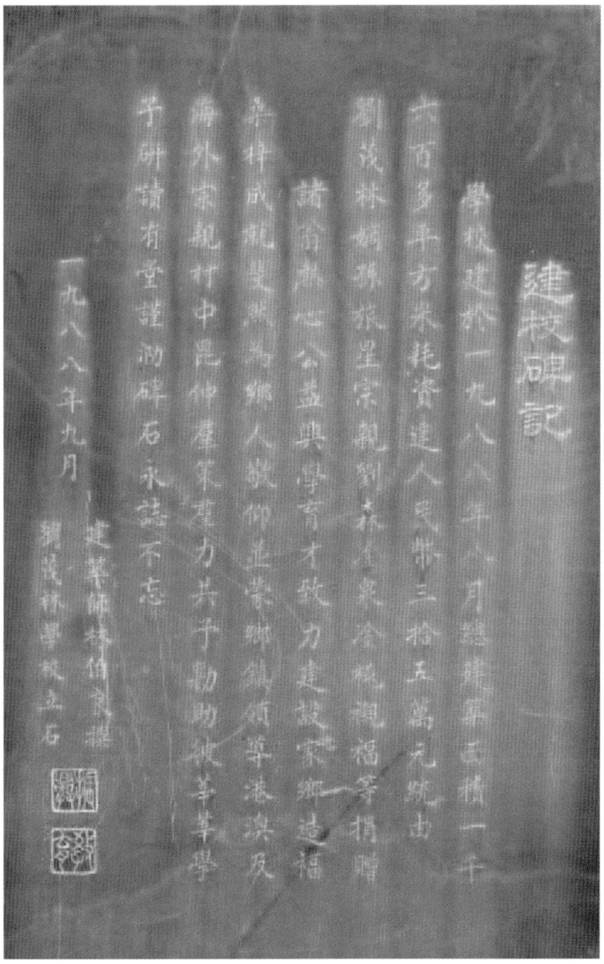

刘黄刘茂林学校《建校碑记》

（来源：自摄）

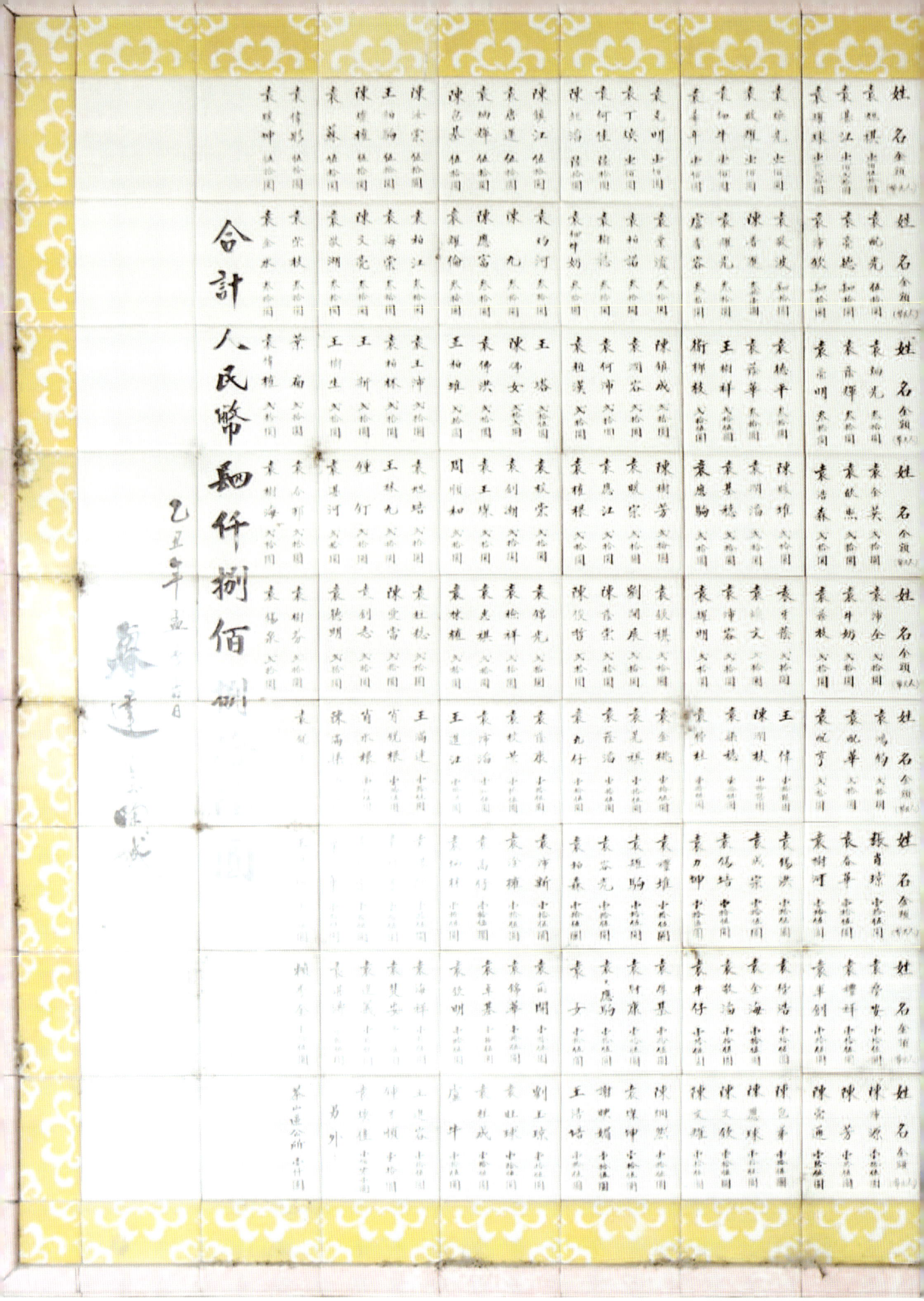

下朗桐山学校重建纪念墙（来源：自摄）

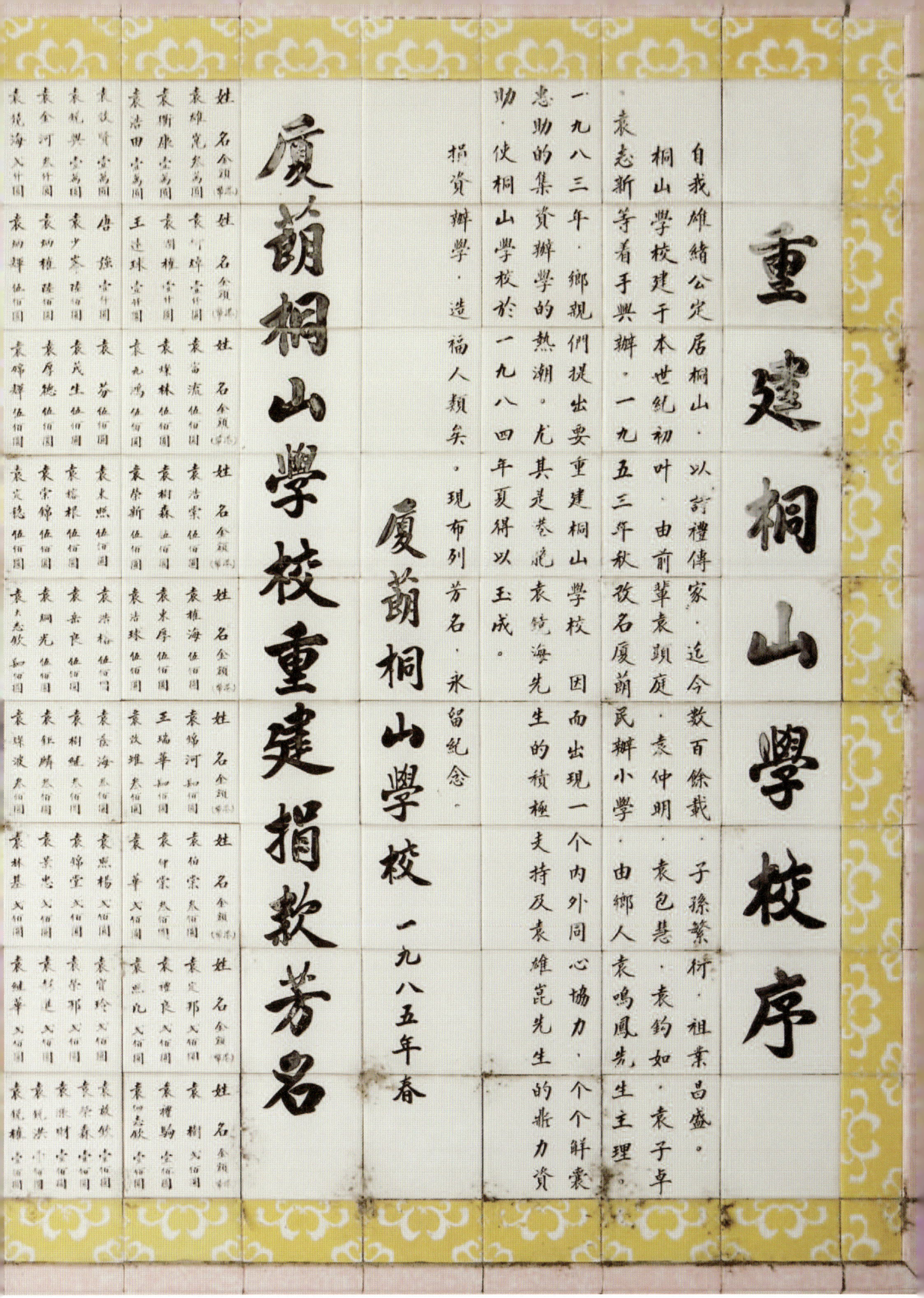
重建桐山學校序
自我雄緒公定居桐山，以詩禮傳家，迄今數百餘載，子孫繁衍，祖業昌盛。
桐山學校建于本世紀初叶，由前輩袁顕庭、袁仲明、袁包慧、袁鈞如、袁子卓
、袁志新等着手興辦。一九五三年秋改名厦蓢民辦小學，由鄉人袁鳴鳳先生主理。
一九八三年，鄉親們提出要重建桐山學校，因而出現一个内外同心協力，个个鮮囊
患助的集資辦學的熱潮。尤其是巻龍袁鏡海先生的積極支持及袁雄崑先生的鼎力資
助，使桐山學校於一九八四年夏得以玉成。
捐資辦學，造福人類矣。現布列芳名，永留紀念。
厦蓢桐山學校
一九八五年春
厦蓢桐山學校重建捐款芳名
姓名
金額（港幣）

第四章
遗产：茶山历史建筑保存现状[①]

1.普查概述

2018 年 8 月至 2020 年 12 月，我们对茶山镇辖区内所有传统聚落进行了地毯式的普查，某些普查区域的年代下限延伸到 20 世纪 90 年代，由此基本确认了全镇的建筑遗产留存情况。

普查的标准参考广州、中山、香港、东莞等城市对于历史建筑的评选准则，结合茶山当地的特点，并且将“建筑遗产”的宽容度放大，涵盖诸如中华人民共和国成立之后的公共建筑、见证特殊公共事件的建筑，甚至是具有时代特色的百姓民居中的代表者，等等。这些建筑一般不会被列入法定的保护清单，甚至一直被忽视。

依据上面的原则，我们从遗产价值、保存情况、罕见程度三方面制定了本次普查的评定细则，见表 4–1 。

表 4–1　普查评定标准

分级	代表颜色	特征（任意一点突出即可被升级或降级）
W	紫	已被登记为不可移动文物
A	红	具有较高遗产价值 / 保存完好 / 非常罕见
B	绿	具有一定遗产价值 / 保存尚可 / 并不多见
C	黄	具有少量遗产价值 / 保存较差 / 较为常见

如下几点需要补充解释和说明。

1.1　遗产价值包括文物价值、历史建筑价值和社会价值。

（1）文物价值：[②]

①艺术价值：风貌、美学程度。

②历史价值：历史意义、年代久远程度。

③科学价值：在某领域的贡献或作为研究对象的意义程度。

（2）历史建筑价值：[③]

①能够反映历史风貌（对于维持整体环境风貌的价值）。

②能够反映地方特色（具有地域文化特征）。

（3）社会价值：

①本章所有图、表，除特别说明外，均为作者自摄、自制、自绘。

②引自《文物保护法》。

③引自《历史文化名城名镇名村保护条例》。

①包含某社会群体的集体记忆。

②能通过以上任意一种价值产生其他积极意义。

1.2 当一个建筑或构筑物的各类遗产价值、保存情况、罕有程度中任意一项特别高或特别低时，均可能被升级或降级甚至除名。例如，一个A类建筑可以因为保存情况较差而被降成B或C甚至除名，而一个C类建筑如果极为罕见或保存非常好，具有代表性，也可能被升为B甚至A。但W类（文物）不会因为以上情况而变更级别，以政府公布清单为准。

1.3 祠堂、庙宇由于普遍具有特殊的集体记忆价值（宗族、宗教），一般情况下均会被评为A类，除非该建筑为当代（20世纪90年代后）重建，且形制、外观与传统差异太大。

1.4 录入的建筑或构筑物年代以公元1990年为下限，但不排除个别例外情况。

1.5 已被公布为“历史建筑”的建筑或构筑物，在本次普查中将在A～C之间重新评估，但会在登记表中注明。

1.6 登记表中对建筑“年代”的判断，系以其建筑风格作为依据，故可能与实际情况存在偏差，例如清末与民国的建筑风格类似，单从建筑风格难以准确断代。但如果有相关年代记录，登记表则会以年代记录为准。

1.7 因大部分建筑无法入内，登记表中的“使用状态”和“保存状态”主要根据外立面使用痕迹和外观破损情况作出判断。

1.8 此评级为质性研究，具有一定主观因素，不排除结果存在偏差。

2.普查总结

茶山镇现分16个行政村、2个社区，包括64个自然村，但许多较小的自然村实际上已和较大的村连成一体，或已散围（即居民已全部迁出），或完全重建成新村，旧貌不复存在。我们以尚存且具有独立的传统格局为原则，划出36个聚落作为研究对象，分别为：

林边、京山、棠里、坑口、横江、陈屋、下朗、榄山、茶山（包括茶山村、茶山圩社区）、上元、下周塘、上周塘、刘黄、孙屋、何屋、游屋、粟边、博头、冲美、水围、塘角、霞坑、南社、新塘、麦屋（即牛过蓢）、孙屋（超朗）、超朗上围、超朗下围、叶屋、陈屋（超朗）、塘边、沙墩、卢屋、近江、卢边、寒溪水。

某些邻近的聚落在数据统计、成果展示时可能会被合并到同一统计单位、分布图中，如何屋与游屋、麦屋与孙屋（超朗）、超朗上围与下围、叶屋与陈屋（超朗）合并，陈屋与下朗合称下朗，塘边、沙墩、卢屋、近江合称增埗。故最后的统计、展示单位为28个。

本次全镇普查总面积共计约2.76平方千米，共录入具有不同程度建筑遗产价值的建筑1597处（5.8处/万平方米），其中文物34处（2%）、A类327处（20%）、B类298处（19%）、C类938处（59%）。全镇各村建筑遗产普查登记表详见右方二

全镇各村建筑遗
普查登记表

①本团队2014—2016年对莞城历史城区进行过相同的普查，总普查面积为2.4平方千米，录入具有不同建筑遗产价值的建筑814处，其中W、A、B类314处。参见：袁艺峰，郑宜武. 东莞历史城区保存现状及保护对策［J］. 遗产与保护研究，2016（3）.

维码。按单位面积密度对比，比莞城历史城区的3.4处/万平方米[1]多出70.6%，其中价值较高的W、A、B密度为2.4处/万平方米，是莞城历史城区的1.3处/万平方米的1.846倍。由此可知，茶山的传统聚落范围内建筑遗产的存量及密度较县治莞城还要大许多。

各村（指统计单位）横向对比方面，价值较高的建筑存量最多的为茶山（102处），其次为南社（91处）、下朗（63处）、增埗（53处）。最低的为榄山（2处）、新塘（3处）、林边（4处）、棠里（4处）、博头（4处），但它们都是面积较小的村落。其中拥有文物建筑的村落有：南社（21处）、麦屋（4处）、寒溪水（3处）、茶山（2处）、增埗（2处）、京山林边（1处）、超朗（1处）。除了南社拥有全国重点文物保护单位外，其余文物建筑均是东莞市文物保护单位或东莞市不可移动文物。

年代方面，W、A、B类中，始建于清代或清代之前的459处（70%），民国50处（8%）、中华人民共和国成立后150处（22%）。南社、茶山、下朗有较多的清代或以前的建筑；霞坑、茶山具有较多的民国建筑；横江、水围、增埗、卢边具有较多的中华人民共和国成立初期建筑（1949—1978年）；增埗、茶山登录了较多改革开放后的建筑。

保存状态方面，W、A、B类中，保存良好561处（85%），即可供正常使用；一般67处（10%），即基本不影响使用或稍作修缮可供使用；残破31处（5%），即无法使用或需要大修才能安全使用。由此可见，现存建筑遗产保存状况普遍良好[1]。保存状态较好的村落有下朗、南社、茶山、霞坑，较差的有京山、上周塘。[2]

使用情况方面，W、A、B类中，正在使用421处（64%），荒废或局部荒废238处（36%）。使用率较高的有霞坑、寒溪水，较低的是下周塘、京山、横江。[3]

建筑评级

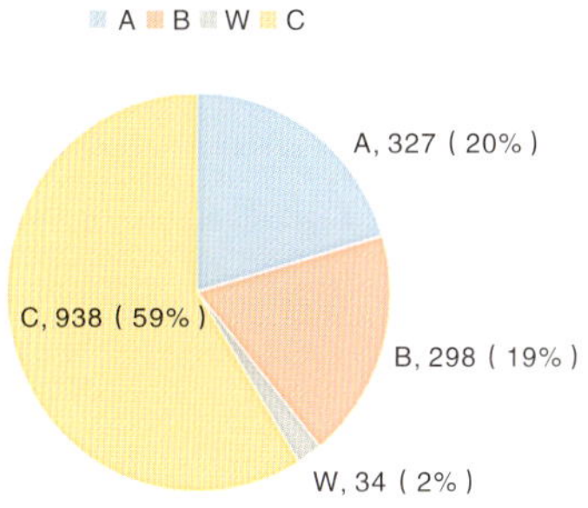

建筑年代

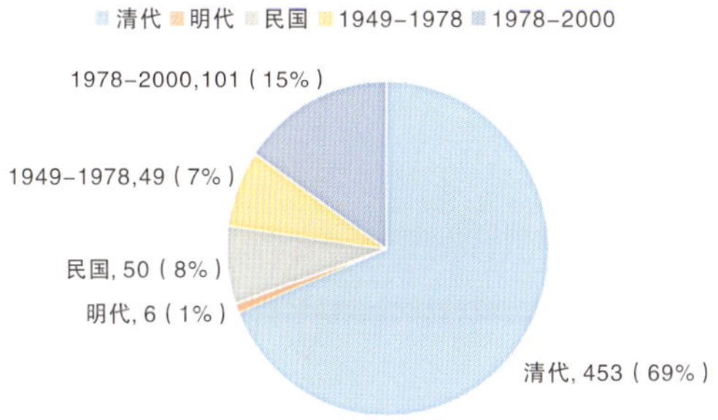

保存状态

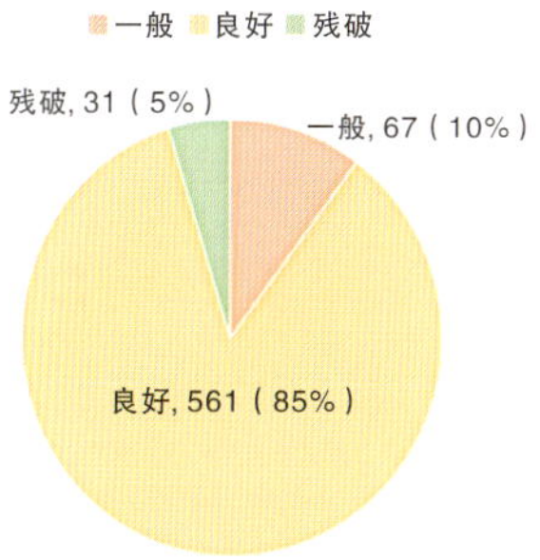

使用状态

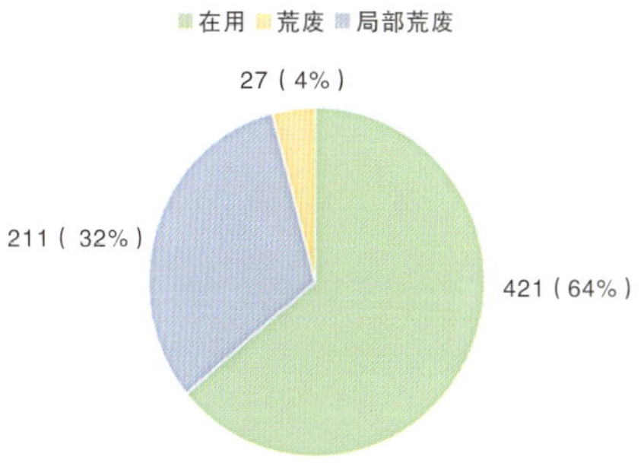

①但潜在原因是，保存较差的建筑基本已被排除在A、B之外。
②已排除统计基数小于10的村落。
③已排除统计基数小于10的村落。

类型方面，W、A、B类中，祠堂117处、民居375处、庙宇31处、村门21处、碉楼5处、中华人民共和国初期公共建筑34处、其他类型76处（详见各村统计表）。其中拥有最多祠堂的是南社（22处）、增埗（13处）、横江（8处）、京山（8处），无现存祠堂的只有榄山、林边。拥有最多庙宇的是茶山（5处）、增埗（5处）。只有霞坑、下朗、麦屋、游屋、南社拥有碉楼[①]，全镇唯一的古桥（永赖桥）在叶屋，唯一的民国时期学校建筑（桐山小学校）在下朗，唯一的中华人民共和国早期牌坊（知青宿舍牌坊）在叶屋，唯一的高架泵水渠在水围。

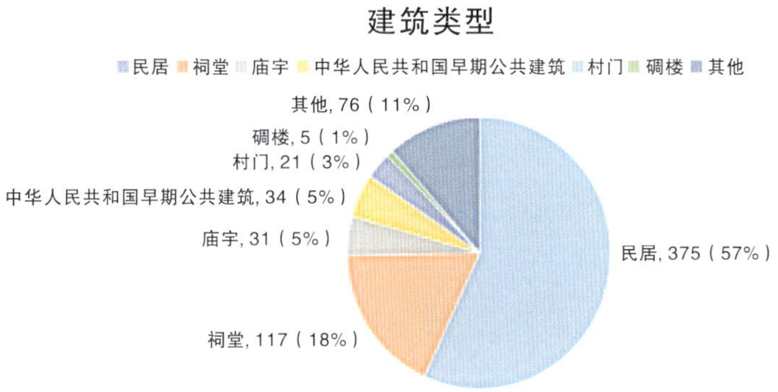

3. 各聚落普查详情[②]

①南社的是谯楼，即城门、城墙上建造的用以瞭望的楼。

②本章测绘图除部分由广州大学岭南建筑研究所（百拙公祠、东岳庙、麦屋麦氏宗祠、仪一麦公祠、接龙门、西更楼、沙墩刘氏宗祠、塘边刘氏宗祠、叶永青家族墓、上围钟氏宗祠）、华南理工大学建筑设计研究院（南社谢氏大宗祠、谢遇奇家庙）、程建军《梓人绳墨》（资政第）、广东南粤珑图建筑设计有限公司（寒溪水罗氏宗祠）绘制、提供外，其余均由东莞理工学院建筑学师生测量、绘制。

③此为各村在文中的具体页码。

京山村

京山村于南宋嘉熙二年（1238年）前后立村，村名由来有两种说法：一说村东多山，山下为东江支流，古时人们上京必经村东，因“京”与“经”同音，故名京山村；一说古时京山村前面是汪洋大海，四周有木勺岭、鸭寮岭、衙门前、石仔岭、虾公山、新岗庙、大岭下山仔等7处小山，中间又有一处小山圆岗，两者合称“七星伴月”。因前面是汪洋，四周是山，人们外出干活担惊受怕，故取名“惊山”，后改为京山村。［本章所有村落介绍均引自《东莞市茶山镇志》，部分内容有所更改。］

本次普查京山村旧村面积约102 340平方米，共录入具有不同程度建筑遗产价值的建筑63处（占全镇3.9%），其中A类18处、B类14处、C类31处。A、B类建筑中，始建于清代或清代之前的25处，民国1处、中华人民共和国6处；保存状态方面，保存良好18处、一般8处、残破6处。类型方面，祠堂8处、村门1处、中华人民共和国成立初期公共建筑2处，其余大部分为民居。

被录入的建筑中，遗产价值较高的有：叶氏大宗祠、村门牌坊、瑞榴学校、祠堂巷5号、新巷28号、石湖公祠、笑溪家塾、土地巷8号、丁丑进士祠、新铭叶公祠、娱乐祖巷37号、紫气门、楼峰公祠等。

村落全景

京山村建筑遗产分布图
31
30
28
29
井
26
井
25

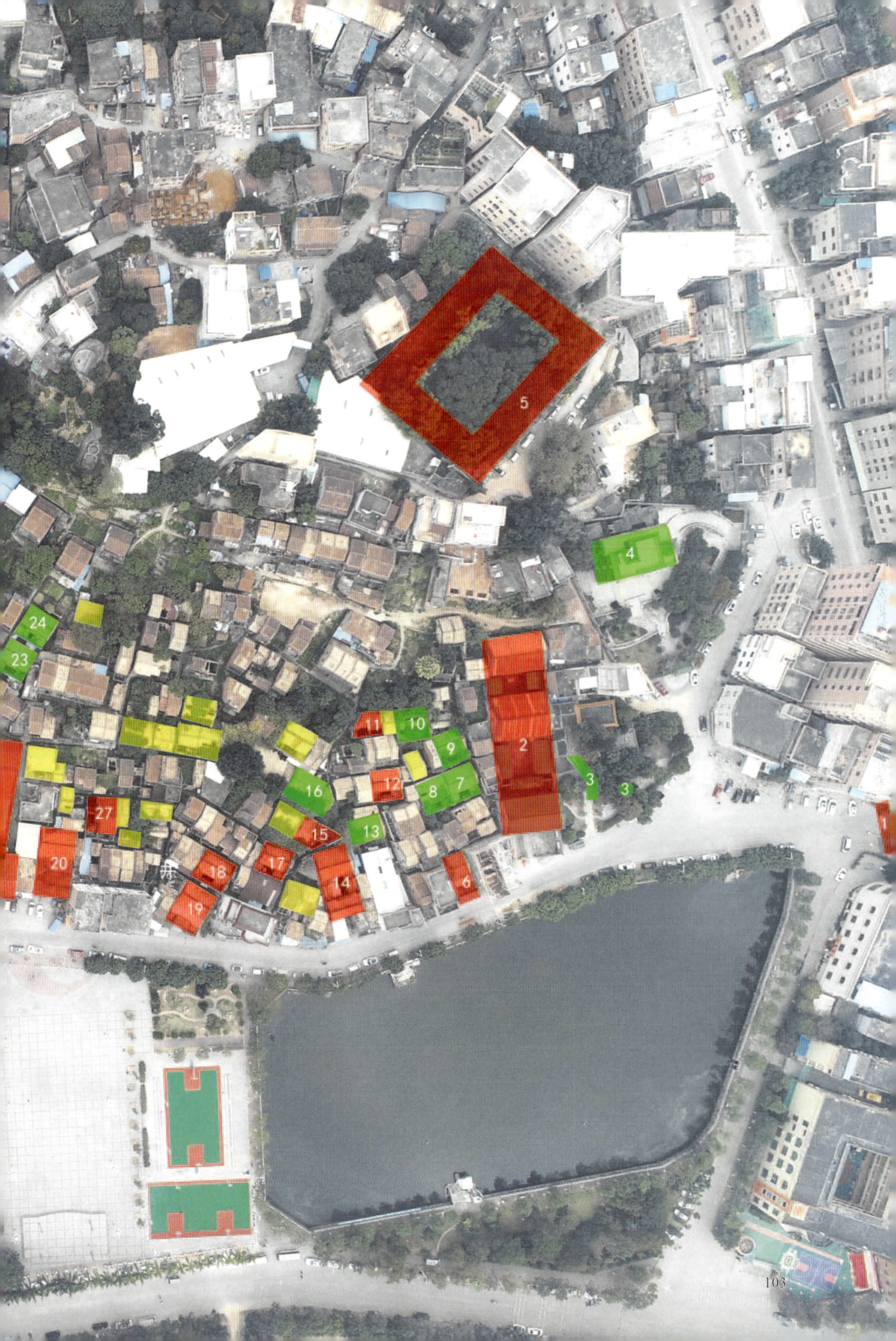
5
4
24
23
11
10
9
2
3
3
1
16
12
8
7
27
15
13
20
17
18
14
6
19

林边村

村落全景

林边村明朝立村，因建于林边而得名。村民姓叶，聚落呈长廊形分布。

本次普查林边村旧村面积约 12 130 平方米，共录入具有不同程度建筑遗产价值的建筑 5 处（占全镇 0.3%），其中文物（W 类）1 处、A 类 1 处、B 类 2 处、C 类 1 处。W、A、B 类建筑中，始建于清代或清代之前的 3 处、中华人民共和国成立后 1 处；保存状态方面，保存良好 4 处；类型方面，水塔 1 处、村门 1 处、墓地 1 处、庙宇 1 处、民居 1 处。

被录入的建筑中，遗产价值较高的有：叶永青家族墓、帝相庙等。

林边村建筑遗产分布图
1
2
3

叶永青家族墓 分布图编号：2

叶永青家族墓位于林边村犁雾岭，包括叶永青夫妇墓、叶永青父叶植梅墓、后人叶玉田夫妇墓，为东莞市文物保护单位。三墓以叶永青夫妇墓保存最佳、规模最大，为抄手墓，由灰砂三合土筑成，护坡、挡土、月池、拜台、享堂等均保存完好。碑为青石板岩，红砂岩碑框，碑首前约10厘米处有一长方形拜桌。碑首后有八角形宝顶。叶永青事迹见本书第三章。

叶永青家族墓

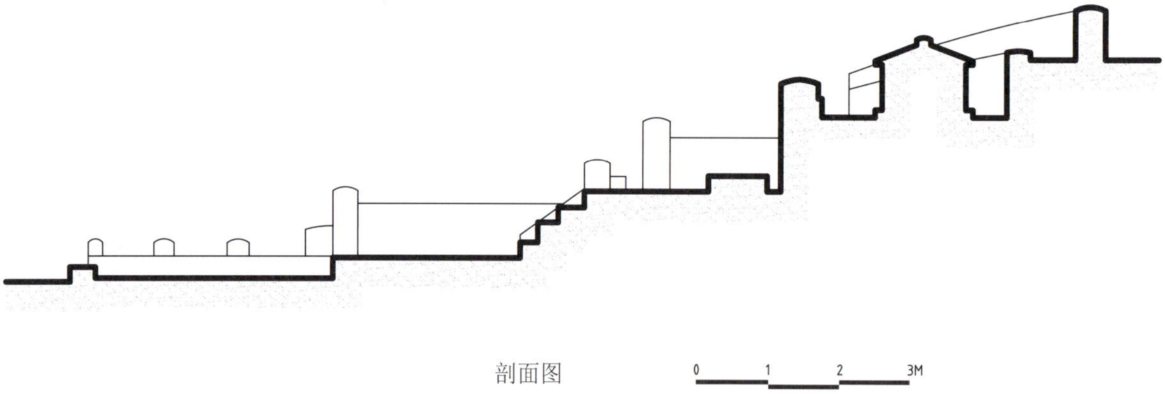

剖面图

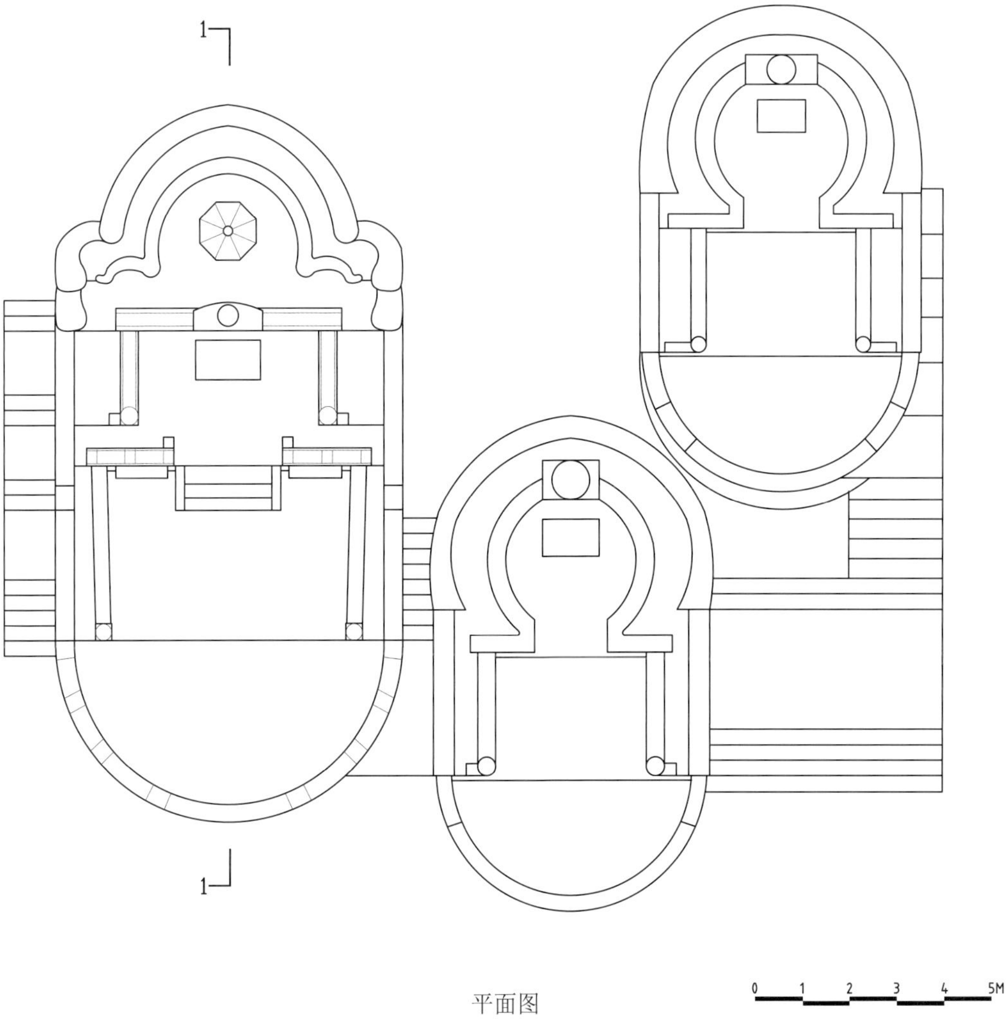

平面图

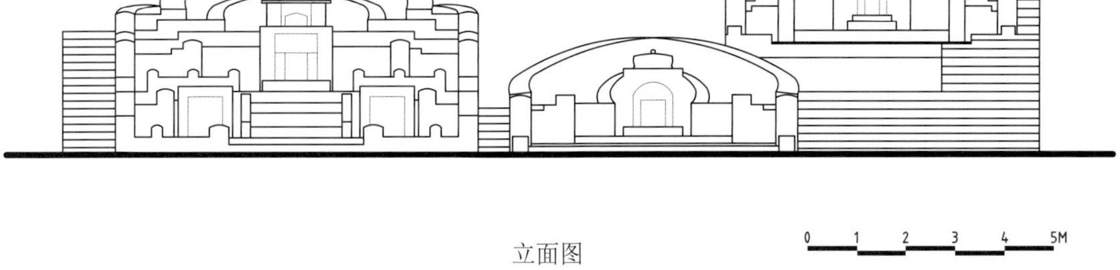

立面图

帝相庙

分布图编号：1

帝相庙位于京山村后山大王庙山，始建于清道光二十年（1940年），俗称大帝庙，塑北帝、天后、包拯三位神像。庙宇三开间二进，院落依山而建，虽为清代风格，但大部分结构已在民国时改成水泥。后进大殿高出山门许多，从两廊后可拾级而上。拜亭紧贴大殿，梁架和大殿一样均为红砂岩柱支撑水泥横梁，上承三角形墙体，代替传统的抬梁穿斗木梁架。

建筑模型

建筑全景

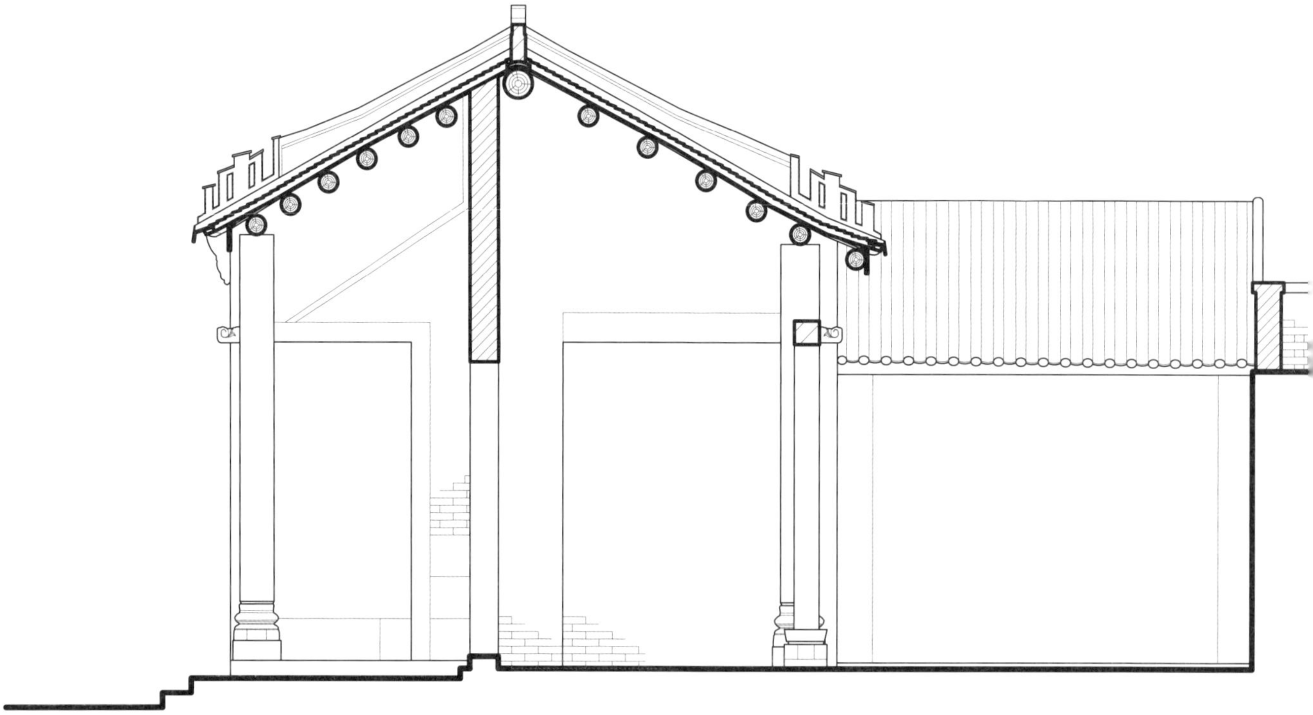

帝相庙拜亭梁架

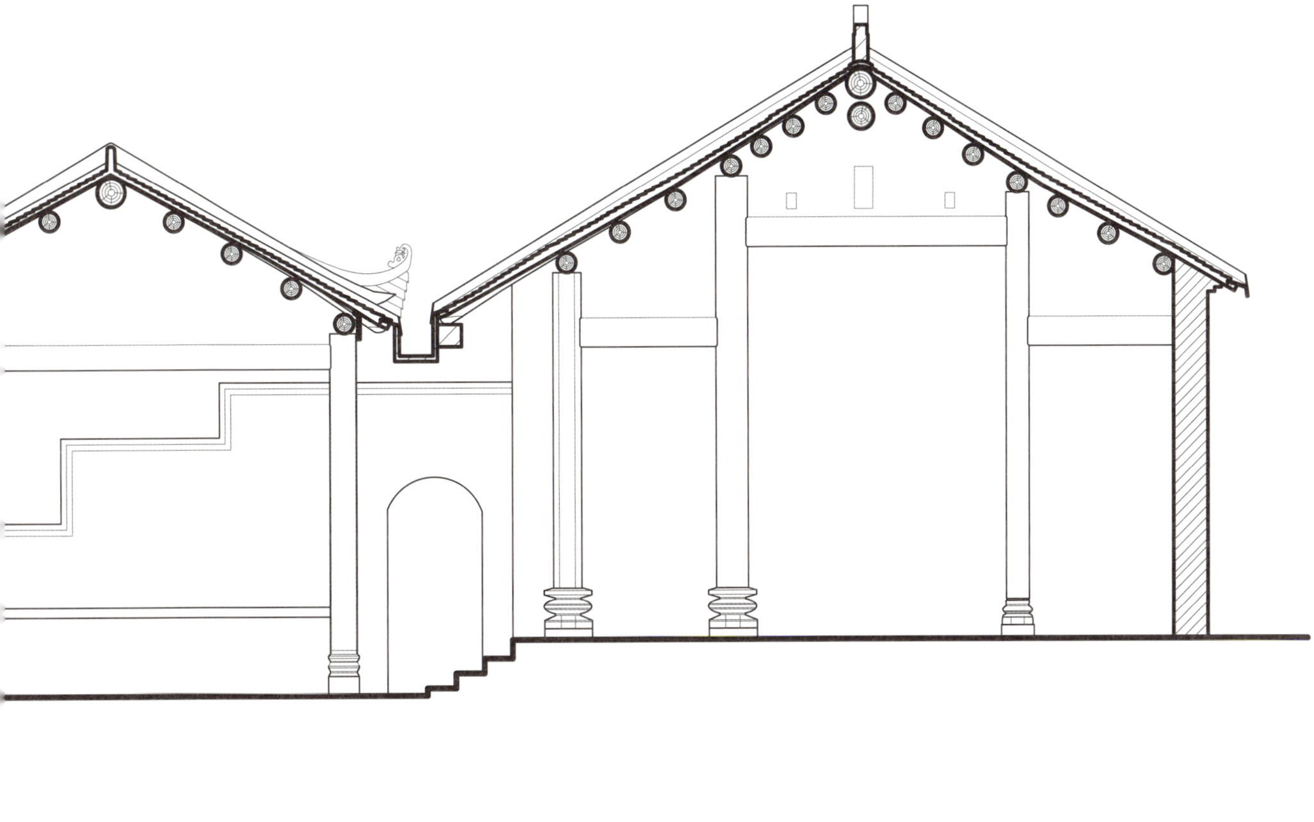

纵剖面图

帝相庙

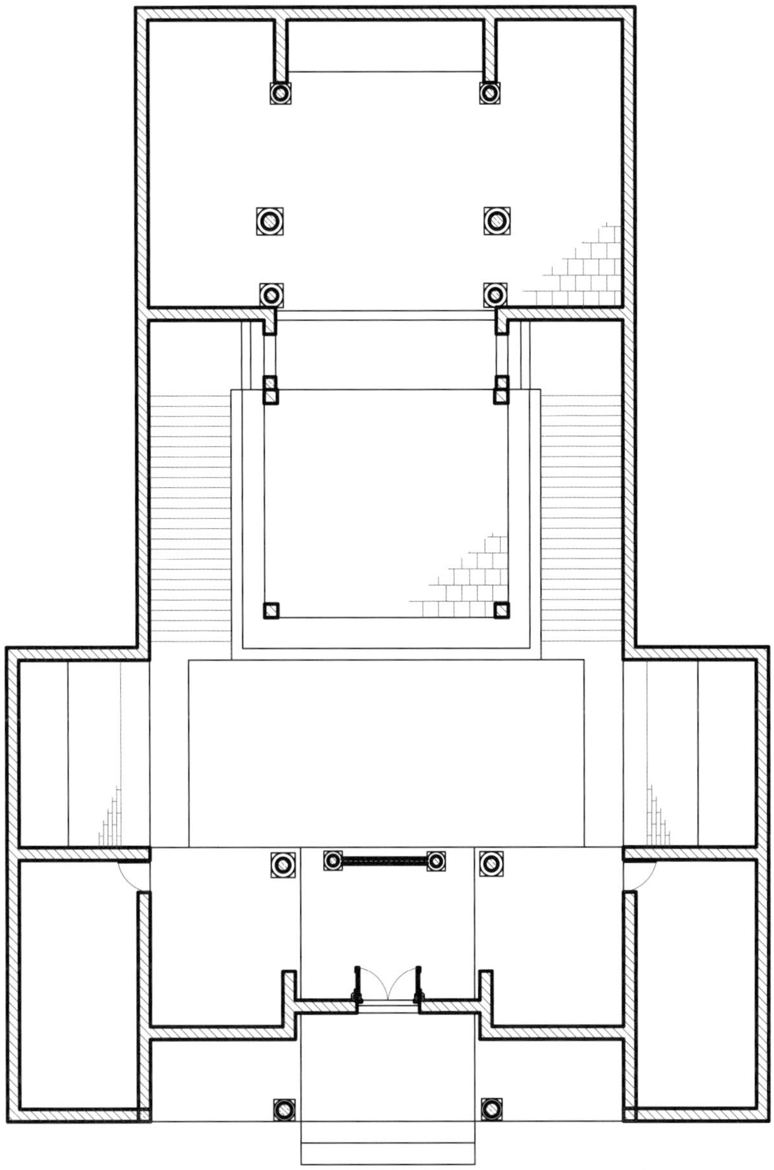

平面图

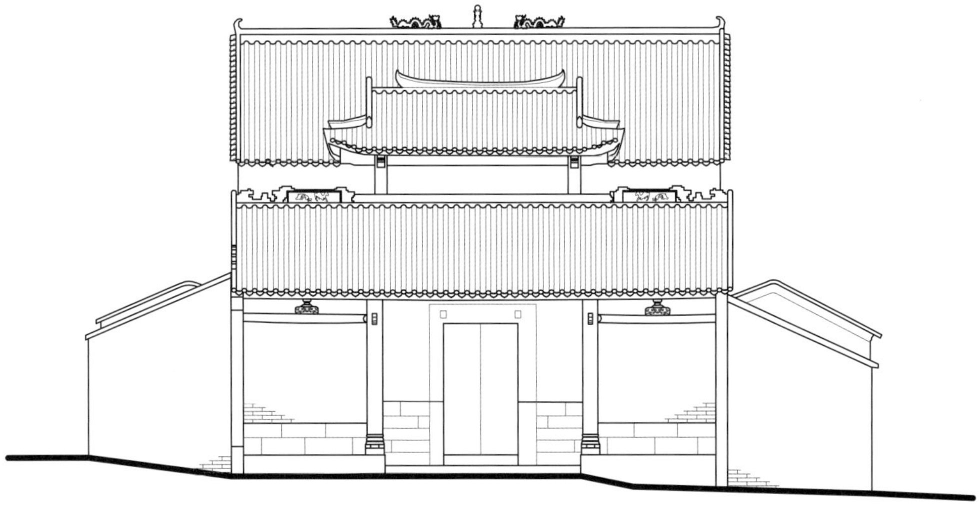

正立面图

叶氏大宗祠 分布图编号：2

建筑模型

叶氏大宗祠位于京山村，五开间三进，头门后有“历朝科甲”牌楼一座，规模等级比一般祠堂宏大。中堂于1940年遭侵华日军烧毁，1995年重建。头门、牌楼、前天井两侧廊在重建中换作绿色琉璃瓦，原貌受到破坏。

叶氏大宗祠

叶氏大宗祠鸟瞰

丁丑进士祠　分布图编号：19

位于京山村围面，头门已损坏严重，疑为类似南社百岁坊的牌楼式头门形制，正间尚存红砂岩石匾，立于清乾隆五十四年（1789 年），阳刻“丁丑进士”四字，四周雕刻精致的花叶、祥龙图案。二进保存完好，可惜已改作他用，后加天花遮挡了梁架，梁架采用常用的抬梁穿斗结合式，其中柁墩斗栱雕刻精美，刻工刚劲有力，托脚刻作鳌鱼，斗栱采用茶山罕见的夔纹博古式。

“丁丑进士”匾

丁丑进士祠二进梁架柁墩斗栱

棠里村

棠里村于南宋立村，村民姓陈，聚落呈典型梳式布局，规模较小。

本次普查棠里村旧村面积约 17 470 平方米，共录入具有不同程度建筑遗产价值的建筑 7 处（占全镇 0.4%），其中 A 类 2 处、B 类 2 处、C 类 3 处。A、B 类建筑中，始建于清代或清代之前的 3 处，中华人民共和国成立后 1 处；保存状态方面，保存良好 4 处；类型方面，祠堂 3 处、中华人民共和国初期公共建筑 1 处。

被录入的建筑中，遗产价值较高的有围面两祠堂。

村落全景

坑口村

坑口村于宋末立村，因处于山坑（山涧）入寒溪河之口而得名，村民姓袁。

本次普查坑口村旧村面积约 30 110 平方米，共录入具有不同程度建筑遗产价值的建筑 26 处（占全镇 1.6%），其中 A 类 3 处、B 类 4 处、C 类 19 处。A、B 类建筑中，始建于清代或清代之前的 5 处、中华人民共和国成立后 2 处；保存状态方面，保存良好 6 处、一般 1 处；类型方面，祠堂 2 处、牌坊 1 处、祭坛 1 处，其余为民居。

被录入的建筑中，遗产价值较高的有：袁氏宗祠、四面公等。

村落全景

坑口村建筑遗产分布图
井
井
7
6
5
4
2
1

袁氏宗祠　分布图编号：4

三间三进，头门左右两塾台，次间、正间均用木额枋，为较为古老的形制。大门两侧通体满铺红砂岩，楹联白底黑字楷书“铜山气暖，鹤水春融”。中堂为常见的八柱厅，用沉式瓜柱梁架，四金柱漆红底黑字对联，堂号“乐孺堂”。中堂、寝堂瓦面用东莞常用的蝴蝶瓦，可惜在最近修缮中更换成碌筒瓦。

袁氏宗祠

四面公

红砂岩石雕像，为坑口村及附近村民“打小人”的场所，具有一定的民俗研究价值。

建筑模型

四面公

横江村

横江村，别名鹤洞，南宋时立村。因横于山岗，初名横岗；后以该村横于青鹤湾之畔，又称横江村。村民多姓袁。聚落呈蝙蝠形分布。横江村有1树、两景、两庙、4塘、4门。两景指茶山明代八景中的海珠春浪（在晏公庙附近）、鹤湾渔火（在村西南，今已不存）。两庙，指晏公庙、盘古皇庙（在巨鸿玩具厂附近，今已毁）。在村北面与西湖交界处曾有一处方便行人的茶亭，该处为茶山与石龙的交通要道。

本次普查横江村旧村面积约60 110平方米，共录入具有不同程度建筑遗产价值的建筑55处（占全镇3.4%），其中A类21处、B类7处、C类27处。A、B类建筑中，始建于清代或清代之前的19处、中华人民共和国成立后9处；保存状态方面，保存良好20处、一般5处、残破3处；类型方面，祠堂8处、庙宇2处、祭坛2处、墓地1处、农业设施2处、中华人民共和国初期公共建筑5处，其余大部分为民居。

被录入的建筑中，遗产价值较高的有：初世祖墓、晏公庙、松祖［即松祖祠，本地村民均以“松祖”简称其祠堂，这种对祖祠（俗称“私伙太公”）的叫法在茶山颇为普遍，有别于宗祠，如寒溪水所称的“方祖”“旗祖”。］、斋祖、旭和家塾、嘉焕袁公祠、灏川袁公祠、代销店（已拆）、石狗公等。

村落模型　村落全景

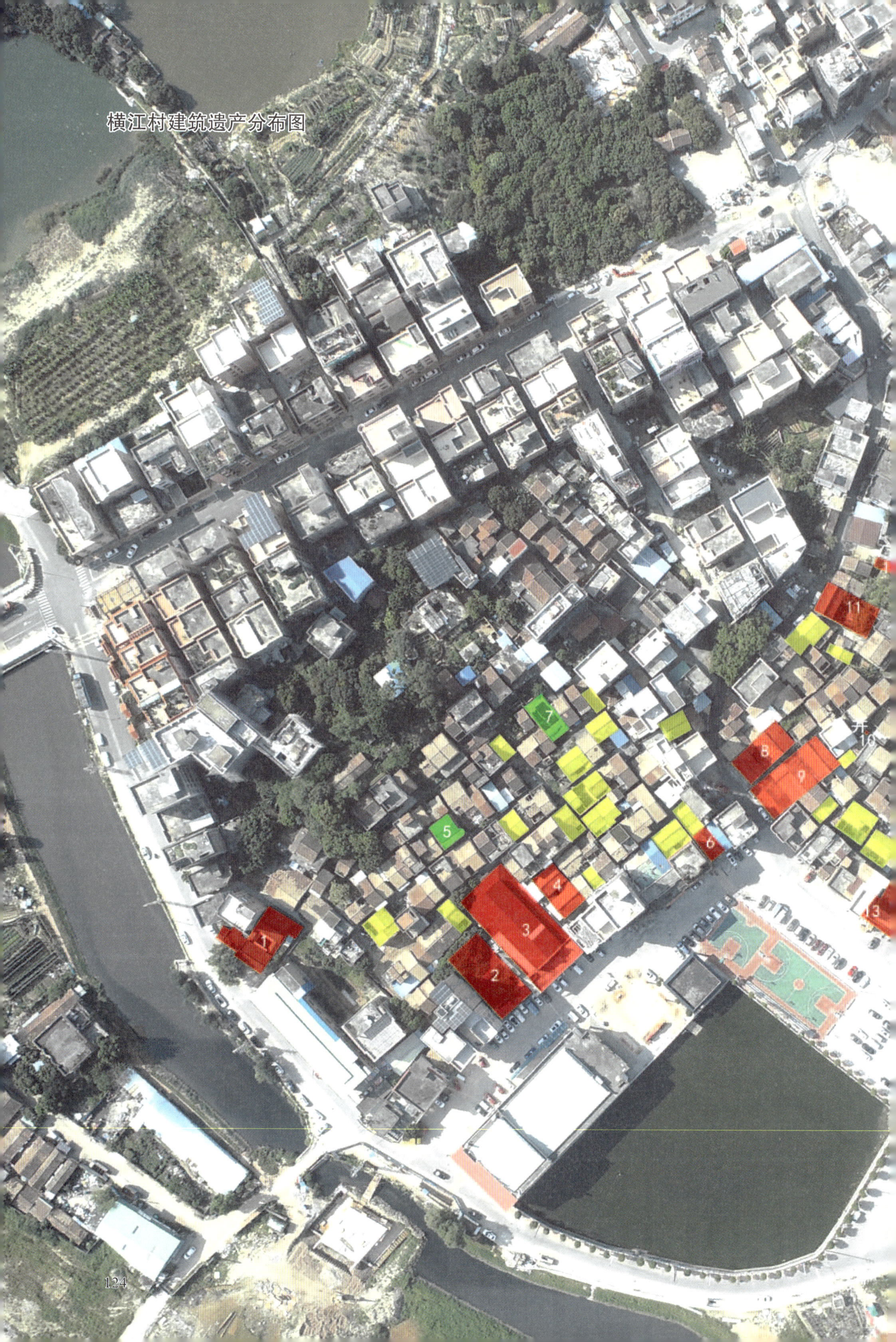

横江村建筑遗产分布图

27
29
26
24
25
23
22
21
18
19
20
28

旭和家塾 分布图编号：21

该建筑为横江村保存较佳的公祠，三开间两进，地基高出路面许多，头门前左右两塾台，梁架为柁墩斗栱式，雕刻精致，红砂岩门匾四周壁画保存完好。寝堂为常见的沉式瓜柱式，但有较为精致的小木作槛窗、弯罩。

建筑模型

寝堂弯罩大样图

旭和家塾

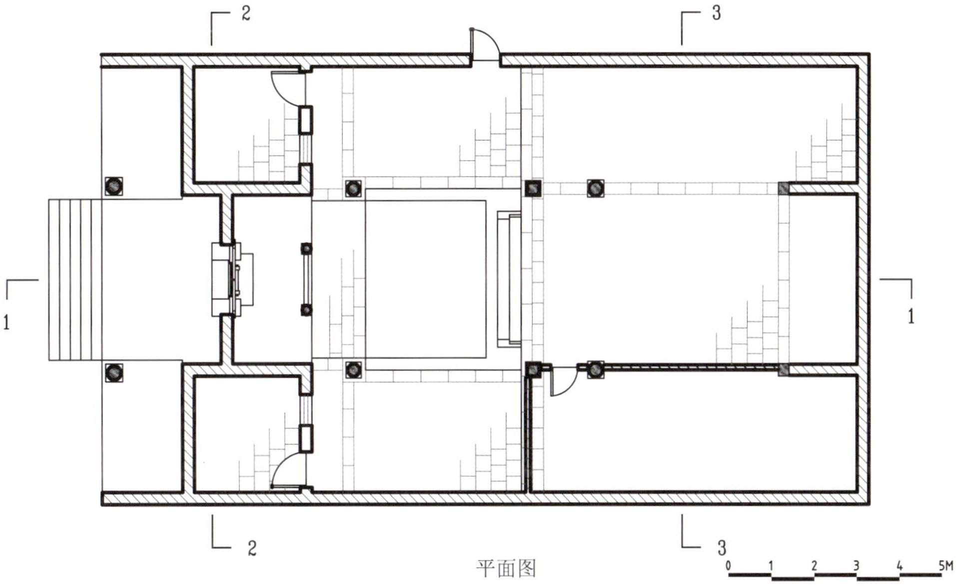

平面图

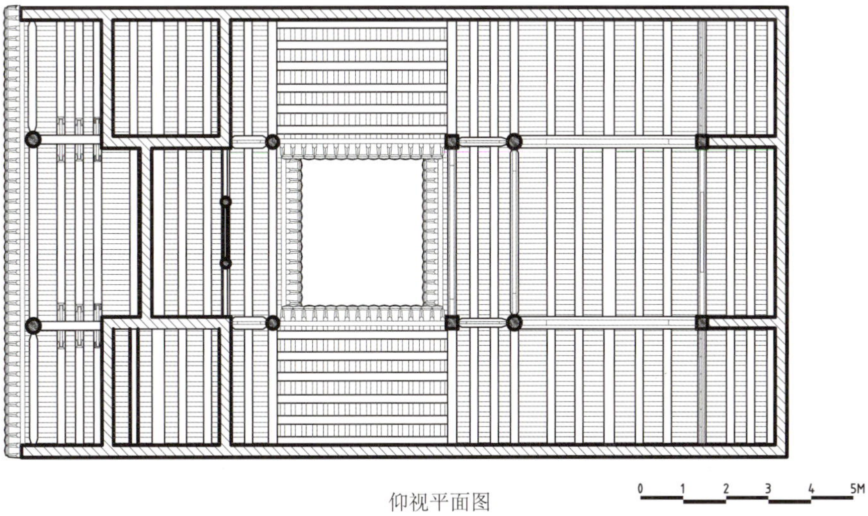

仰视平面图

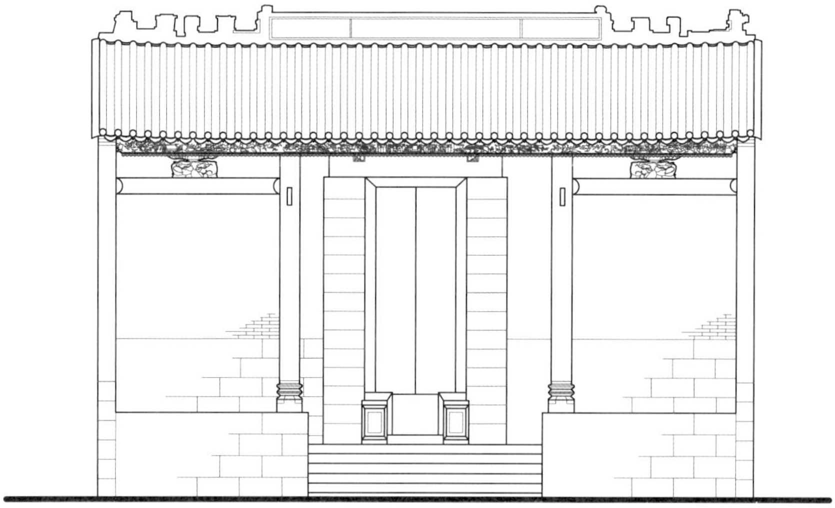

正立面图

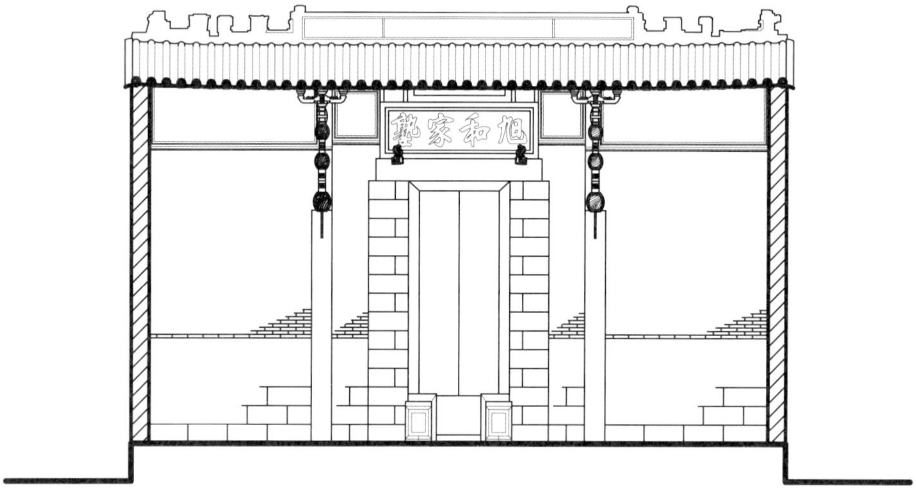

1—1剖面图

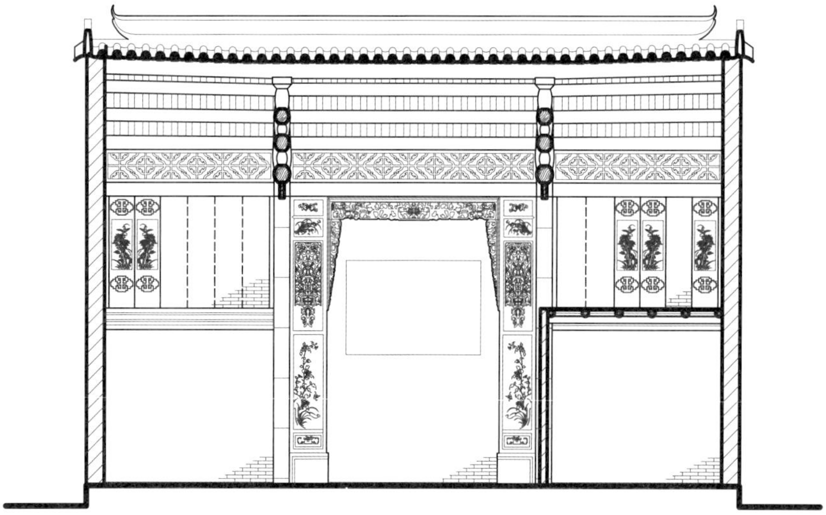

2—2剖面图

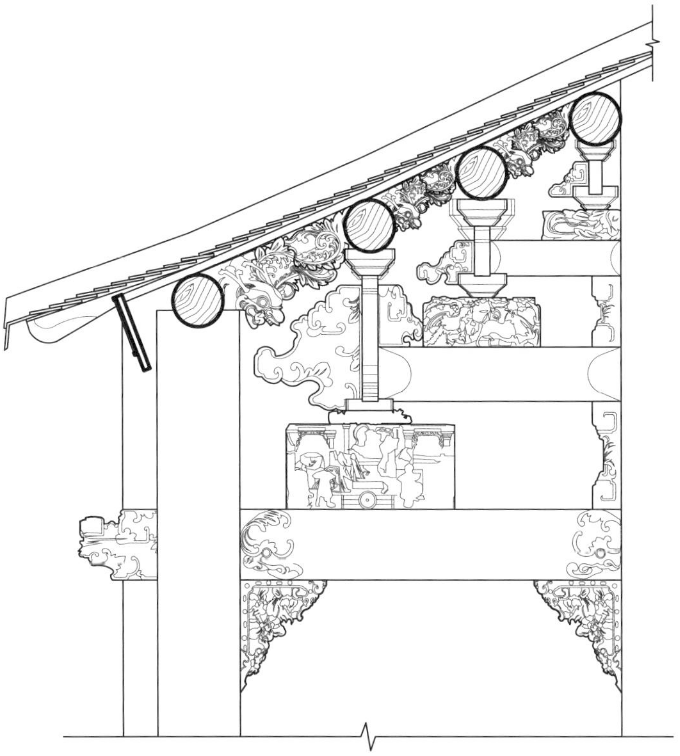

头门外梁架大样图　0　20　40　60CM

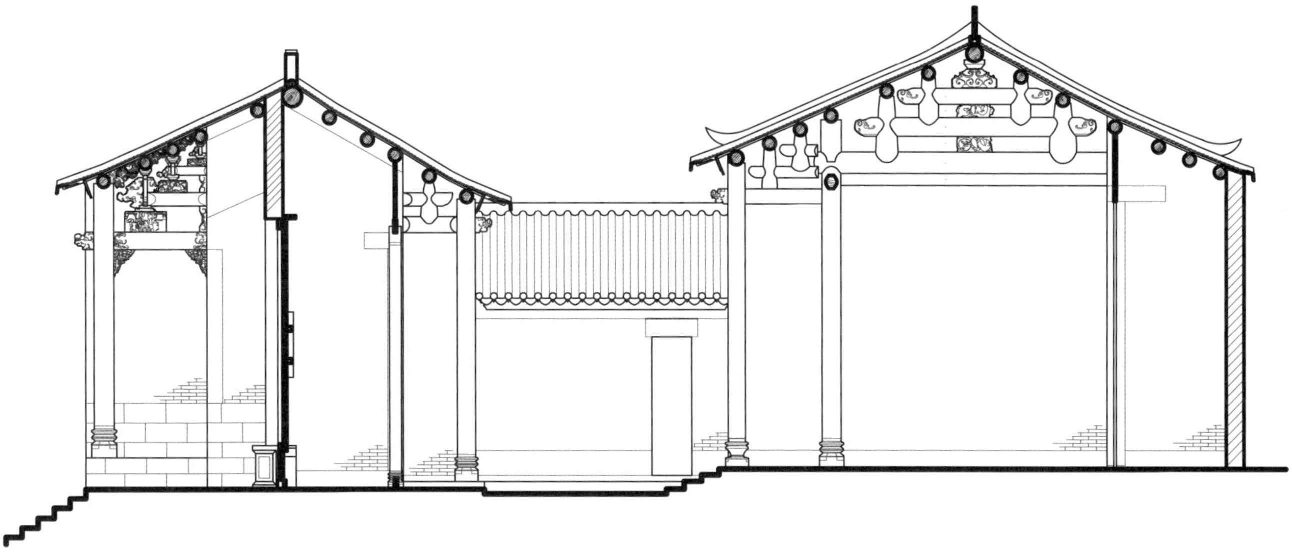

3—3剖面图　0　1　2　3M

松祖、斋祖 分布图编号：9、14

松祖、斋祖为横江围面两处公祠，头门均被不同程度改建。松祖三开间三进，中堂正间悬挂清康熙五十九年（1720年）“泽延堂”匾，梁架为柁墩斗栱式，雕刻以卷草为主，木梁呈微微弧形的月梁形制，制式较为古朴。寝堂悬清乾隆四十五年（1780年）“寝成孔安”匾，梁架为常见的沉式瓜柱式。斋祖三间两进，寝堂木梁亦呈微微弧形的月梁式古制，梁架用较为罕见的瓜柱插拱式，即以穿式瓜柱梁架为主，瓜柱三向出插拱托桁条与托脚。

建筑模型

松祖中堂梁架

松祖寝堂牌匾

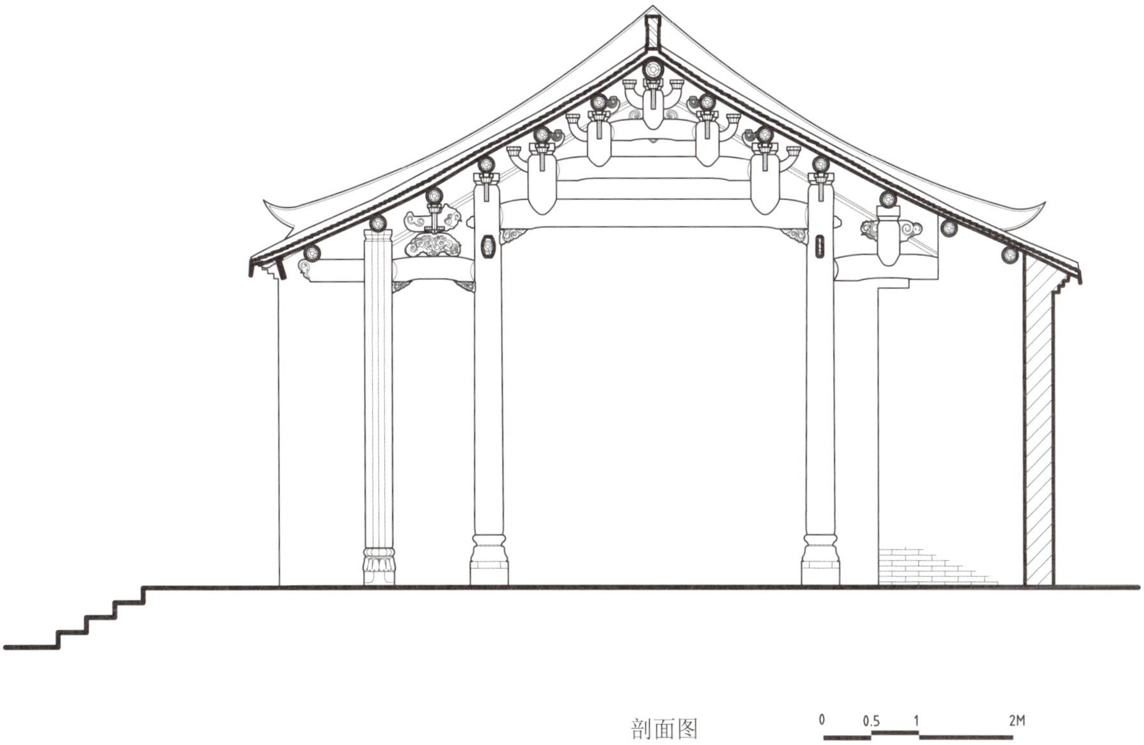

剖面图

斋祖寝堂梁架

石狗公 分布图编号：10、27

石狗公崇拜为东莞及周边地区农村常见的习俗，即认为将小孩契给石狗公做子女后，小孩便能得到保佑，百病不侵。这与广东雷州地区的石狗崇拜类似并似有渊源关系。茶山镇内横江、何屋、沙墩尚有留存石狗公（沙墩石狗公为近代重塑），其中以横江村的石狗公最为古朴、完整。该村的石狗公有两处，一处在路边（原为田畴小路），红砂岩质地，较为抽象；一处在民居巷道水井边，亦为红砂岩，较具象，但头部已缺失。

建筑模型

石狗公

代销店 分布图编号：17

代销店位于围面两口鱼塘的分界处，建于“文化大革命”初期，为同期同类型建筑中的佼佼者，可惜已拆除重建。原建筑大门前有五级台阶，两砖砌抹灰圆柱，柱顶水泥横梁表面有灰塑花叶、稻穗和五角星，梁柱交接处做有水泥花格镂空雀替。尤为特别的是梁下伸出钢筋，吊着由水泥塑成的“代销店”三字，招牌形式甚为罕见。大门左侧阳台下有楼梯通往二楼，二楼及三楼阳台栏杆为传承自民国样式的水泥弓形栏杆，中间顺着弧面凸出，虚实、前后层次丰富。二楼阳台用别于一楼的清水红砖方柱，雀替花纹也变成正交的博古式，与方形的柱子协调，横梁灰塑则变成蓝色、抽象的几何水纹。两层阳台的尽端均不设柱子，而靠丁梁出挑，使得阳台外廊之于建筑主体而言显得轻盈飘逸。

悬吊式水泥塑字“代销店”

横江代销店

下朗村建筑遗产分布图
67
65
66
29
68
69
72
70
71

51
60
54
50
73
井
44
48
47
45
46
43
42
41
40
35
36
31
32
34
39
2
30
37
38
1
6
5
4
3
26
10
7
8
11
9
12
16
13
15
14
24
23
18
19
22
20
21

袁氏大宗祠

分布图编号：1

该宗祠为祭祀横江、下朗两村始祖的大宗祠，位于下朗围面，五开间三进，规模较宏大。头门尽间屋顶较中间稍低，为五开间大型祠堂常用形式，檐口挑梁有垂柱，在岭南较为罕见。头门后有“历朝科甲”牌楼，中堂前出抱厦，以勾连搭形式与中堂相连，中堂堂号“雄绪堂”。该宗祠为茶山规模最大的祠堂之一，可惜于2010年拆除重建，虽重建后大致符合原形制，但材料和细节相去甚远，如变素瓦为绿色琉璃瓦，变红砂岩柱、咸水石柱为花岗岩柱等。

建筑全景

建筑模型

袁氏大宗祠“历朝科甲”牌楼

（来源：陈培坤摄，2010年）

袁氏大宗祠

（来源：陈培坤摄，2010年）

菊隐公祠

分布图编号：24

三开间三进，山墙为东莞特色的飞带式，头门敞楹，前后四塾台，额枋木质，与檐口一样均在两端渐渐升起。前天井两侧廊四柱三间，在同等规模的祠堂中较为罕见。中堂为常见的八柱厅，寝堂高敞，构架前端用卷棚，以示隆重。

建筑全景

大门

菊隐公祠

（来源：陈培坤摄，2016年）

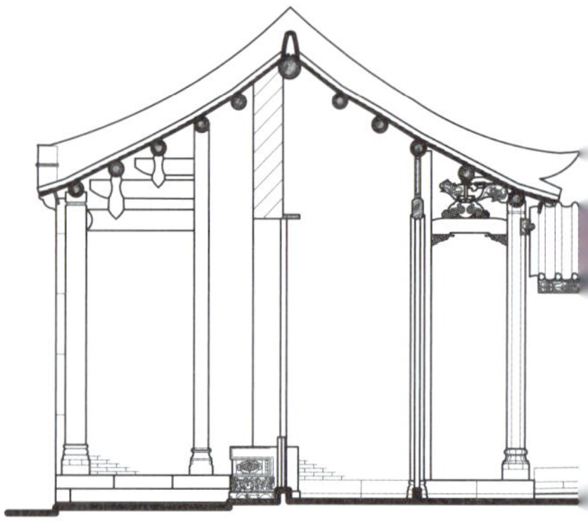

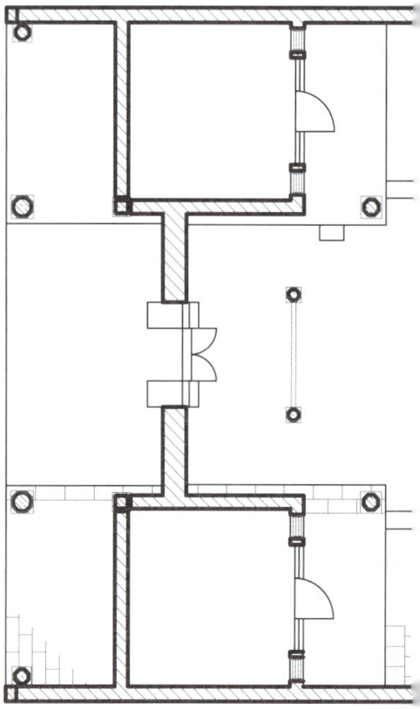

修缮中的菊隐公祠

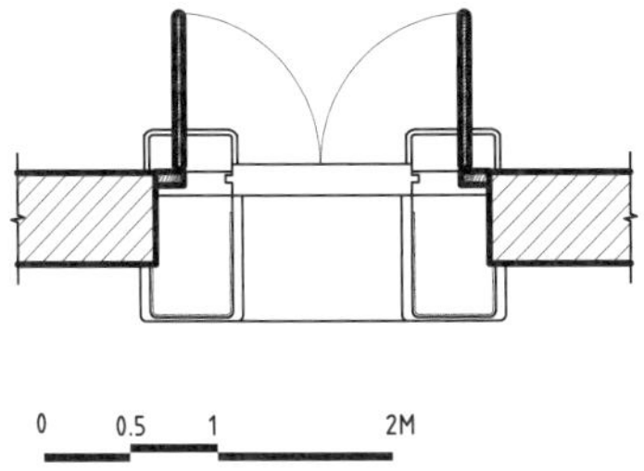

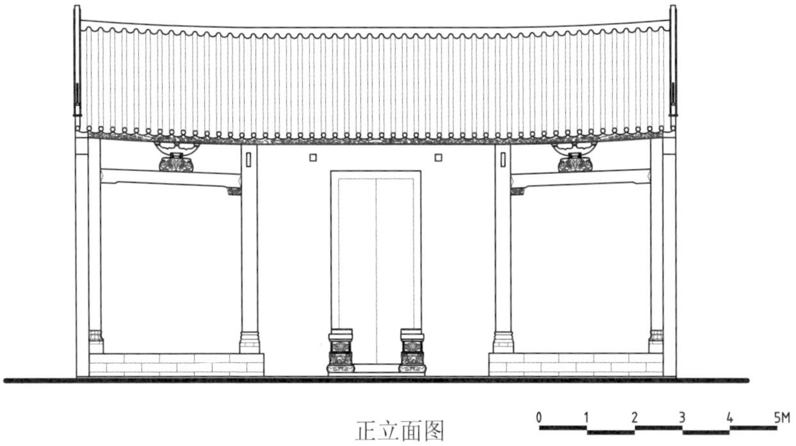

正立面图

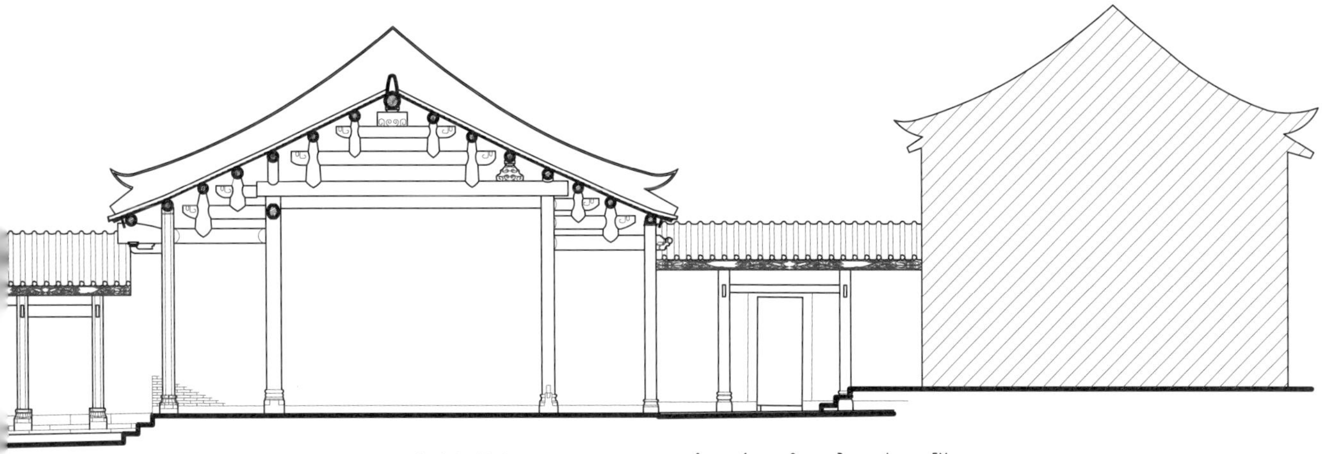

纵剖面图

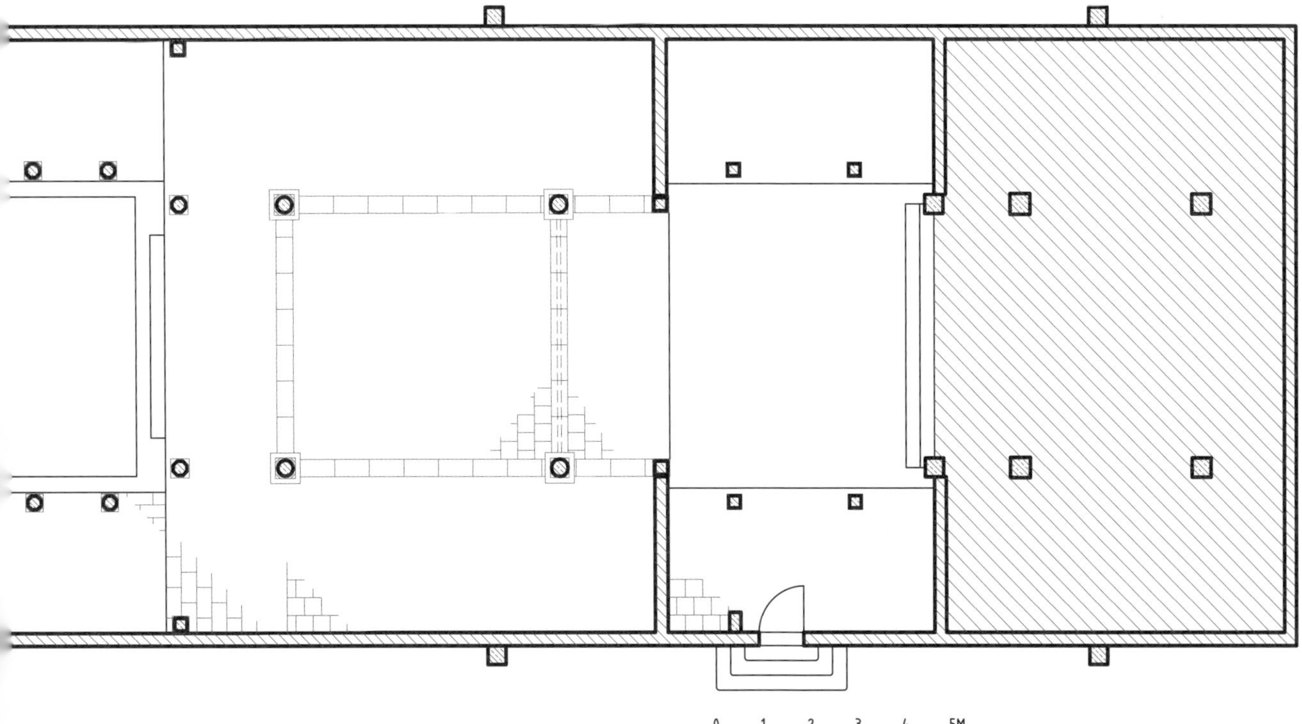

平面图

桐山小学校校门

（来源：陈培坤摄，2016 年）

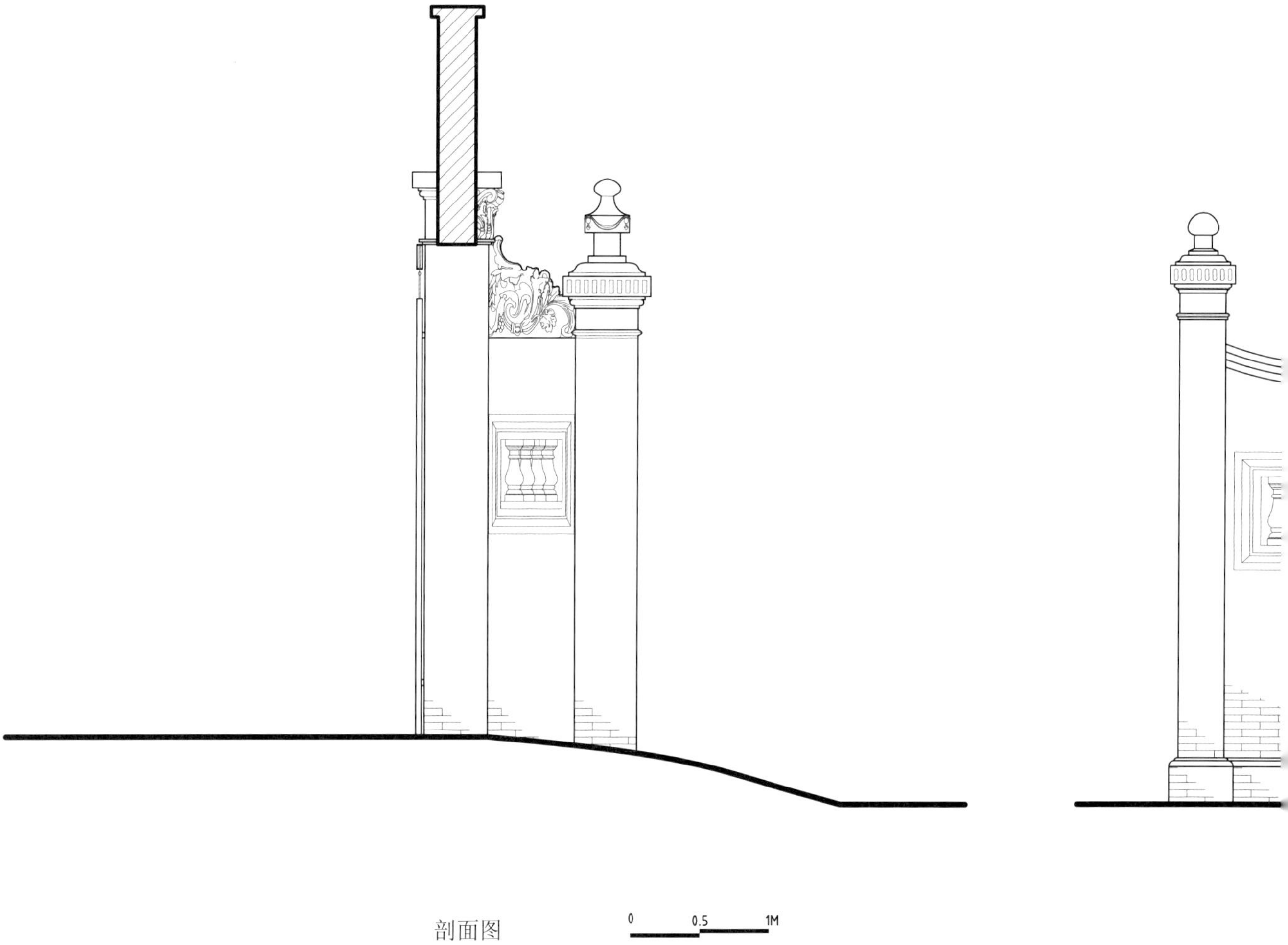

剖面图

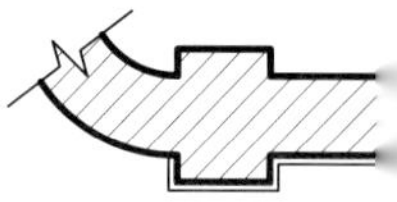

桐山小学校校门、校舍与亭子 分布图编号：21、23、22

桐山小学校是茶山唯一尚存的民国学校建筑。校门带明显的中西结合式民国风格，清水红砖、巴洛克式卷草灰塑、三角形山花，门扇铁制。入门后，左边为六角亭，位于一米余高台上。整个亭子除了檐口线脚和柱础外，省略了所有装饰，造型简约，以水泥为屋顶结构，瓦面屋脊也简化成简单的弧角卷起。亭后与大门正对的是校舍，面积不大，歇山顶，脊饰同样是简化的弯卷，心间两柱前有弧形翼墙，中间五级台阶。正面有深1.5米的前廊，占总进深的三分之一。柱子排布特别，前面四柱，当心间窄，次间较宽，是心间的两倍，廊后的两金柱与前檐柱错位，分布在次间的中间位置，从正面看来，呈现出六柱前后错落但又均分的错觉。可惜在近期修缮中，因担心次间横梁刚度不够而增加了两根柱子。

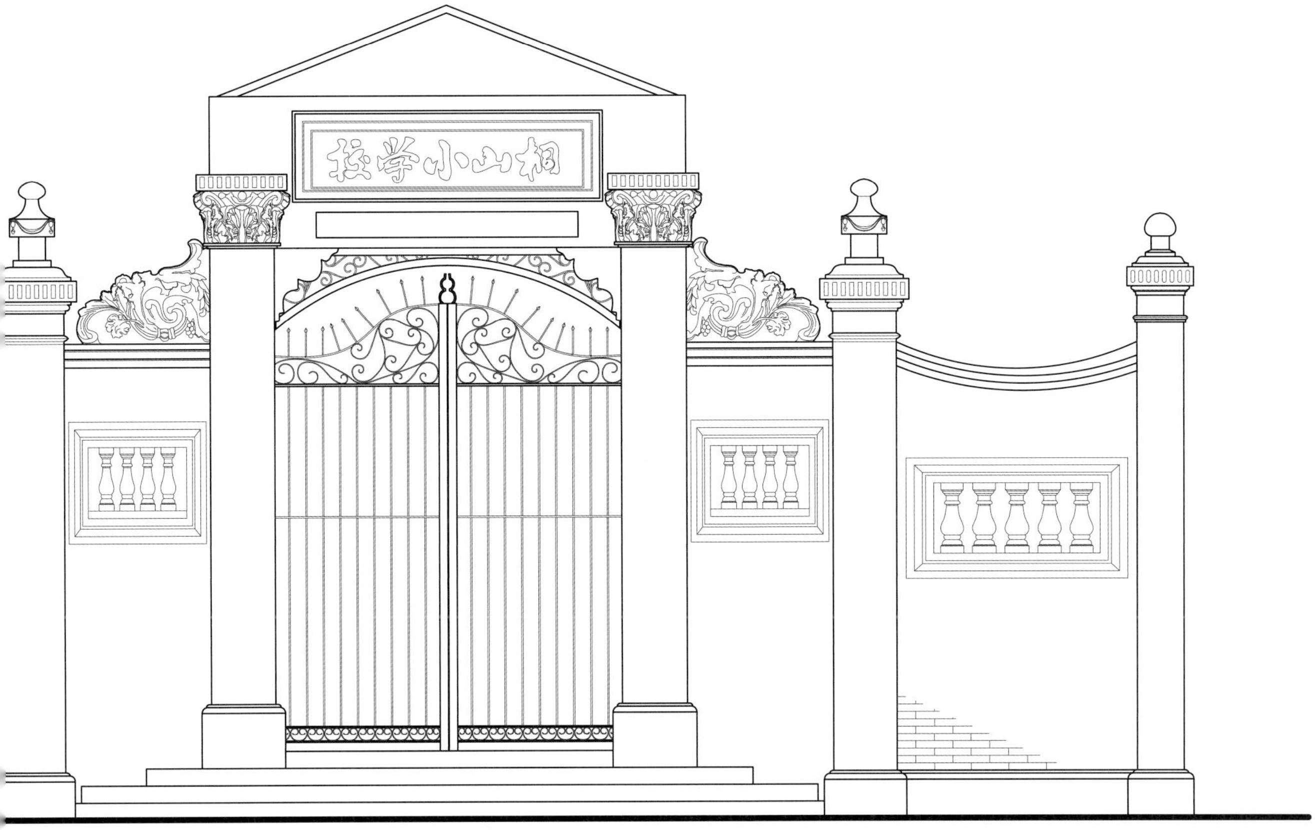

正立面图　0　0.5　1M

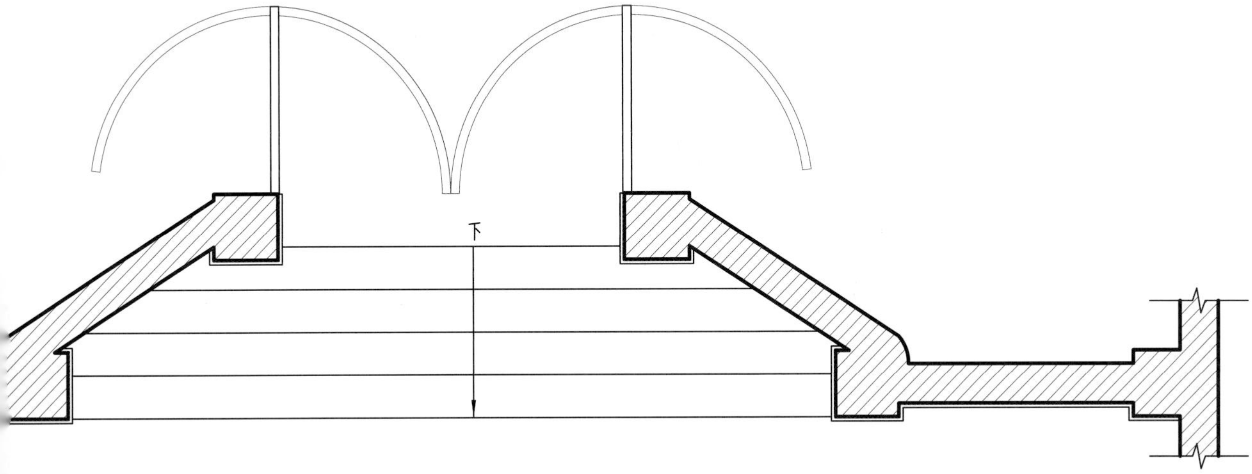

平面图　0　0.5　1M

桐山小学校亭子

立面图

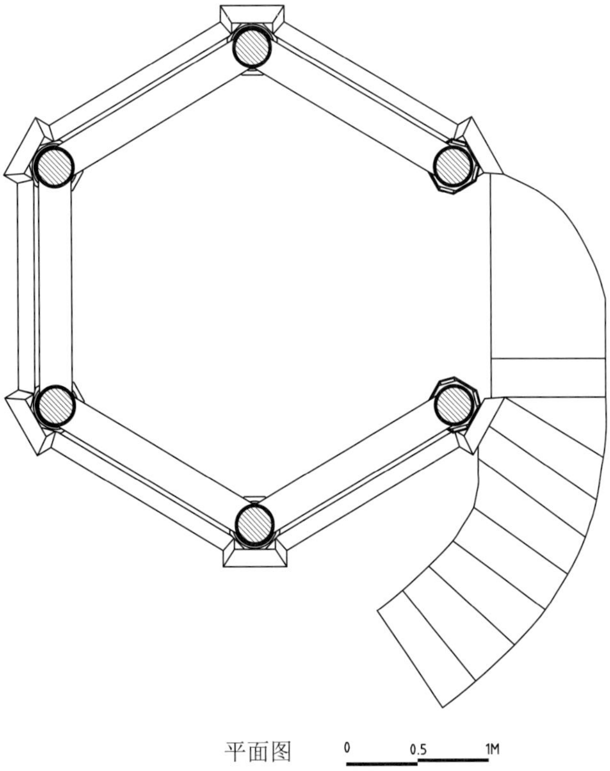

平面图

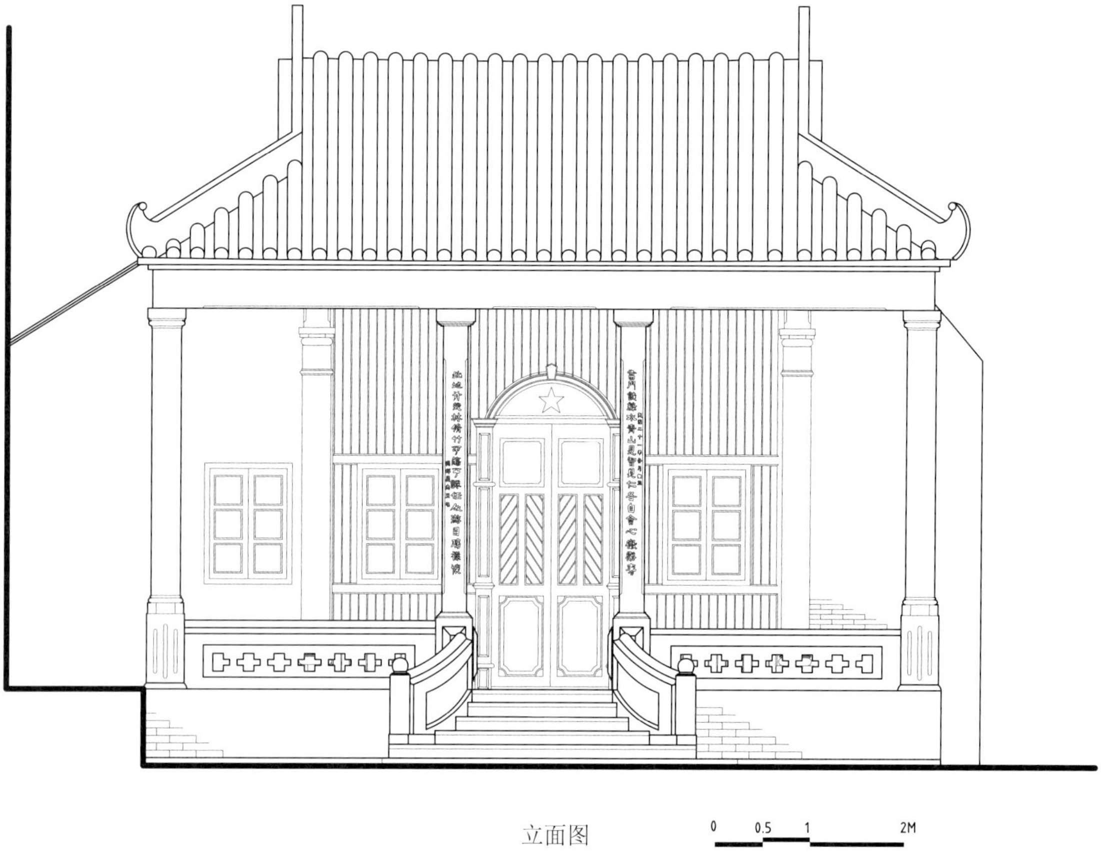

立面图

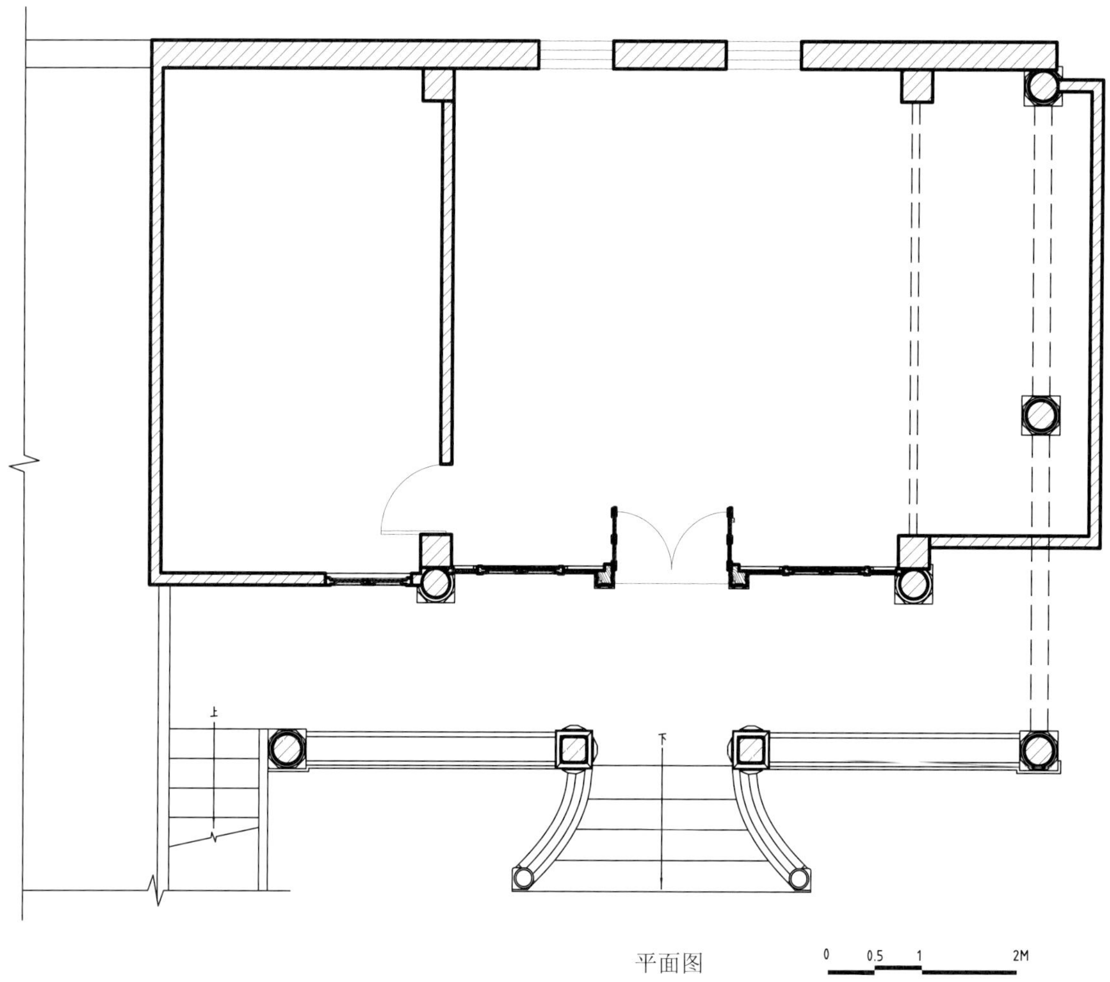

平面图

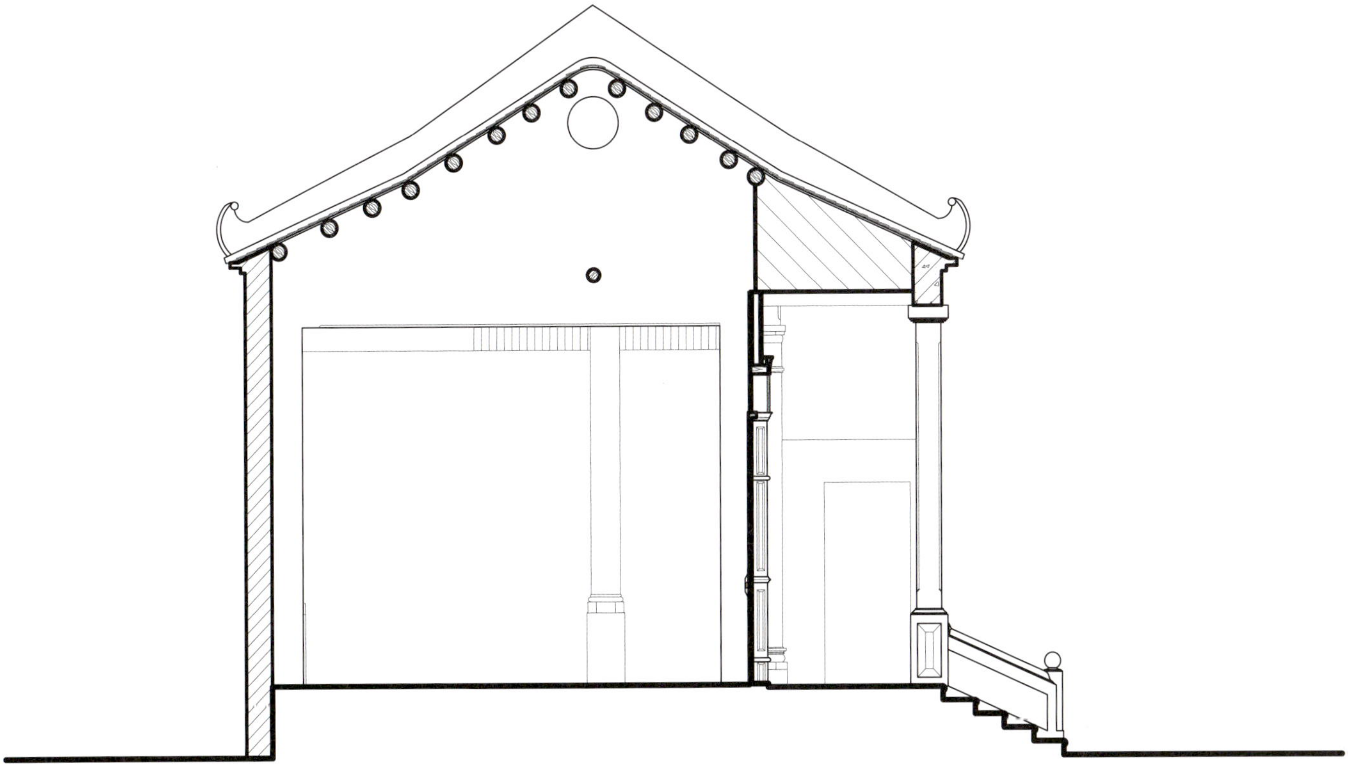

剖面图　0　0.5　1　2M

桐山小学校校舍

榄山村

榄山又名小榄山，紧邻京九铁路南侧，村民多姓陈。明代名贤林光在此建书屋修学，陈白沙曾到此探访林光。现聚落传统格局几近消失，被厂房包围。

本次普查榄山村旧村面积约 4910 平方米，共录入具有不同程度建筑遗产价值的建筑 6 处（占全镇 0.4%），其中 A 类 1 处、B 类 1 处、C 类 4 处。A、B 类建筑中，始建于清代或清代之前的 2 处；保存状态方面，保存一般 1 处、残破 1 处；类型方面，村门 1 处、民居 1 处。

被录入的建筑中，遗产价值较高的有“公甫停骖”村门。

村落全景

榄山村建筑遗产分布图

“公甫停骖”村门 分布图编号：1

为榄山村门，现状甚为破败，门梁已经断裂，但上面依稀可见“公甫停骖”四字。茶山明代名贤林光曾在榄山修学。林光拜于理学名家陈白沙门下，陈白沙字公甫，此墨书门额即纪念陈白沙曾在此停车驻马，拜访得意门生林光的佳话。

建筑全景　　建筑模型

“公甫停骖”村门

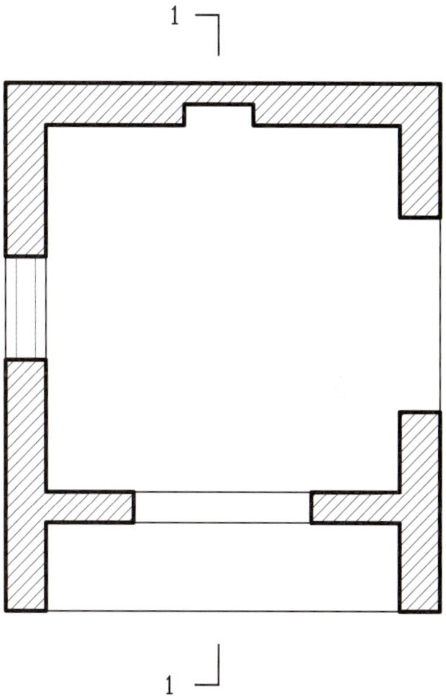

平面图　0 0.5 1 2M

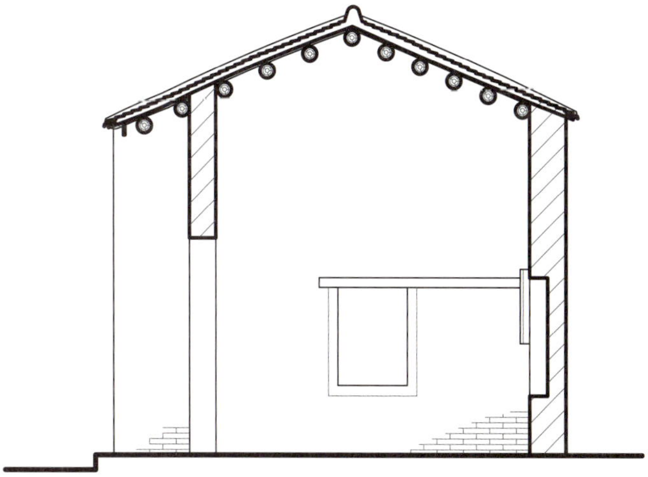

剖面图　0 0.5 1 2M

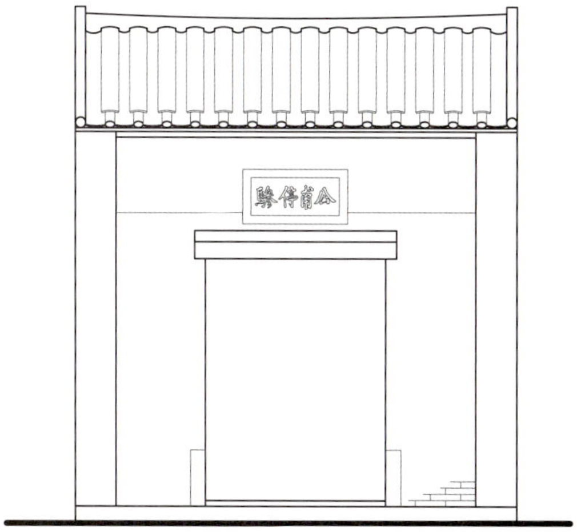

剖面图　0 0.5 1 2M

茶山

为方便统计与展示，本次普查将茶山村与茶山圩社区合并在一起统称茶山，总计21处自然村。

茶山村位于茶山镇中心区，辖区面积1.83平方公里，有12处自然村，分别为吉街、何屋、钟屋、彭屋、李屋、邓屋、龙船围、朝凤鲤、殷屋围、陈屋围、塘边、袁屋边。茶山村南有寒溪河，北有广深铁路，有鹿山、罗山、对牛岭、大岭背、牛岭、塘环岭、白面岭、松仔林等山岭；茶山圩社区位于茶山镇中心区，辖区面积0.8平方公里，有9处自然村，分别为上埗林屋、下埗林屋、大巷、卫屋、濮屋、寺下、刘屋市、谢家、何屋。茶山圩社区东面为南社坑、卫屋塘，西面为寺下塘，南面为寒溪河，北面为东岳庙、广深铁路。

本次普查茶山（茶山圩和茶山村）面积约660 280平方米，共录入具有不同程度建筑遗产价值的建筑229处（占全镇14.3%），其中文物（W类）2处、A类51处、B类49处、C类127处。W、A、B类建筑中，始建于清代或清代之前的72处，民国10处、中华人民共和国成立后20处；保存状态方面，保存良好96处、一般6处；类型方面，祠堂7处、庙宇5处、村门1处、中华人民共和国初期公共建筑1处、水塔1处、墓地1处、亭子5处、围墙1处、巷门1处、牌坊1处、楼阁1处，其余为民居。

被录入的建筑中，遗产价值较高的有：东岳庙、林氏宗祠、念慈庐、红卫巷31号、红卫巷19号、东风巷30号、东风二巷52号、爱国路5号、洁净路27号、凤山水塔、擢昇梁公祠、健康路3号袁宅、茶山粮食管理所、龙船围寨墙遗迹、陈氏宗祠、百拙公祠、峡运宿舍等。

村落模型　村落全景

101
102
100
65
63
64
62
62
62
62
62

茶山建筑遗产分布图（北）
88
89
85
84
86
87
83
79
82
井
81
80
井
78
76
77
75
井
74
井
73
72
69
71
70
68
67
66

茶山建筑遗产分布图（南）

45
43
井
44
42
38
37
40
39
41
36
35
34
33
井
32
30
井
31
29
28
井
94
22
19
井
24
27
26
18
17
16
25
12
13
14
15
井
10
9
1
7
8
5
3
2

东岳庙

东岳庙 分布图编号：100

东岳庙为东莞市文物保护单位，历经多次重修、重建，现存的东岳庙格局基本保持了原貌，主体三进，山门形制较为特别，主体屋顶分中间高、两边低三部分，两侧复加耳房，屋顶再跌落一级，平面向前凸出，使整个山门呈扁平凹形。立面用东莞地区常用的红砂岩石柱 10 根，形成疏密不等的 9 个开间，若加上耳房 2 间，则共计 11 开间，虽然按屋顶计实质为三或五开间，但这种做法亦相当罕见，颇具韵律。入内天井宽阔，两侧廊庑，正前香亭（或称拜亭），重檐歇山，现状与民国版《茶山乡志》所刊照片大致相同，但细节有所差别，例如正脊鳌鱼由“含脊”变成位于脊上，下檐戗脊脊饰由鳌鱼变成北方惯用的仙人走兽。大殿为独立的重檐歇山三开间殿堂式建筑，上下檐下均施如意斗栱，是茶山仅有的殿堂式大木构架，可惜与香亭一样，均为火灾后重建，已非原物。

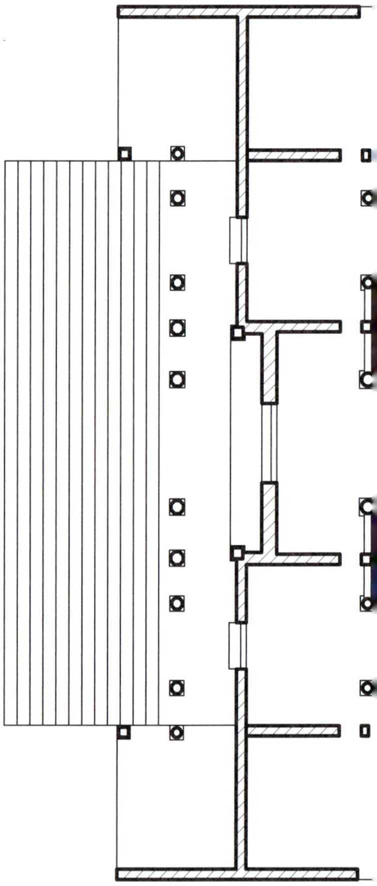

建筑模型　　建筑全景

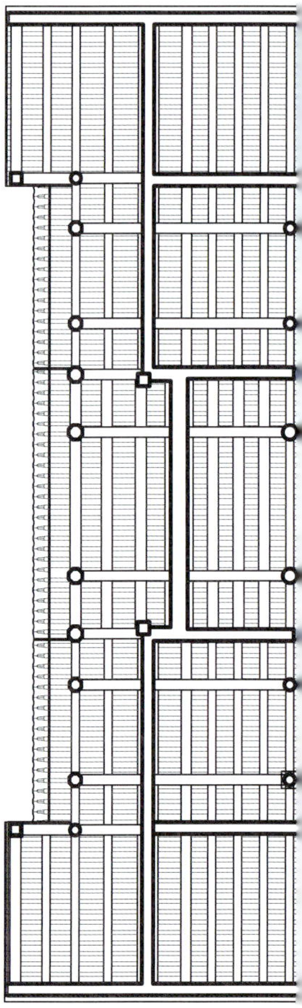

东岳庙山门

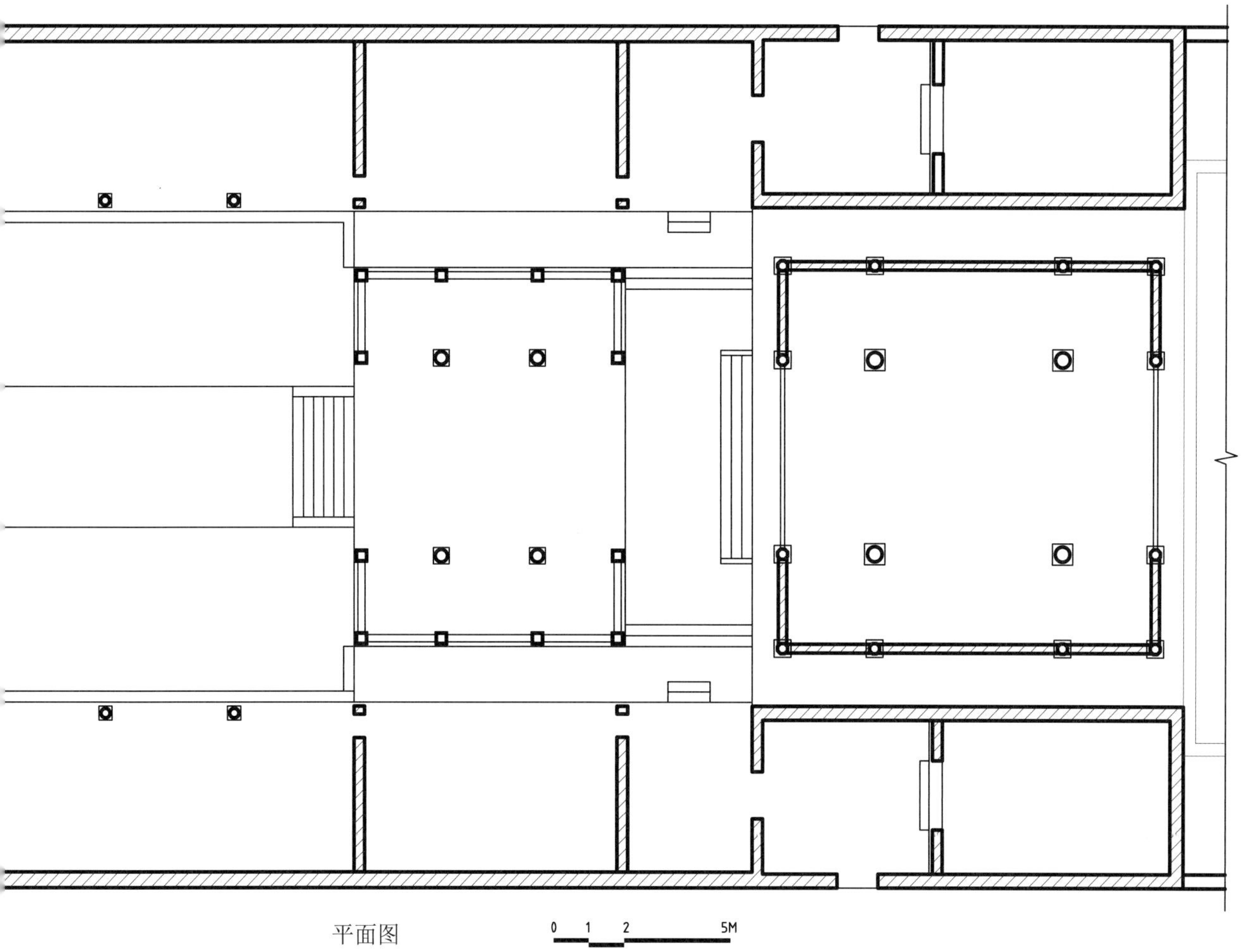

平面图

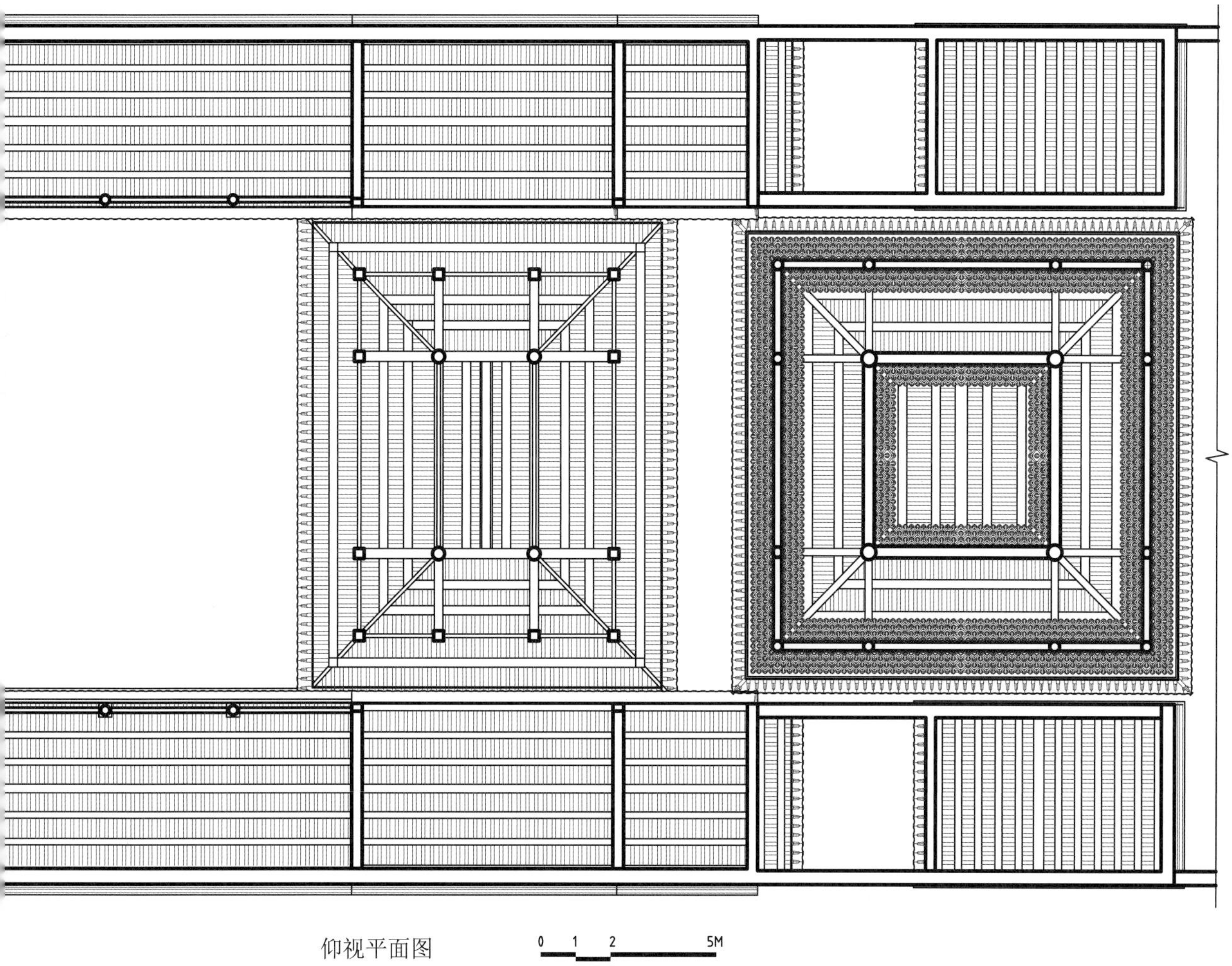

仰视平面图

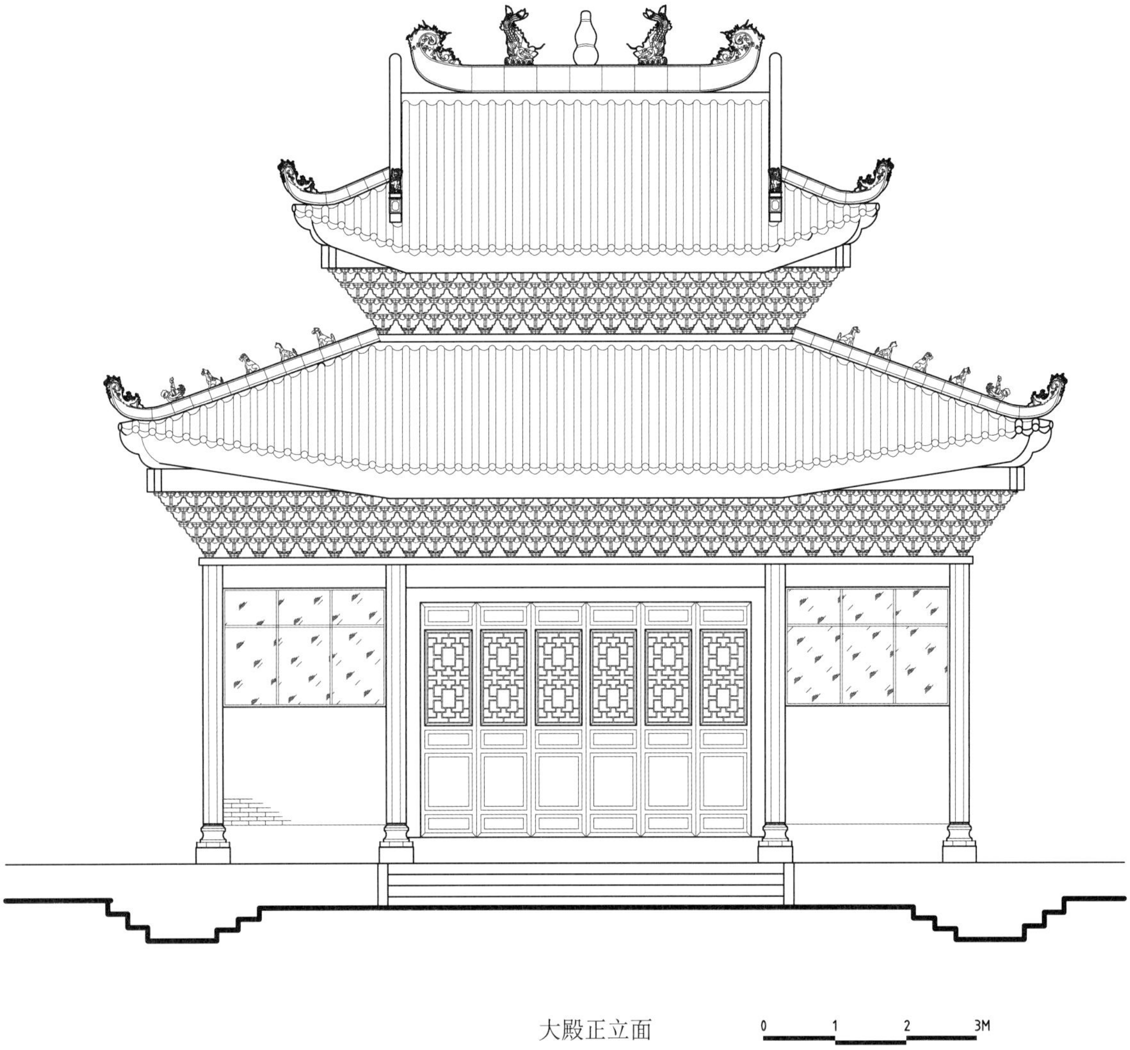

大殿正立面

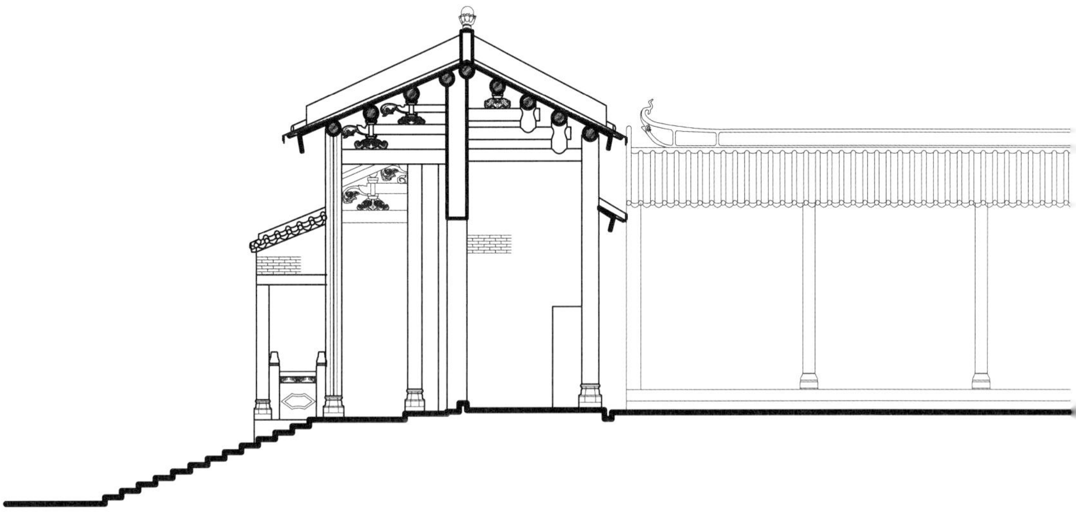

纵剖

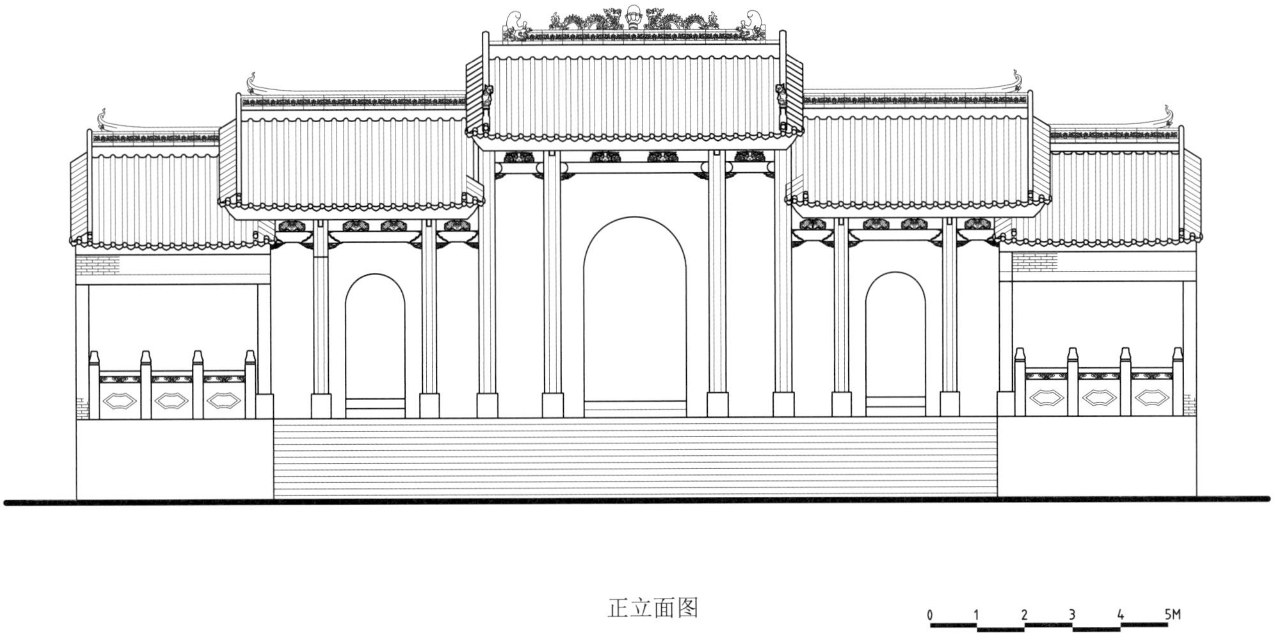

正立面图

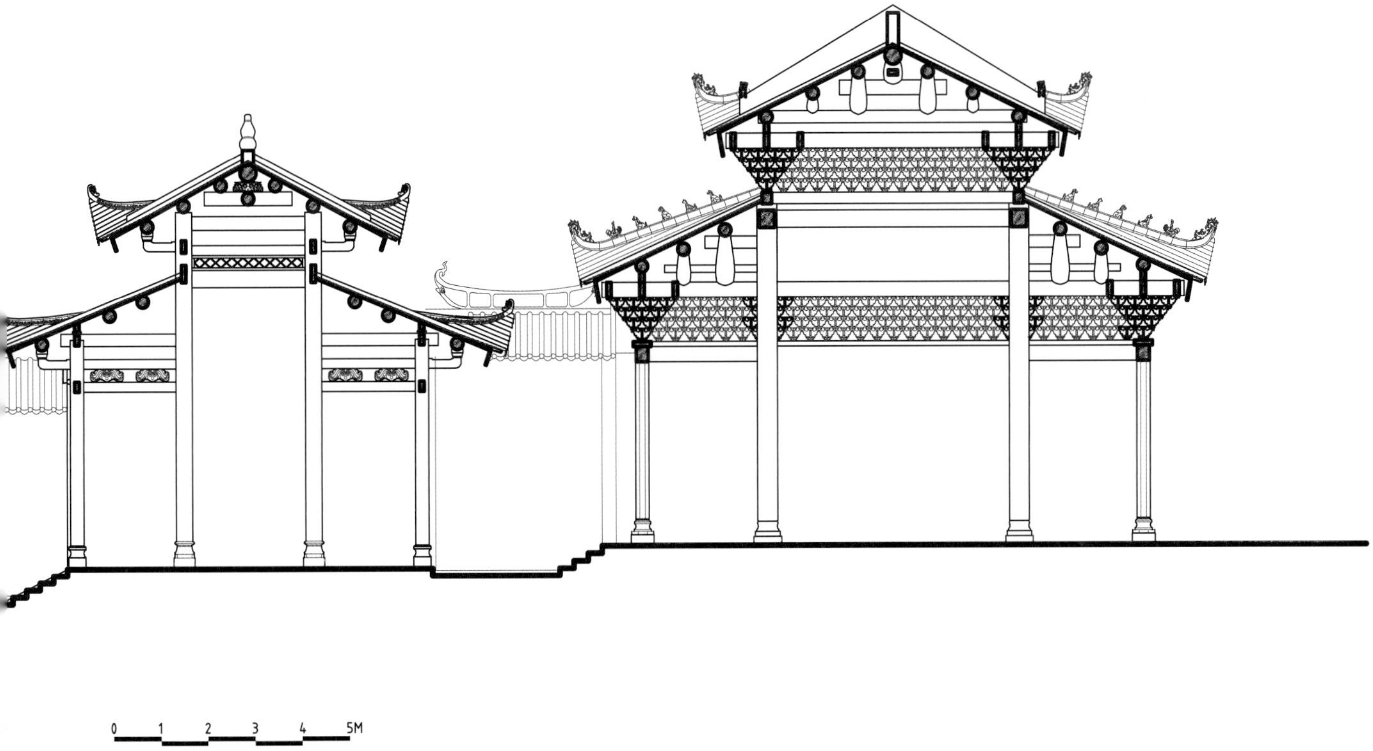

林氏宗祠

分布图编号：1

林氏宗祠始建于明万历十一年（1583年），原为五开间三进祠堂，可惜头门已被拆除，剩中堂、寝堂。寝堂为中华人民共和国成立后重建，只有中堂尚存清嘉庆十四年（1809年）原构。中堂堂号“世享堂”，五开间，与下朗袁氏大宗祠一样，左右两次间屋顶均比中间三开间屋顶稍矮，形成高低跌落的屋顶形式。正面墙体为近代后加，内部梁架为常见的柁墩斗栱式，但柁墩与斗栱的雕刻形式却十分特殊。斗栱及梁头、托脚雕刻成博古夔纹，与京山丁丑进士祠梁架类似；柁墩均雕刻成狮子，卧于梁上，狮背刻有锦袱，背托大斗与梁头。只有最后一个柁墩为常见的卷草纹饰，其余均为狮形柁墩，其中五架梁上的大狮子柁墩旁复加2个小狮子柁墩，单边梁架共计9狮，算上次间前檐梁架的两狮，四组梁架共计22只狮子柁墩，神态各异，雕工精湛，是茶山极为难得的木雕梁架构件。

建筑模型

建筑全景

南宋时，上步林氏远祖林栗（福建福清人）官至兵部侍郎，逝世后，赠少师，谥简肃。上步林氏族人保存下来的林简肃画像上有“少师宝篆”字样，画像中几案左右各绘有一只狮子（“师”与“狮”谐音）。因此，世享堂梁架上的狮子，有纪念少师林简肃的寓意。九只狮子，亦寓意“九世同居”；两对大狮、小狮，两两相对，寓意“太师少师”。

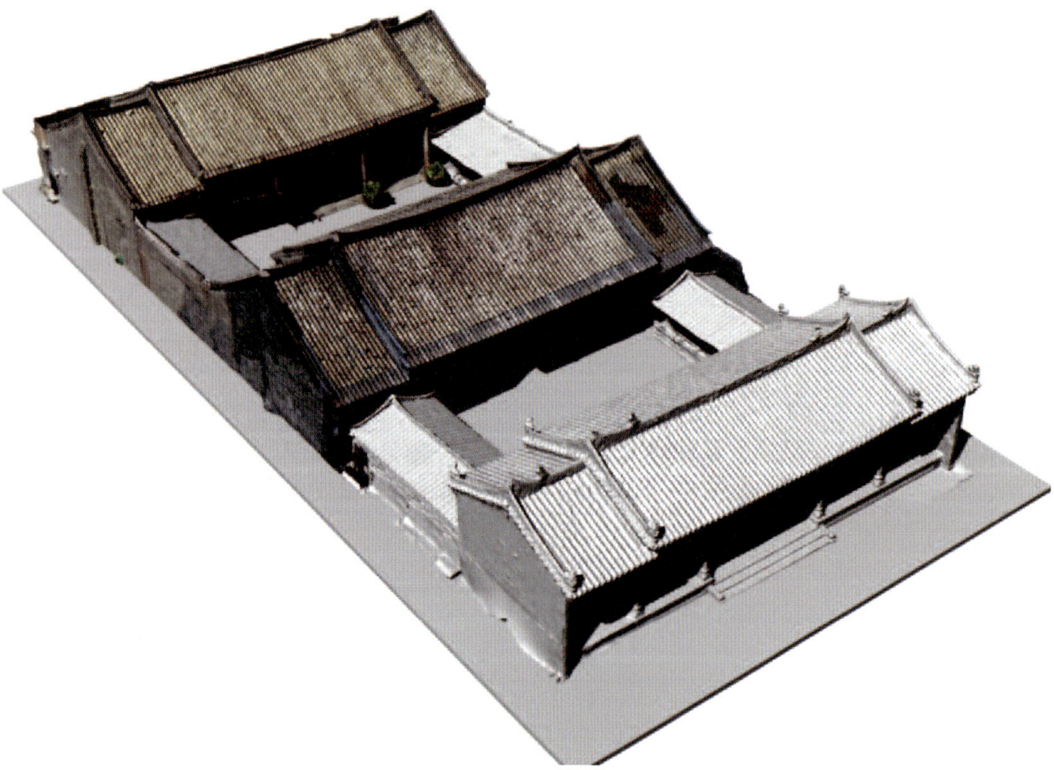

林氏宗祠三进原貌复原图（灰色为复原部分）

1. 左平梁

2. 左五架梁后

3. 左七架梁后

4. 左前双步梁

中堂梁架狮子柁墩

林简肃画像中几案旁的狮子

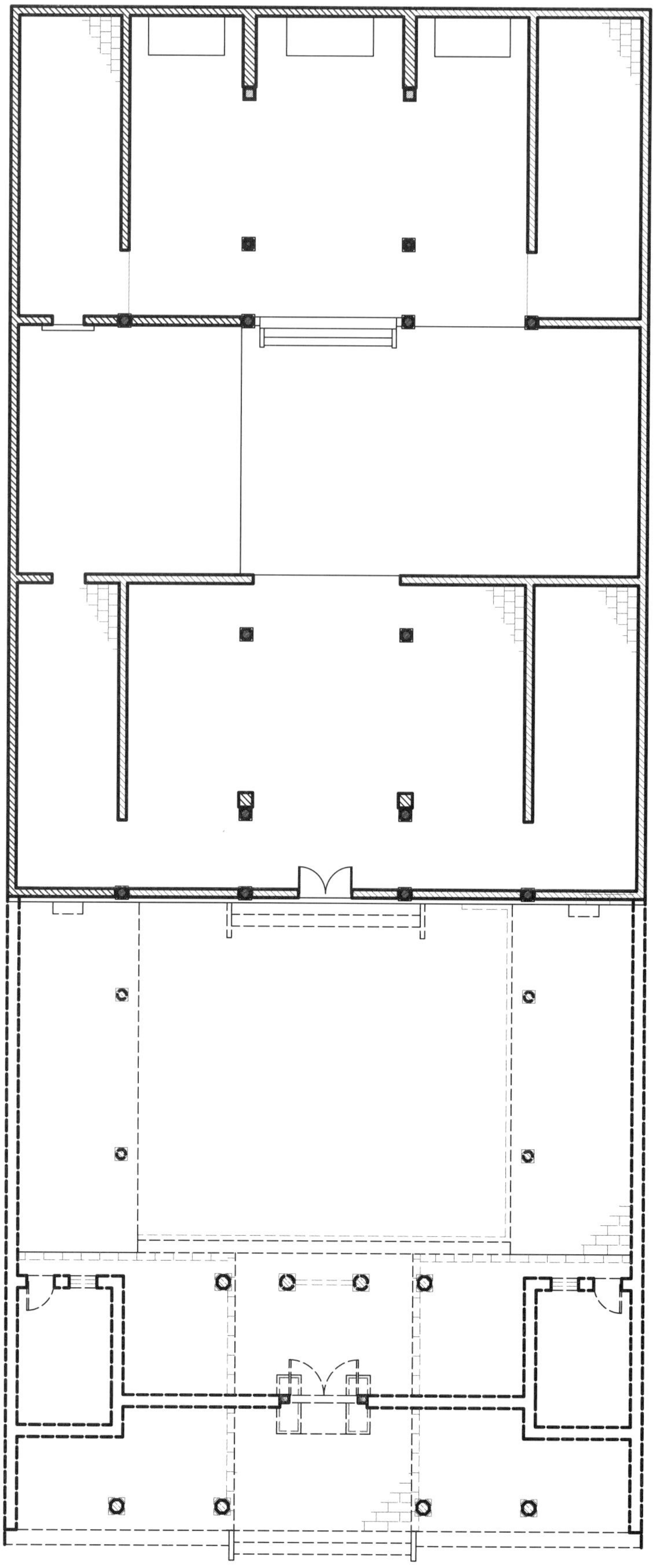

平面图（虚线为头门复原部分）

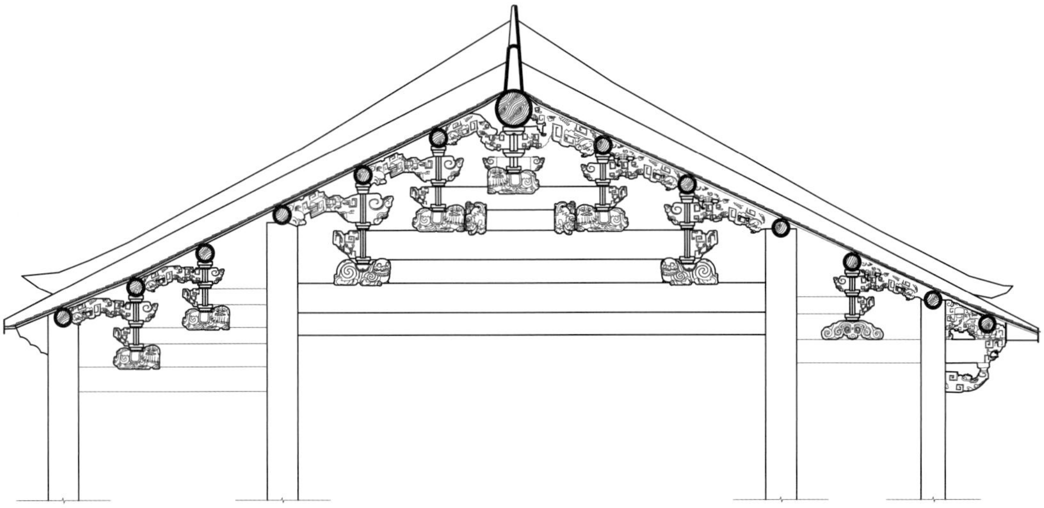

中堂纵剖面图

0　0.5　1　2.5M

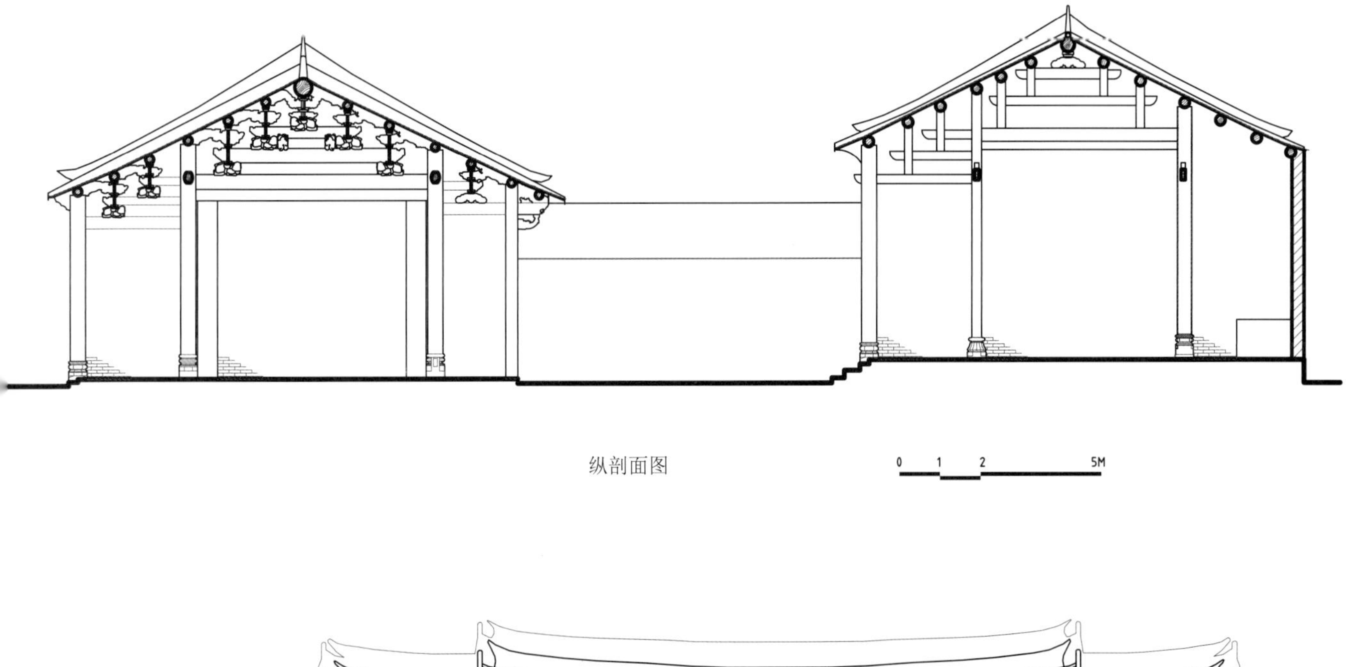

纵剖面图

0　1　2　5M

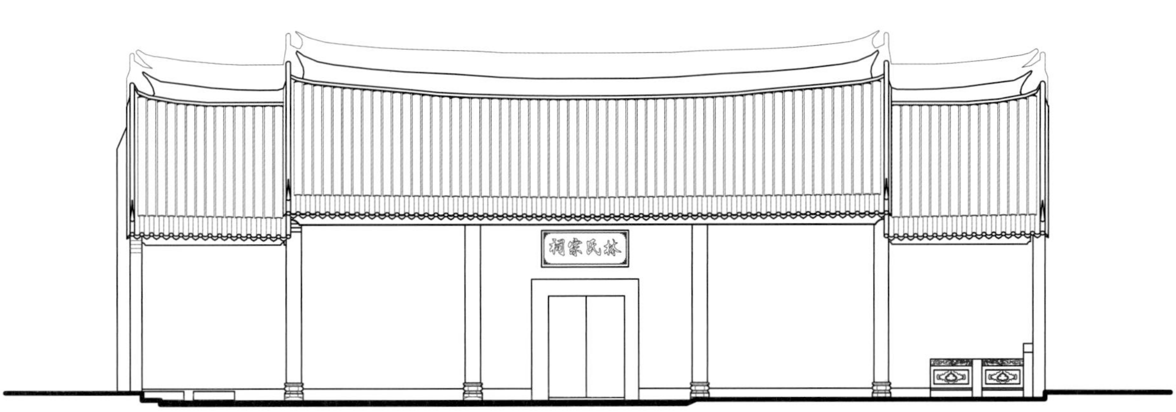

正立面图

0　1　2　5M

林氏宗祠中堂梁架

百拙公祠 分布图编号：80

百拙公祠为东莞市不可移动文物，三开间三进，坐向左侧有衬祠，右侧无，非对称。山墙为大式飞带式，龙船脊，头门心间红砂岩檐柱与挑檐桁交接处有牛腿，此做法在岭南祠堂建筑较为罕见。内部两天井前大后小，是岭南祠堂的惯例，但百拙公祠后天井极窄，可谓此形制的极致案例。

建筑模型

百拙公祠

百拙公祠头门牛腿

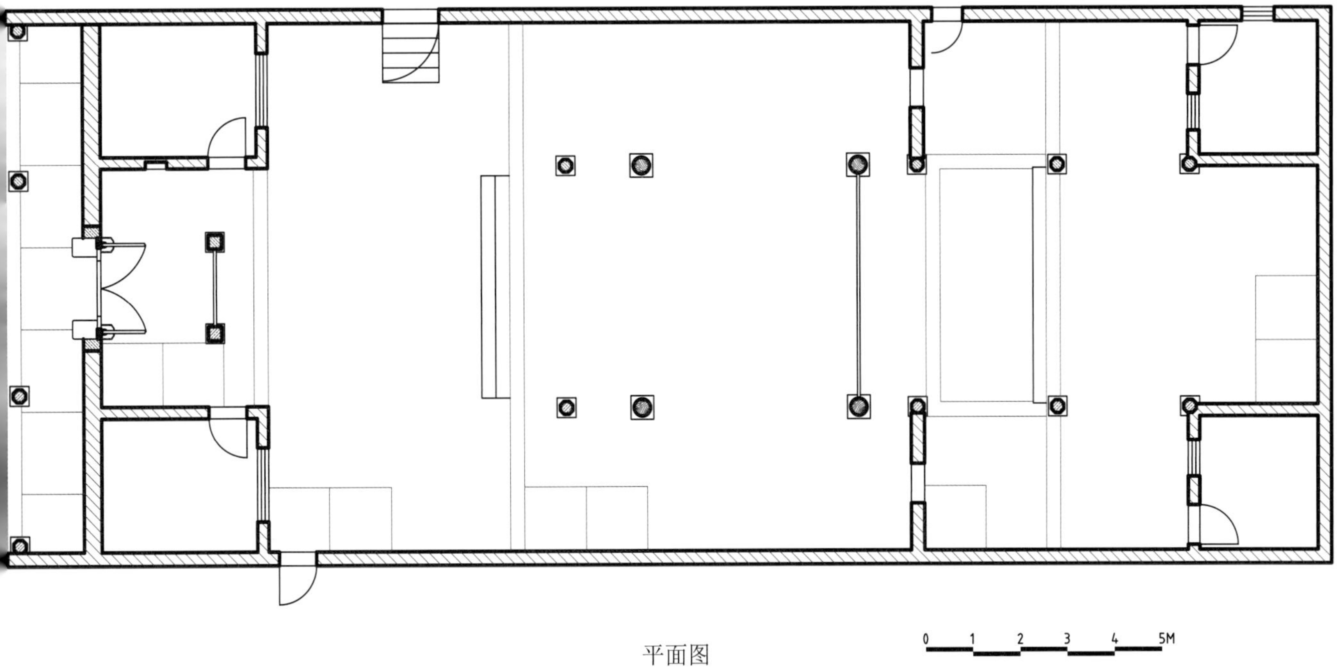

平面图

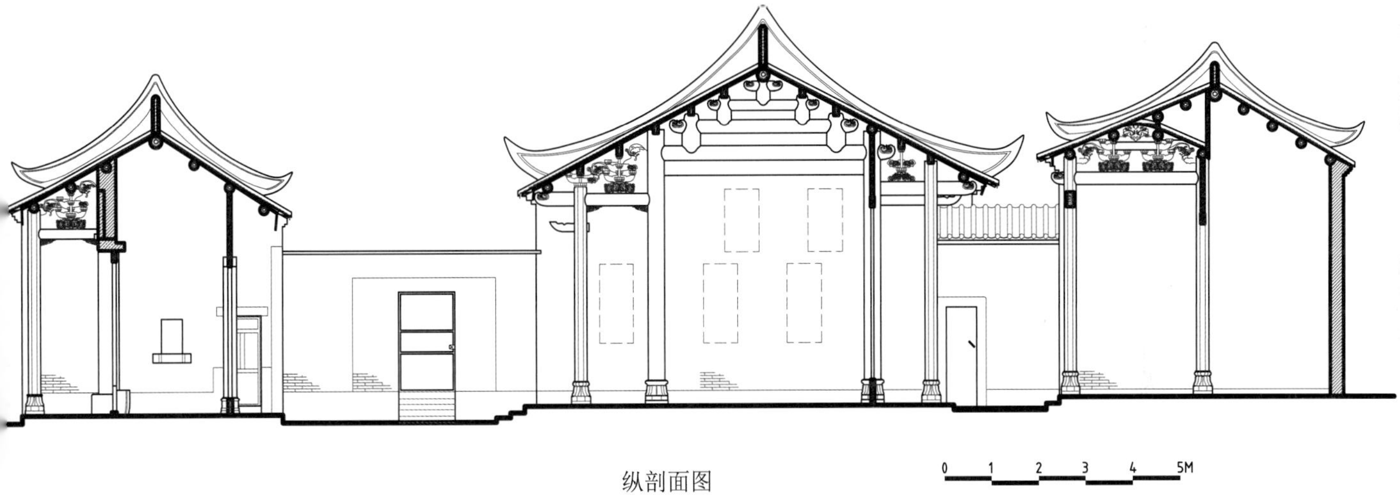

纵剖面图

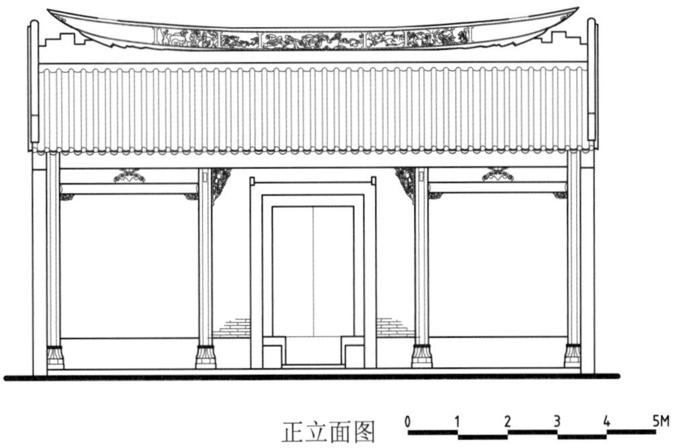

正立面图

擢昇梁公祠 分布图编号：54

建于民国十九年（1930年），三间两进祠堂，室内用水泥花阶砖而非传统的黏土大阶砖，较为特别。水泥花阶砖为清末民初产物，是该祠堂的时代特征。

建筑模型

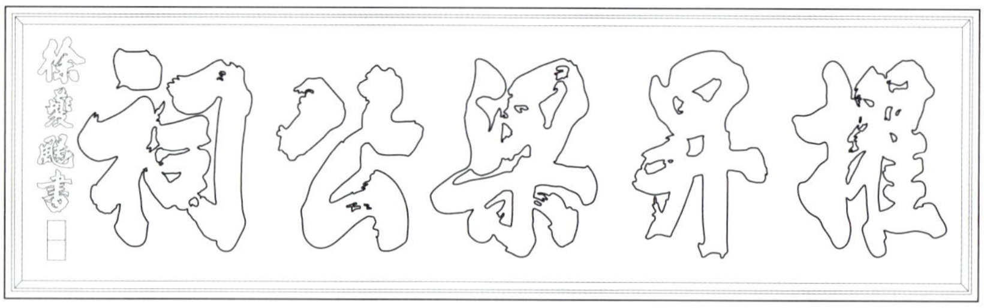

门匾大样图 0 10 50 100CM

擢昇梁公祠

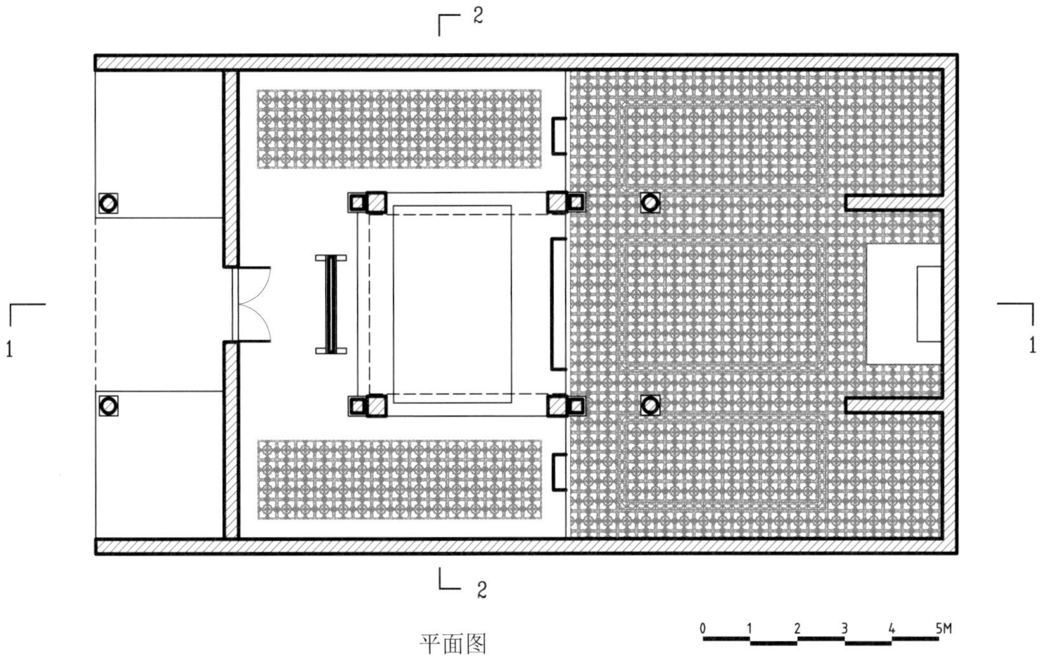

平面图

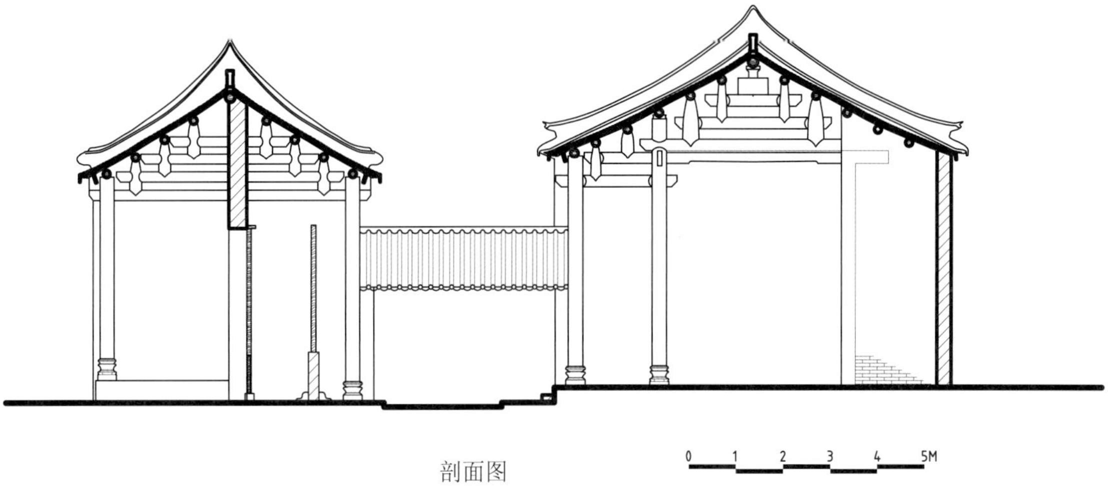

剖面图

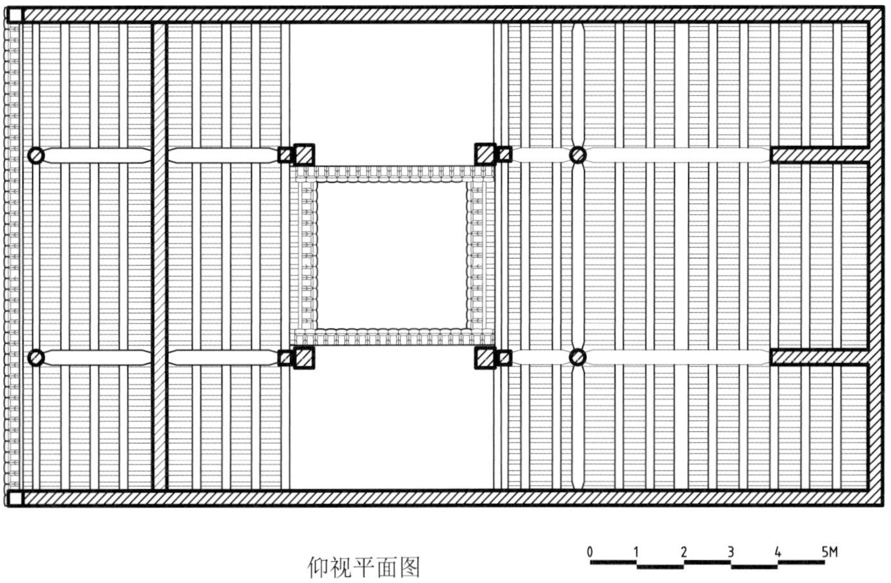

仰视平面图

红卫巷19号、红卫巷31号、东风巷30号、东风二巷52号、爱国路5号

分布图编号：37、36、3、7、42

此为一系列传统民居。红卫巷 19 号为典型的金字屋，大门在正前，比一般的侧开门更为隆重。红卫巷 31 号、东风二巷 52 号的特点在于山墙为双镬耳（本地称“茶桶耳”）形式，较为高级。东风巷 30 号、爱国路 5 号均为民国时期较为高级的民居大宅，均高 2 层。东风巷 30 号为明字间的现代转型形式，双开间中的一侧为梯形状凸出，另一侧凹入为阳台、门檐。爱国路 5 号则可视为金字屋的垂直变形，三开间，中间凹入为阳台、门檐。

建筑模型

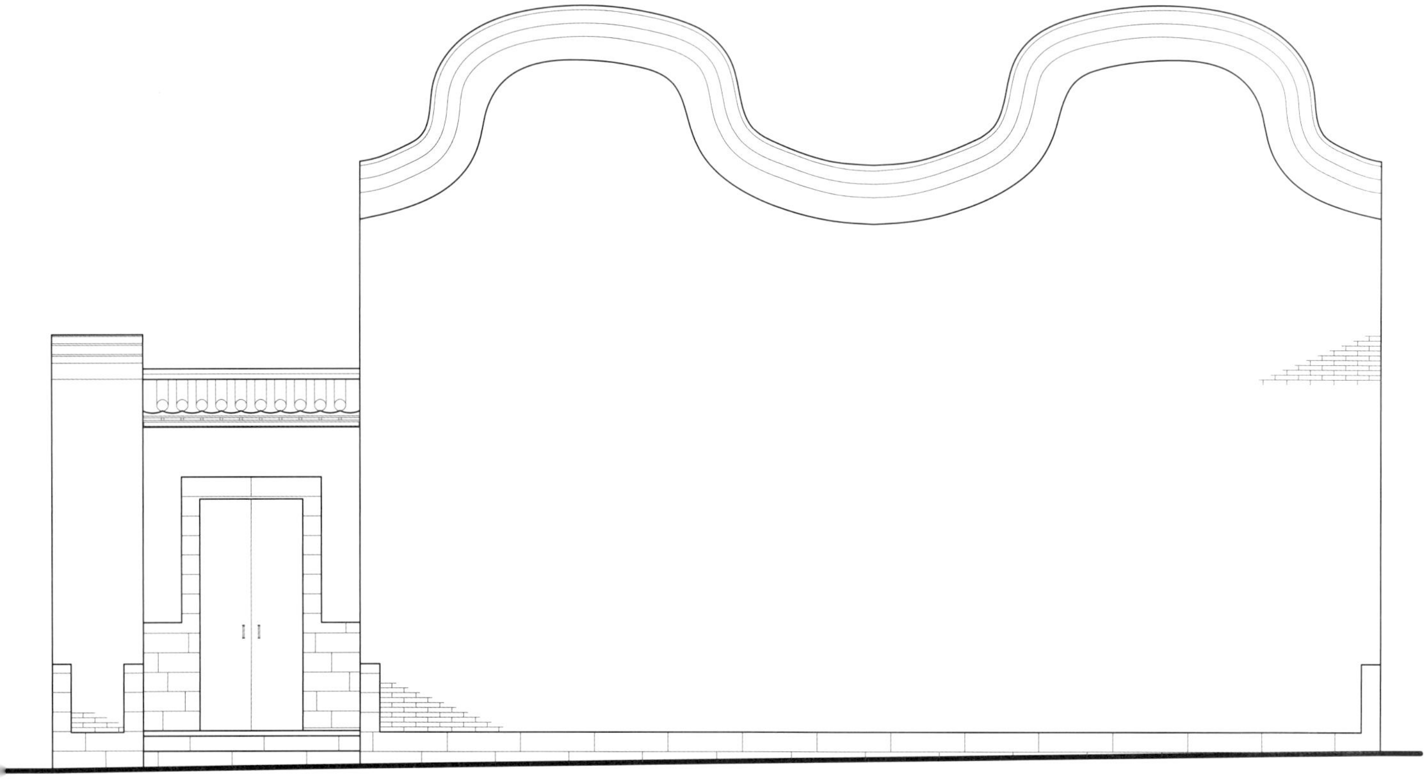

红卫巷31号正立面图

红卫巷 31 号

建筑模型

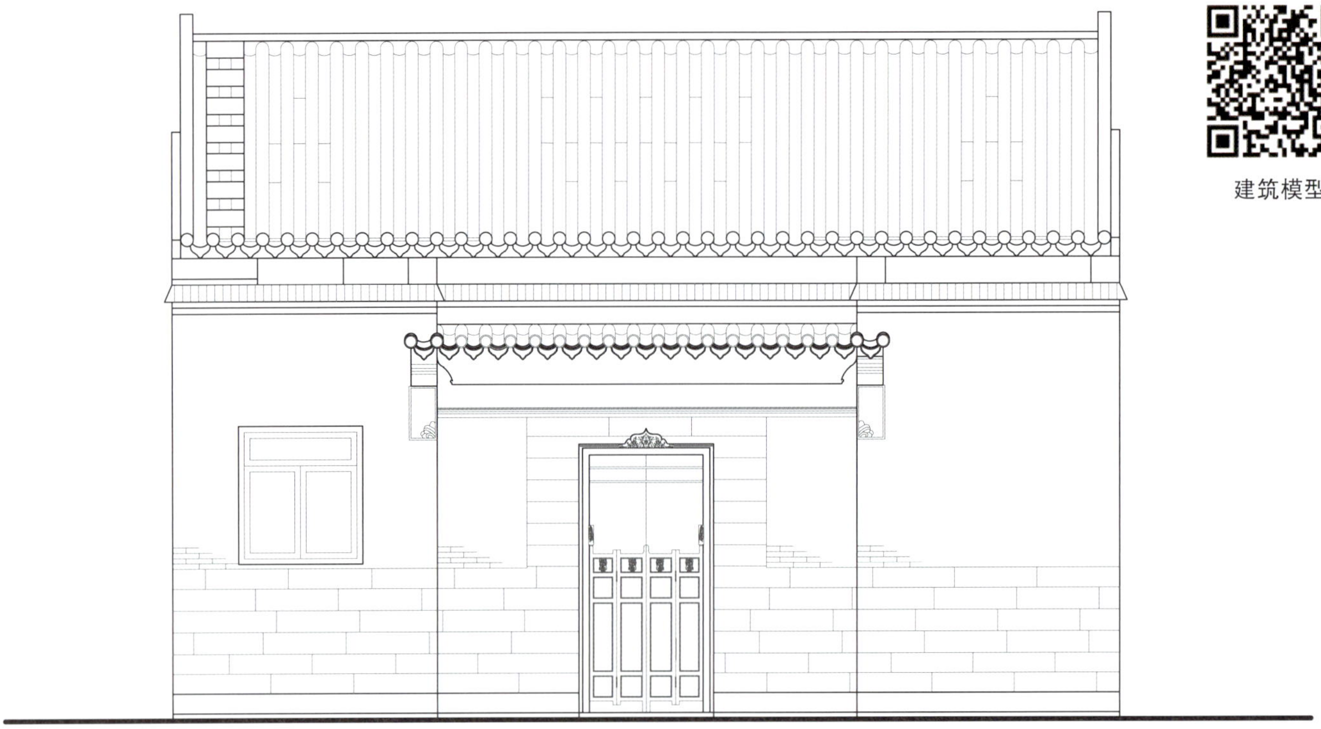

红卫巷19号正立面图

红卫巷19号

建筑模型

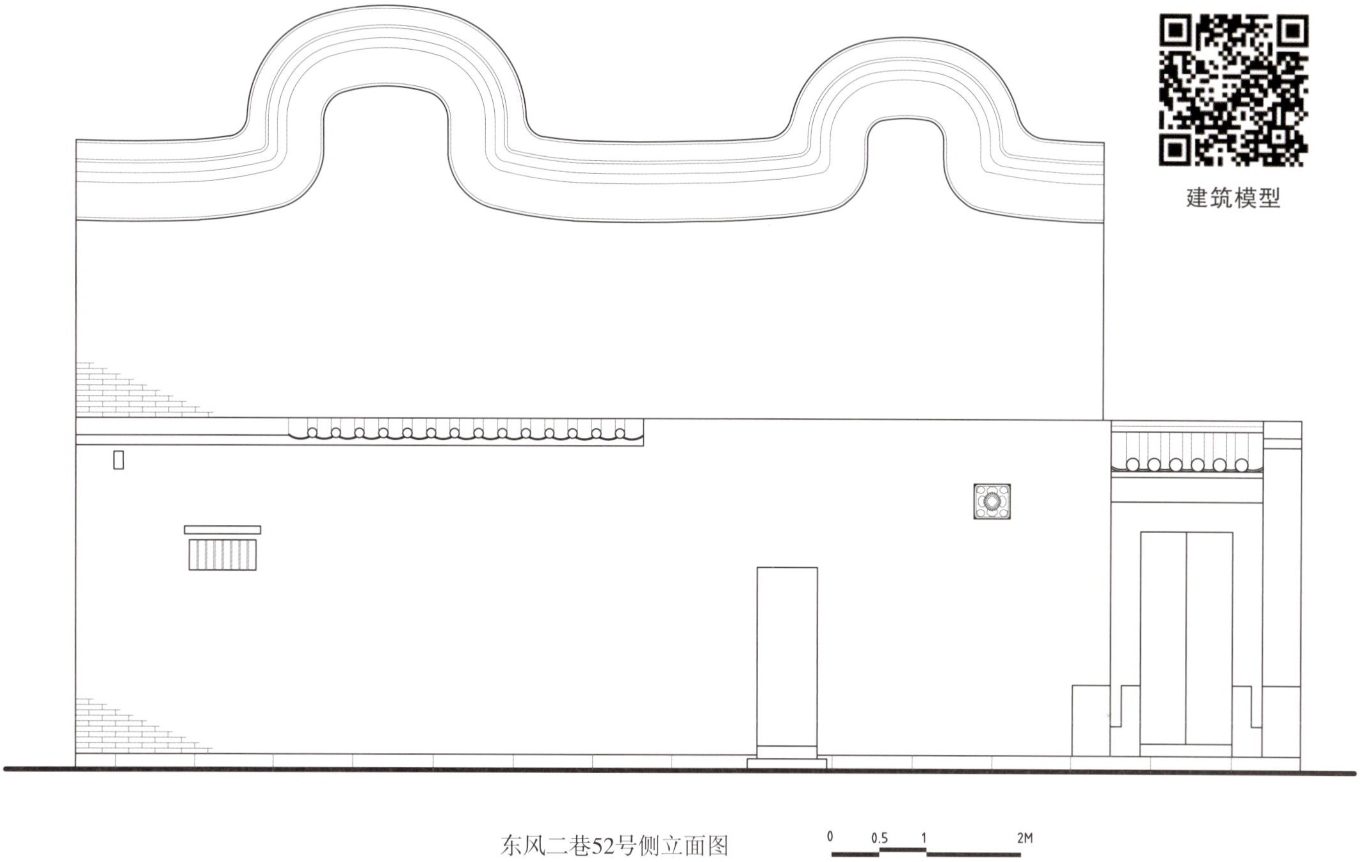

东风二巷52号侧立面图

东风二巷 52 号

东风巷 30 号

东风巷30号正立面图

建筑模型

爱国路 5 号

爱国路5号正立面图　0　0.5　1　2M

健康路3号袁宅

分布图编号：59

建于1938年，曾有入户花园，门廊有2根水刷石（俗称洗石米）饰面的罗马爱奥尼柱子，柱上有女儿墙和半圆山花，组成一套完整的西方古典建筑语汇。大门是板门、趟栊两件套，入门后是小天井，左客厅、客房，前厨房，均高1层，水泥平顶；右为主体建筑，一层正厅，主、次卧。后有楼梯到二层，楼板原有一洞，以栏杆围合，其下方正是摆放祖先牌位的神台，开洞是为了在二楼活动的人不会踩在祖先"头顶"，以示尊敬，同时也可以让二楼屋顶明光瓦透入的光线直达一楼正厅，改善光环境。二楼布局大致相同，但多出一个由楼下客厅、厨房平顶组成的大阳台，中间便是天井，原有一个铁制罩子包裹着整个天井，小孩可以爬到上面而不会摔下，可惜毁于1958年"大跃进"时期的大炼钢铁运动。

建筑模型

健康路3号袁宅

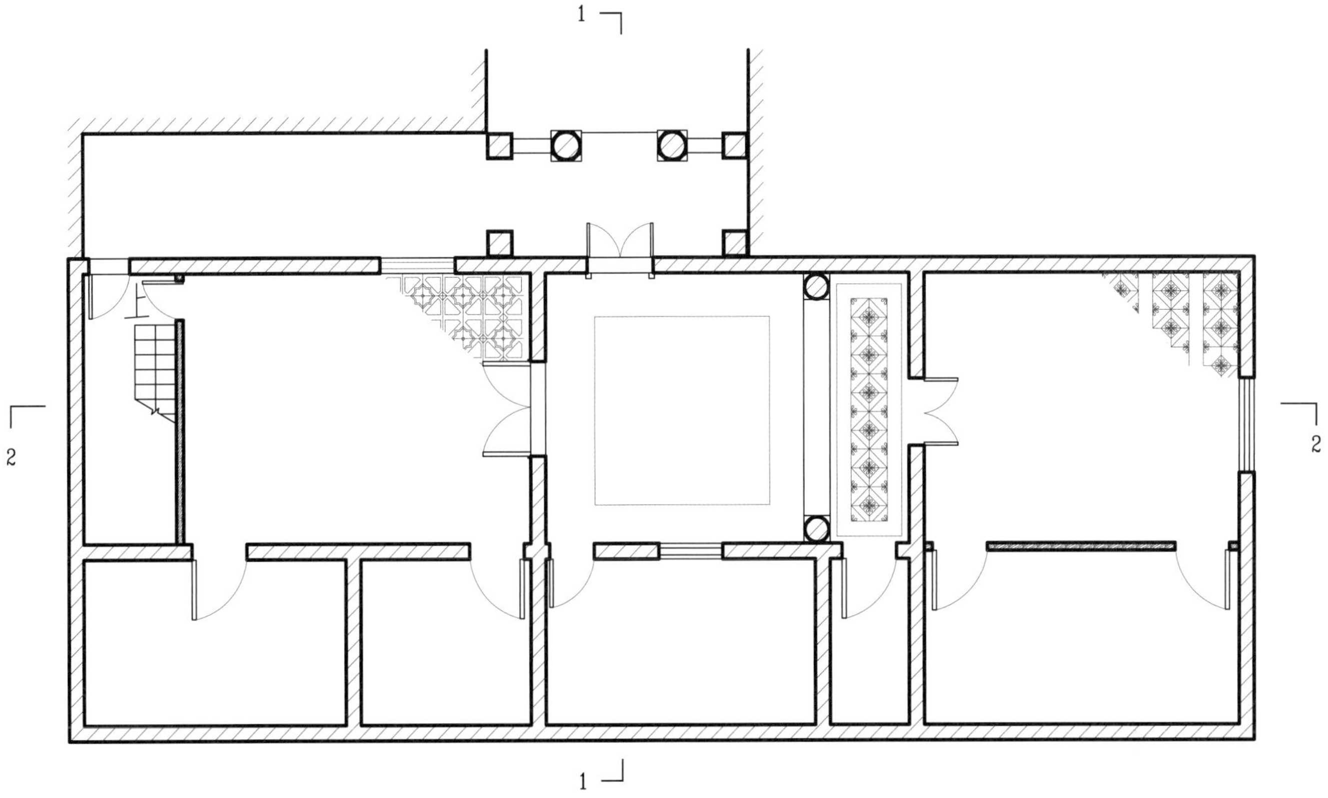

首层平面图

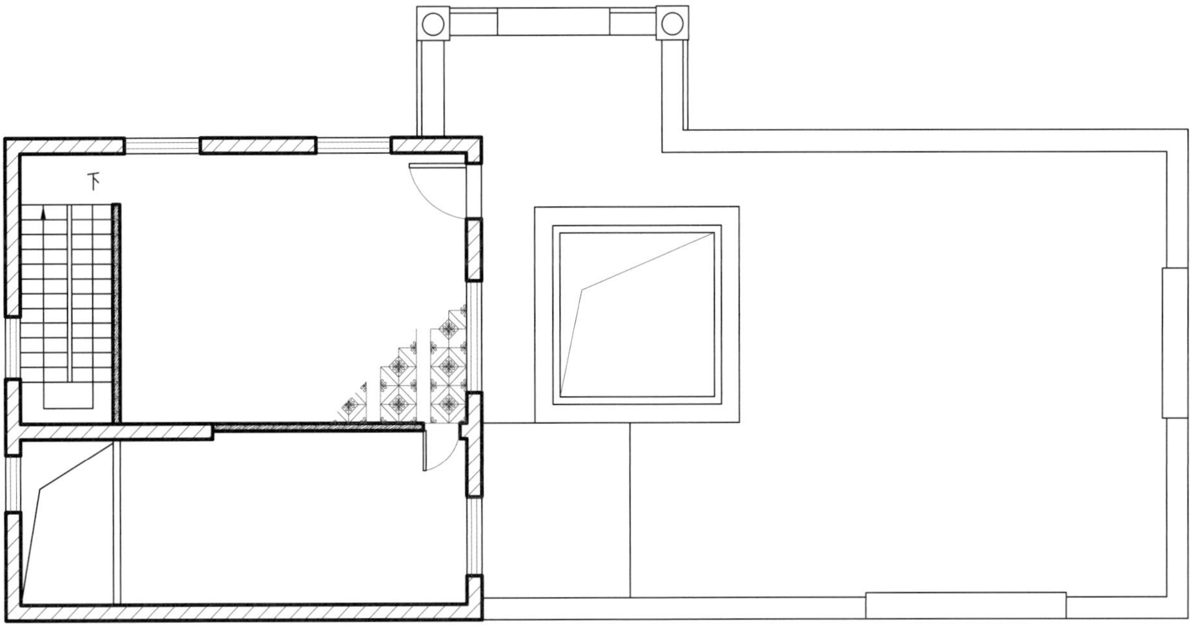

二层平面图

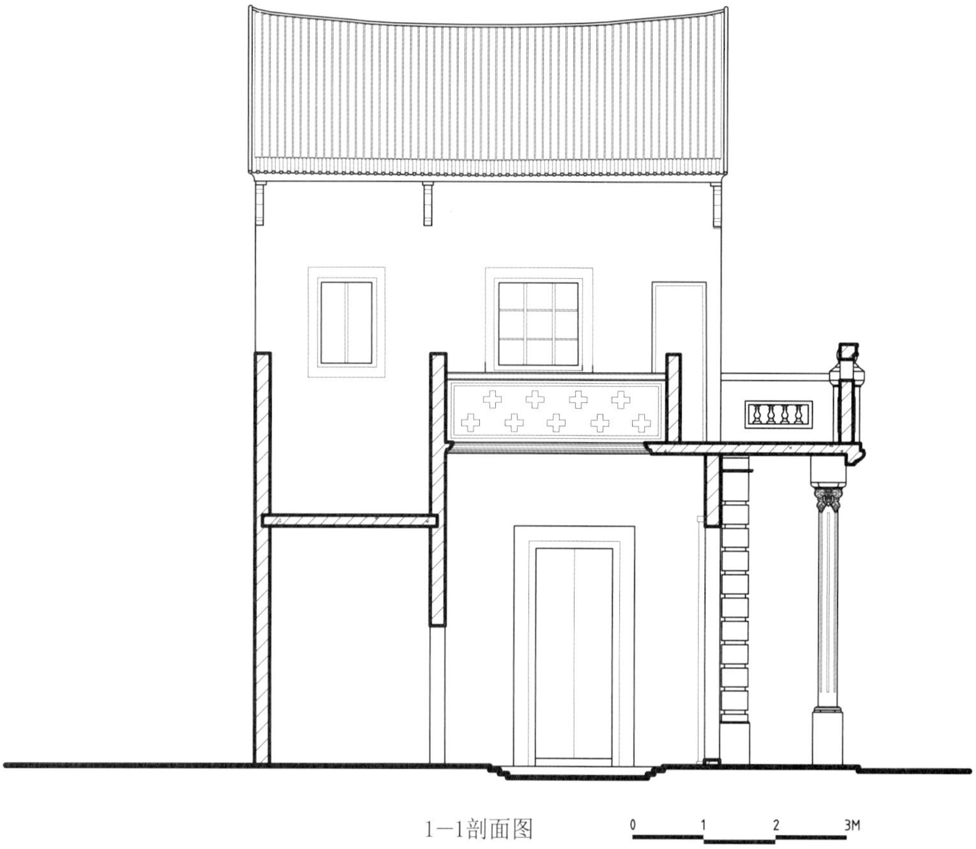

1—1剖面图

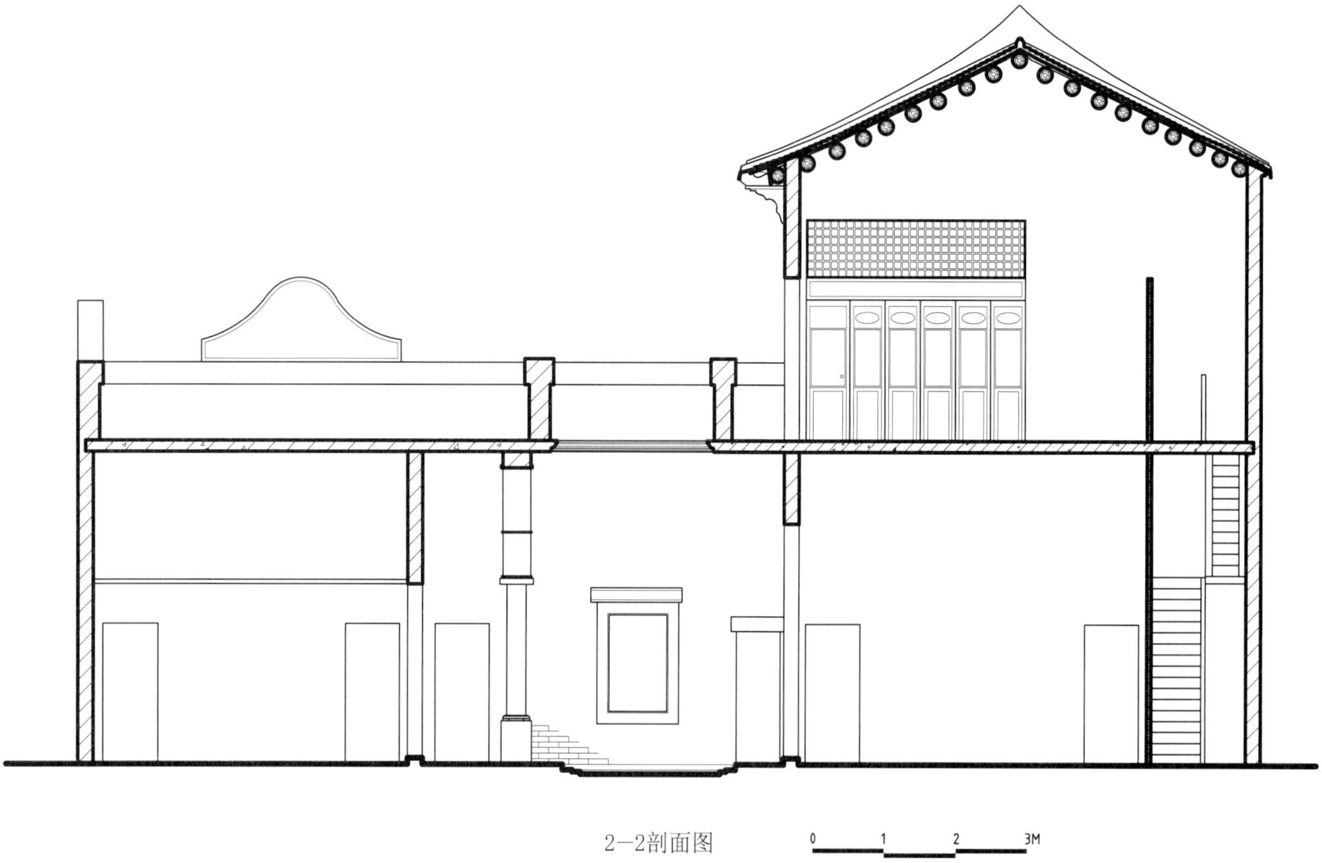

2—2剖面图

门廊立面大样图

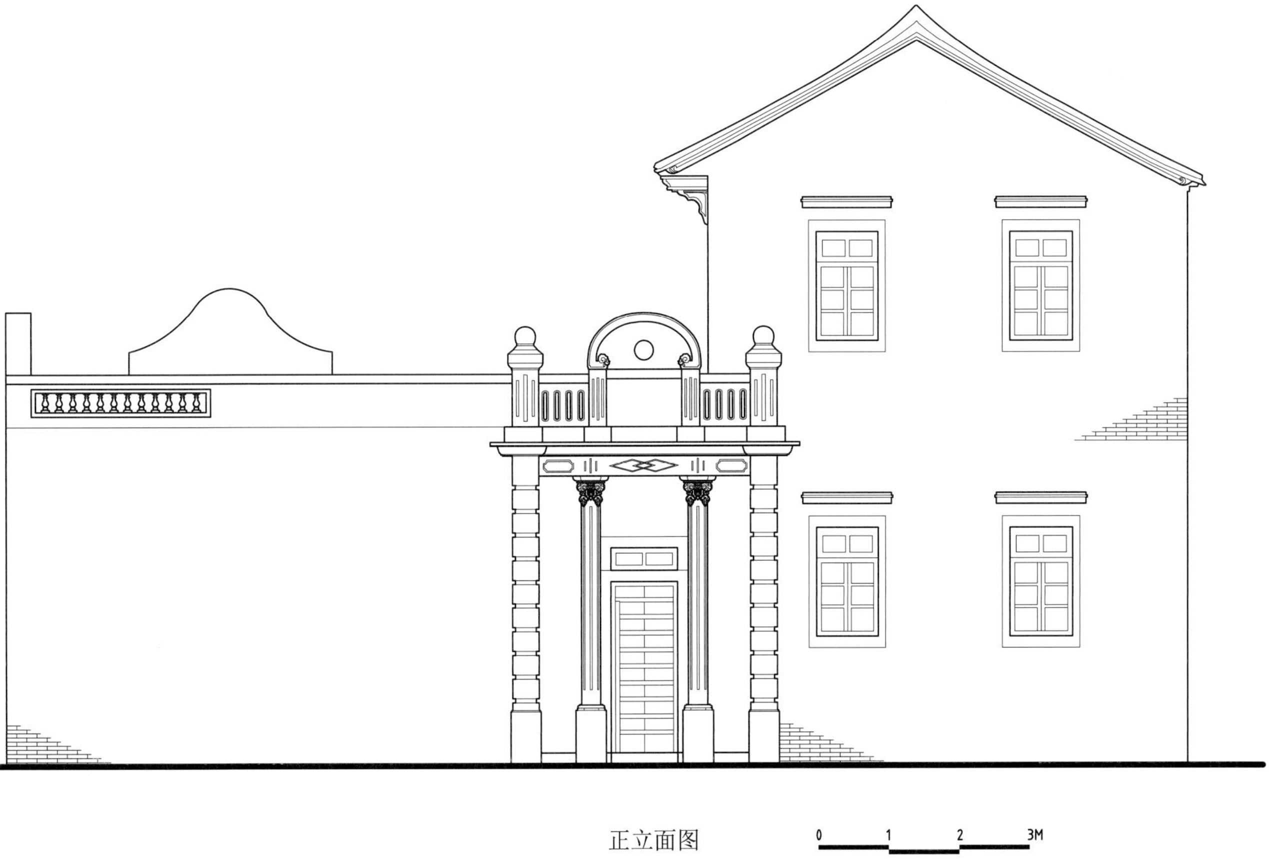

正立面图

念慈庐 分布图编号：38

念慈庐位于红卫巷6、7号，由两栋民居和一个庭院组成，庭院内有一“纪母亭”，建于民国辛巳年（1941年），是卫氏子孙纪念先慈谢氏而建的亭子。纪母亭为西式风格，5根爱奥尼柱子支撑起圆穹顶，通体为水刷石材质，柱上灰塑黑色对联，庄重大方。另有同期的院墙和院门，是茶山镇内难得的民国纪念性建筑群。

建筑模型

念慈庐院门

院门立面图

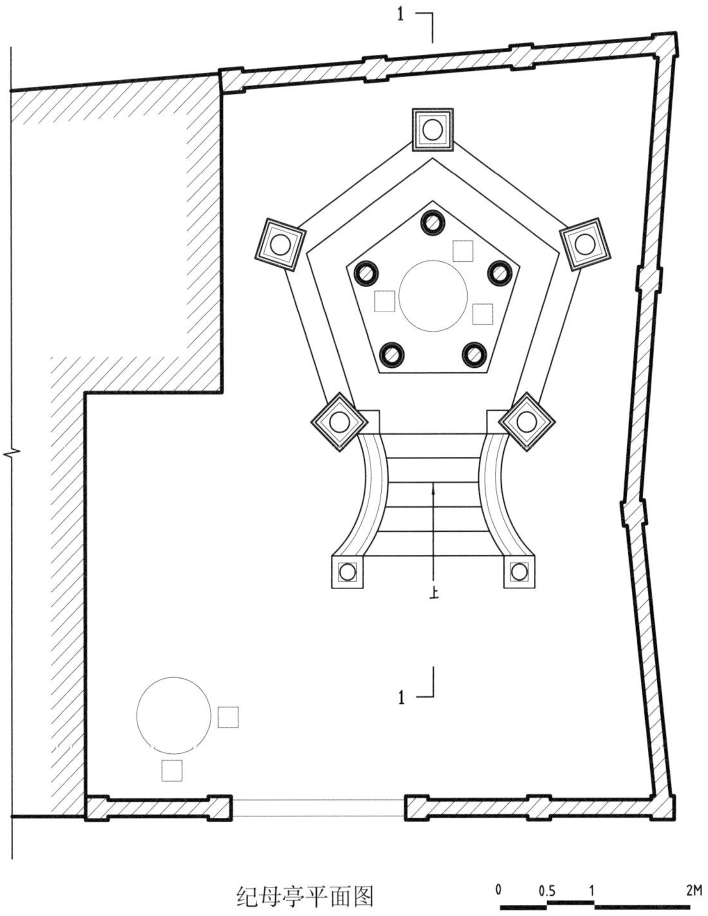

纪母亭平面图

纪母亭纵剖面图

念慈庐纪母亭

纪母亭正立面图

0　0.25　0.5M

茶山粮食管理所

分布图编号：62

建于1952年，为全镇最早的粮所，位于铁炉岭（现文化路）。仓体分方仓和圆仓两种，圆仓原为淡黄色墙灰，新近翻新为白色，筒体三节收分，下大上小，除了靠近屋顶处开小窗外，其余墙体密闭，檐口留有整圈透气孔；屋顶为瓦铺圆形斜坡顶，坡面中间有一折断，使屋顶分为上下两层，虽不太明显，但这个构造可能是为了使仓内更加透气或防止木构架朽坏。铺瓦形式采用相对较为防水的碌筒式而不是蝴蝶瓦。6座筒仓分两排并列，中间有沿着筒体外壁的楼梯可以登上较高的平台。20世纪50年代所建的最早期的圆仓沿壁弧形楼梯为砖拱结构所支撑，且与仓体稍稍分离，而稍后建设的其他圆仓楼梯则直接用水泥浇筑，与仓体连成一体，可见早期仓体应为砖砌，后期为现浇水泥墙体。交公粮时，农民把晒干、计量好的稻谷挑到平台上，从高处的仓门把稻谷倒进仓内。仓内底部微微呈漏斗状，最低处原设计有洞口，以便稻谷通过暗道和皮带输送到室外，进而把粮食转运。但这种方法很快被弃用，转而直接在底层大门顶部开缝隙让稻谷直接流出。

建筑模型

茶山粮所

茶山粮所圆仓

茶山粮所方仓

茶山粮所圆仓砖拱楼梯

茶山粮所水泥楼梯

洁净路27号

分布图编号：19

洁净路 27 号是一栋普通但典型的 20 世纪 70 年代末 80 年代初民居建筑，为民居建筑从传统转型到现代的过渡形式。整体分左右独立两户，各有独立楼梯，一层客厅和二层阳台可以串通，这是屋主考虑到日后儿子分别成家而作出的长远规划。墙体采用清水青砖墙，应为旧砖新用，中间掺杂红砖作为丁砖。阳台和二层立柱为水刷石饰面，面向巷道的侧面外挂水泥楼梯，通向屋顶平台，此为同期民居的惯用做法，目的大概是减少楼梯对二层室内空间的影响，且不需要独立的梯房。

建筑模型

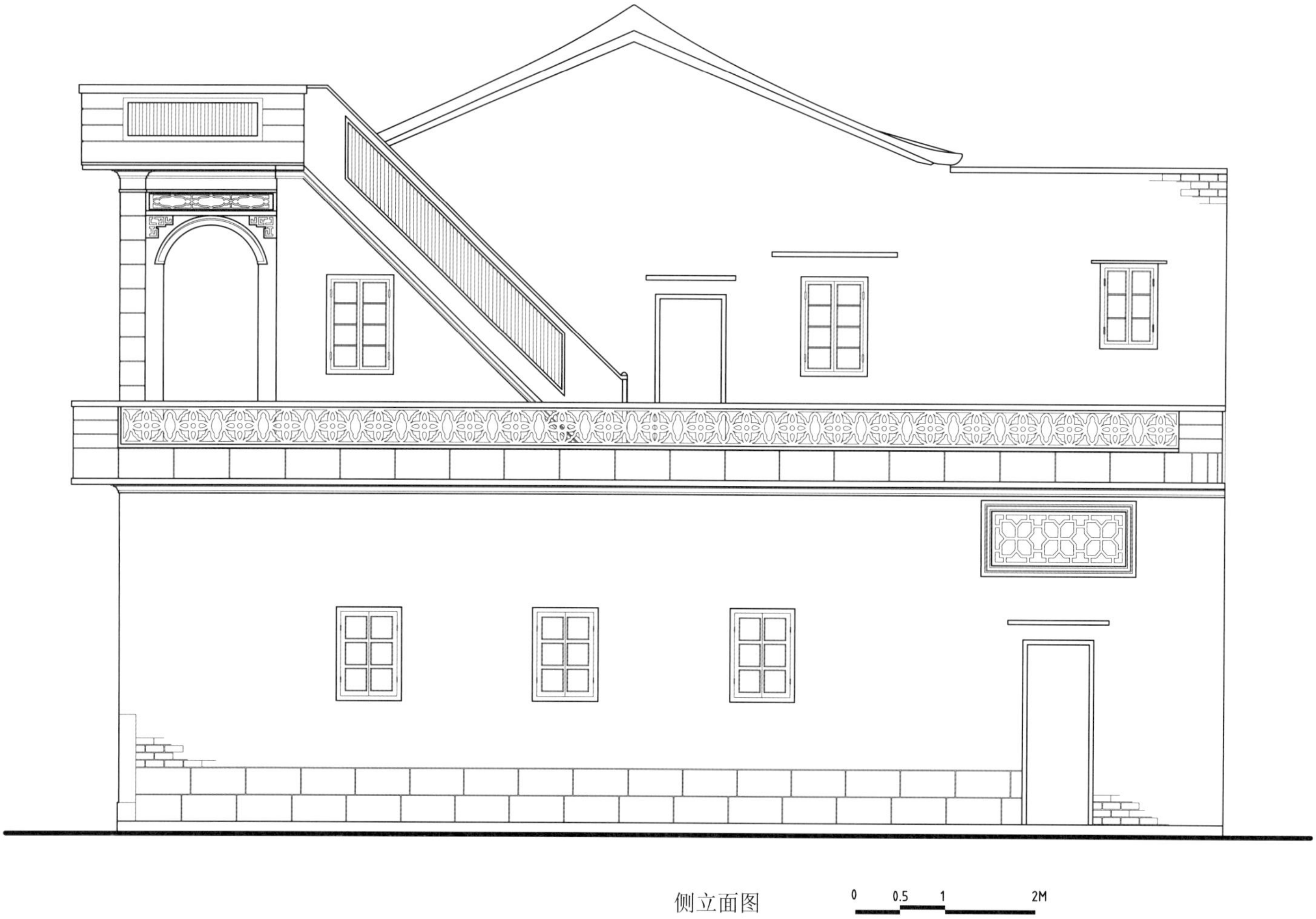

侧立面图

洁净路 27 号

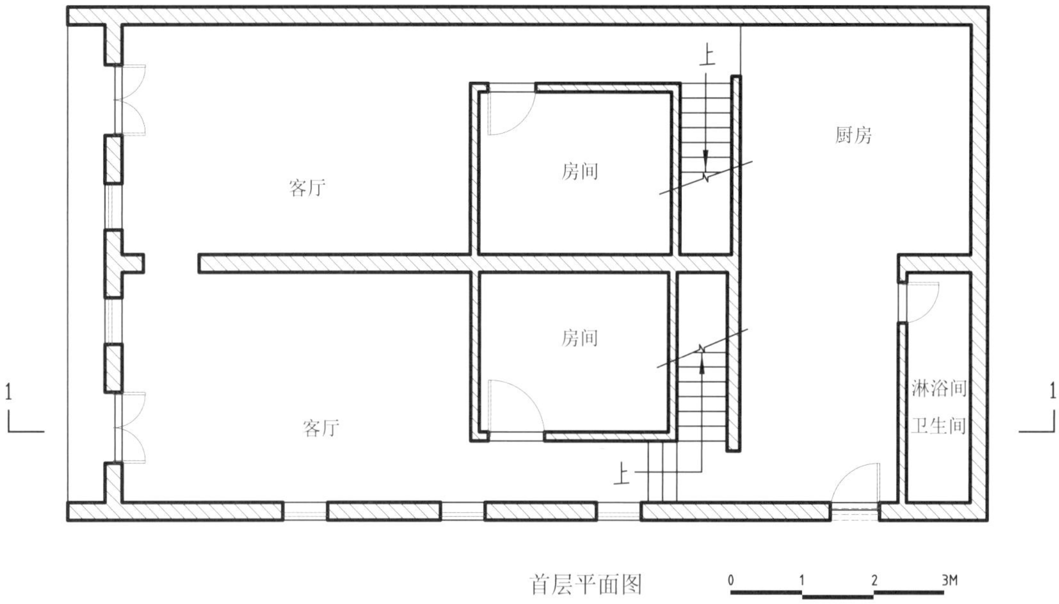

首层平面图

正立面图

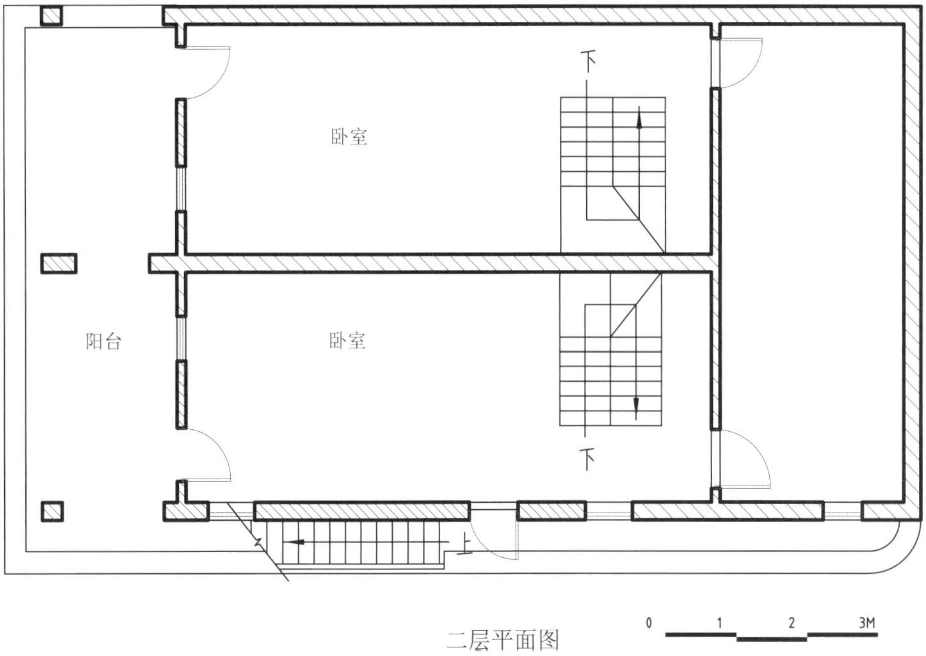

二层平面图

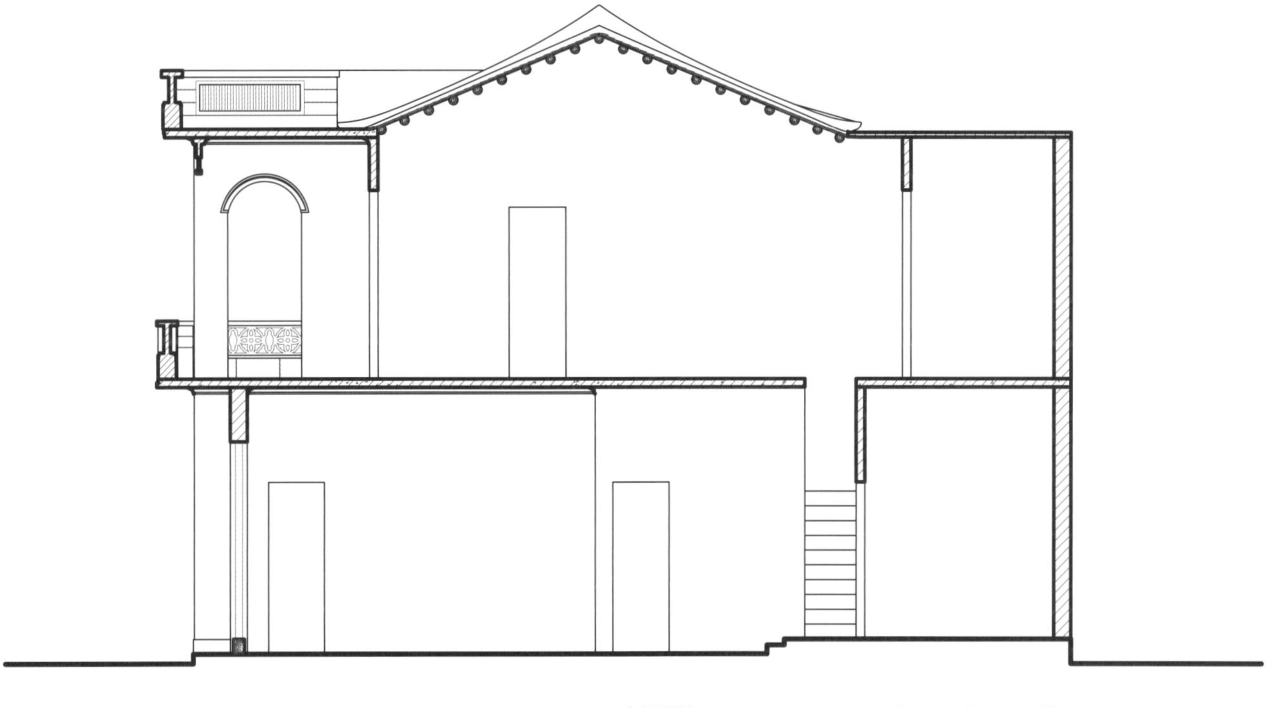

剖面图

峡运宿舍 分布图编号：99

建于20世纪70年代，由3组建筑沿着河岸方向一字排开，每组中间设置公共楼梯，梯间为水泥顶，两侧宿舍则为瓦顶，有单边水泥阳台，形成柱廊灰空间，尽端以凸出的弧形阳台收尾，颇具美感。墙身为清水青砖，柱廊和栏杆则为灰色水刷石饰面，材质内外不同，层次分明。连续的柱廊一字排开，像极了骑楼街，是茶山一处颇具时代特色和生活气息的建筑群。

建筑全景 建筑模型

峡运宿舍鸟瞰

正立面图

峡运宿舍

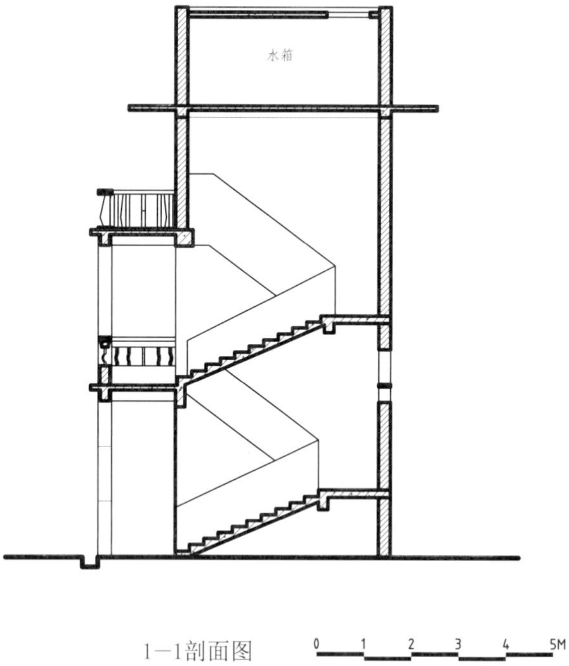

1—1剖面图

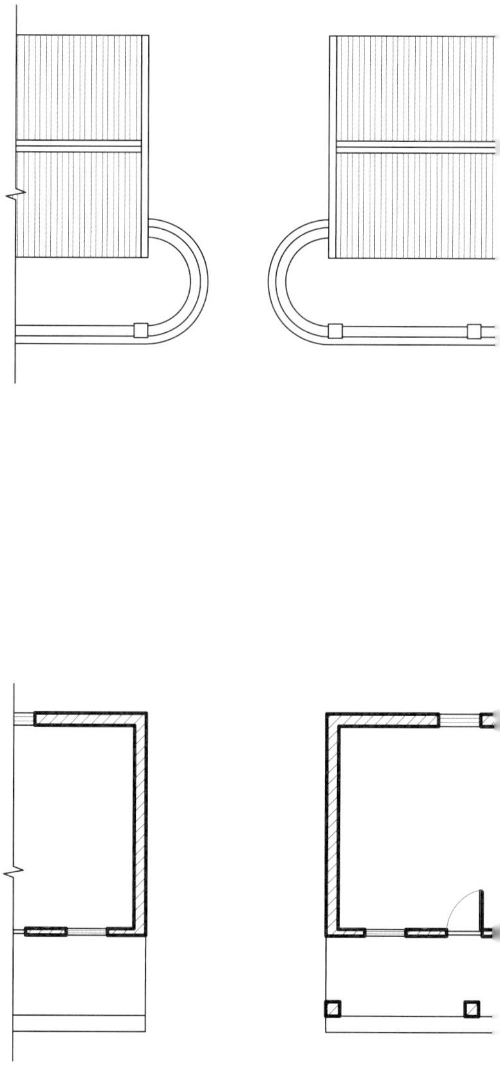

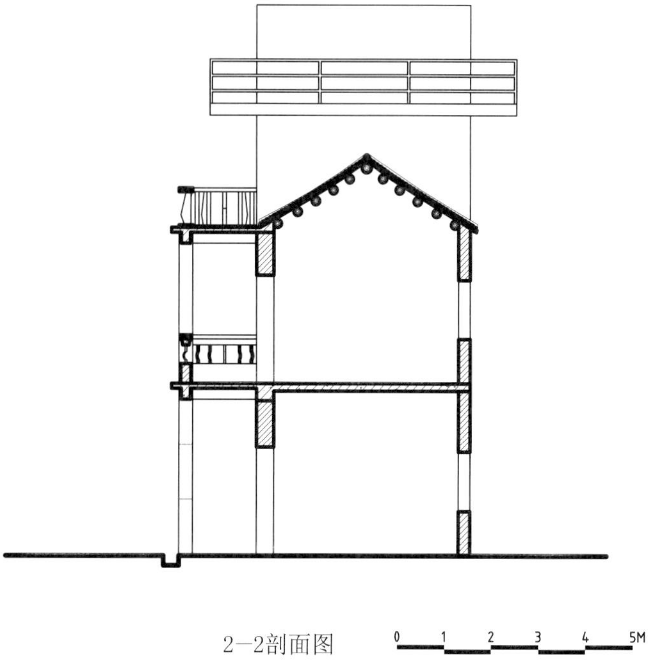

2—2剖面图

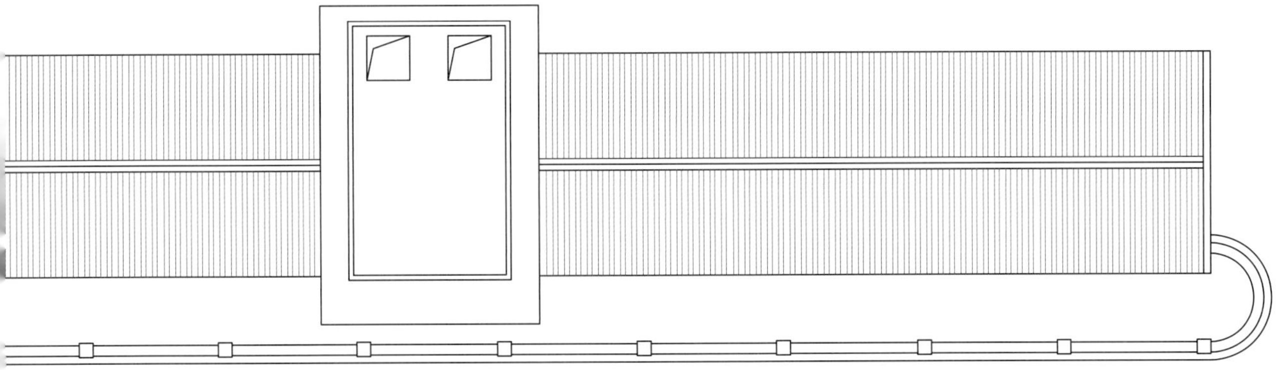

屋顶平面图

0 1 2 3 4 5M

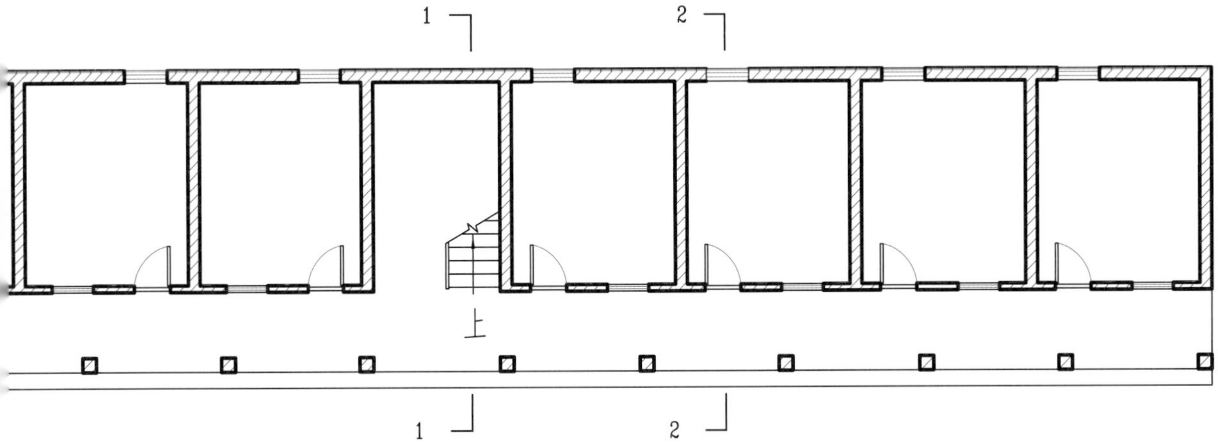

首层平面图

0 1 2 3 4 5M

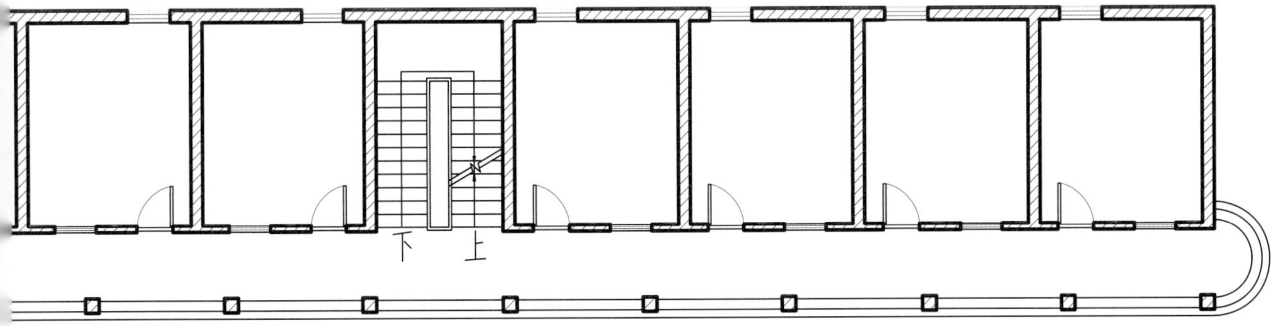

二层平面图

0 1 2 3 4 5M

上元村

上元村地处茶园上游，原名上茶园，宋孝宗时（1162—1189年）立村，后易名为谐音的“上元”。又名“上元坊”，寓意为“茶园之首”。村民多姓袁、蔡、邓。上元村前原是青鹤湾水道（寒溪河旧水道），20世纪60年代，茶山大修水利，筑成茶山大围，把青鹤湾水道截断，使村前变成一条排水渠和大片水田。村后有伏狗岭、石头岭、丙公岭、铜鼓岭等山脉；南面有白头岭、五点梅及沙角头（已散围）；东面有东门头、大塘、夫人塘、沙塘、六枝松、藤伞岭。上元原有文峰、拱秀、武水、朝宗4座鼓楼，均于1960年被拆，所得材料用于兴建农场。

本次普查上元村旧村面积约85 030平方米，共录入具有不同程度建筑遗产价值的建筑105处（占全镇6.6%），其中A类11处、B类23处、C类71处。A、B类建筑中，始建于清代或清代之前的27处，民国1处、中华人民共和国成立后6处；保存状态方面，保存良好28处、一般6处；类型方面，祠堂3处、庙宇2处、中华人民共和国成立初期公共建筑1处，其余大部分为民居。

被录入的建筑中，遗产价值较高的有：简庵袁公祠、上元洋楼（麻石街十巷1号）、拔萃路二巷1号、拔萃路二巷29号、拔萃路四巷38号、拔萃路四巷39号、拔萃路五巷62号、大会堂、麻石街31号、编号25（因未知其门牌号，故以编号称之。见上元村建筑遗产分布图）、天后宫等。

村落全景

上元村建筑遗产分布图

井
27
30
29
31
33
井
32
24
井
23
22
21
25
26
28

上元洋楼 分布图编号：27

据本地村民所说，该楼为民国时期国民党军官故居，位于上元村后山高处，可俯瞰村落与远处田野。其前有四开间五柱柱列檐廊，且柱式似西式而非中式，故名洋楼。柱式类似古罗马时期的塔斯干，较为简朴，而非常用的爱奥尼或者多立克等；柱头顶端为一倒圆台状麻石垫块，此非塔斯干的形制，上承水泥檐桁，桁上搭截面接近方形的桷板，更接近北方所用的椽子；桷板与飞子连成一体，这与中式做法不同。门廊后有左右两户，左大右小，较大一户内有4个小房间，类似金字屋的室内格局。较小一户的侧房从整组建筑来看较为特异，与建筑主体错位，未知是否用地限制或其他原因所致。其后有后廊和极狭窄的天井与倒座相连，倒座应为厨房或杂物间，其屋顶现已大多倒塌。

建筑全景

建筑模型

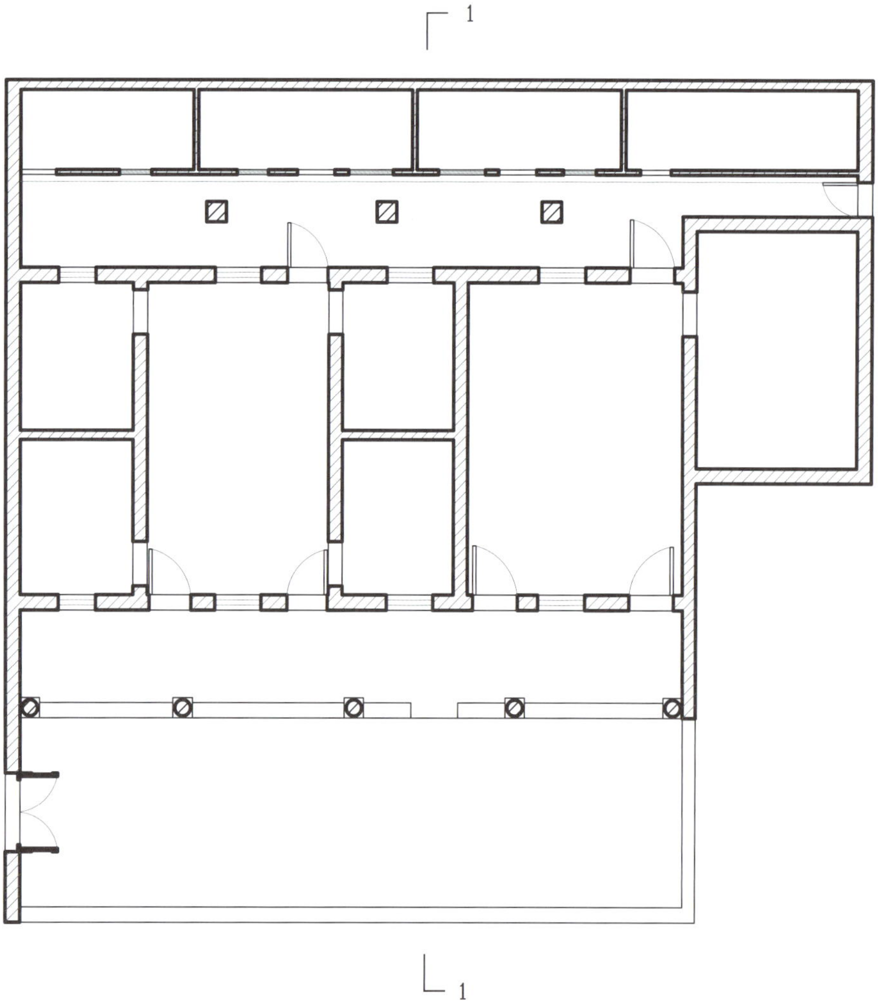

平面图 0 1 2 3M

上元洋楼

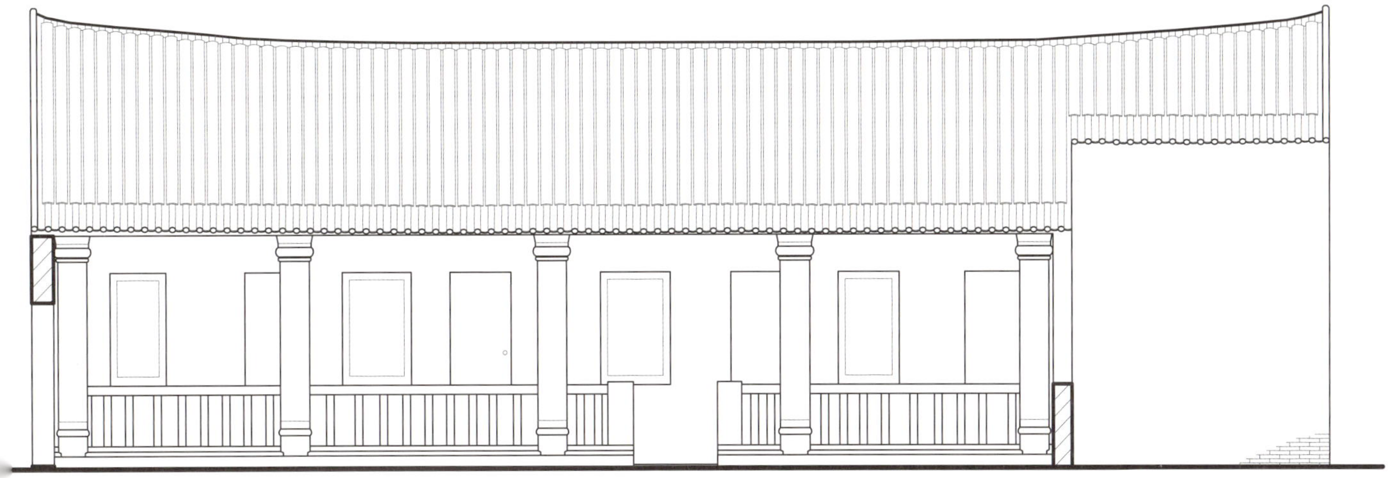

正立面图

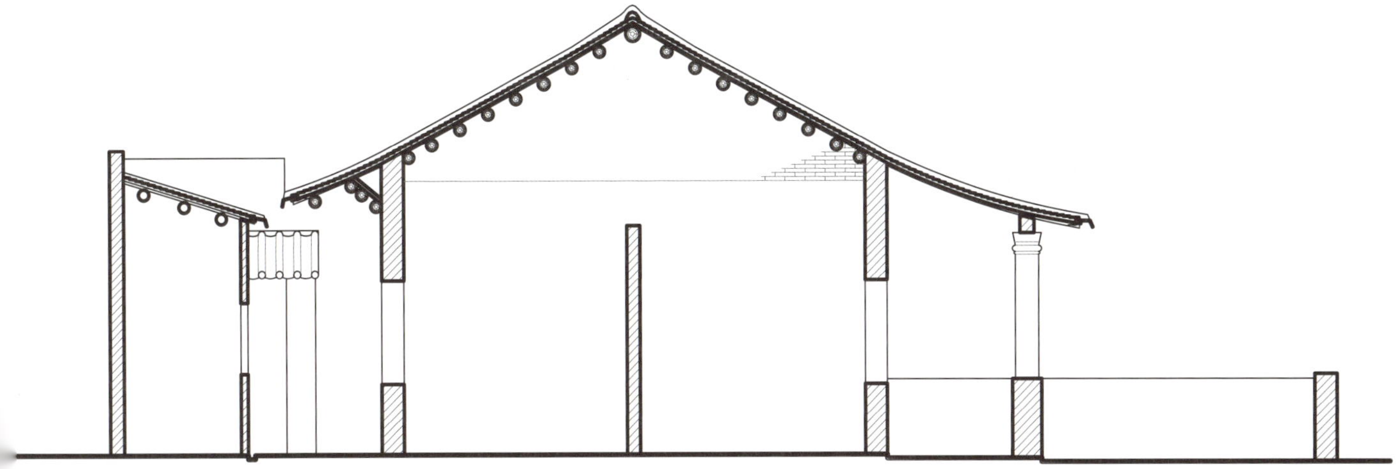

剖面图

下周塘村

下周塘地处周塘下游，故名“下周塘”（与上游的“上周塘”相对而言）。周塘何时立村待考，周塘陈氏（今下周塘村民多姓陈）则于南宋咸淳九年（1273年）之前迁入。

本次普查下周塘村旧村面积约42 920平方米，共录入具有不同程度建筑遗产价值的建筑29处（占全镇1.8%），其中A类7处、B类5处、C类17处。A、B类建筑中，始建于清代或清代之前的9处、中华人民共和国成立后3处；保存状态方面，保存良好9处、一般2处、残破1处；类型方面，祠堂5处、中华人民共和国成立初期公共建筑1处，其余大部分为民居。

被录入的建筑中，遗产价值较高的有：陈氏宗祠、大会堂（已拆）、乐野公祠、后辉陈公祠、敬安祖家祠、围面前路62号、围面前路25号等。

村落全景

下周塘村建筑遗产分布图
11
11
10
9
2
12
4
3
7
6
5
8
1
井
井
井
井

围面前路62号

分布图编号：12

围面前路62号可视作一金字屋与一直头屋的横向组合。直头屋正面为大门入口，特别的是门扇与门槛成一定夹角，而非平行，这可能是考虑到风水朝向而作出的调整，又或者是屋主人的原乡传统——粤北乡村亦常有此形制。入内后有2层，二楼有槛窗、阳台；金字屋部分通过大门左侧门进入，格局与常规金字屋一致，为三合院形式，前天井，天井两侧为单坡小房间，作厨房或过厅，正厅高敞，两侧四房，房内有阁楼。

建筑全景

建筑模型

围面前路62号

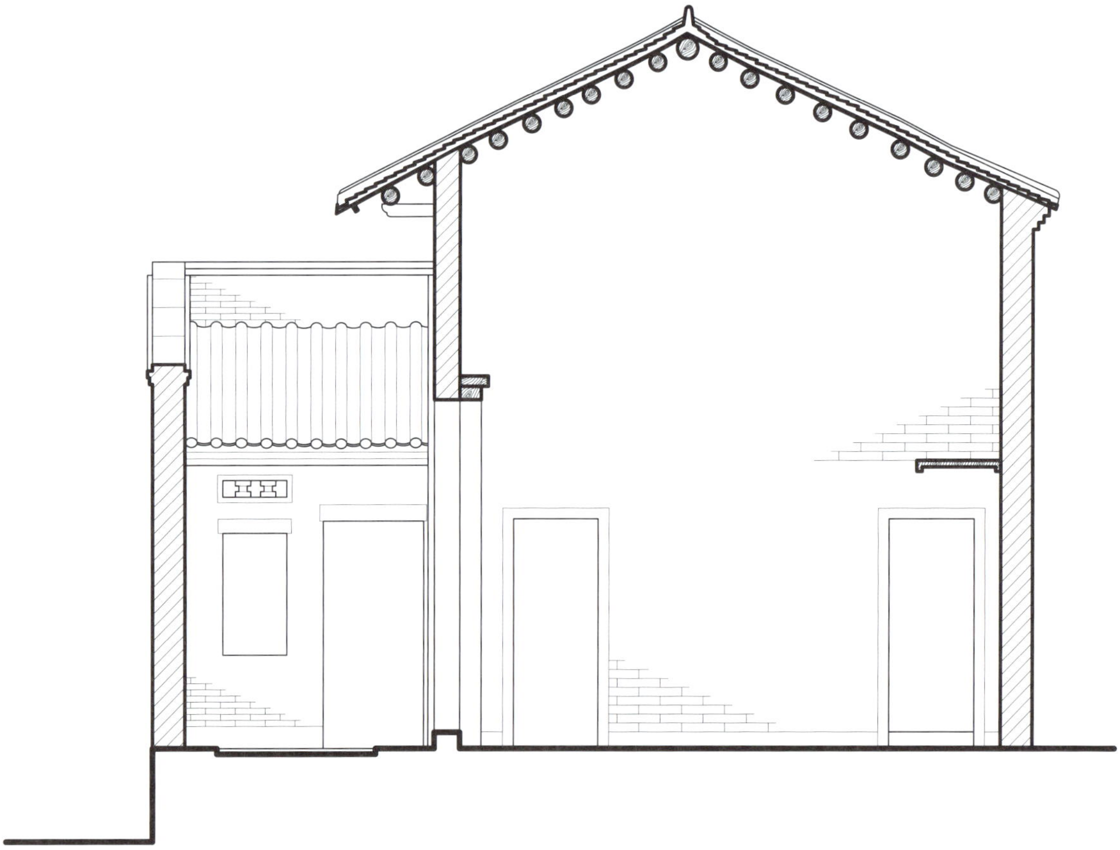

剖面图

0 0.5 1 2M

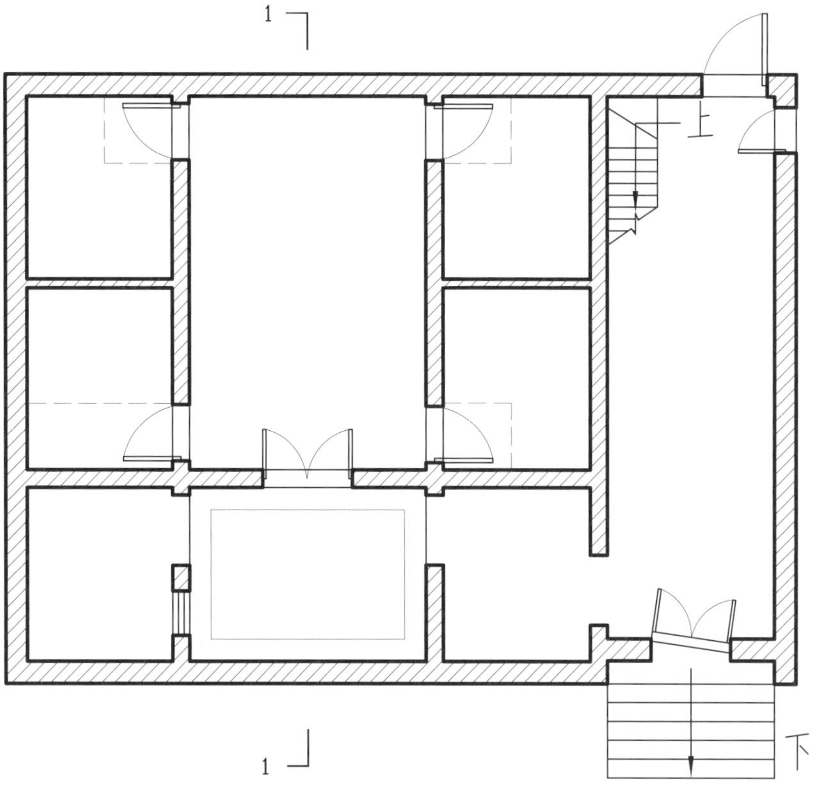

首层平面图

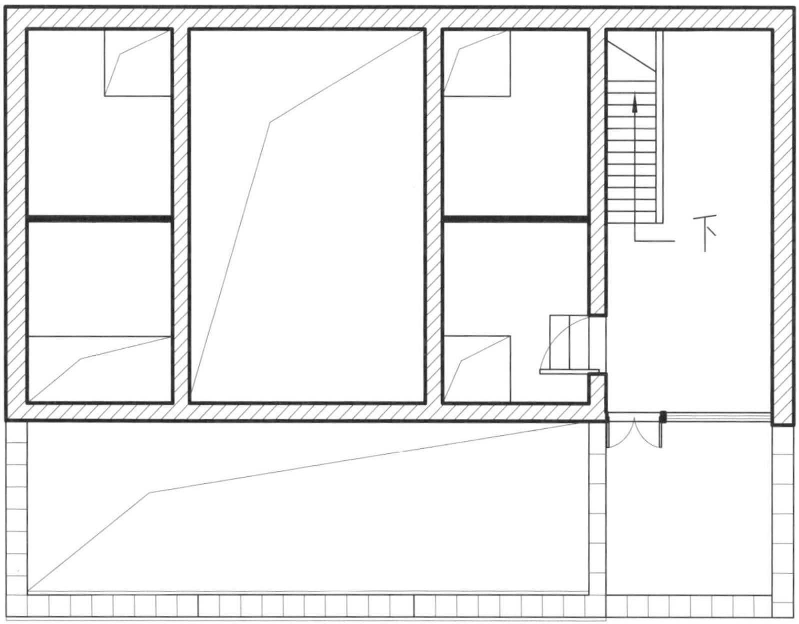

二层平面图

上周塘村

上周塘地处周塘上游，故名“上周塘”。周塘何时立村待考，上周塘杨氏（今上周塘村民多姓杨）则于元末迁入。

本次普查上周塘村面积约 36 660 平方米，共录入具有不同程度建筑遗产价值的建筑 41 处（占全镇 2.6%），其中 A 类 11 处、B 类 1 处、C 类 29 处。A、B 类建筑中，始建于清代或清代之前的 6 处、中华人民共和国成立后 6 处；保存状态方面，保存良好 7 处、一般 3 处、残破 2 处；类型方面，祠堂 5 处、巷门 1 处、庙宇 1 处、中华人民共和国成立初期公共建筑 3 处，其余为民居。

被录入的建筑中，遗产价值较高的有：杨氏宗祠、麒麟路 13 号、麒麟路 99 号、麒麟路 63 号、麒麟路五巷 2 号、麒麟路 83 号、麒麟路 85 号巷门、麒麟路 105 号、敬爱堂、麒麟社等。

村落全景

上周塘村建筑遗产分布图

敬爱堂 分布图编号：10

敬爱堂为普通的两进家祠，头门为凹斗式，一侧屋顶已塌，寝堂尚存清道光五年（1825年）的“敬爱堂”堂匾。匾下的木作祖先神龛亦保存完好，虽然其工艺不算精湛，但能保存至今，实属难得。

建筑全景

敬爱堂寝堂

刘黄村

刘黄村在茶山镇东南面，由刘屋、黄屋两村合并而成。刘屋始迁祖于宋末元初时迁入。其时附近地名“员头山”，员头山地名沿用至今，包括孙屋、游屋、何屋、粟边等地。

本次普查刘黄村旧村面积约 101 730 平方米，共录入具有不同程度建筑遗产价值的建筑 54 处（占全镇 3.4%），其中 A 类 8 处、B 类 12 处、C 类 34 处。A、B 类建筑中，始建于清代或清代之前的 13 处、民国 1 处、中华人民共和国成立后 6 处；保存状态方面，保存良好 15 处、一般 4 处、残破 1 处；类型方面，祠堂 2 处、村门 1 处、中华人民共和国成立初期公共建筑 1 处，其余大部分为民居。

被录入的建筑中，遗产价值较高的有：刘氏宗祠、黄氏宗祠、刘黄街 56 号、刘黄街 65 号、刘黄街 68 号、刘黄下围 15 号、刘茂林学校流芳亭、村门牌坊等。

村落模型
村落全景

刘黄村建筑遗产分布图

7
20
8
12
9
10
11
14
13

刘黄街56号

刘黄街56号

分布图编号：1

刘黄街56号为民国时期的一座2层民居，两开间明字屋式，清水青砖墙，二层阳台有民国流行的弓形栏杆，屋顶天台则有西式巴洛克风格山花，在茶山农村较为罕见。

正立面图

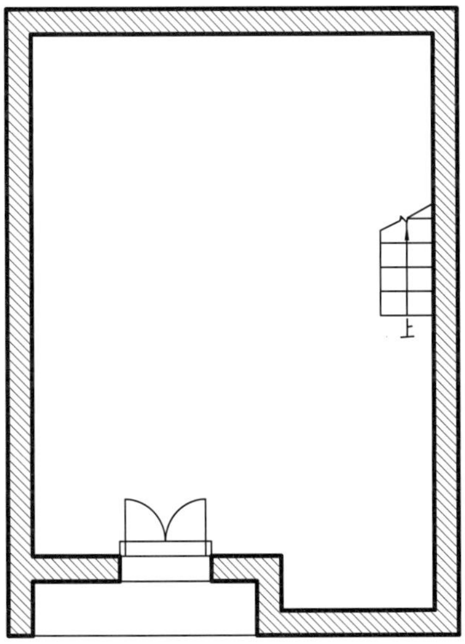

首层平面图

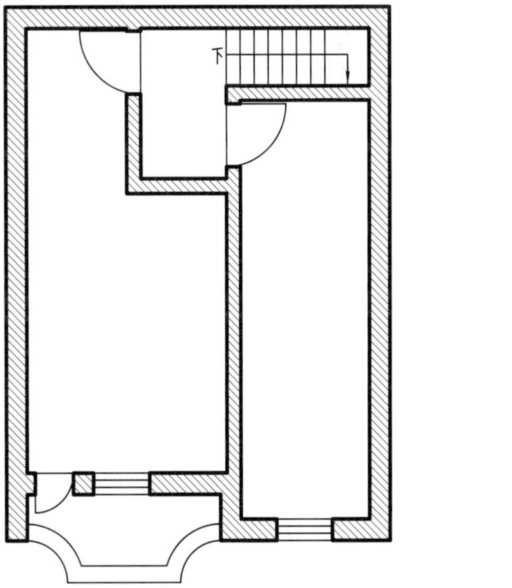

二层平面图

孙屋村

村落全景

孙屋村位于茶山镇东南面，于元末明初立村，因村民姓孙而得名。

本次普查孙屋村面积约 46 840 平方米，共录入具有不同程度建筑遗产价值的建筑 24 处（占全镇 1.5%），其中 A 类 2 处、B 类 3 处、C 类 19 处。A、B 类建筑中，始建于清代或清代之前的 5 处；保存状态方面，保存良好 4 处、一般 1 处；类型方面，祠堂 1 处，其余大部分为民居。

被录入的建筑中，遗产价值较高的有：孙氏宗祠、明德路一巷 19 号等。

孙屋村建筑遗产分布图
井
井
井
1
2
3
4
5

孙氏宗祠

分布图编号：1

孙氏宗祠为三开间三进，是较为常规的三进祠堂，1994年重修时，头门、前天井两侧廊和中堂前坡瓦片被换成琉璃瓦，屋前原貌受到损坏。梁架除了中堂前间（前檐柱与前金柱之间梁架）为柁墩斗栱式外，其余均为瓜柱式，其中头门为穿式瓜柱，中堂和寝堂为沉式瓜柱。

建筑全景　　建筑模型

孙氏宗祠

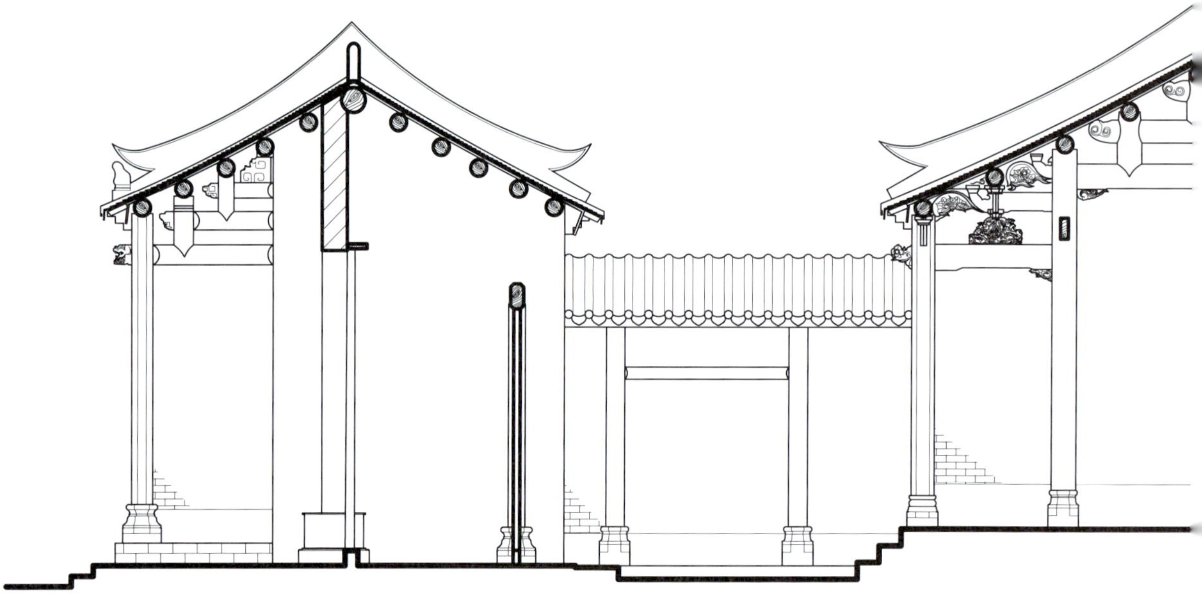

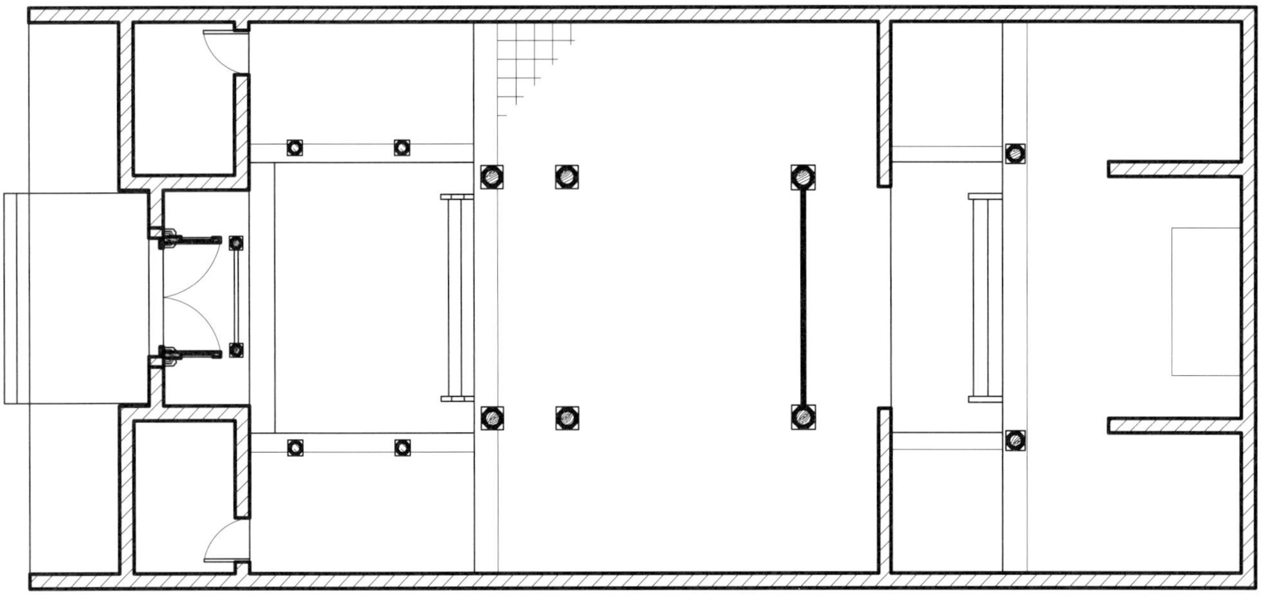

平面图

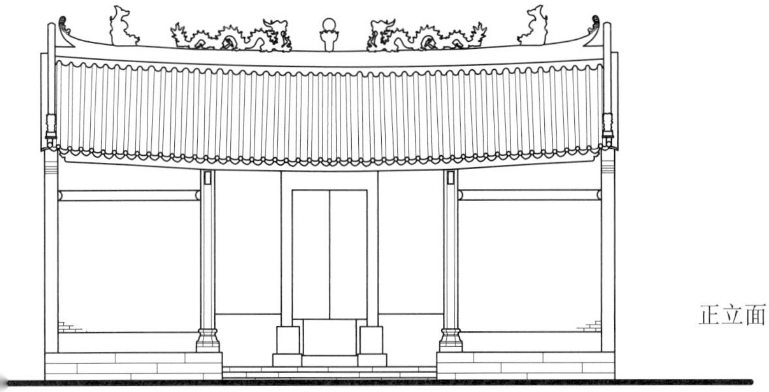

正立面图

纵剖面图

游屋、何屋村

游屋村于宋末立村，因居民多姓游而得名；何屋村于宋末立村，因居民多姓何而得名。

本次普查游屋、何屋村旧村面积约 53 610 平方米，共录入具有不同程度建筑遗产价值的建筑 32 处（占全镇 2.0%），其中 A 类 5 处、B 类 3 处、C 类 24 处。A、B 类建筑中，始建于清代或清代之前的 6 处、民国 1 处、中华人民共和国成立后 1 处；保存状态方面，保存良好 6 处、一般 2 处；类型方面，祠堂 2 处、庙宇 1 处、碉楼 1 处、祭坛 1 处，其余为民居。

被录入的建筑中，遗产价值较高的有：何真公祠、游氏宗祠、游屋七巷 22 号碉楼、石狗公等。

村落全景

游屋、何屋村建筑遗产分布图

何真公祠 分布图编号：1

何真公祠为纪念“东莞伯”何真的公祠，现存何真公祠为1994年重建，双开间明字屋式，通体绿色瓷砖、绿色琉璃瓦，均非原制。该建筑已于2020年被拆除重建。

何真公祠

游氏宗祠 分布图编号：7

游氏宗祠为五开间三进祠堂，且其五开间与下朗袁氏大宗祠、上埗林氏宗祠不同，为单一屋顶下的五开间，与京山叶氏宗祠相似，但比叶氏宗祠更符合五开间建筑的高宽比，显得更为宏大。头门屋檐两端较中间升起23厘米，大部分檐口均由木挑梁承托挑檐桁，头门5个开间均有木额枋，上承柁墩及一斗三升斗栱，这些都是较为古老的形制。头门大门在屋脊正下方，将前后梁架等分，均为穿式瓜柱式。中堂为五开间整体大空间，显得敞亮宽阔，内部共4榀梁架、16柱，梁架前间用柁墩斗栱，其余为沉式瓜柱。寝堂为后期重建，改成水泥柱，未用梁架。游氏宗祠是茶山难得的单层屋顶五开间祠堂，梁架形制古朴，可惜屋面被改成琉璃瓦，使原貌与价值受损。

建筑全景

游氏宗祠

游氏宗祠头门门匾

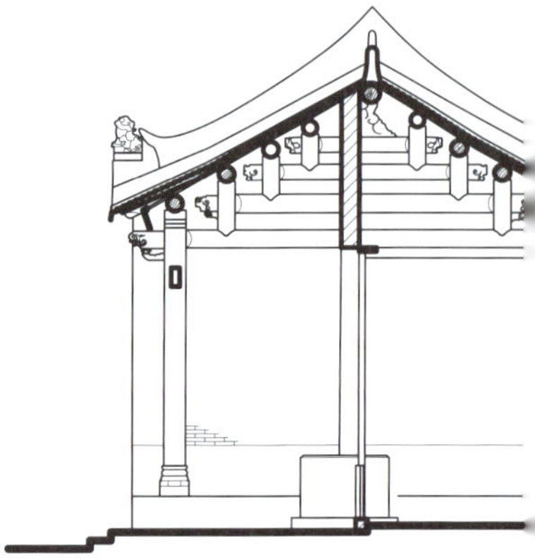

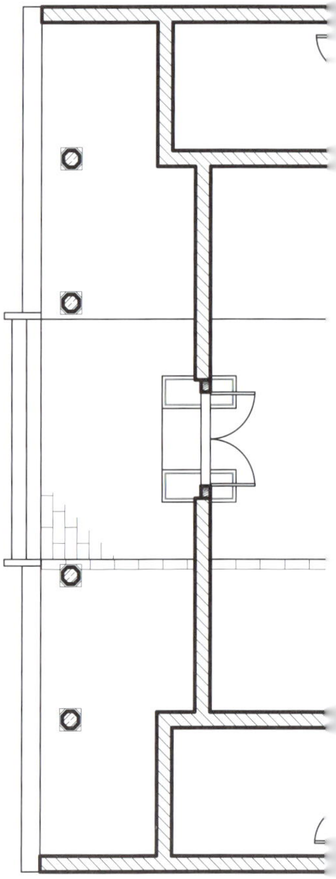

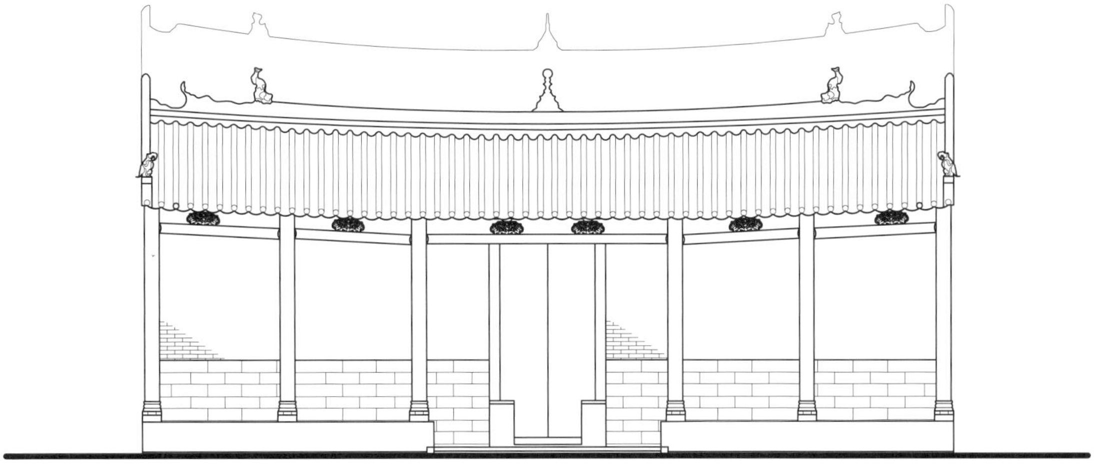

立面图

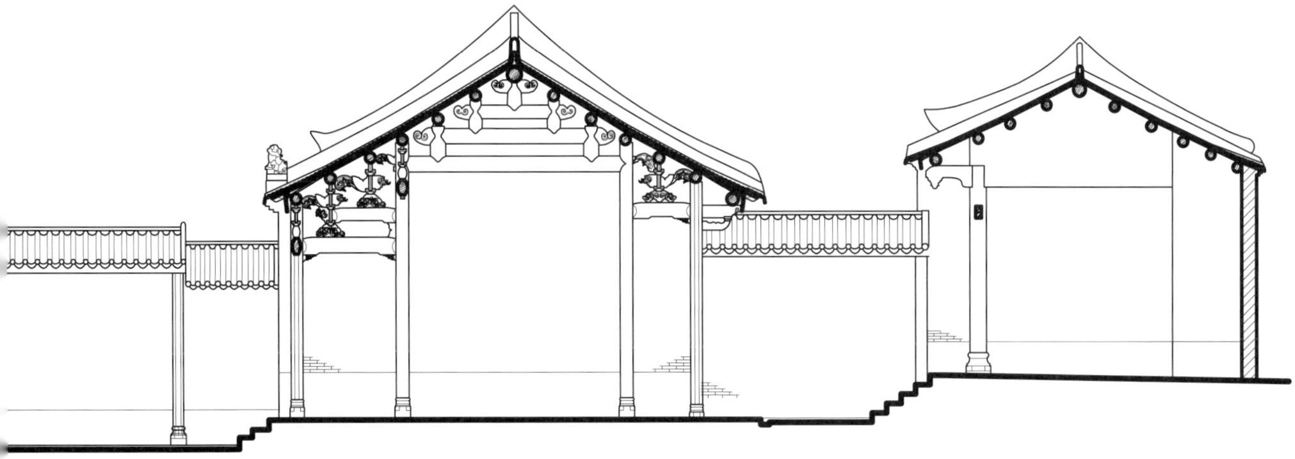

纵剖面图

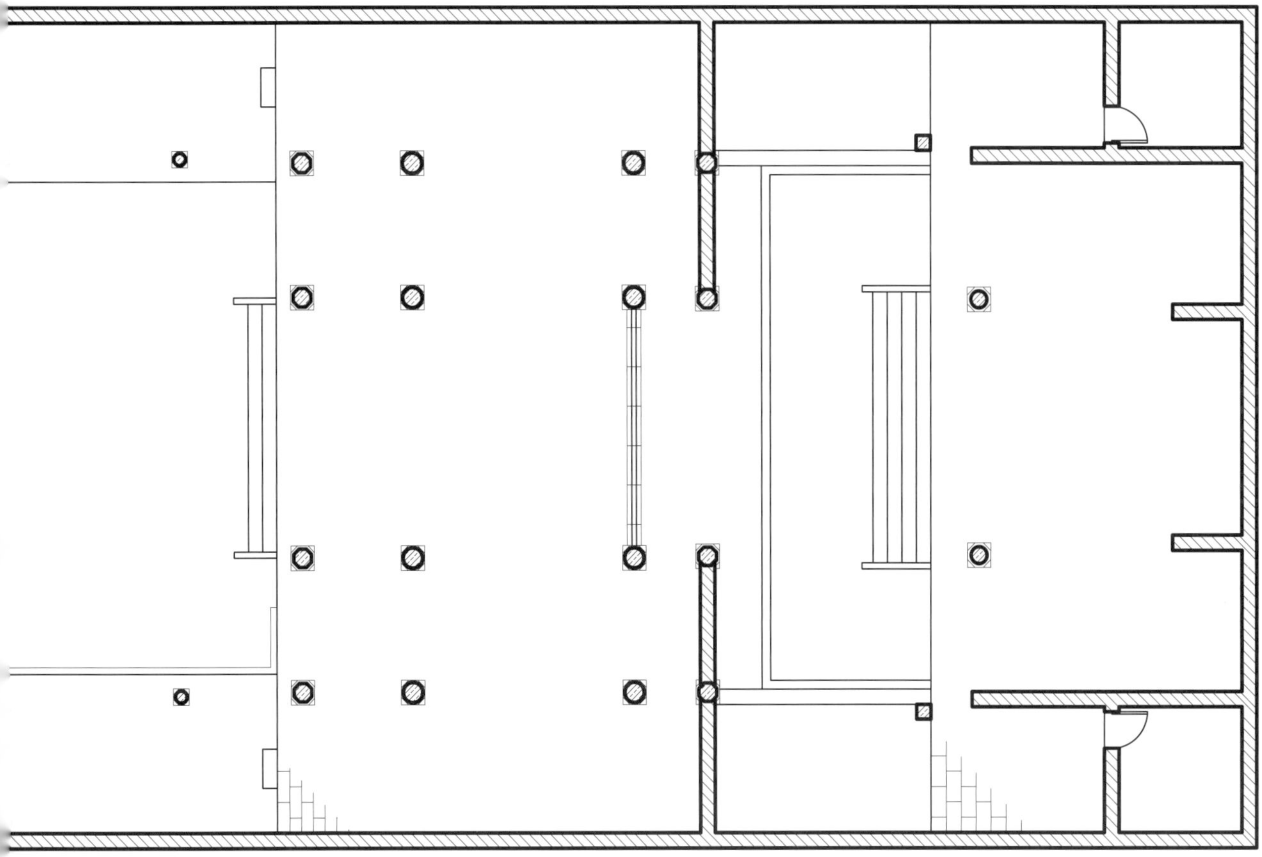

平面图

游氏宗祠承德堂

承德堂
滿堂吉慶
承家先代鴻猷自閩海蒲田徙在員山安居數百年稱為鼻祖

村落全景

粟边村

粟边原名石壁头，据称得名于明朝初期，当时，东江流经此地，一片汪洋，先民依傍一座石山（石背岭）居住，石山俨然一块巨大的石壁，因此而得名。该处僻静、荒凉，交通闭塞，出入靠小舟。明洪武四年（1371年），陈、张、林三姓在此立村。其时，张、林两姓均为海盗，被官兵追捕，陈姓声言无涉，官兵令其缩往一边，故名“缩边”。后人以“缩”字文义不佳，改为“粟”，取粮丰之意，故得今名。

本次普查粟边村面积约53 610平方米，共录入具有不同程度建筑遗产价值的建筑36处（占全镇2.3%），其中A类4处、B类3处、C类29处。A、B类建筑中，始建于清代或清代之前的6处、中华人民共和国成立后1处；保存状态方面，保存良好6处、一般1处；类型方面，祠堂1处、庙宇2处，水井1处，其余为民居。

被录入的建筑中，遗产价值较高的有：陈氏宗祠、三忠古庙、四方井等。

粟边村建筑遗产分布图
7
井
5
4
3
2
井
1

四方井

分布图编号：6

建于明代，有别于一般的井，平面呈“凸”字形，有花岗岩石阶，四周红砂岩围筑，井底仅深1.5米，为石灰岩层，有多处泉眼出水。此造型在广府地区罕见，但多见于粤北及江南一带的乡村。

建筑全景

四方井

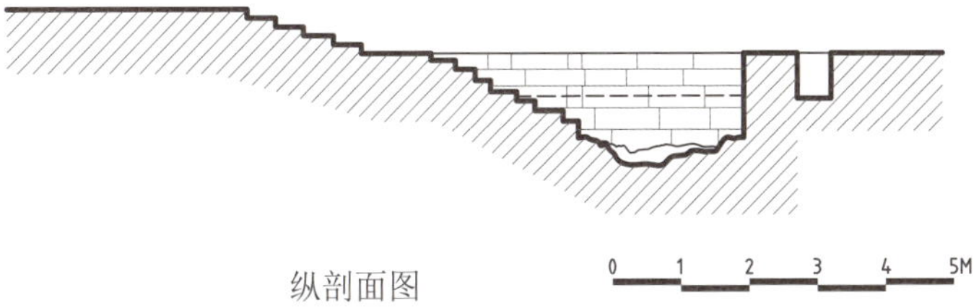

纵剖面图

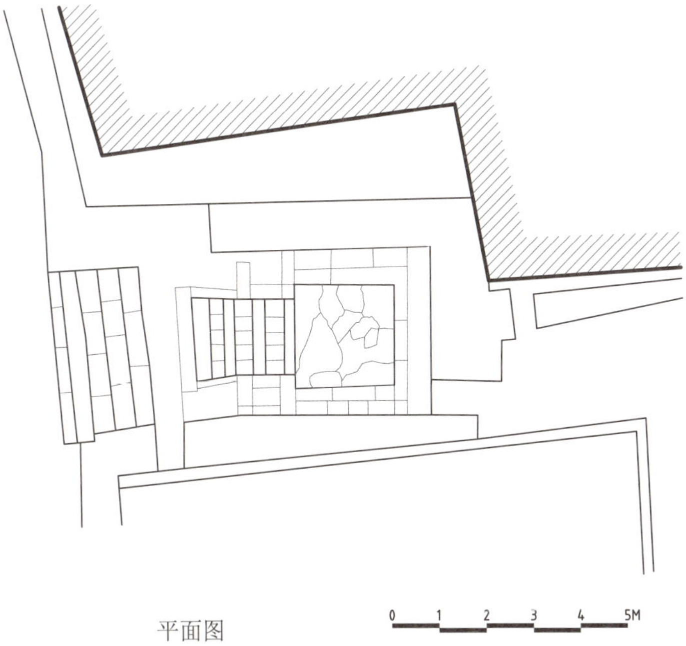

平面图

博头村

博头，原名涵头、垦头、坳头。于宋末立村。村外原有涵头垦，故名“垦头”。古时船只从南畲朗往石龙、莞城等地，须经村外坳头，并在此歇息，故又名“坳头”。村民多姓刘。20世纪90年代因“垦”字在电脑中难以拼写，改为“博头”。博头有12座山，分别为南面的大山、烂头山、古云潭山、龙船鼓山、斩尾名声山，北面的岭仔山、蚝豉岭山、花花岭山、晒谷山、马山，东面的打禾岭山、步狗岩。

本次普查博头村旧村面积约45 310平方米，共录入具有不同程度建筑遗产价值的建筑9处（占全镇0.6%），其中A类3处、B类1处、C类5处。A、B类建筑中，始建于清代或清代之前的1处，中华人民共和国成立后3处；保存状态方面，保存良好4处；类型方面，祠堂1处、庙宇1处、中华人民共和国成立初期公共建筑1处、学校1处。

被录入的建筑中，遗产价值较高的有：刘氏宗祠、新亭岗古庙等。

村落全景

博头村建筑遗产分布图

新亭岗古庙　分布图编号：4

新亭岗古庙又名七姐庙，地处茶山、石龙、石排三镇交界处，自古信众颇多，现存寺庙为20世纪70年代末及其后陆续增建，规模可观。寺庙群依山而建，从低到高依次布置着牌坊、小广场、土地庙、前殿、后殿，后殿往坐向左侧扩展，有庙祝的修院，其后则有蜿蜒山路通往后山最高处的小庙和七姐洞水潭。整组建筑群既有秩序又非严格的中轴对称，而是灵活地利用地形顺势而为，使其中空间组合稳中有变。建筑本身虽然没有古代传统建筑的精美讲究，但红砖配合水泥梁柱、瓷砖彩画，创造出许多结构新奇、跨度可观，又有时代特色的空间。

建筑模型

新亭岗古庙（七姐庙）

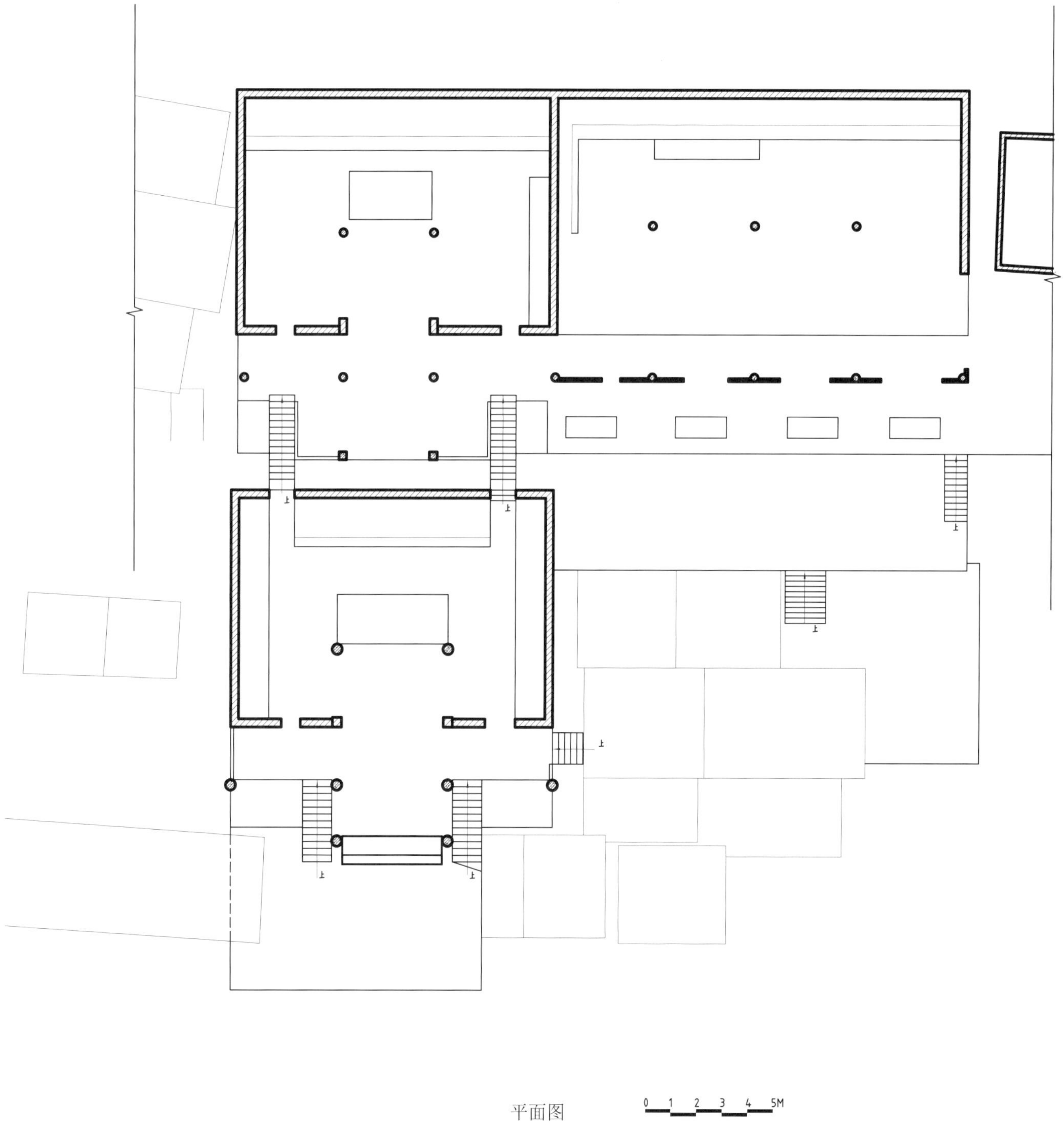

平面图

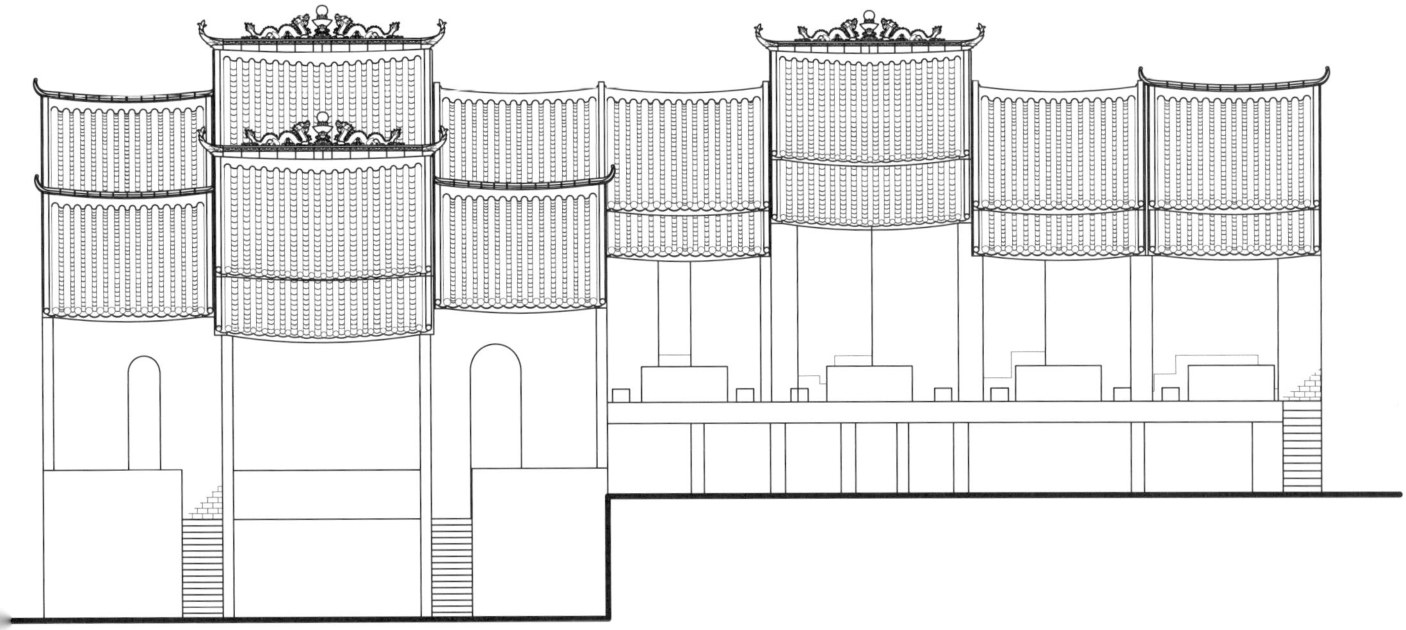

正立面图

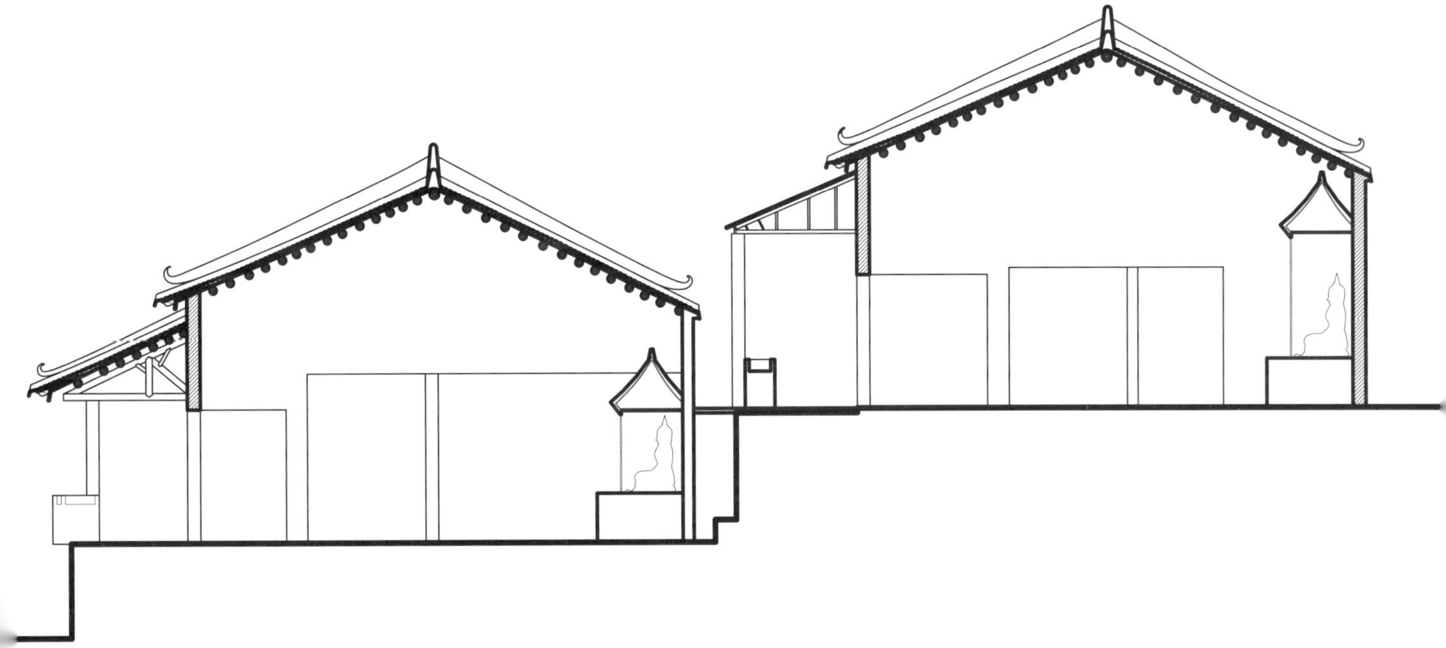

纵剖面图

冲美村

冲美原名涌尾，于宋末立村，因建于河涌之尾而得名。村民多姓刘。村前河涌曾水清鱼美，是村民洗衣捕鱼、游泳嬉戏的好地方。村民以“涌尾”有末尾之嫌，改为“冲美”，取面向美好之意。

本次普查冲美村旧村面积约 33 870 平方米，共录入具有不同程度建筑遗产价值的建筑 13 处（占全镇 0.8%），其中 A 类 2 处、B 类 5 处、C 类 6 处。A、B 类建筑中，始建于清代或清代之前的 3 处，中华人民共和国成立后 4 处；保存状态方面，保存良好 5 处、一般 2 处；类型方面，祠堂 1 处、牌坊 1 处、中华人民共和国成立初期公共建筑 1 处，其余为民居。

被录入的建筑中，遗产价值较高的有：刘氏宗祠、东兴街二巷 3 号等。

村落全景

冲美村建筑遗产分布图

东兴街二巷3号

分布图编号：7

为1959年水灾后“重建家园”时期所建住宅，10个单元并排连在一起，内用共墙，门面统一，靠下的墙体用回收的质量较好的青砖横砌，大门往上用质量较差的杂砖竖砌，而不得观瞻的背面只能用泥砖砌筑。每个单元正面都是一门两窗，门扇和门上墙壁画毛主席头像，檐口挑出约半米，屋面是最普通的蝴蝶阴阳瓦铺盖。室内格局参照传统民居中的直头间，前厅后房，侧面有过道连通前后，并有直跑楼梯通往阁楼。阁楼只覆盖厅的前半和后房，侧面用靠墙天桥连通，使得厅的中间挑空，以便屋顶明光瓦采集的光线照进一楼厅内。

建筑全景

建筑模型

东兴街二巷3号

东兴街二巷3号内景

刘氏宗祠 分布图编号：5

三开间两进祠堂，头门后侧改建后将天井遮蔽，寝堂为穿式瓜柱梁架。现整座建筑已拆除重建，部分原有梁架移至东莞理工学院松山湖校区保存展示。

建筑模型

刘氏宗祠

（来源：刘心怡摄，2019 年）

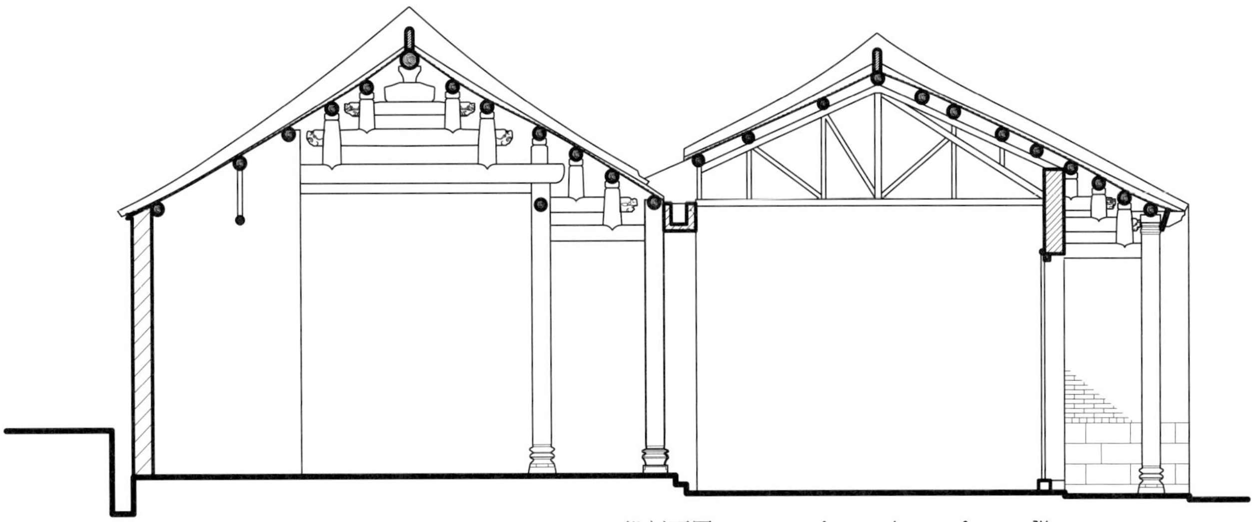

纵剖面图　0　1　2　3M

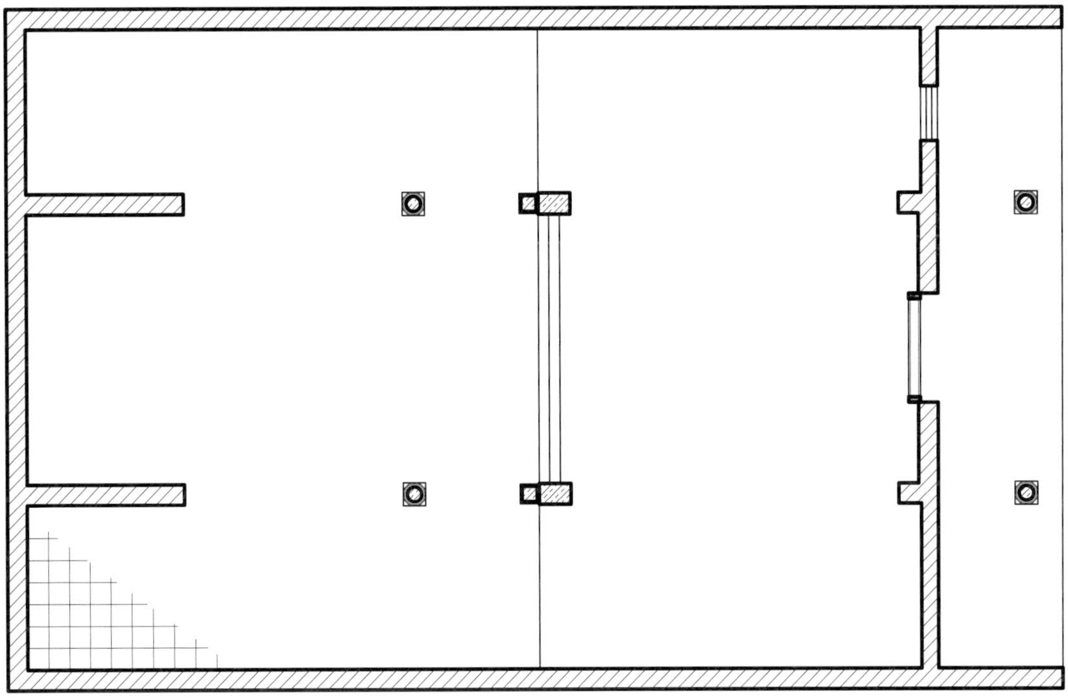

平面图　0　1　2　3M

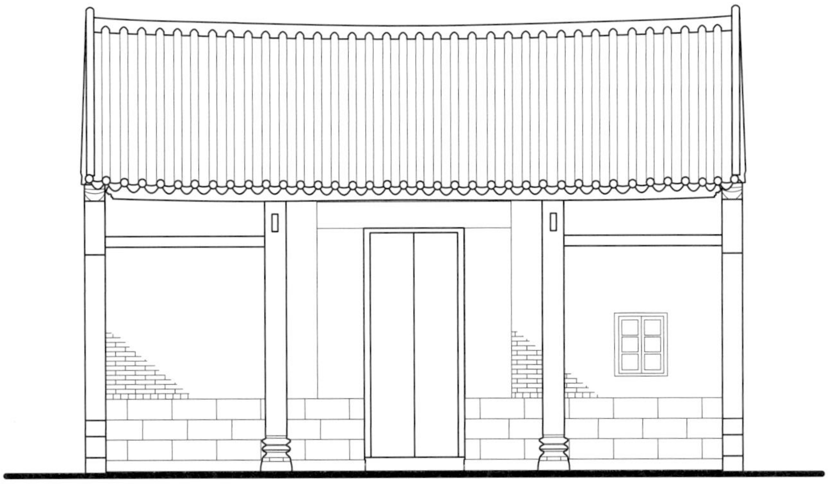

正立面图　0　1　2　3M

水围村

水围村，于清初立村，初时村民姓李，因鲤鱼中的“鲤”与“李”同音，鲤鱼离不开水，故名水围。后来塘角村部分村民迁到水围村居住，人口逐渐兴盛，很快取代李姓。水围村原有南北圆拱围门，由红石砌成，门有角楼，北门为2层高的大门楼，楼下有神位，现均已不存。

本次普查水围村旧村面积约42 870平方米，共录入具有不同程度建筑遗产价值的建筑13处（占全镇0.8%），其中A类7处、B类2处、C类4处。A、B类建筑中，始建于清代或清代之前的3处，中华人民共和国成立后6处；保存良好6处、一般2处、残破1处；类型方面，祠堂1处、农业设施2处，中华人民共和国成立初期公共建筑1处，其余为民居。

被录入的建筑中，遗产价值较高的有：中心路北二巷2–4号、中心路北三巷3–5号、高架泵水渠等。

村落全景

水围村建筑遗产分布图
1
2
井
3
4
5
6
防空洞
8
9

高架泵水渠 分布图编号：7

全镇仅存的泵水渠遗迹，位于村北民居与田畴交界处，现存泵房一座，高架泵水渠20余米。水渠宽约40厘米，当时水源从南畲塱顺着潮汐冲入洼地田畴间的蓄水池，旁边的泵房再把水通过铸铁管道泵向五六米高的高架泵水渠，进而沿缓坡向下，经过新开垦的山头农地，通向1千米以外的霞坑村。

建筑模型

水围高架泵水渠砖柱

水围高架泵水渠

中心路北二巷2–4号、中心路北三巷3–5号

分布图编号：8、9

均为 1959 年水灾后“重建家园”时期所建住宅，较为特别的是在建筑前面加设前廊，并用砖拱承托屋顶，以取得较大的正面开间跨度。此为茶山当时较为通用的灾后重建住宅样式。

建筑模型

中心路北二巷 2–4 号

中心路北三巷 3–5 号

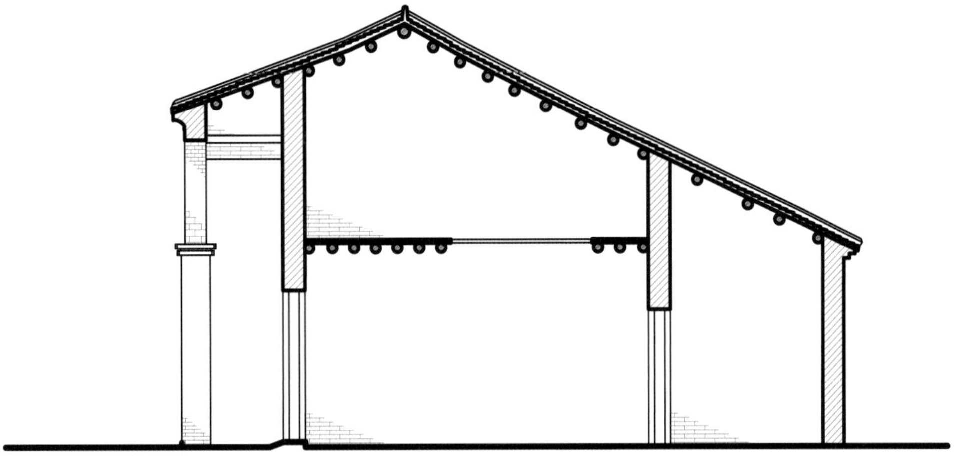

中心路北二巷2-4号剖面图　0　1　2　3M

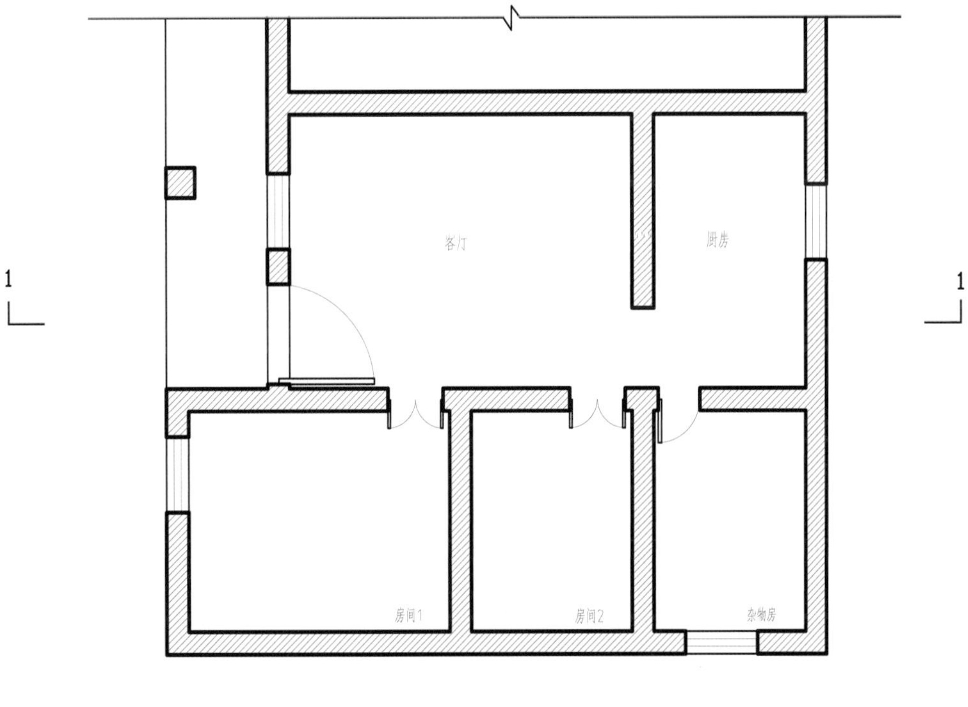

中心路北二巷2-4号平面图　0　1　2　3M

塘角村

塘角村原名塘阁，于宋末立村，因在塘上建阁而居而得名。塘角村原有塘溪古庙（大皇庙）、观音庙、车公庙、陈氏宗祠、陈海林西式洋楼等古建筑，现多不存。20世纪50年代前，塘角村有一习俗，每3年打一次斋，打斋时宗亲齐集，热闹非凡。

本次普查塘角村旧村面积约123 610平方米，共录入具有不同程度建筑遗产价值的建筑65处（占全镇4.1%），其中A类18处、B类10处、C类37处。A、B类建筑中，始建于清代或清代之前的16处、民国2处、中华人民共和国成立后10处；保存状态方面，保存良好25处、一般1处、残破2处；类型方面，祠堂7处、庙宇1处、巷门2处、中华人民共和国成立初期公共建筑1处，其余为民居。

被录入的建筑中，遗产价值较高的有：陈氏宗祠、茶塘路236号、新门楼东一巷11号等。

村落模型
村落全景

塘角村建筑遗产分布图
1
4
5
6
7
8
9
10
11
12
13
14
15
16
19
20
21
22
23
24
25
26
27
井
井

井
17
18
井
28

新门楼东一巷 11 号

新门楼东一巷11号 分布图编号：18

新门楼东一巷 11 号为 20 世纪 80 年代的民居典型代表，高 3 层，沿袭传统明字间的双开间做法，且右侧开间凹入，阳台绕至侧立面，转角以独立圆柱支撑。通体灰白色水刷石，阳台栏杆用水泥花格图案装饰，使其更为通透，栏杆外挂铁制花篮，图案与栏杆水泥花格相同，可知为原物，并有统一设计。

建筑全景

新门楼东一巷 11 号阳台铁制花篮

霞坑村

霞坑于宋末立村，因村向西，晚霞倒映坑水之中，故名霞坑。村民多姓陈，另有潘、李等姓。霞坑有新旧围之分，旧围已拆迁。民国二年（1913年）正月，该村在广九铁路（广深线）附近选址，另建新村，村民中华侨占百分之七八十，比较富裕。村民在村的两边及后面种上簕竹作围篱，在围面前右边筑成一条风水壆，种上大榕树、木棉树、天梯竹抵御北风。霞坑曾名秀吉坊，该村的公祠也叫秀吉书院。

本次普查霞坑村旧村面积约21 930平方米，共录入具有不同程度建筑遗产价值的建筑39处（占全镇2.4%），其中A类10处、B类11处、C类18处。A、B类建筑中，始建于民国的20处、新中国成立后1处；保存状态方面，保存良好19处、一般2处；类型方面，祠堂2处、碉楼1处，其余为民居。

被录入的建筑中，遗产价值较高的有：秀吉书院、积羡陈公祠、碉楼等。

村落模型

村落全景

霞坑村建筑遗产分布图
1
2
3
4
5
6
7
8
9
10
11
12
13
14
15
16
17
18
19
20
23

积羡陈公祠

分布图编号：2

村民称本祠建于民国五年（1916年），但本祠壁画上有“戊辰年”（1928年）落款，具体建筑年代待考。本祠为三开间两进祠堂，头门敞楹式，山墙大式飞带，博古脊，碌筒素瓦，琉璃剪边。

积羡陈公祠

建筑模型

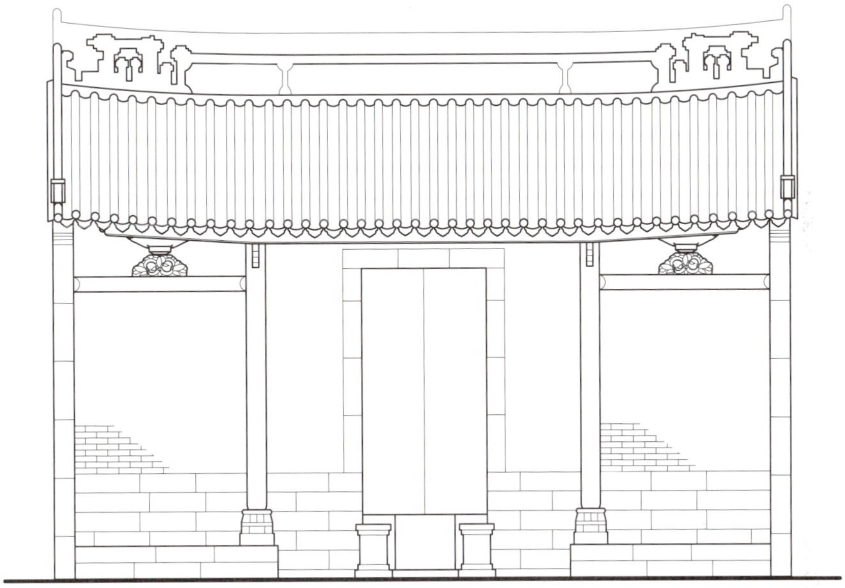

正立面图　0 1 2 3M

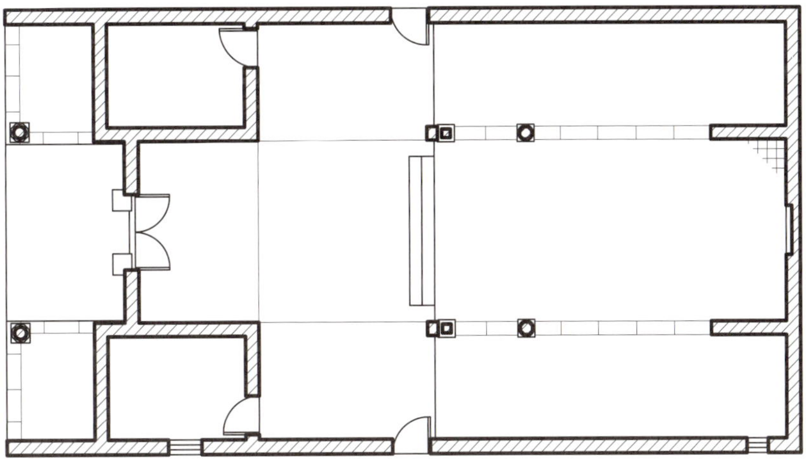

平面图　0 1 2 3 4 5M

秀吉书院 分布图编号：1

建于民国二十六年（1937年），三开间两进祠堂，头门凹斗式，山墙大式飞带，龙船脊，碌筒素瓦，琉璃剪边。头门梁架以穿式瓜柱为主，由于桁条较密，瓜柱之间复加柁墩托桁；寝堂梁架以水泥梁与三角形砖墙代替、简化，祖先神龛砖砌灰塑，外施花卉彩画，颇具民国特色。

建筑模型

秀吉书院

秀吉书院祖先神龛

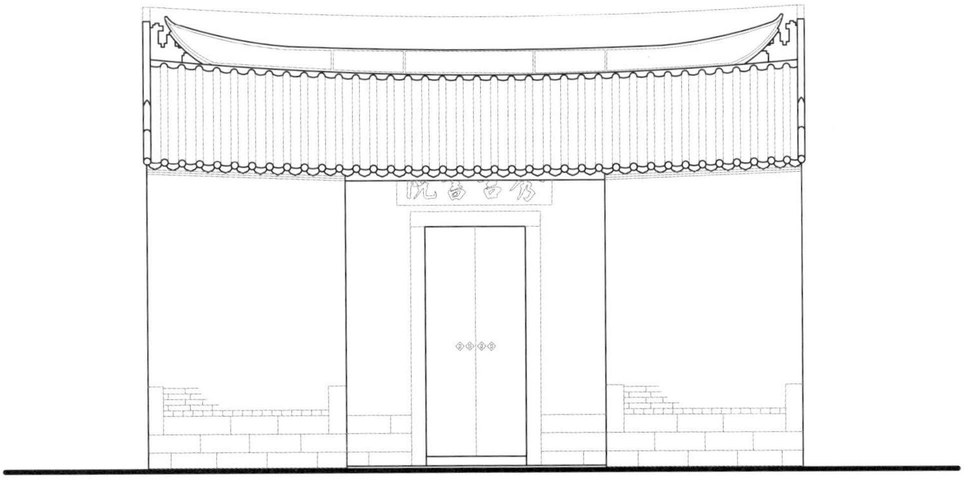

立面图　0　1　2　3M

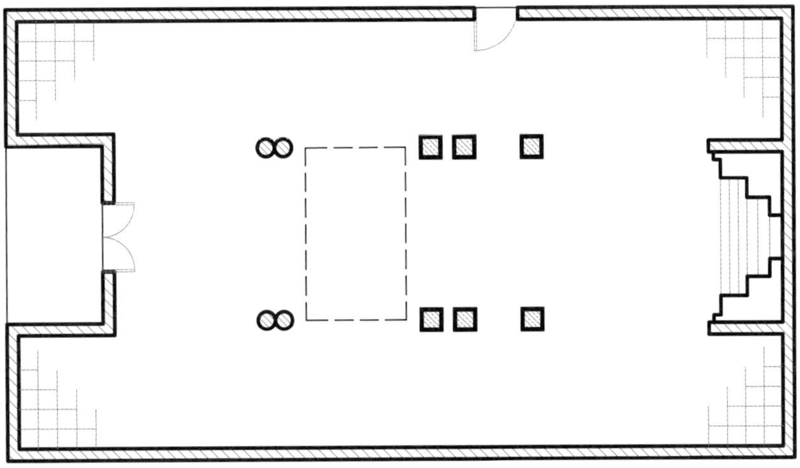

平面图　0　1　2　3M

碉楼 分布图编号：4

建于民国时期，主体清水红砖，总高 10.2 米，3 层，复加一梯房。第三层有射击碉堡“燕子窝”2 个，与层同高，对角分布。

建筑模型

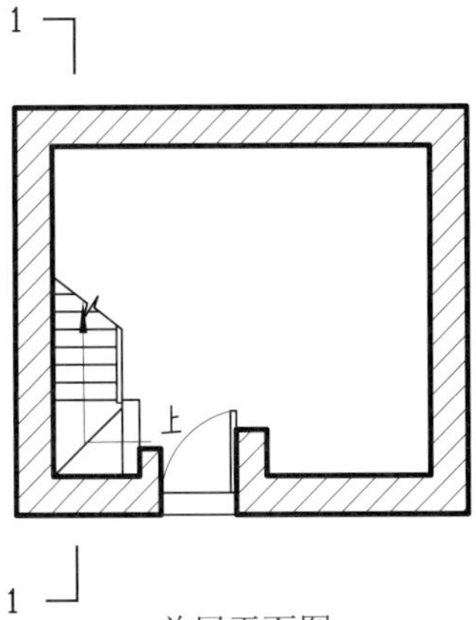

首层平面图

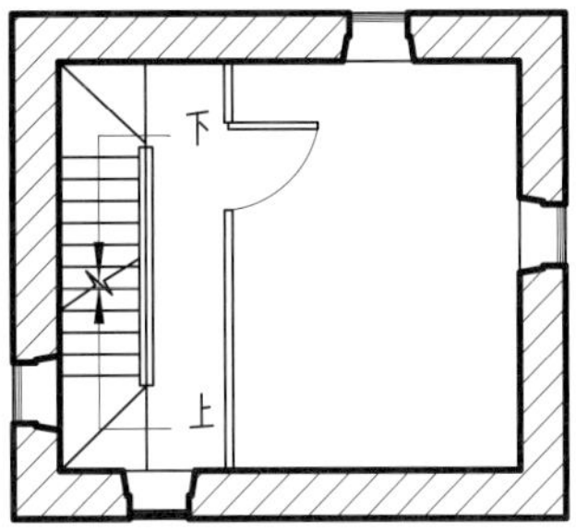

二层平面图

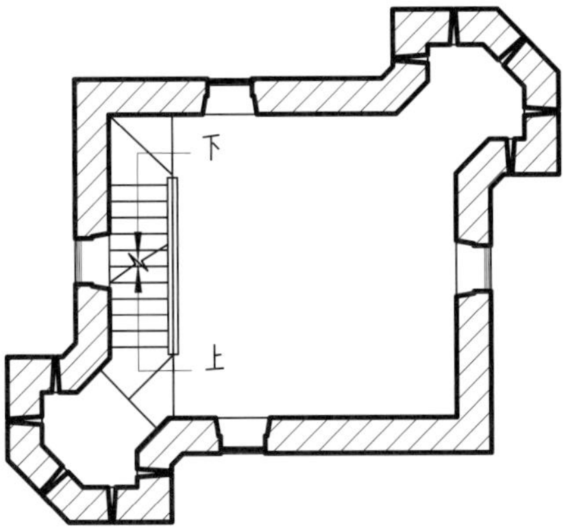

三层平面图

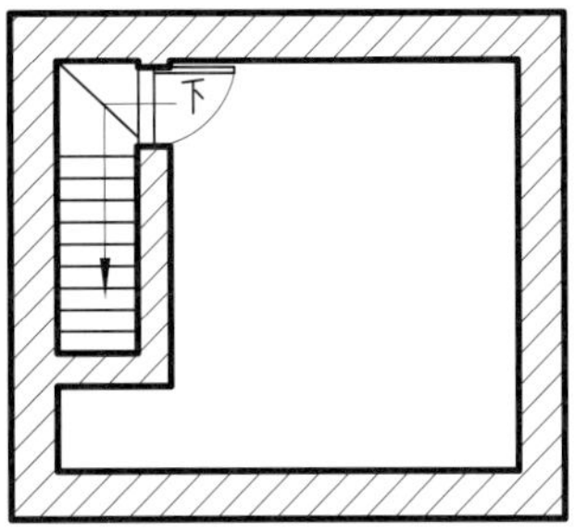

顶层平面图

0 1 2 3M

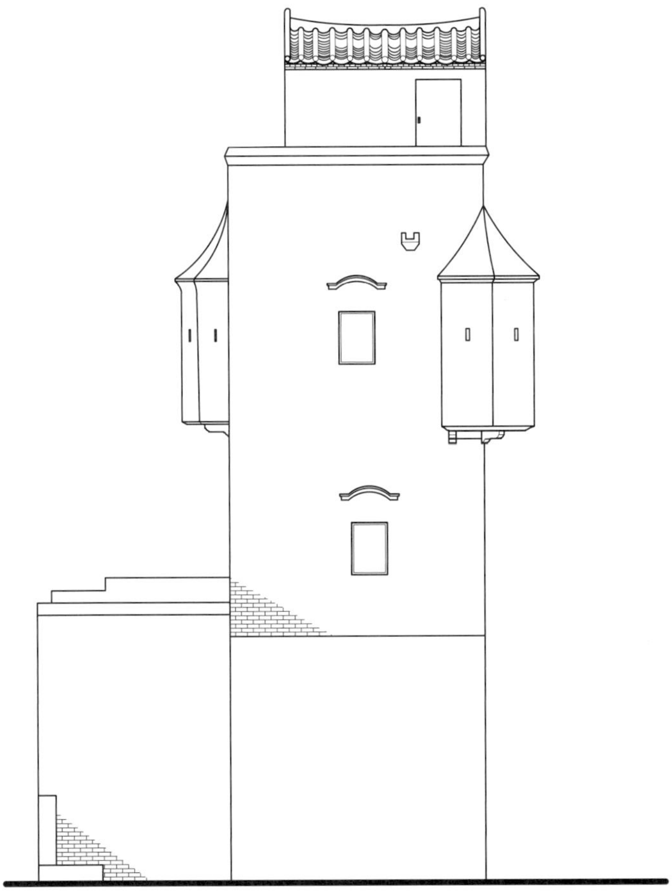

西北立面图

0 1 2 3M

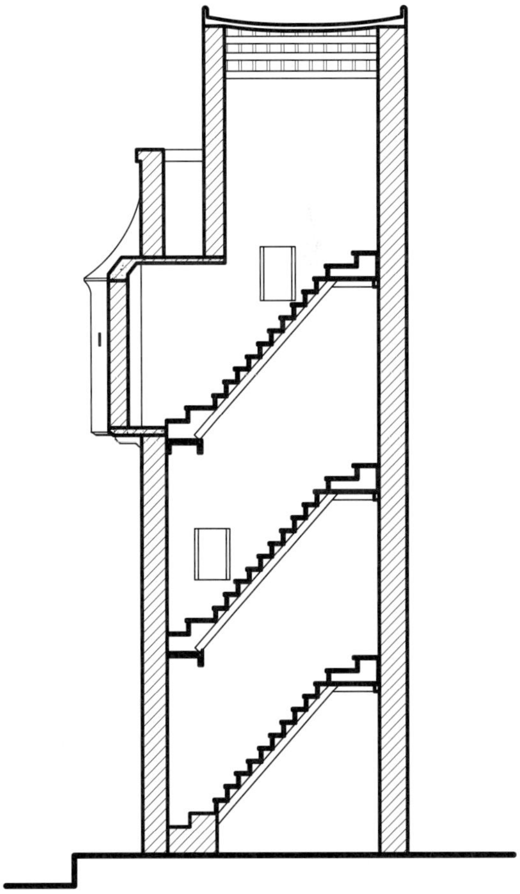

1-1剖面图

南社村

南社因在南畲塱边，原名南畲，后因“畲”与“蛇”同音，村人以为不祥，而以近音的“社”代替，改为南社。宋末南社谢氏始祖到南社定居前，曾居茶园芦荻墩（又名芦葭墩，今茶山圩爱国二坊）。后因该处荒芜空旷而欲迁址月塘（横沥镇），又因月塘旱涝严重，始定居南社。此时，南社已有戚、席、麦、陈、黄、钟等各姓村民。谢氏定居后，子孙繁衍，人丁兴旺，原来各姓村民则日益减少，南社逐渐成为以谢姓为主的村落。2005 年，南社村被评为第二批中国历史文化名镇（村）。2006 年，南社村古建筑群被核定为第六批全国重点文物保护单位。

本次普查南社村旧村面积约 296 540 平方米，共录入具有不同程度建筑遗产价值的建筑 200 处（占全镇 12.5%），其中文物（W 类）21 处、A 类 34 处、B 类 36 处、C 类 109 处。W、A、B 类建筑中，始建于清代或清代之前的 86 处、民国 2 处、中华人民共和国成立后建成 3 处；保存状态方面，保存良好 86 处、一般 1 处、残破 4 处；类型方面，祠堂 22 处、庙宇 3 处、村门 3 处、碉楼 1 处、中华人民共和国成立初期公共建筑 1 处、墓地 2 处、桥梁 2 处、商铺 1 处、围墙 4 处、巷门 2 处，其余为民居。

被录入的建筑中，遗产价值较高的有：谢氏大宗祠、百岁坊、资政第、谢遇奇家庙、谢遇奇故居、谢元俊故居、百岁翁祠、东园公祠、毓生楼等。

村落全景

村落模型

南社村建筑遗产分布图
1
2
3
4
5
6
7
8
9
10
11
12
13
14
15
16
17
18
19
20
21
22
23
24
26
27
28
29
68
69
76
77
78
79
80
81
82
83
84
85
91
井

89
38
42
34
35
37
39
40
41
43
62
61
60
54
59
53
52
50
49
48
44
51
58
57
47
45
88
87
56
55
86
井

谢氏大宗祠

谢氏大宗祠 分布图编号：30

谢氏大宗祠为全国重点文物保护单位，建于明嘉靖三十四年（1555年），先后多次重修，现存的谢氏大宗祠依然保留着明代的风格，最明显的特征是使用了悬山屋顶。悬山顶，即屋顶悬挑出山墙，在岭南被认为是一种较为早期的形制，现存茶山古代建筑中极少出现。另外，头门屋檐檐口线呈左右翘起的弧线、梁架檐柱出木梁头承托挑檐桁，亦都是早期建筑特征。平面与绝大多数祠堂的方正规整不同，略有不规则的变形，总体来说是头门、寝堂略窄，中堂较宽，形成窄—宽—窄的室内空间层次，而在较窄的前后进两侧，又有类似耳房的小房间凸出，这些变形平面最后用出挑的悬山顶覆盖，使其在整体造型上被统一起来，这种生动的操作，在后期已经定形的祠堂平面中已难以见到。

建筑全景

建筑模型

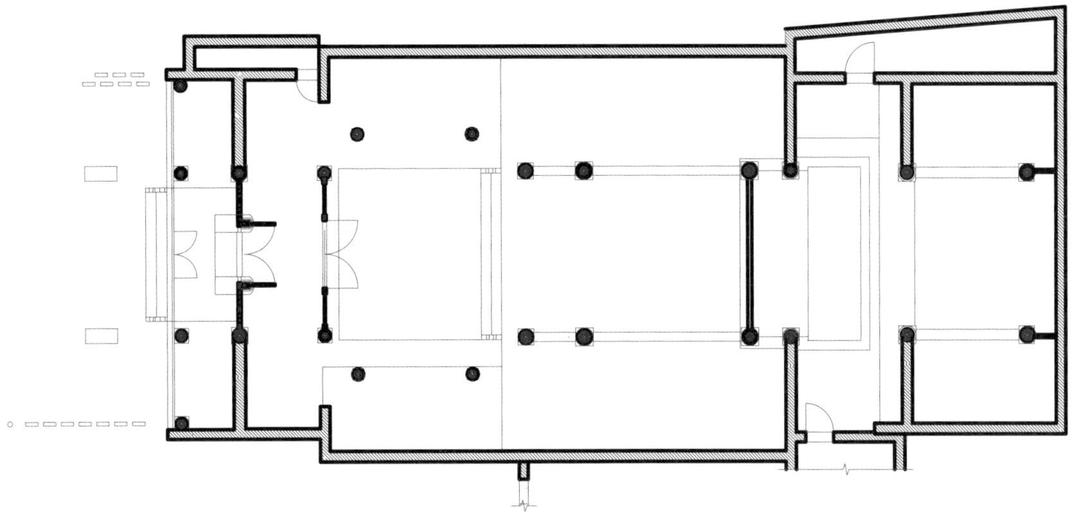

平面图

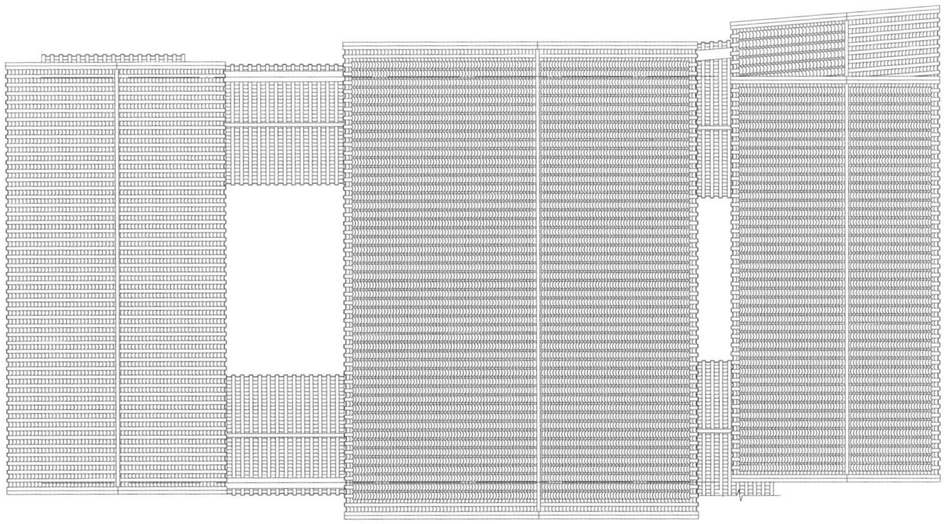

屋顶平面图

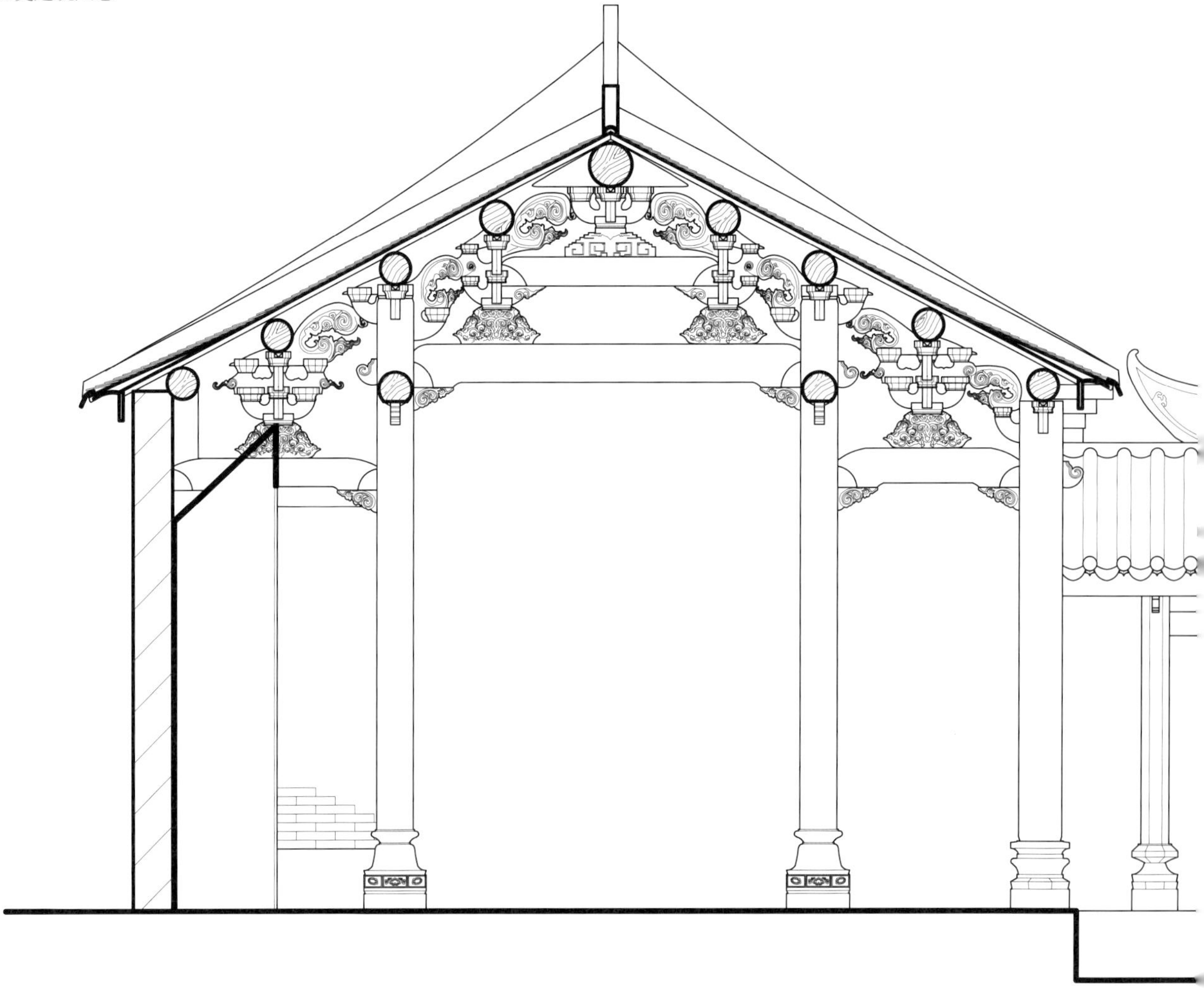

百岁坊 分布图编号：14

百岁坊为全国重点文物保护单位，建于明万历二十至二十六年间（1592—1598年）。头门形制极为特别，以牌坊代替常见的“门”，却又保留了水形山墙。头门牌坊面阔三间，进深前后两间，中为较高的庑殿顶，两侧歇山顶，绿色琉璃瓦为近代重修时更换，原状应为素瓦，檐下施如意斗栱。头门牌坊后为照壁，照壁后形制如一般祠堂，但与一般寝堂梁架用瓜柱式不同，百岁坊寝堂梁架为柁墩斗栱式，较为隆重。

建筑模型

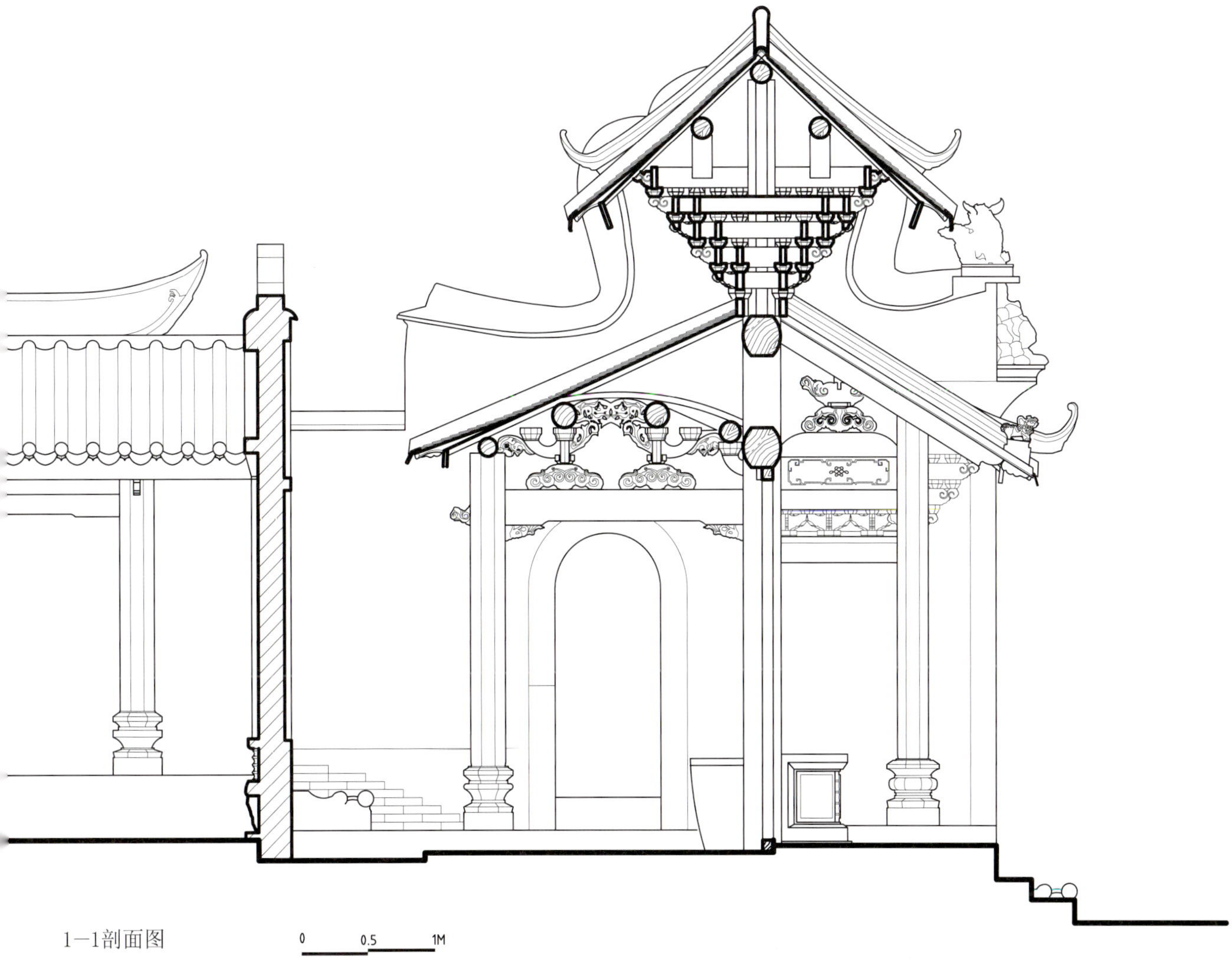

1—1剖面图

百岁坊

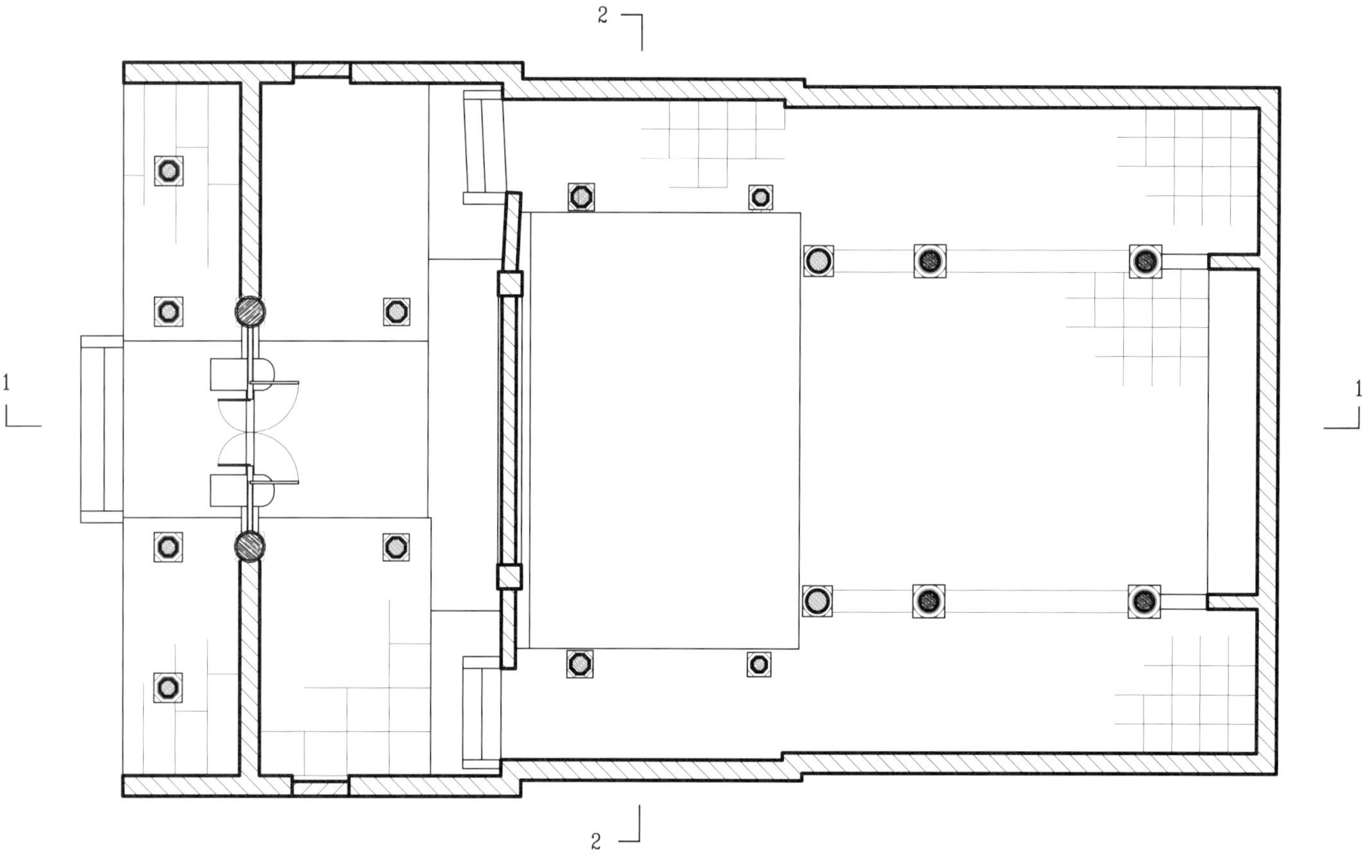

平面图

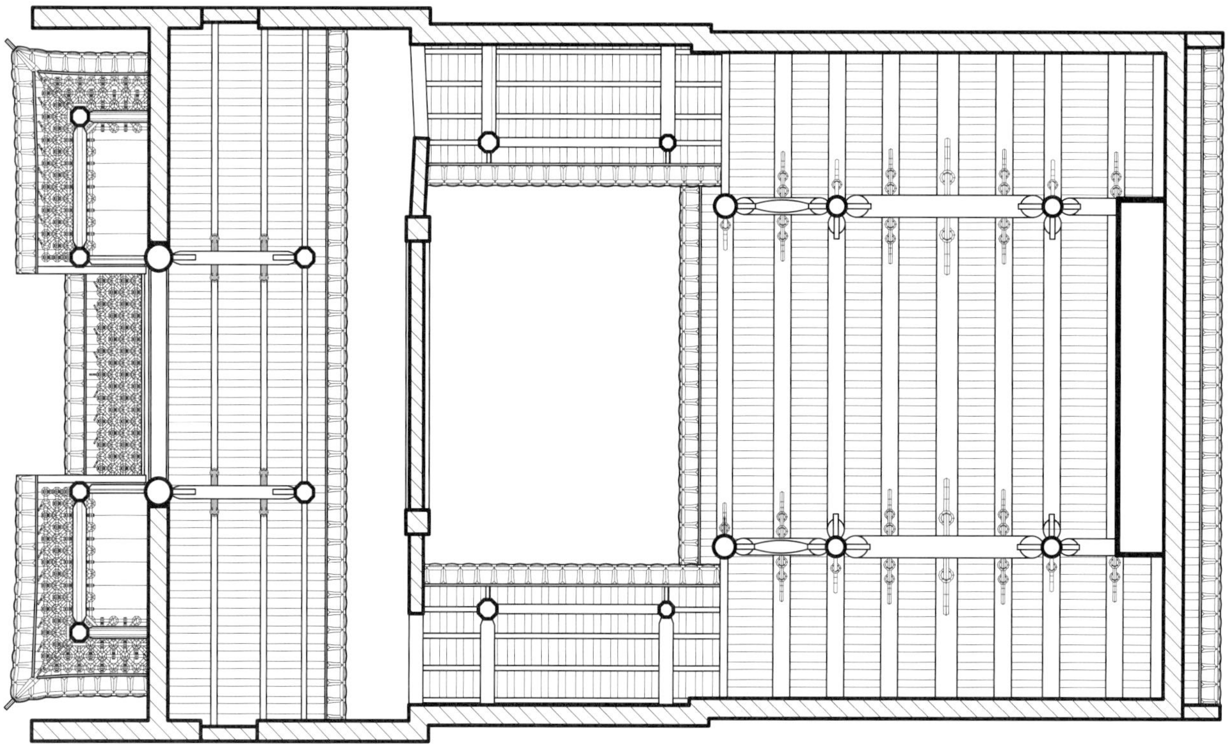

仰视平面图

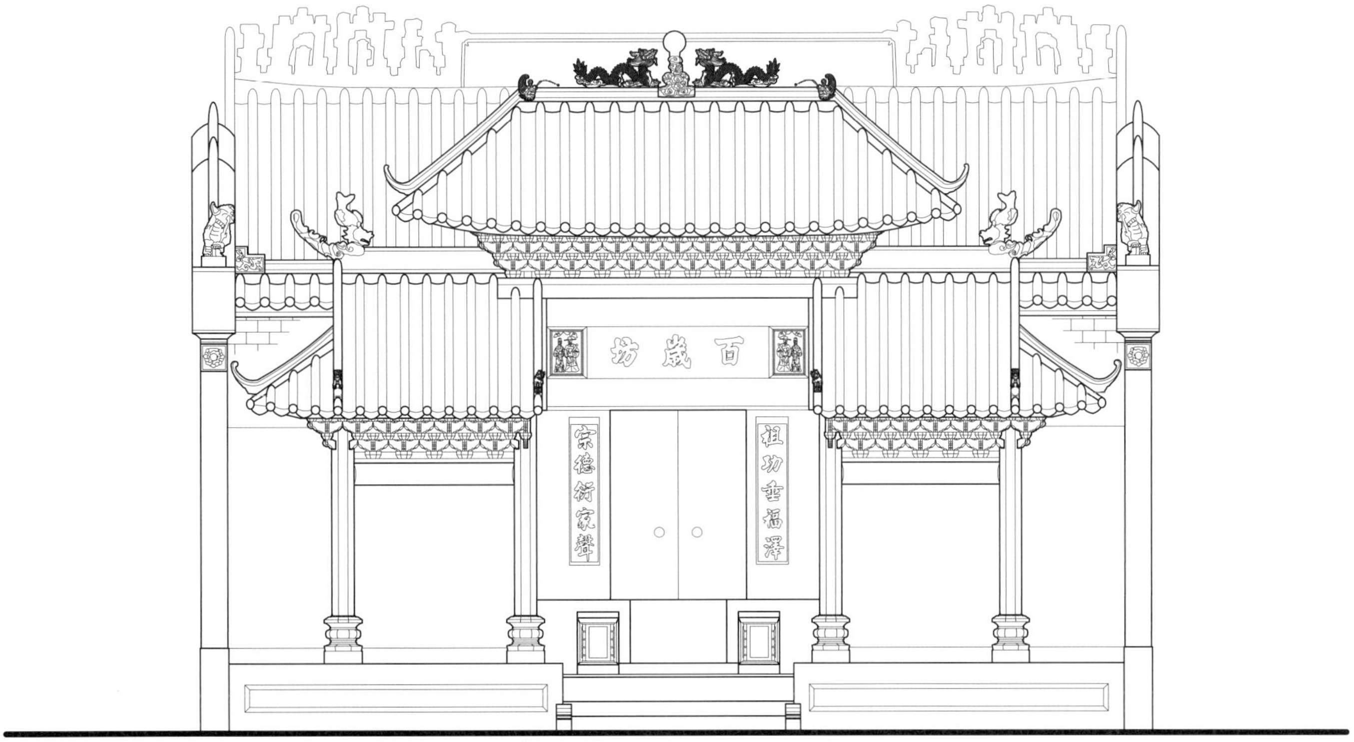

正立面图　0　0.5　1　2M

2—2剖面图　0　0.5　1　2M

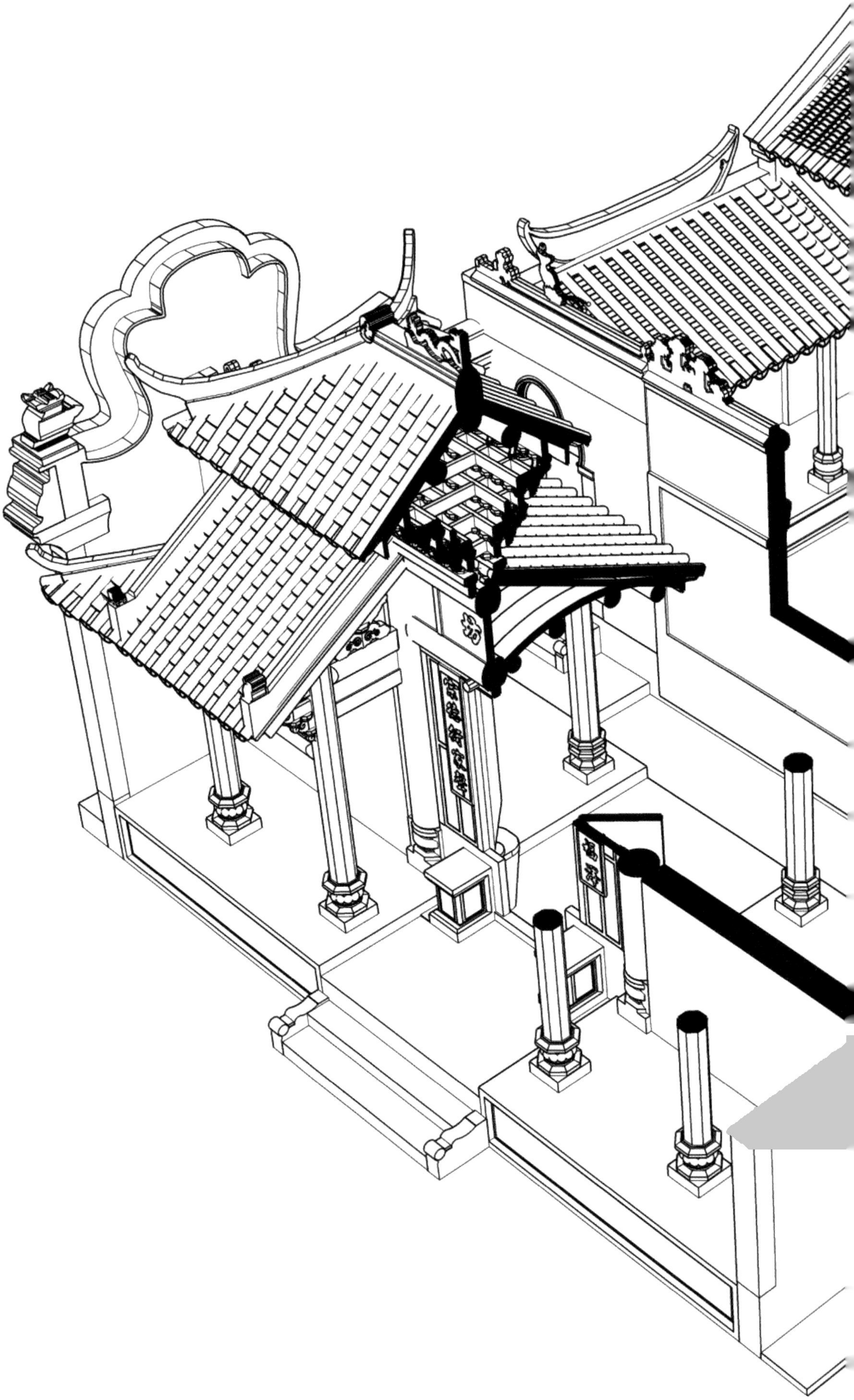

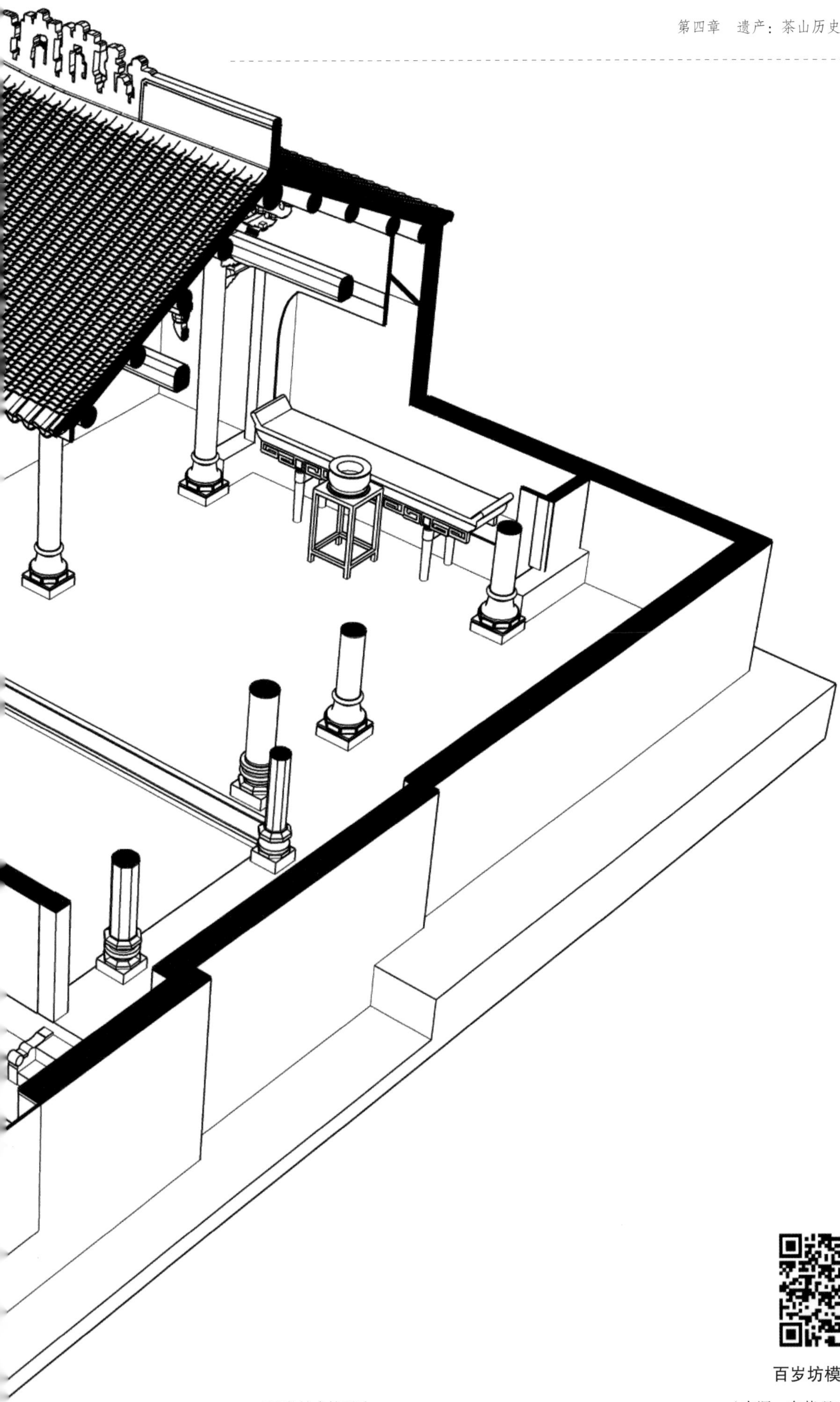

百岁坊剖视图

百岁坊模型动画

（来源：东莞理工学院建筑学）

资政第 分布图编号：76

资政第为全国重点文物保护单位，位于村南围墙边，建于光绪八年（1882年），三间两进，正门位于台基之上，凹斗式，墙面用极为讲究的水磨清水青砖，除此以外均用花岗岩，包括高大的石门框，有别于东莞一般民居惯用的红砂岩。大门分趟栊、板门两道。入内后天井正中是一亭式连廊，高于四侧屋顶，显得气势恢宏。环顾四周，室内装饰无一不是上乘的传统工艺品。正厅当心间的木雕弯罩，花树果实栩栩如生。通往两侧间的小门上嵌上半圆亮子，内嵌彩色玻璃，其上门楣灰塑更是同类作品中的一流之作，别出心裁地局部嵌进了冰裂纹玻璃镜，且几乎所有的细节都保存完好，极为难得。

建筑模型

建筑全景

资政第

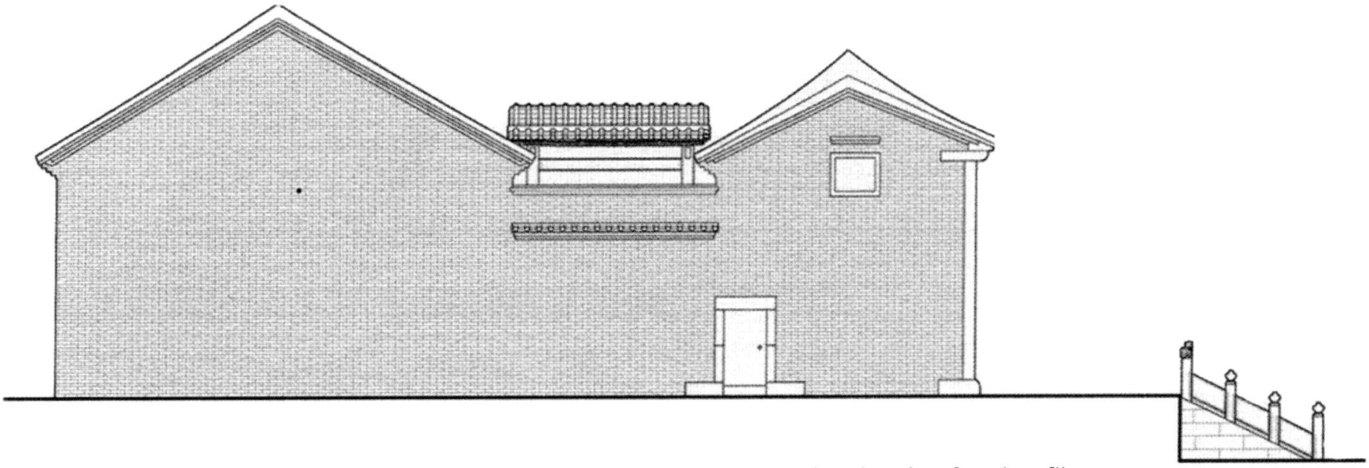

侧立面图

0 1 2 3 4 5M

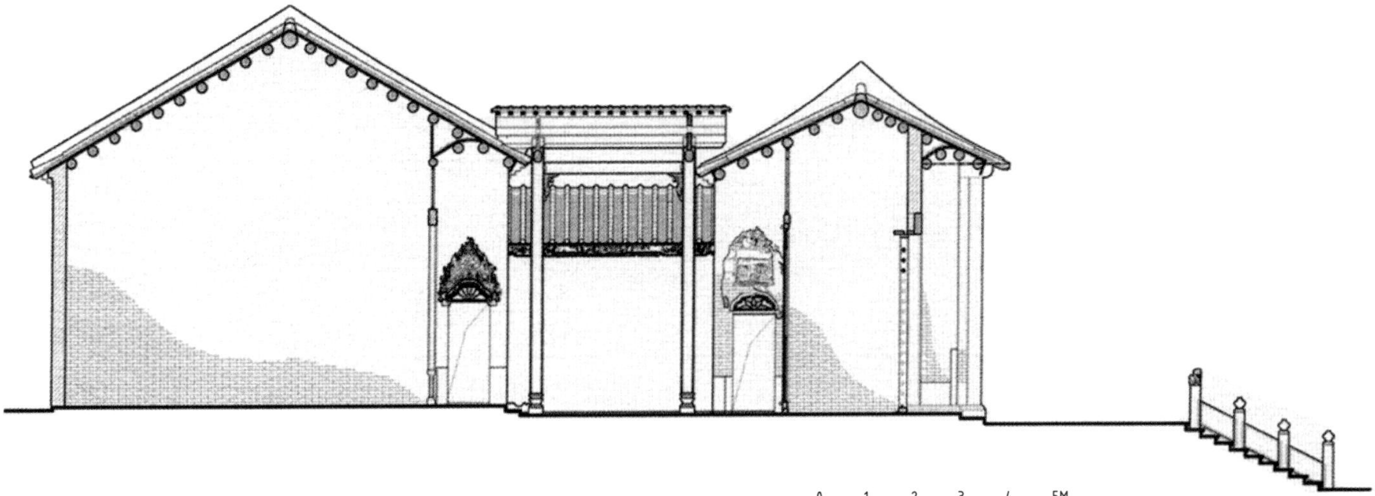

剖面图

0 1 2 3 4 5M

剖面图

0 1 2 3 4 5M

资政第门楣灰塑

门楣灰塑细节

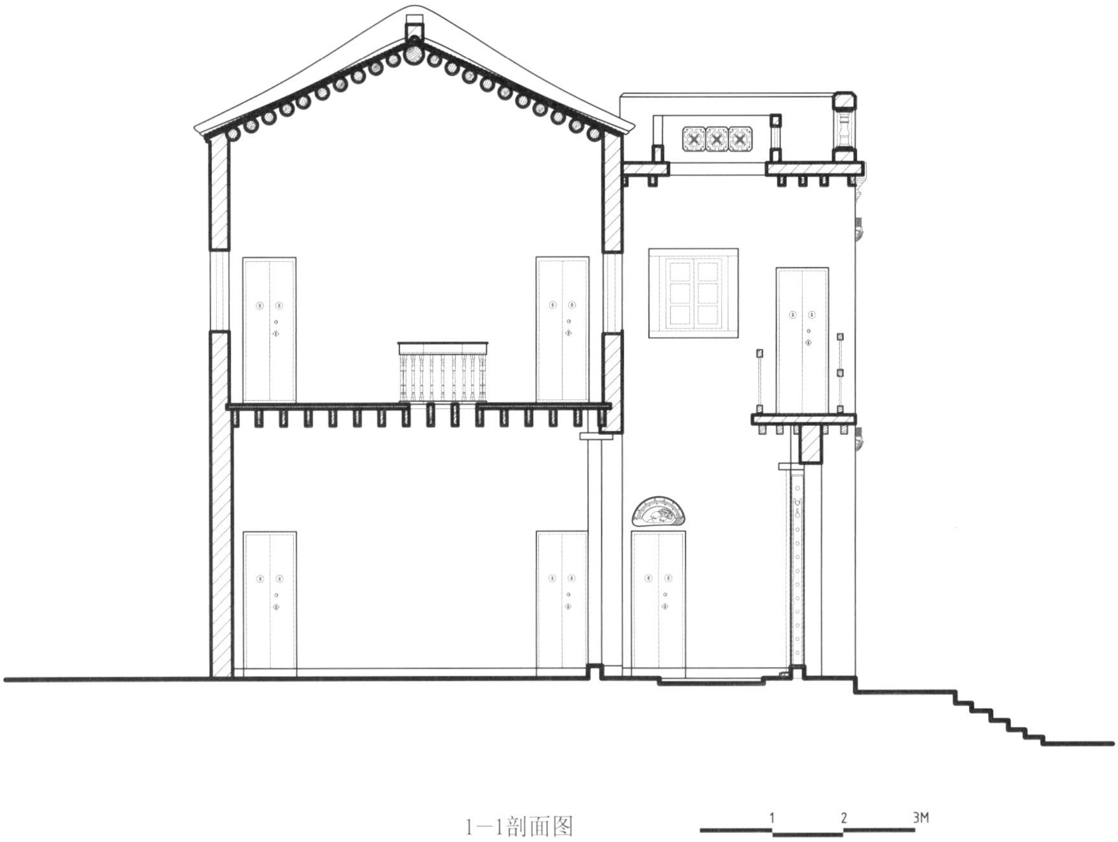

1—1剖面图

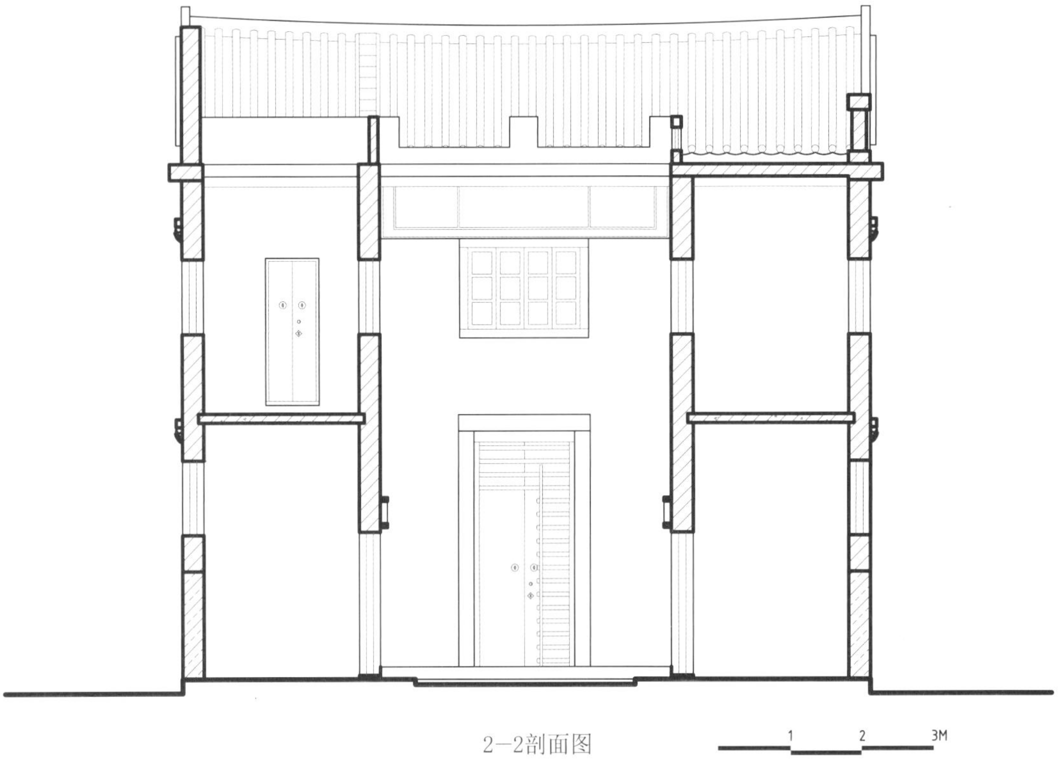

2—2剖面图

门楣灰塑细节

谢遇奇家庙

建筑全景　建筑模型

“麒麟送子”灰塑

谢遇奇家庙　分布图编号：56

谢遇奇家庙为全国重点文物保护单位，建于清光绪二十七年（1901年）①，虽然只有两进，但面阔和高度都达到三进祠堂的规模，且其隆重程度一点不输谢氏大宗祠。头门的装饰尤为精美，且与寻常祠堂大异其趣，垂脊通体灰塑，顶端为宝瓶，脊身塑花鸟、博古，檐端矗立一座巨型“麒麟送子”灰塑，可惜头部已经缺失；正面三级长达4.8米的整条花岗岩石阶彰显了谢遇奇的地位，左右塾台、檐柱、门墩也均为东莞少用的花岗岩，左右梁架三步梁下有葡萄、松鼠木透雕挂落通长雀替，寓意“多子多孙”。绕过头门内屏门后，天井、两廊、寝堂的空间连成一体，这种后进空间体验在其他祠堂难以感受到，大概是因为三进祠堂后天井都非常窄，寝堂也较浅，而家庙以中堂的尺度做成寝堂，使空间连成一个环形，让人产生莫名的肃穆感。

①此为石匾落款日期，另有始建于光绪二十四年（1898年）的说法。

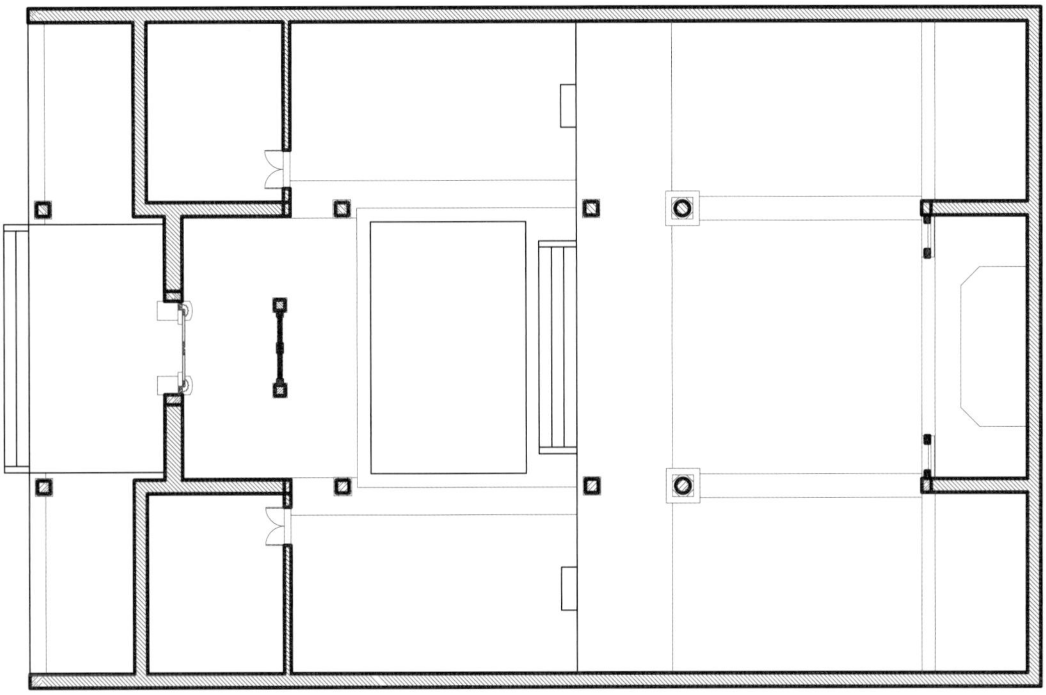

平面图

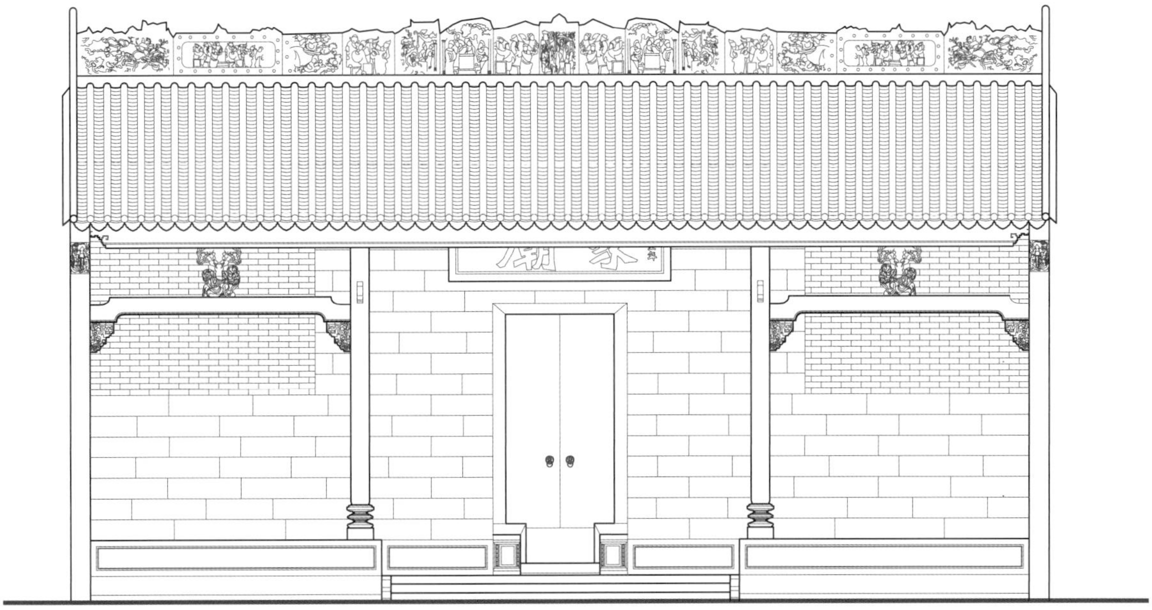

正立面图

毓生楼 分布图编号：15

毓生楼建于民国，2层，虽有洋楼的外观，但本质上是传统的金字屋垂直发展成2层的形式。室内正厅楼板中央开洞，恰在二楼正厅的桌子底下，从而加强了垂直通风效果，改善一层光环境，同时也不至于在二楼留下难以利用的空洞，可谓别出心裁。

毓生楼

建筑模型

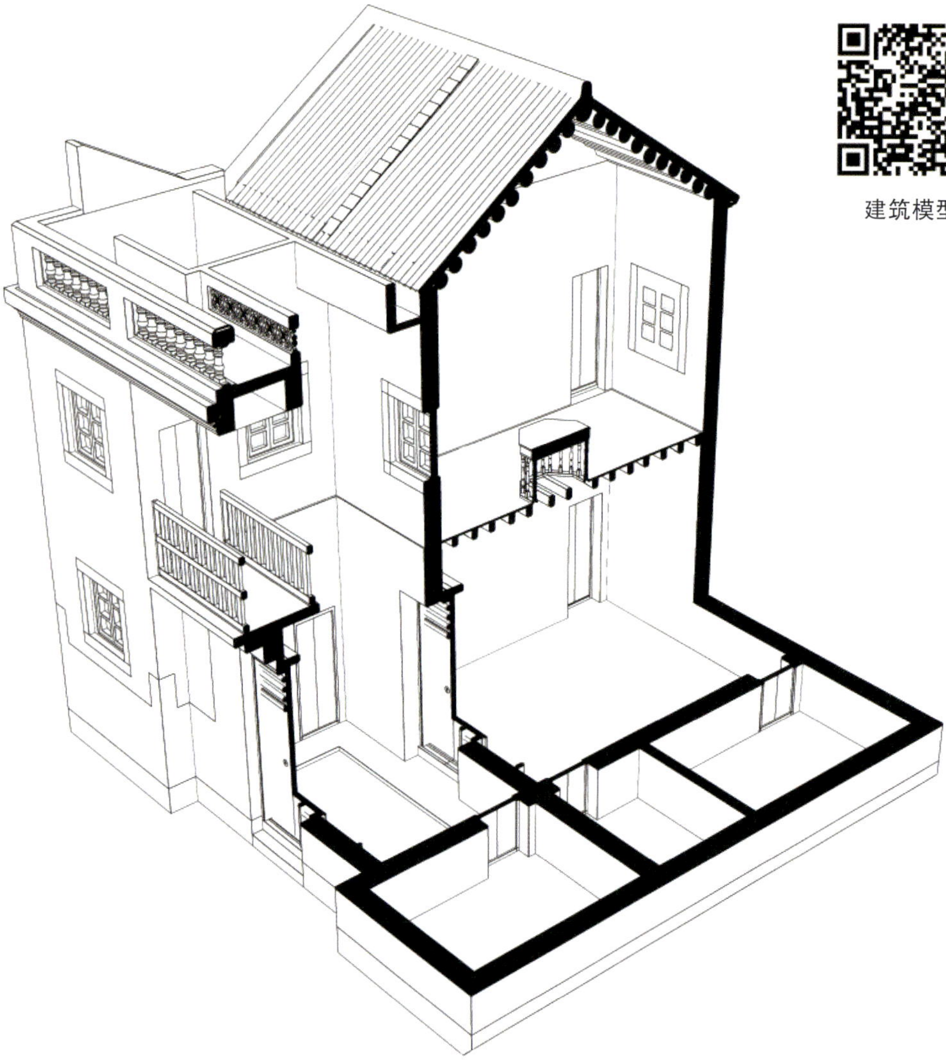
毓生楼剖视图

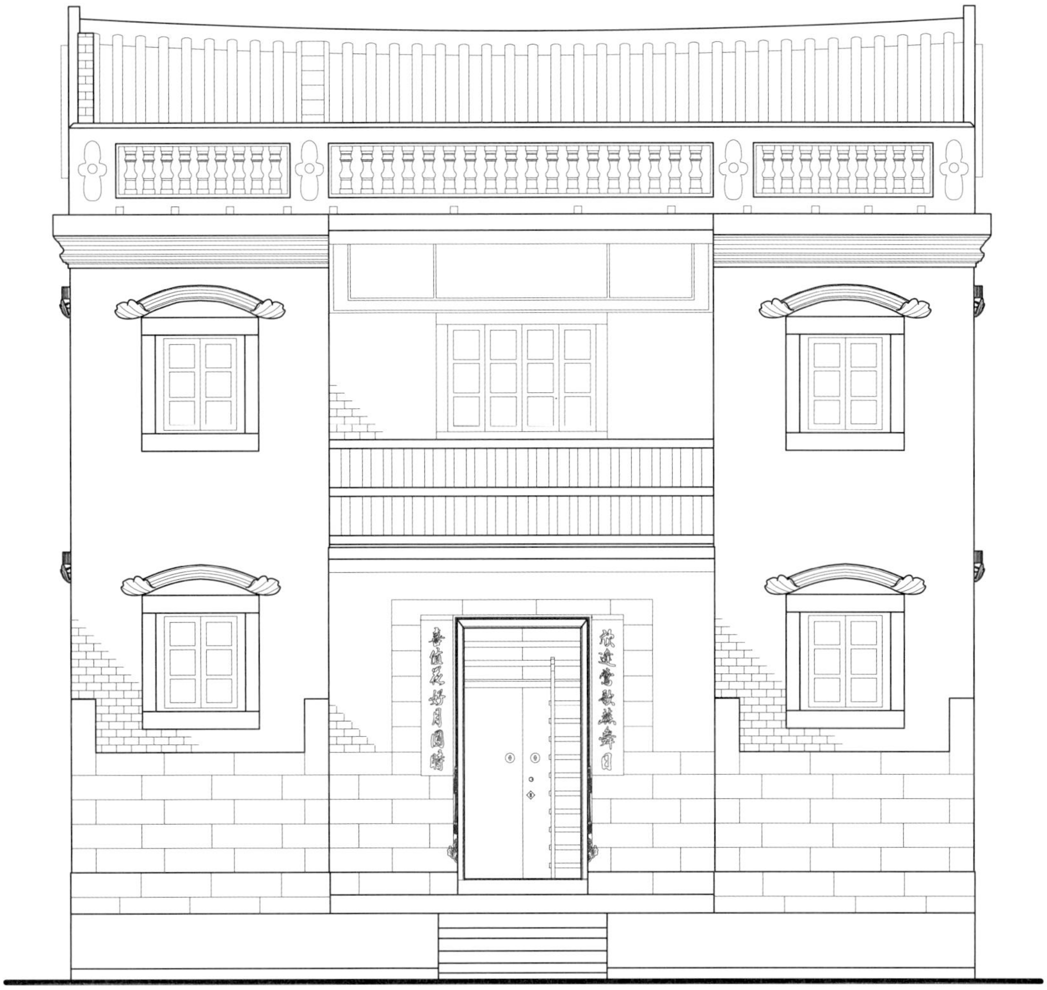

立面图

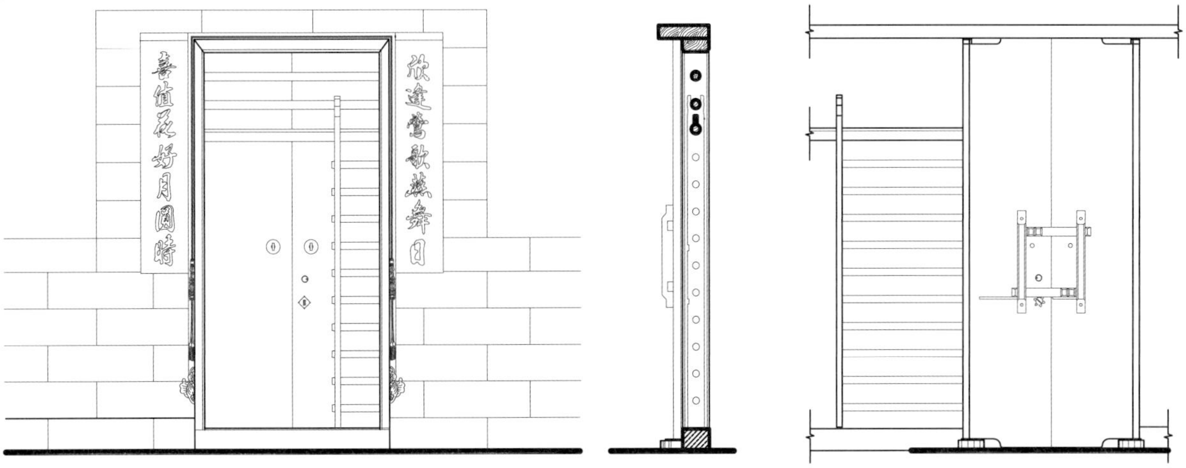

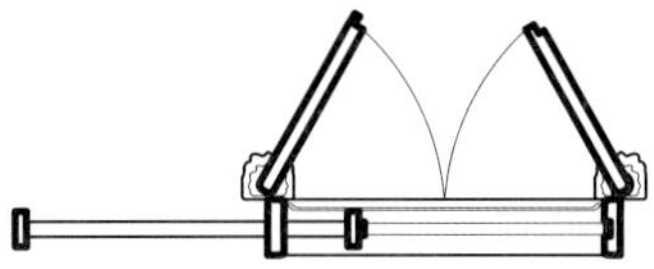

趟栊门大样图

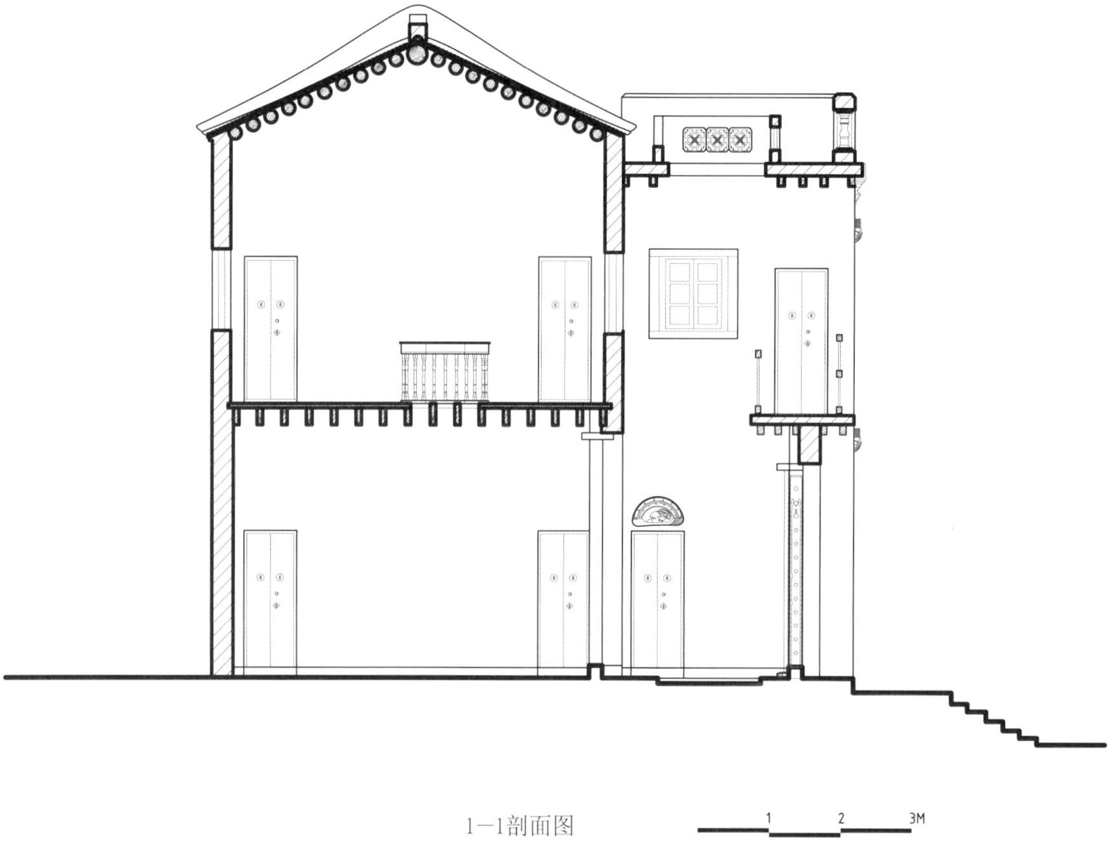

1—1剖面图

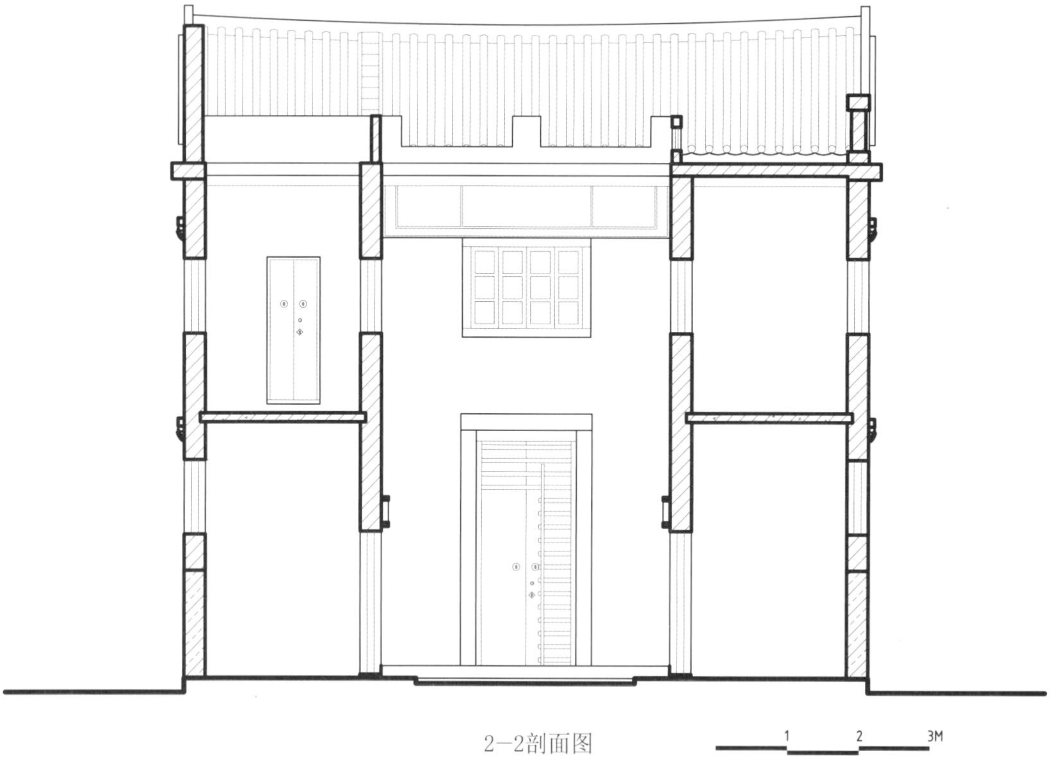

2—2剖面图

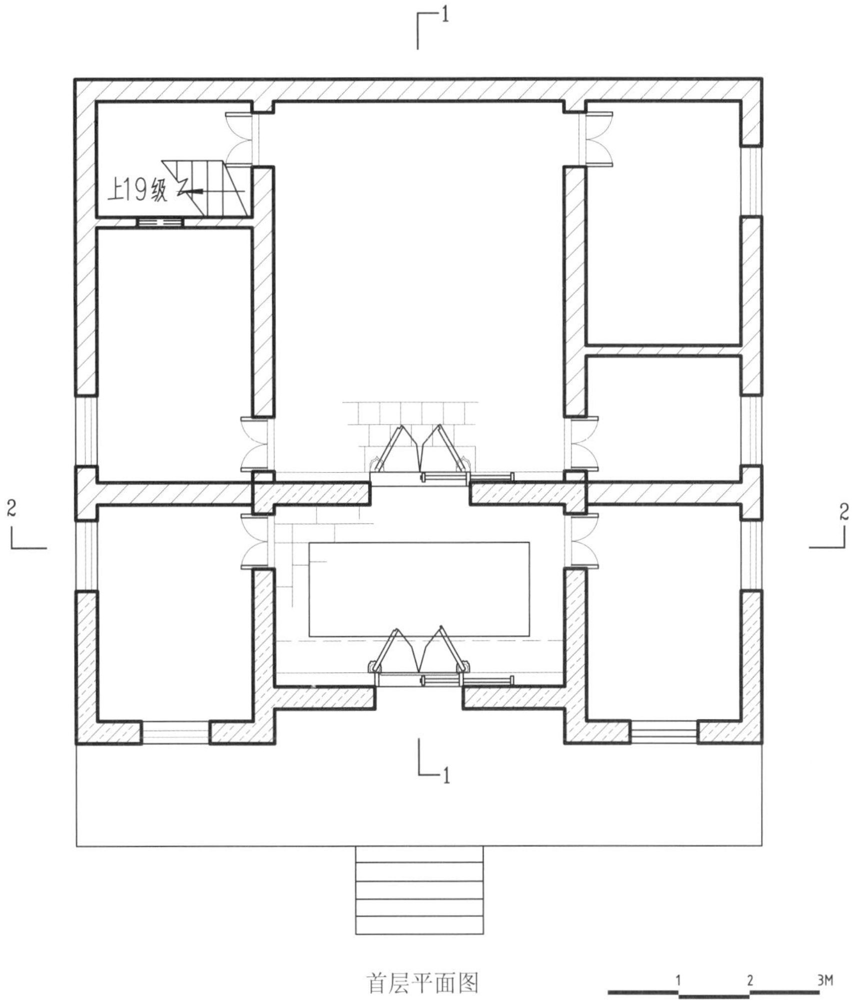

首层平面图

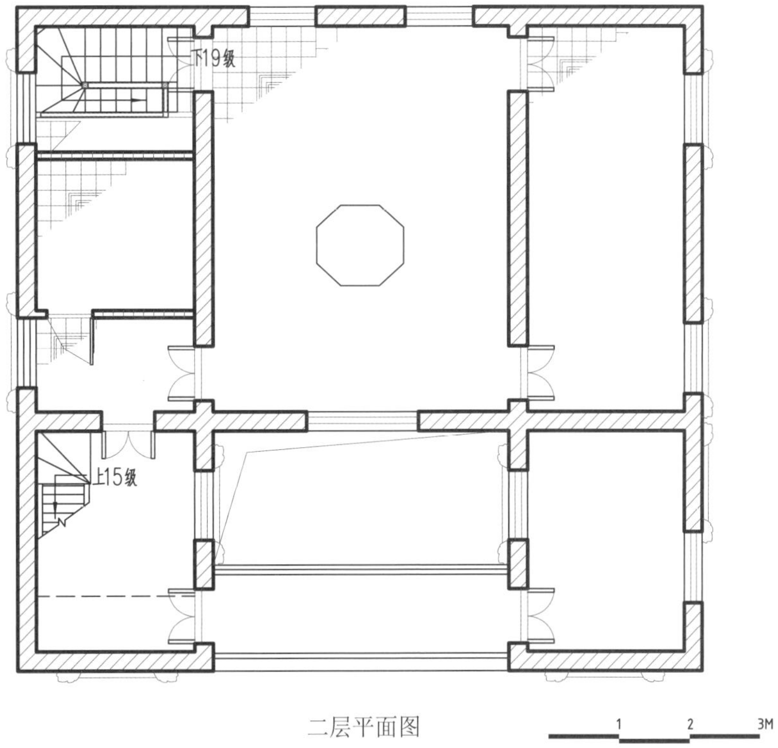

二层平面图

新塘村

新塘于南宋末年立村，其时，村前新挖一口塘，故名新塘。村民姓李。新塘东面为广深铁路，南面为狮仔岭，西面为大岭下，北面为大青山。

本次普查新塘村面积约 22 730 平方米，共录入具有不同程度建筑遗产价值的建筑9处（占全镇0.6%），其中A类2处、B类1处、C类6处。A、B类建筑中，始建于清代或清代之前的1处、中华人民共和国成立后2处；保存状态方面，保存良好2处、残破1处；类型方面，祠堂1处、中华人民共和国成立初期公共建筑1处、民居1处。

被录入的建筑中，遗产价值较高的有：李氏宗祠、超朗新塘足球巷17号等。

村落全景

新塘村建筑遗产分布图

李氏宗祠 分布图编号：1

三开间两进，头门敞楹式，檐柱为红砂岩方柱，此种柱式用于头门正面较为罕见。瓦面已被更换成绿色琉璃瓦，与原制不符。

建筑模型 建筑全景

李氏宗祠

超朗上围、下围村

超朗原称赵朗，于宋末立村，因村民多姓赵，故名赵朗，后来赵姓他徙，钟姓迁入，取超过之意，改为超朗。超朗为多姓氏、多宗族而又散居的村落，有麦屋、孙屋、上围、下围、邓屋、杨屋、新塘、叶屋、陈屋、韩边10处自然村。

上围、下围均于南宋末年立村，因分别位于超朗中心区池塘上方和下方，故名上、下围，村民均姓钟。

本次普查上围、下围村旧村面积约135 760平方米，共录入具有不同程度建筑遗产价值的建筑66处（占全镇4.1%），其中文物（W类）1处、A类7处、B类17处、C类41处。W、A、B类建筑中，始建于清代或清代之前的22处、中华人民共和国成立后3处；保存状态方面，保存良好22处、一般3处；类型方面，祠堂5处、庙宇3处、中华人民共和国成立初期公共建筑1处，其余大部分为民居。

被录入的建筑中，遗产价值较高的有：上围钟氏宗祠、下围钟氏宗祠、源庄公祠、胖庵公祠、华佗庙、上围旧村八巷8号、上围旧村八巷1号、上围旧村八巷2号等。

村落全景

超朗村建筑遗产分布图

1
2
2
3
5
6
7
8
9
10
井
井
井
井

上围钟氏宗祠

分布图编号：13

上围钟氏宗祠为东莞市不可移动文物，五开间两进祠堂，头门敞楹式，但有少许凹斗式的特征，体现在两尽间凸出与檐柱相连，但山墙又较檐柱凸出，此种形式较为特别。寝堂面阔开间未有跟随头门，故整体而言，上围钟氏宗祠更像一座三开间两进的祠堂。另外值得注意的是寝堂的前檐柱，柱体为红砂岩质地（后被涂红漆），非圆非方非八角，而是极为罕见的花瓣式多棱柱，棱、槽的光影效果很立体。乍看上去有点像西方的多里克柱身，但实际上棱、槽是跟随覆莲式柱础的形状延伸而来的，平面形如8个“ ｛ ”围合而成。

上围钟氏宗祠

寝堂前檐柱

建筑模型

花瓣式多棱柱大样图

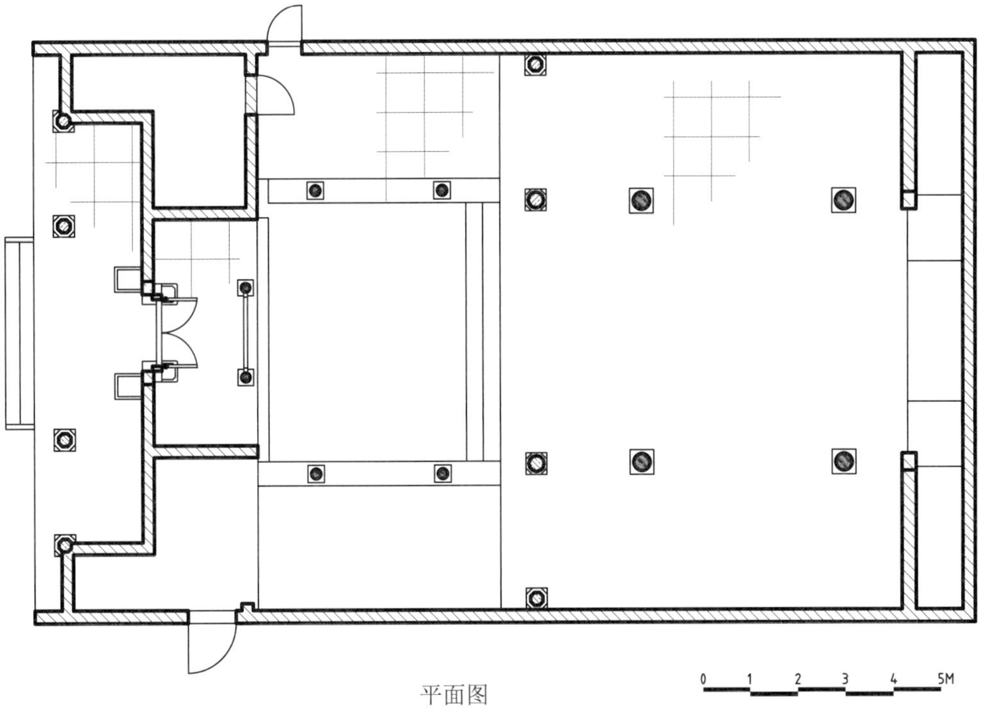

平面图

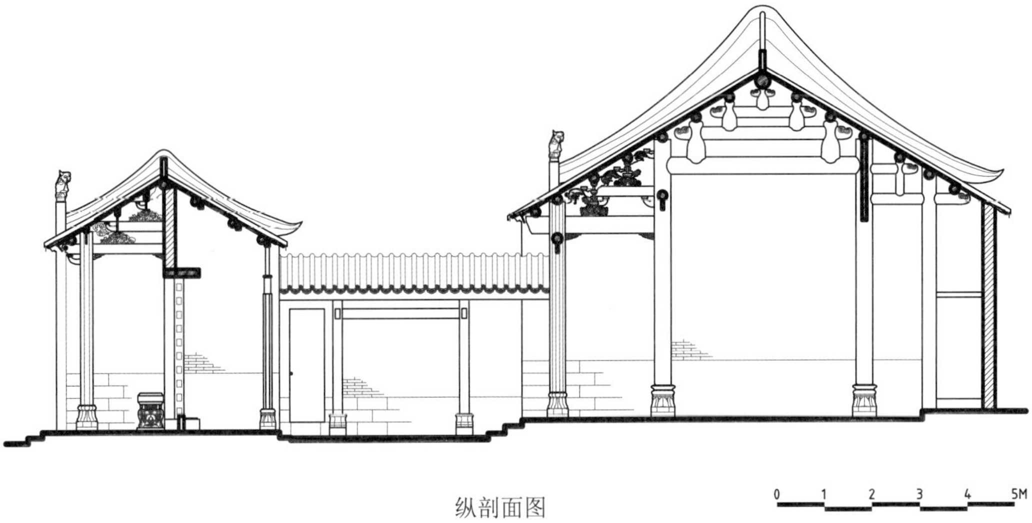

纵剖面图

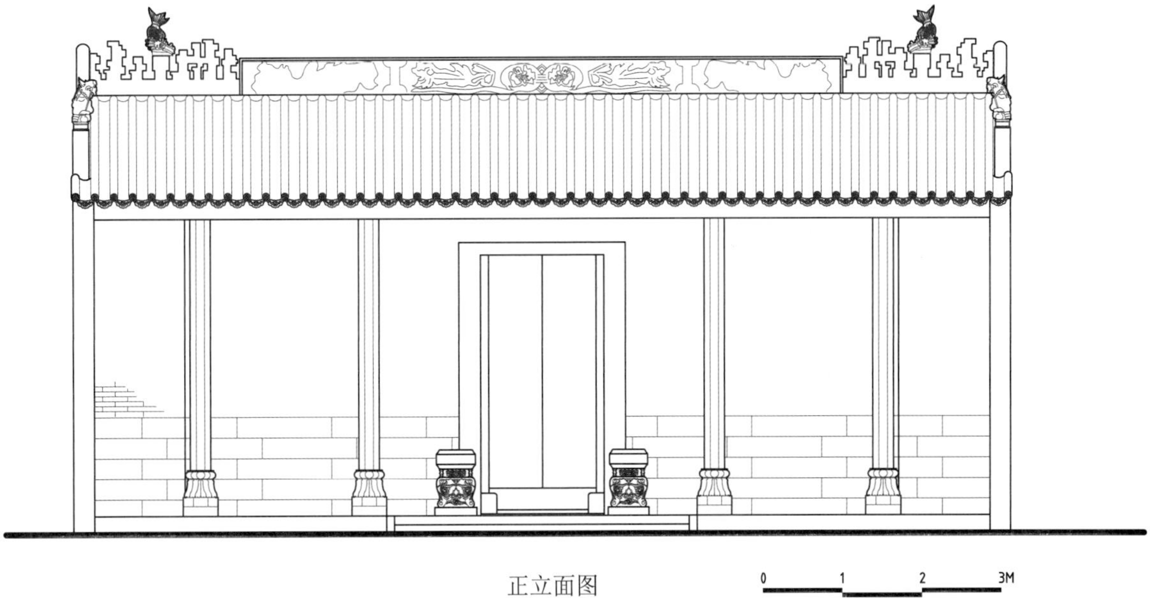

正立面图

下围钟氏宗祠

分布图编号：2

下围钟氏宗祠，即仁德祖祠，三开间两进，头门敞楹式，寝堂堂号“报德堂”，沉式瓜柱梁架。经近代重修，屋顶瓦面已改为绿色琉璃，其余基本形制保持原样，保留较多原有构件。

建筑模型

下围钟氏宗祠

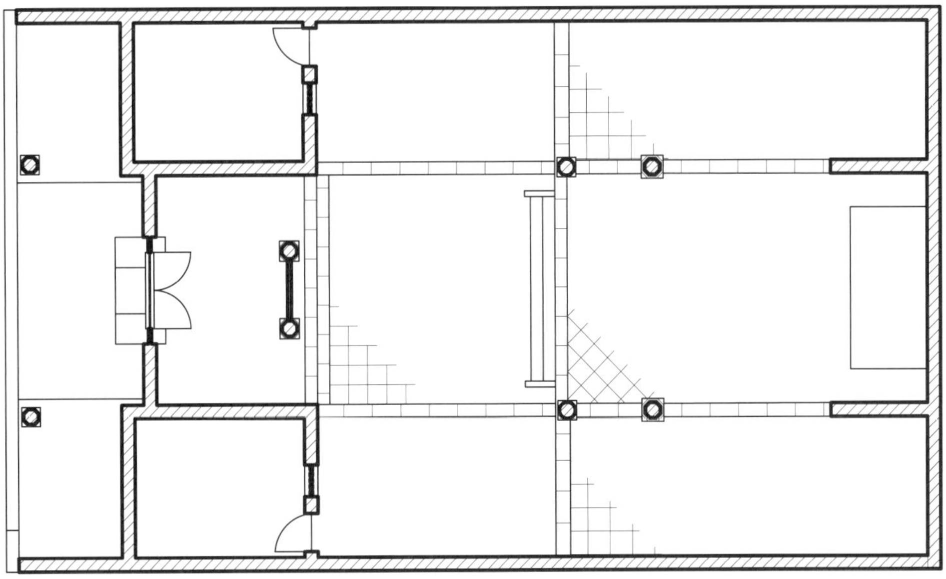

平面图

0 1 2 3 4 5M

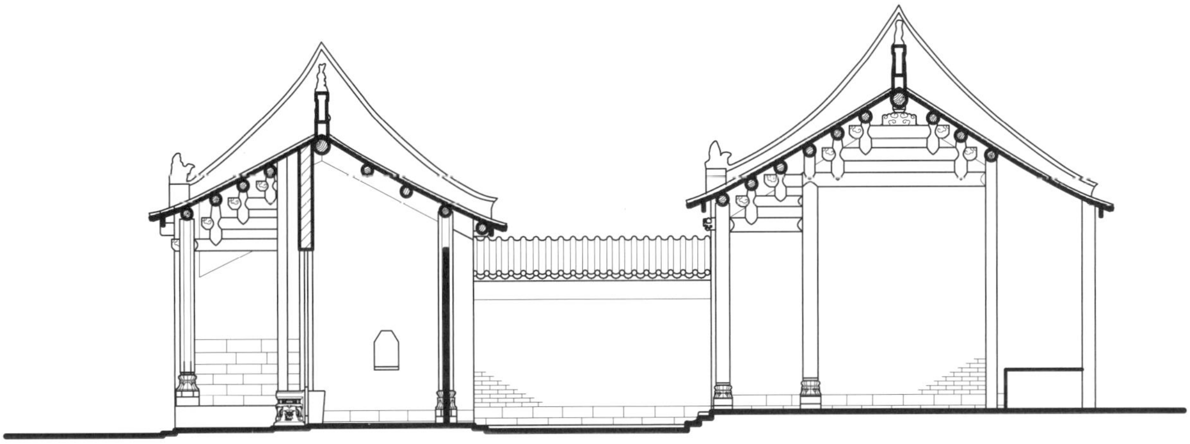

纵剖面图

0 1 2 3 4 5M

正立面图

0 1 2 3 4 5M

源庄公祠 分布图编号：12

源庄公祠为三开间两进祠堂，屋面龙船脊，山墙大式飞带，头门敞楹式，内侧正间有阁楼，十分特别，未知是否为原形制。另一个特别之处是寝堂次间设有 4 个独立房间，而常见的寝堂不设或只设 2 个房间。

建筑模型

源庄公祠

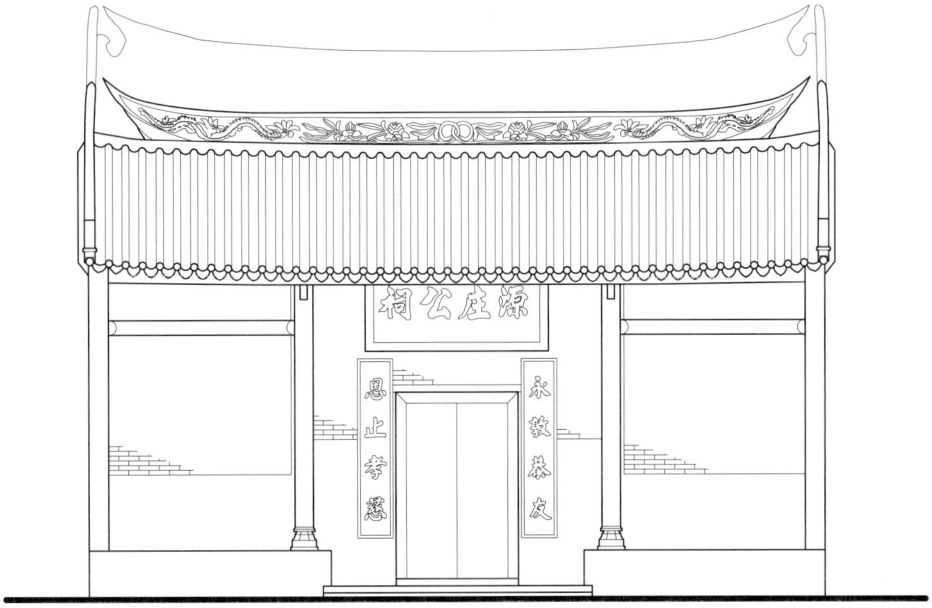

立面图　0 1 2 3M

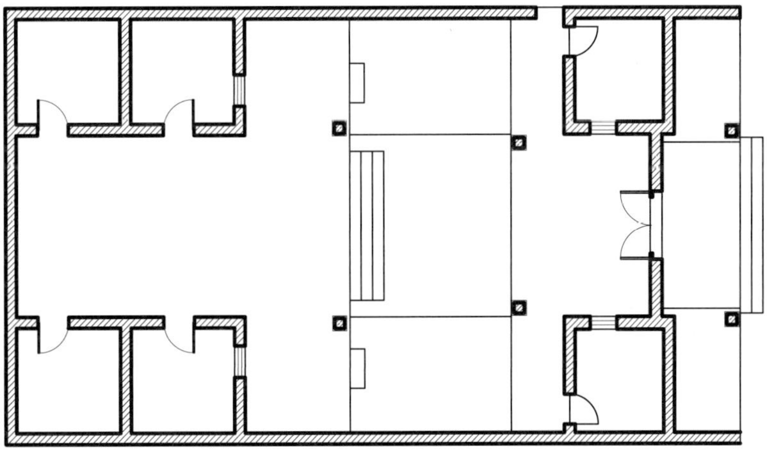

平面图　0 1 2 3M

麦屋、孙屋村

麦屋原名楼阁蓢，明永乐年间讹为牛过蓢，俗称牛角蓢。19世纪20年代后，由于村民多姓麦，改为麦屋。麦屋现存古民居规模可观，且周围环境清幽，是茶山除南社之外另一处较为知名的明清古村落。其北边的孙屋于明初立村，规模较小，因村民姓孙而得名。

本次普查孙屋村和麦屋村面积约28 410平方米，共录入具有不同程度建筑遗产价值的建筑38处（占全镇2.4%），其中文物（W类）4处、A类11处、B类3处、C类20处。W、A、B类建筑中，始建于清代或清代之前的12处、民国1处、中华人民共和国成立后5处；保存状态方面，保存良好16处、残破2处；类型方面，祠堂5处、庙宇1处、村门5处、碉楼1处，围墙1处，其余为民居。

被录入的建筑中，遗产价值较高的有：麦氏宗祠、孙氏宗祠、接龙门、仪一麦公祠、西更楼、碉楼、念湖园、麦屋新围七巷8号、麦屋五巷5号、麦屋一巷2号、麦屋三巷1号、麦屋三巷3号、敷荣里坊门、村围墙、洪圣古庙等。

村落全景

麦屋、孙屋村建筑遗产分布图

念湖园　分布图编号：2

念湖园按风格判断，约建于20世纪80年代中后期，继70年代末80年代初民居新建筑形式又有了更进一步发展，是其时民居建筑的典型代表，主要特征体现于：彻底抛弃坡屋顶与任何传统装饰，立面饰面也由讲求手工的水刷石变成预制马赛克贴砖，由砖混结构变成水泥框架结构，使得造型更为灵活，正面可大面积开玻璃窗。这些都是改革开放后民居建筑的现代转型体现。此外，念湖园有独立庭院，内设自由曲线水体、太湖石假山、亭廊，院门上嵌花岗岩石匾“念湖园”，这些都带有浓郁的传统气息，可见当时环境设计的传统观念仍旧深植人心。

建筑模型

念湖园

麦氏宗祠

分布图编号：5

麦氏宗祠为东莞市不可移动文物，始建于元延祐三年（1316年），为茶山有记载的始建年代最早的祠堂。三开间三进，头门四柱三间，各间均有木额枋，上承柁墩一斗三升，梁头出檐柱托挑檐桁，下以插拱承托，此均为古制，可见其现存建筑物年代确实较早。寝堂前檐柱与金柱之间的梁架较为特殊，分别在瓜柱、檐柱、挑檐梁头上增加了柁墩大斗、短柱大斗和一斗三升。挑檐梁头加一斗三升可能是古老形制的留存，但其瓜柱、檐柱上用柁墩、短柱增高，则有违常理。最可能的解释是屋顶在后期修缮时有所增高，但部分梁架沿用旧材，故直接在旧的梁架上加构件增高以承托桁条屋顶。

建筑模型

建筑全景

麦氏宗祠

麦氏宗祠寝堂梁架

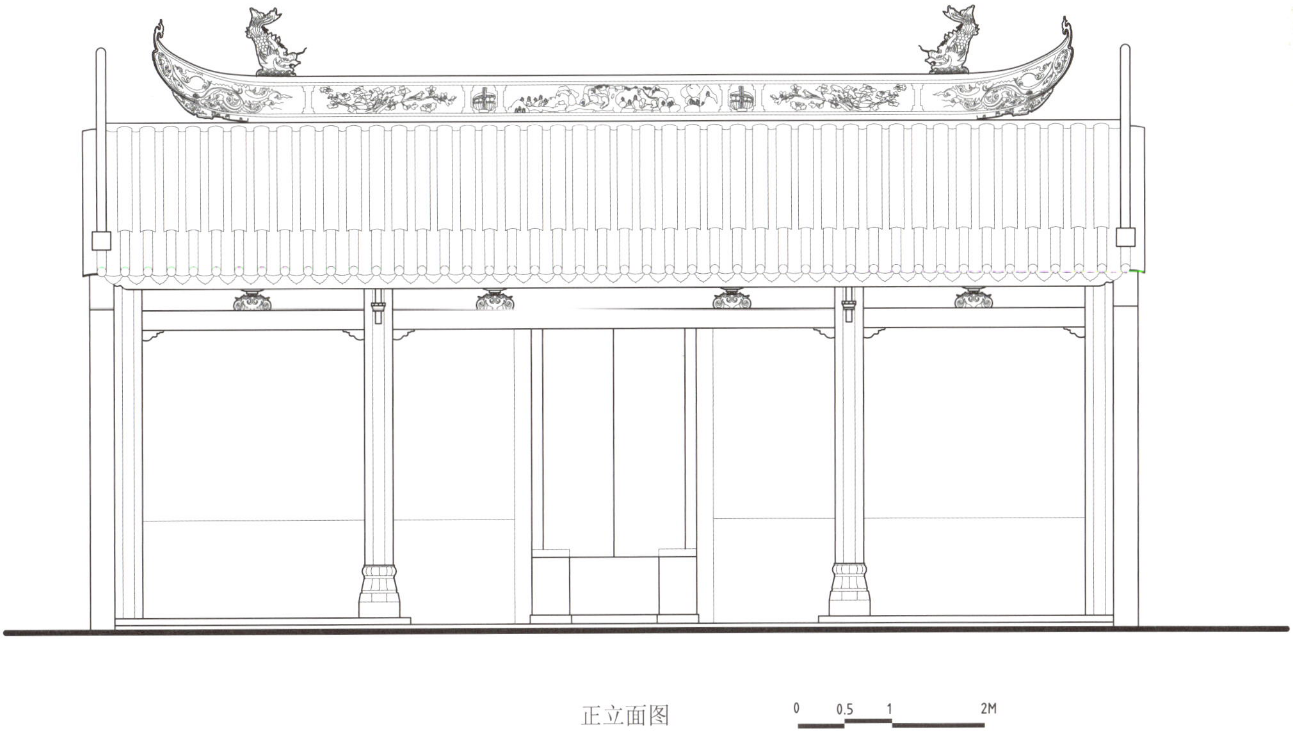

正立面图

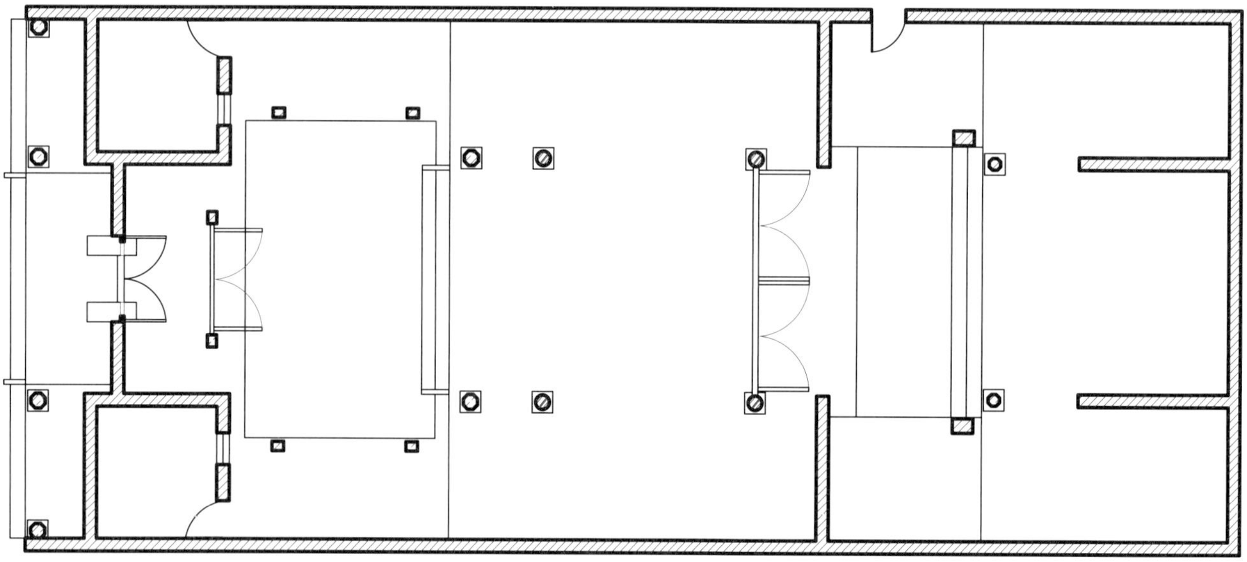

平面图

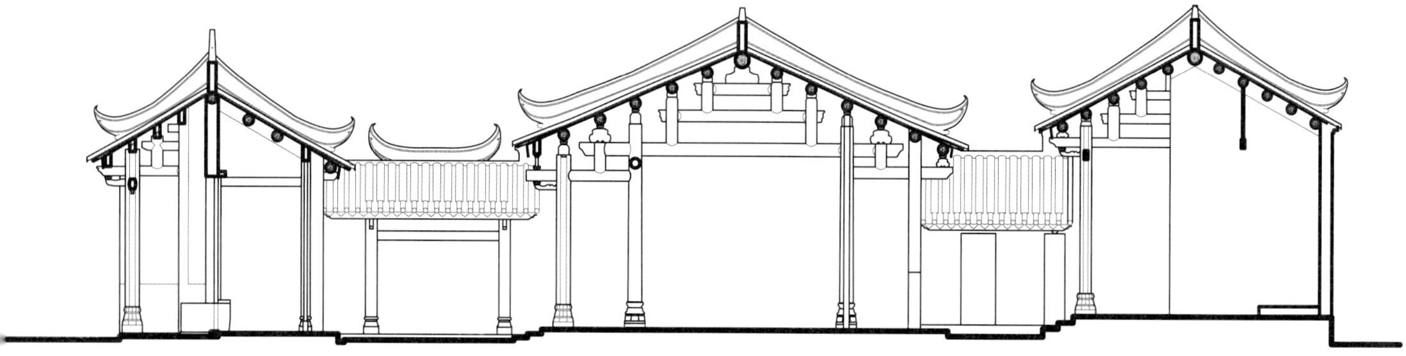

纵剖面图

仪一麦公祠

分布图编号：9

仪一麦公祠为东莞市不可移动文物，建于民国二十一年（1932年），三开间两进，头门凹斗式，山墙大式飞带，博古脊，碌筒素瓦，琉璃剪边，左右次间的檐口开始往上升起，起翘处之下有牛腿往外支撑挑檐桁，此做法较为少见。

建筑模型

建筑全景

仪一麦公祠

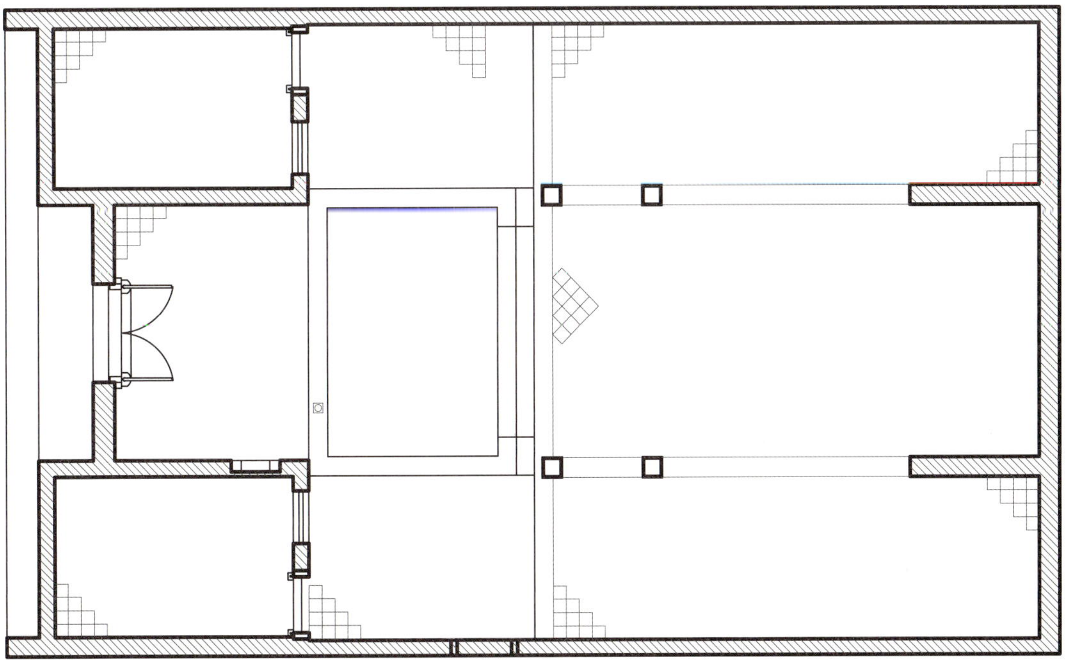

平面图　1　2　3M

接龙门、西更楼 分布图编号：3、12

均为东莞市不可移动文物，为麦屋村村门，属镇内保存最好的村门之一。接龙门为镬耳山墙，龙船脊，蝴蝶瓦，正、侧开门，内有阁楼，阁楼正面开窗，窗楣灰塑“文星显耀”。西更楼形制、规模与接龙门类似，但保存稍差，正面使用红石面积稍少。

建筑模型 建筑全景

西更楼

接龙门

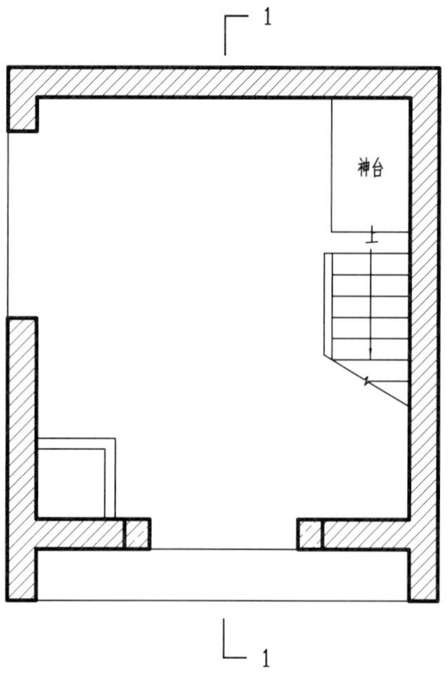

接龙门首层平面图　0　0.5　1　2M

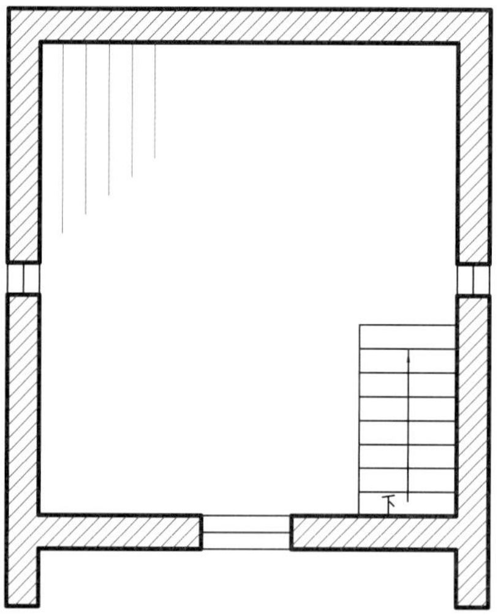

接龙门二层平面图　0　0.5　1　2M

接龙门

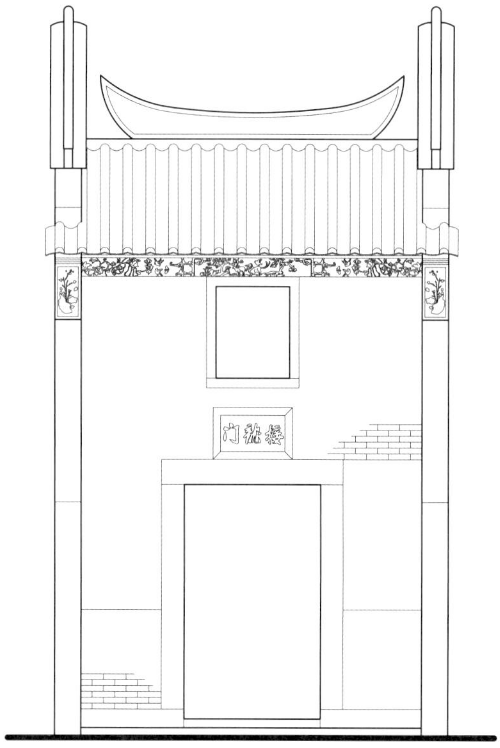

接龙门正立面图　0　0.5　1　2M

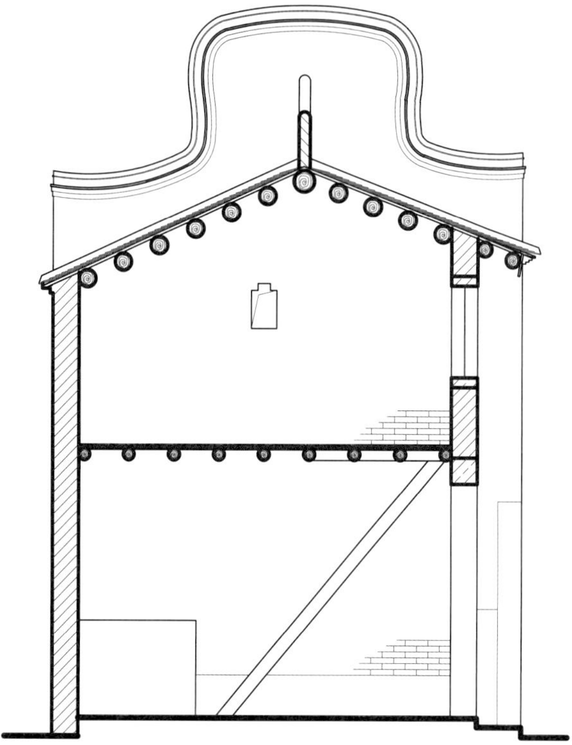

接龙门1—1剖面图　0　0.5　1　2M

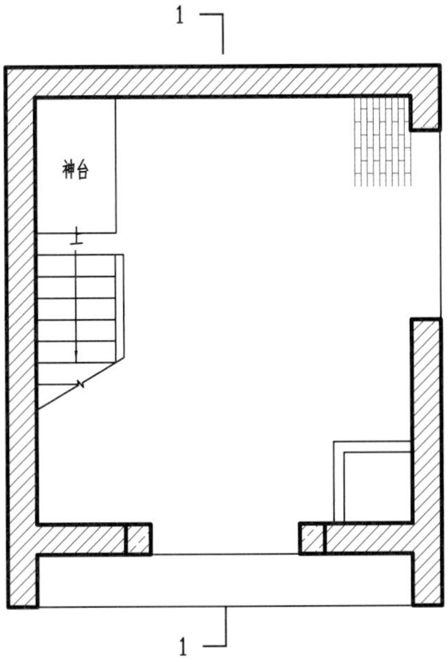

西更楼首层平面图　0　0.5　1　2M

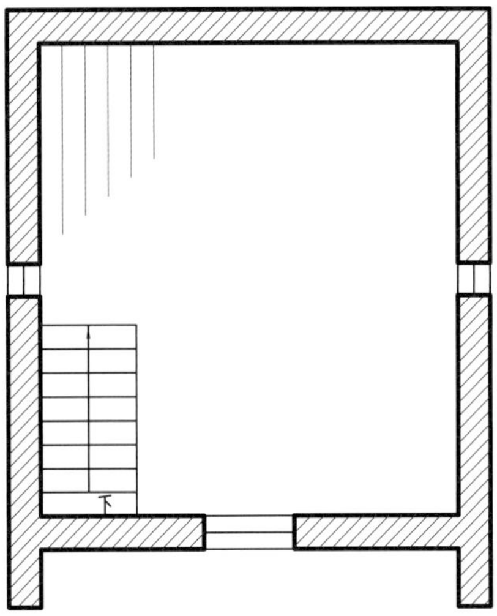

西更楼二层平面图　0　0.5　1　2M

西更楼

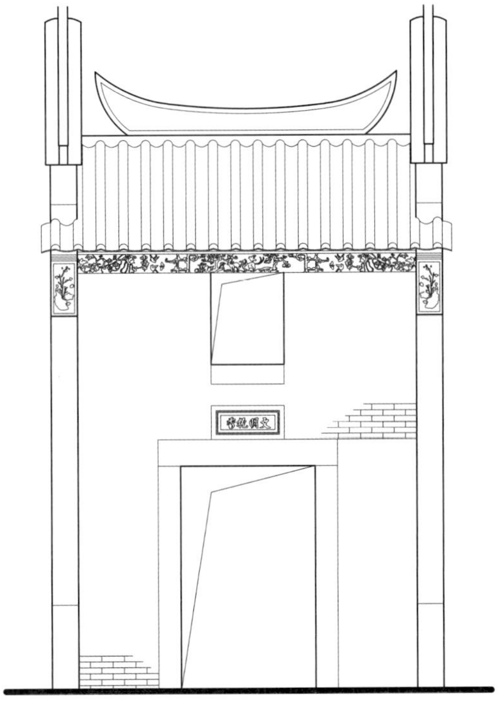

西更楼正立面图　0　0.5　1　2M

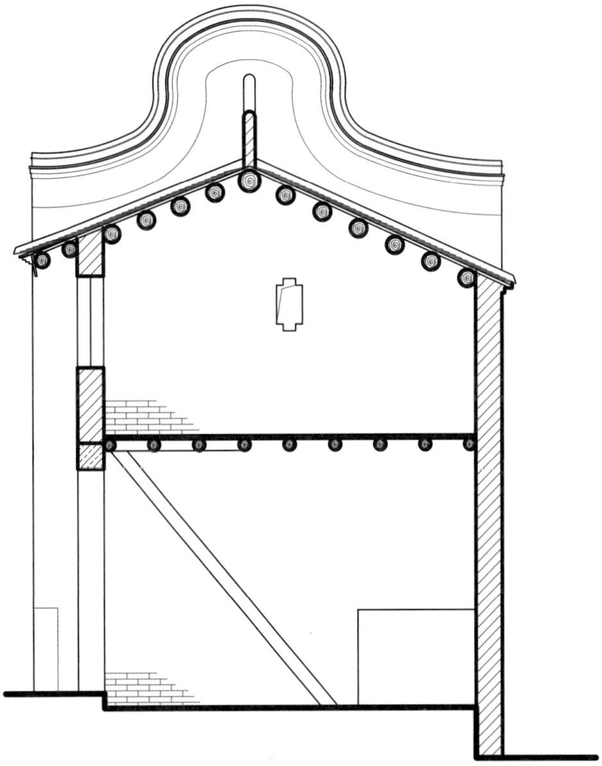

西更楼1—1剖面图　0　0.5　1　2M

陈屋、叶屋村

陈屋于南宋末年立村，叶屋于明朝立村，两村所在地原名龙湖头，简称龙头。因位于龙湖埔三座似龙的石山之上，人居其首，故取名龙湖头。陈屋因村民多姓陈而名“龙头陈屋”，简称陈屋，叶屋则因村民姓叶而名“龙头叶屋”，简称叶屋。

本次普查陈屋、叶屋村面积约69 840平方米，共录入具有不同程度建筑遗产价值的建筑30处（占全镇1.9%），其中A类16处、B类5处、C类9处。A、B类建筑中，始建于清代或清代之前的11处、民国2处、中华人民共和国成立后8处；保存状态方面，保存良好17处、一般4处；类型方面，祠堂3处、村门2处、水塔2处、桥梁1处、中华人民共和国成立初期公共建筑4处，其余为民居。

被录入的建筑中，遗产价值较高的有：永赖桥、叶屋牌坊、叶氏宗祠、知青宿舍、叶屋新围一巷1号、叶屋新围一巷2号、怀燕居、陈屋围心二巷1号、陈屋西门头二巷3号、叶屋水塔、陈屋水塔等。

村落全景

陈屋、叶屋村建筑遗产分布图
21
20
19
22
18
17
16
15
14
13
12
11
10
10
8
6
5
4
3
井

永赖桥 分布图编号：1

南宋宝祐年间（1253—1258年），邑宰杨公顺筑牛过萌堤，后乡人在牛过萌堤外增修龙湖堤，长1000米，护田200余顷，建石桥为水门，以资蓄水。民国元年（1912年），牛过萌（麦屋）村民麦日桃筹资重建石桥，名“永赖桥”，位于超朗村叶屋东侧数百米外的河堤上，为红砂岩单孔石桥，桥洞原有闸门（现已不存），通过闸门可调节堤围内外水量。

永赖桥

叶屋牌坊 分布图编号：19

建于1959—1960年间，造型极具时代特色，强调竖线条，中间高两边低，左右对称，正中最高处灰塑五角星，下面的“叶屋生产队”字迹依稀可辨。正间为通道，两侧为实墙，中间凸出一块类似拉毛工艺的墙面作装饰，上方仍可见红漆斑驳的毛主席头像。叶屋牌坊为茶山镇仅存的建于中华人民共和国成立早期的两座牌坊之一（另一座为同村的知青宿舍牌坊），可惜在2019年底被一辆卡车不慎撞倒，后依原样重建，通道特意加高，比例略显失调。

叶屋牌坊原貌

叶屋牌坊

知青宿舍 分布图编号：10

约建于1968年前后，是镇内仅存的具有典型时代特征的知青宿舍，位于叶屋、陈屋交界处的叶屋一侧，路边有一牌坊作为入口，风格与叶屋牌坊类似，但造型不同，为双柱单开间，柱内侧凸出红色半圆倚柱，连成一体，上承水泥横梁，再上为门额，字迹已经全然褪色，但从痕迹依稀可辨认为“□□忠于毛主席”。左右有灰塑红色五角星，以黄底衬托，最上为山花部分，两端冲天锥头柱，中间凸起半圆，正面灰塑也已模糊，但背面清晰可见4颗小星环绕中心大红星，即中华人民共和国国旗图案。叶屋牌坊被毁后，知青宿舍牌坊成为茶山镇唯一一座中华人民共和国成立初期的牌坊。穿过牌坊，左右两侧便是知青的宿舍，为简单的联排单间，清水红砖墙，前有檐廊，顺山墙方向发砖券支撑屋檐，宿舍入口是一扇简单的木门，绘有毛主席头像、忠字红心，左右和门上用红底黄字写着各不一样的革命对联和横批，其中较有特色的横批是“为革命种田”。横批上方只开一小窗，室内则十分简单、窄长（宽2.2米 × 长6.5米），主要采光来源是后墙稍大的窗户。

建筑模型

建筑全景

叶屋知青宿舍

叶屋知青宿舍牌坊

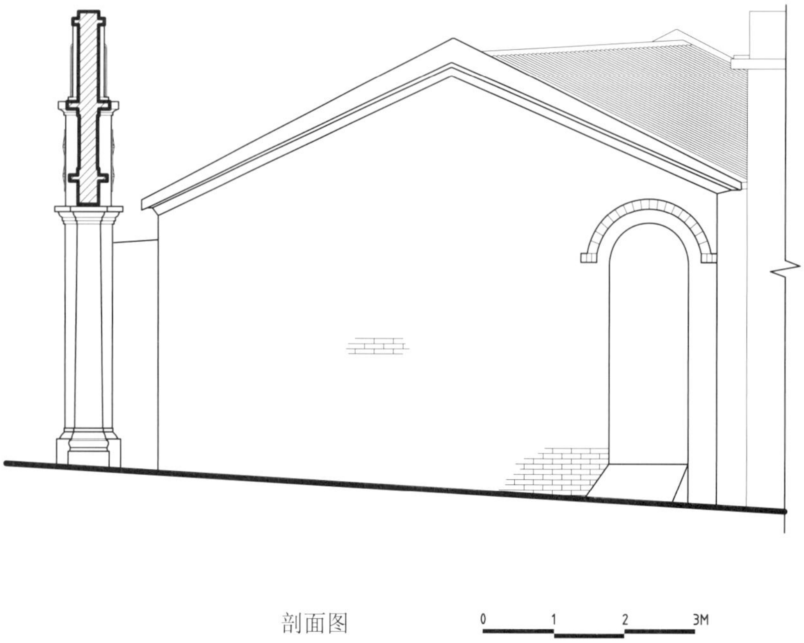

剖面图

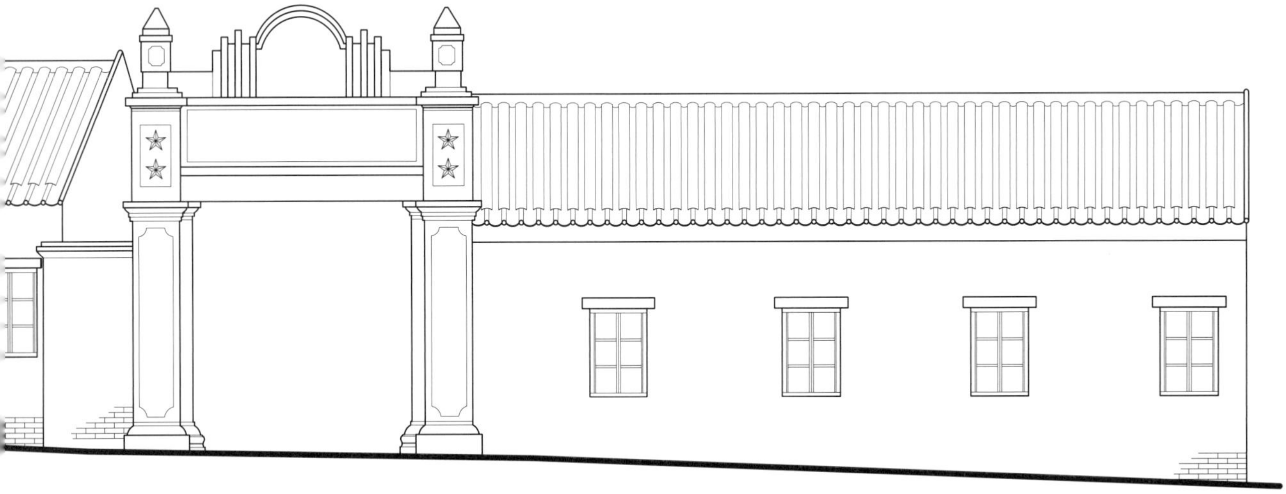

立面图

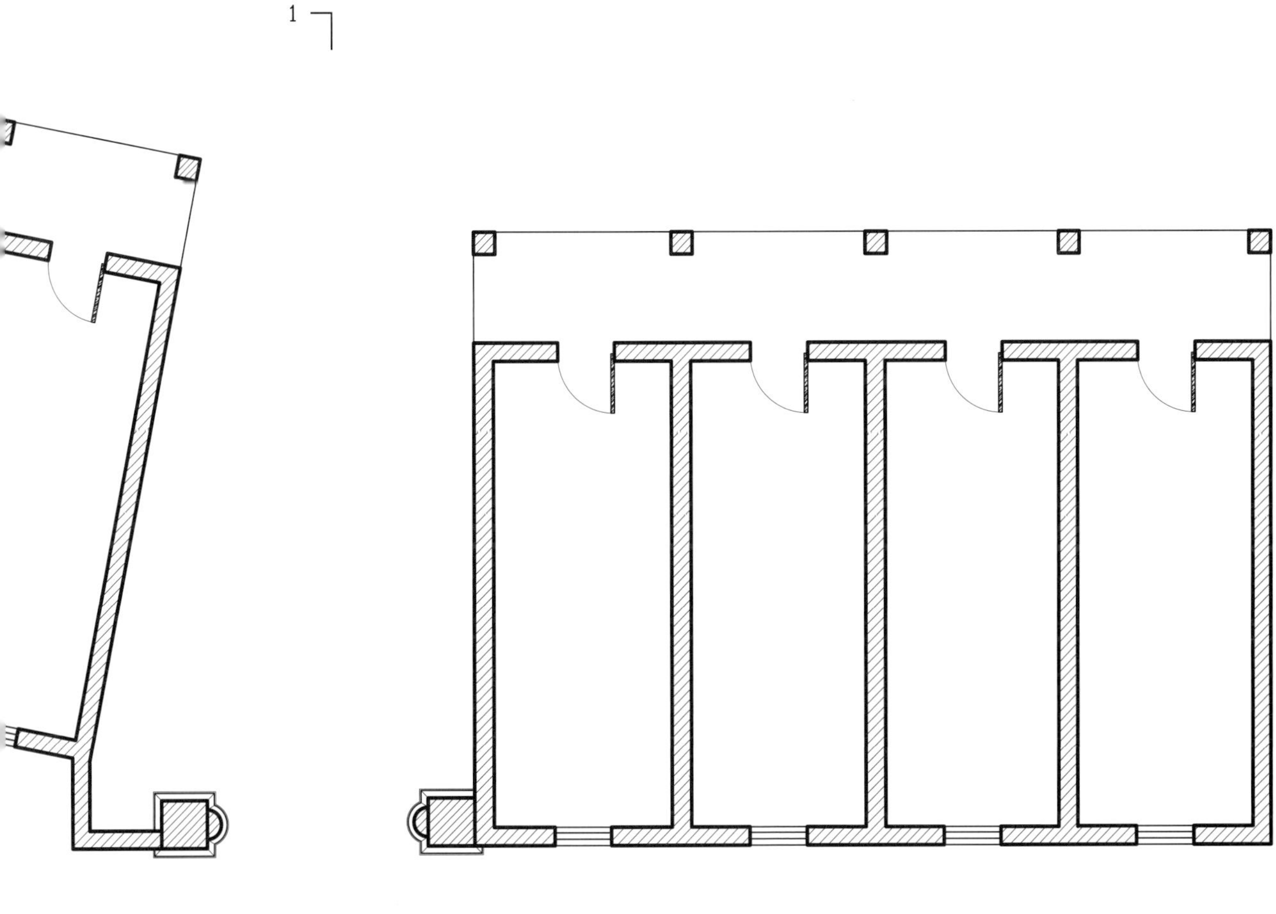

平面图

叶屋新围一巷1、2号 分布图编号：20

叶屋新围一巷1、2号是紧邻的2座20世纪70年代末期民居，均为改革开放初期华侨返乡兴建的民居，风格类似。2号民居建于1979年，年份“一九七九”灰塑在正面栏杆上。主体3层，屋顶平、坡结合，清水红砖墙，栏杆和阳台立柱灰白色水刷石饰面，栏杆有水泥花格和弓形两种。1号民居最为特别之处在于山墙所开的窗门有水泥浇筑、出挑长约1米的窗檐，边缘垂下水泥塑花纹，其做法在同类建筑中罕见。

叶屋新围一巷2号

叶屋新围一巷1号窗檐

叶屋新围一巷1、2号建筑细节

怀燕居　分布图编号：21

怀燕居位于叶屋新围一巷3号，风格与相邻的2号民居类似，但整体使用水泥平屋顶，没有坡顶，故建造年代可能稍晚于2号。墙体同为清水红砖，栏杆和阳台立柱亦以灰白色水刷石饰面，栏杆有水泥花格式和弓形两种，三层栏杆上以水刷石塑有英文字样，是改革开放初期华侨回乡建房历史的重要见证。

怀燕居

怀燕居栏杆水刷石英文字样

增埗村

增埗包括沙墩、塘边、卢屋、近江4个自然村。增埗名称源于宋代，当时增埗地处河边，村民多以罾鱼为业，故名罾埗。后人以“罾”字少有人识，改为增埗。增埗东面有鲤鱼山、榴花岭。鲤鱼山为茶山较高的山岭之一，海拔87米，公社化时期人们在山上造林种果。南面有大松山，大松山原名大堂山，公社化时改为花果山。西面有一条黄沙河，河水源于同沙水库，为增埗与温塘分界线。

本次普查增埗村面积约417 760平方米，共录入具有不同程度建筑遗产价值的建筑172处（占全镇10.8%），其中文物（W类）2处、A类29处、B类22处、C类119处。W、A、B类建筑中，始建于清代或清代之前的24处，民国4处、中华人民共和国成立后25处；保存状态方面，保存良好43处、一般6处、残破4处；类型方面，祠堂13处、庙宇5处、牌坊5处、中华人民共和国成立初期公共建筑4处，其余大部分为民居。

被录入的建筑中，遗产价值较高的有：沙墩刘氏宗祠、塘边刘氏宗祠、塘边大厦、文亭公祠、卢氏大宗祠、康王庙、方来祖十巷1号、沙墩旧围六巷25号、沙墩旧围五巷11号、塘边禾塘六巷16号、卢屋田唇街四巷1号等。

沙墩村鸟瞰

村落全景

塘边村鸟瞰

卢屋村鸟瞰

近江村鸟瞰

增埗（近江）建筑遗产分布图
井
52
53
54

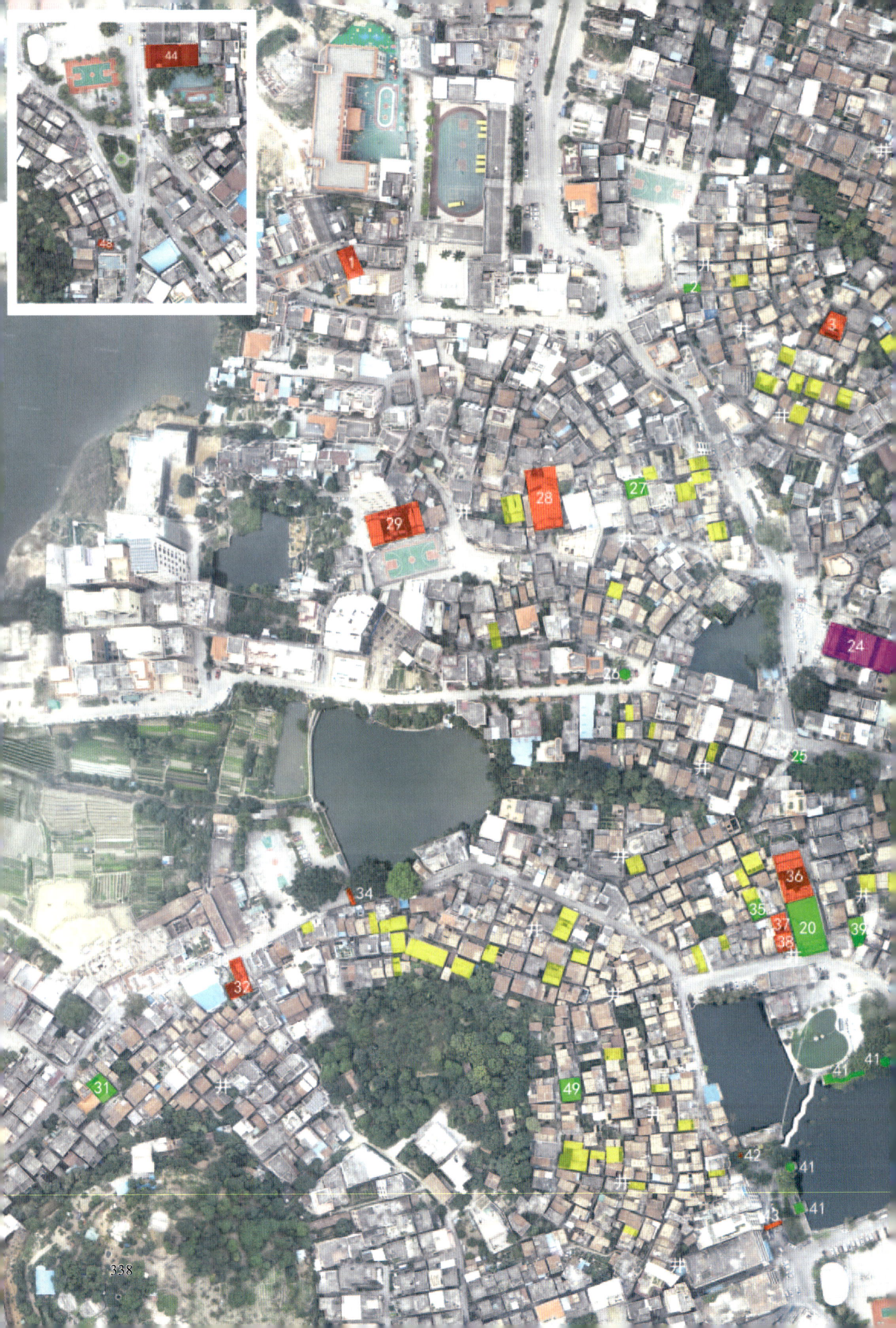
44
48
1
2
3
28
29
27
24
26
25
36
35
37
20
38
39
34
32
31
49
41
41
42
41
41
43
井

增埗村（沙墩、塘边、卢屋）建筑遗产分布图

沙墩刘氏宗祠

分布图编号：6

沙墩刘氏宗祠为东莞市不可移动文物，三进五开间，头门两尽间屋顶较中三间稍矮，是东莞五开间祠堂的常用做法。平面采用分心槽形式，即大门在屋脊正下方，梁架前后对称，均为柁墩斗栱式，前后四塾台，前天井两侧为独立的两亭子，非惯用的连廊，可惜为近代重建。中堂堂号“敦睦堂”，前间为轩，用柁墩斗栱式卷棚梁架，后间柁墩斗栱，中间为沉式瓜柱。寝堂非常难得地保留了原构，是茶山唯一一座寝堂保留原构的五开间祠堂。其平面形式使用分心槽[①]，与头门相同。分心槽在头门中常用，但在寝堂中使用则较为罕见。梁架前间用柁墩斗栱卷棚，后间用穿式瓜柱或柁墩、大斗承托桁条。此外，中堂后檐柱刻有乾隆癸巳（1773年）至1959年共计9处水号记录，详见第三章相关介绍。

建筑模型

建筑全景

沙墩刘氏宗祠

①即用一列中柱将平面等分的做法。

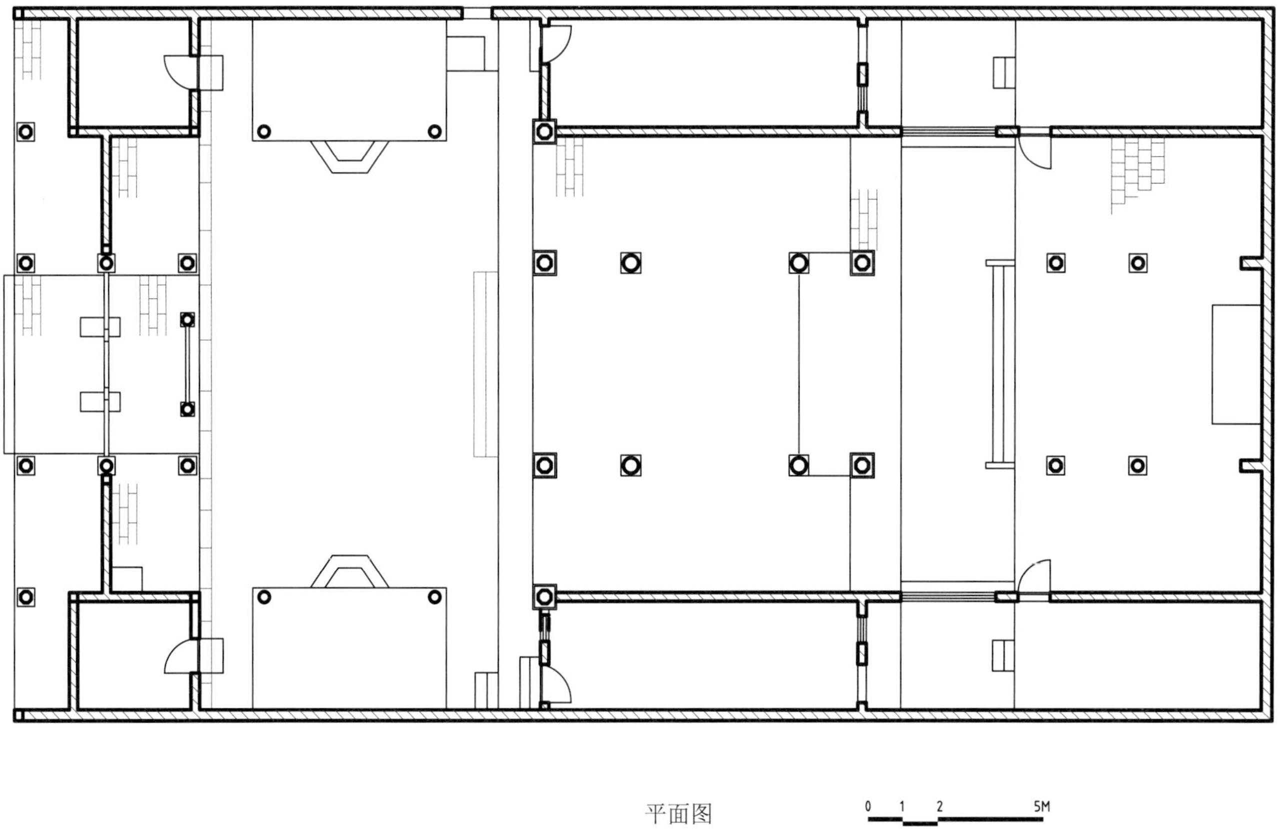

平面图

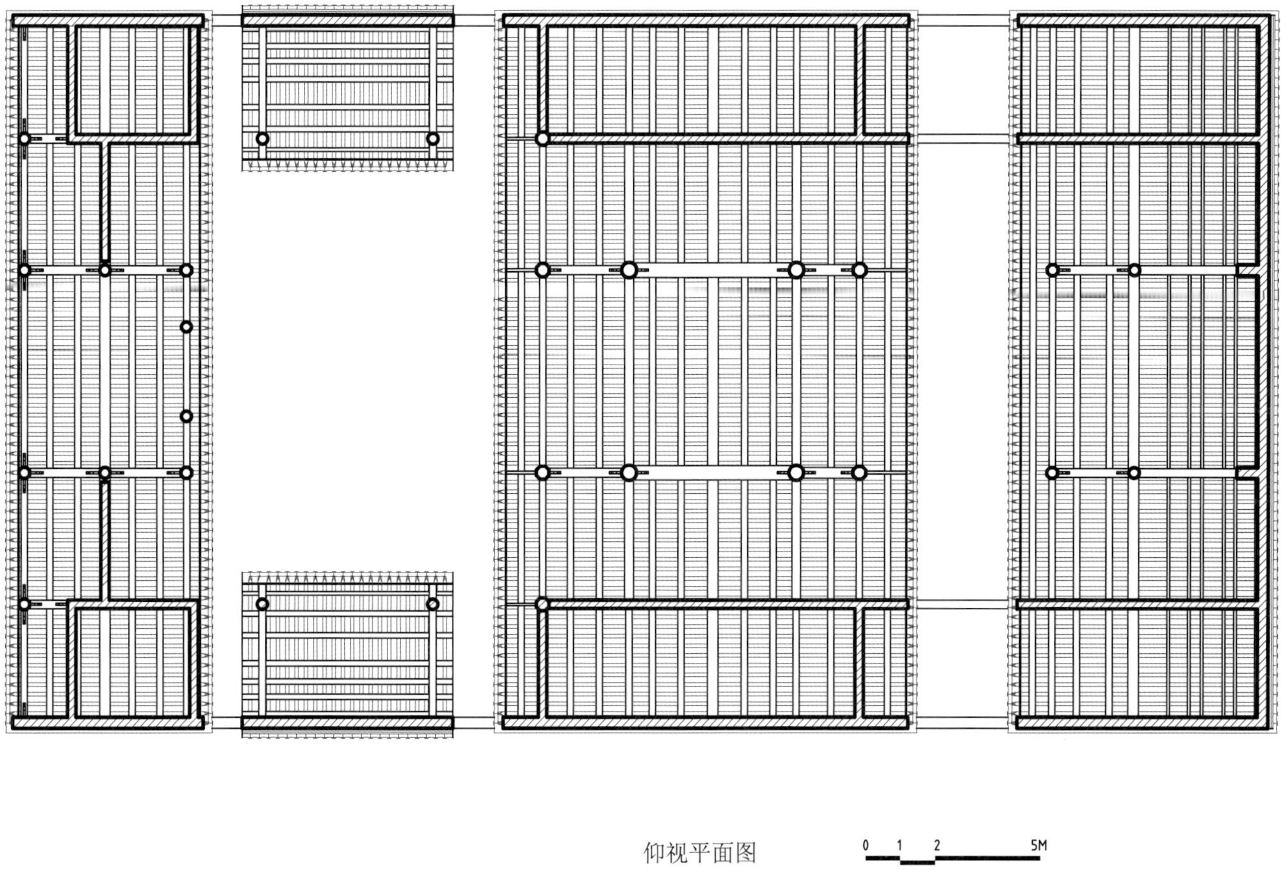

仰视平面图

沙墩刘氏宗祠中堂

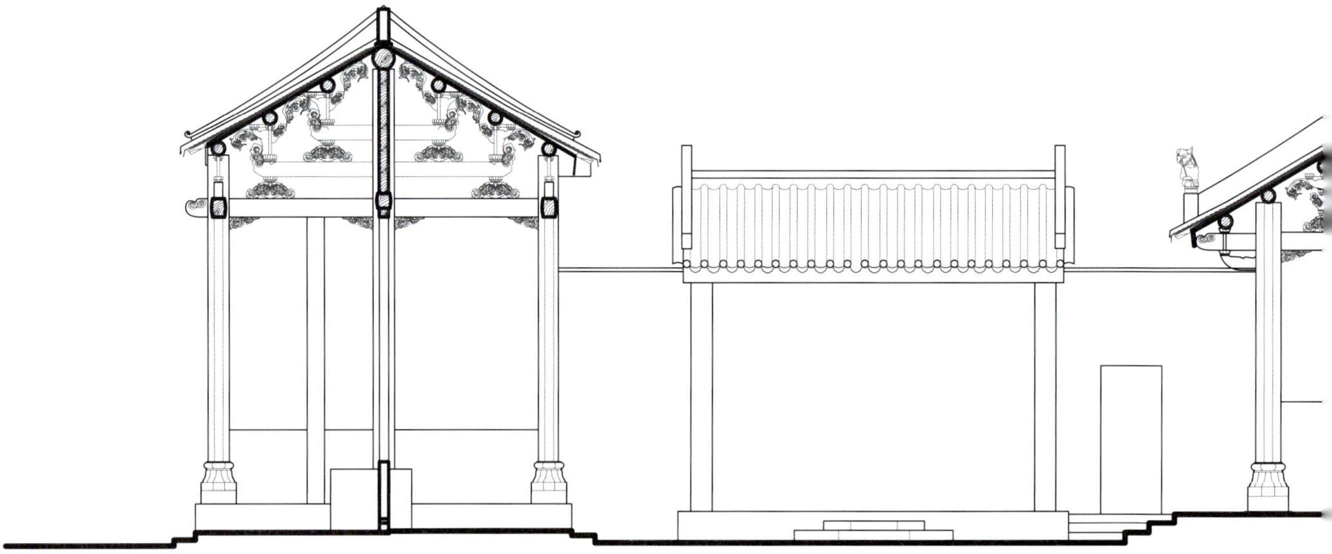

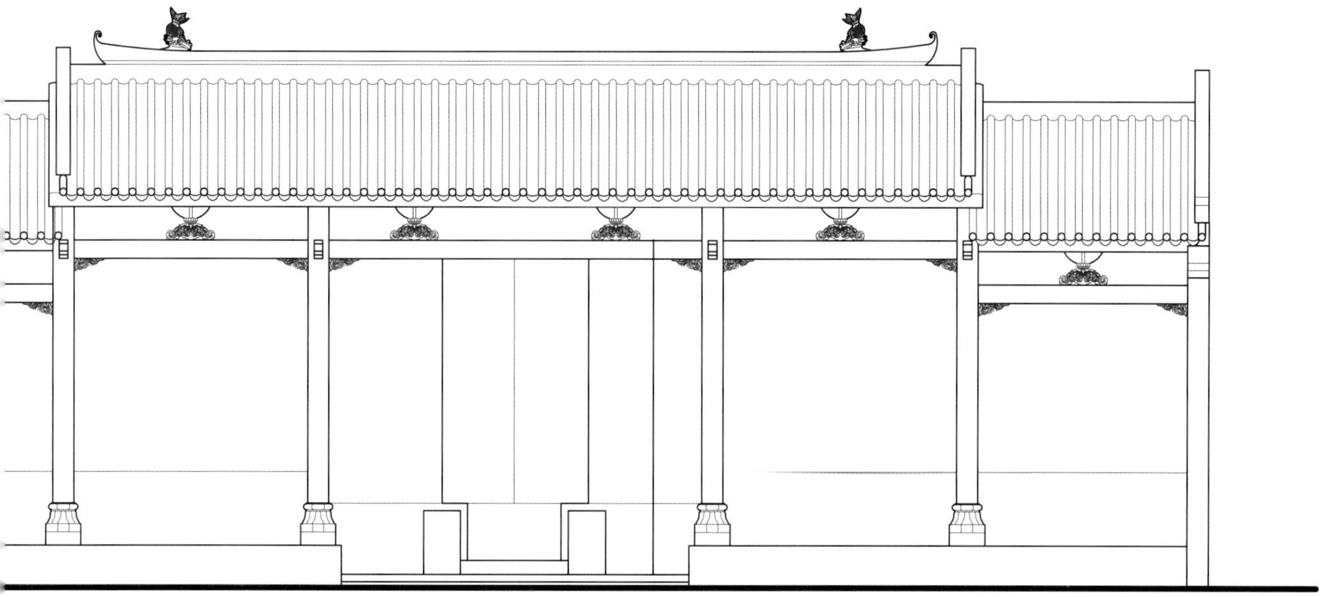

正立面图

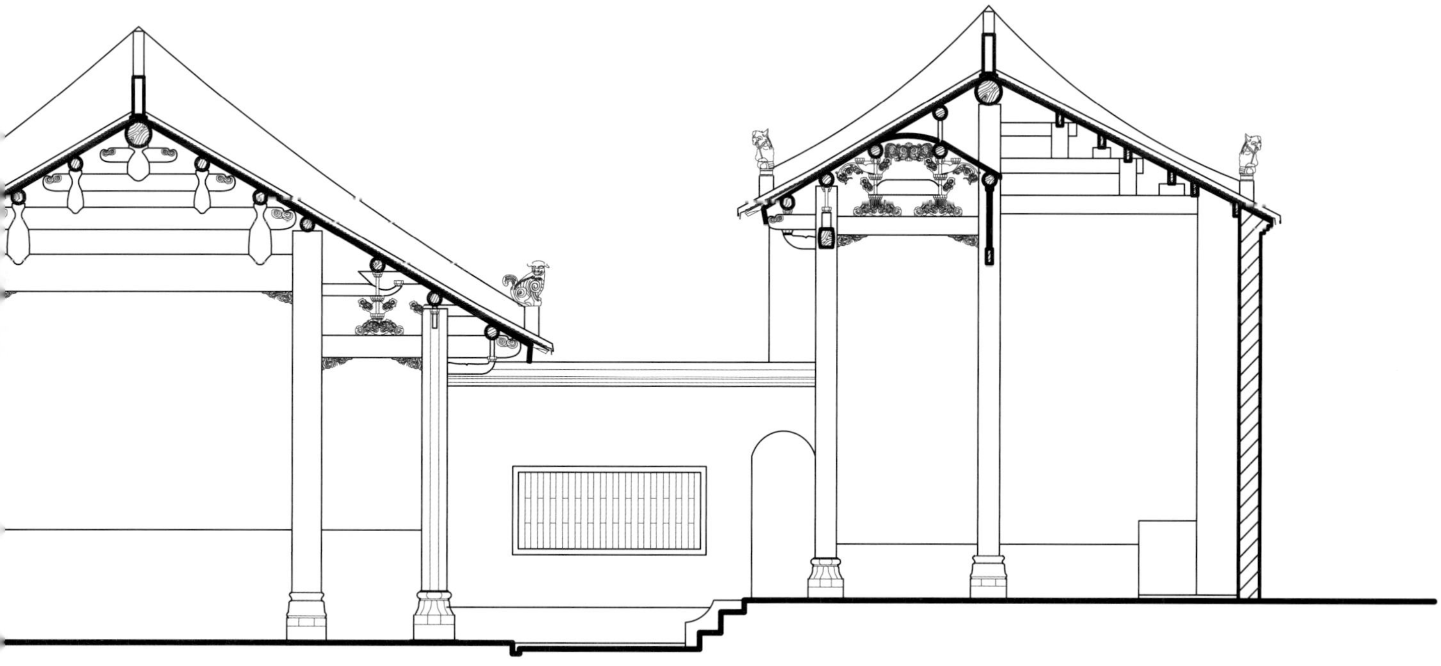

纵剖面图

塘边刘氏宗祠 分布图编号：24

塘边刘氏宗祠为东莞市不可移动文物，整体而言与沙墩刘氏宗祠较为类似。三进五开间，头门两尽间屋顶较中三间稍矮，是东莞五开间祠堂的常用做法，平面采用分心槽形式，梁架前后对称，但形式不同，前为柁墩斗栱式，后为穿式瓜柱式，前后四塾台。前天井两侧为独立的两座亭子，非惯用的连廊，可惜为近代重建。中堂堂号和沙墩刘氏宗祠一样亦为“敦睦堂”，前间用花架式卷棚梁架，其后为穿式瓜柱。寝堂梁架已非原物，后改为水泥梁柱。

建筑模型

塘边刘氏宗祠

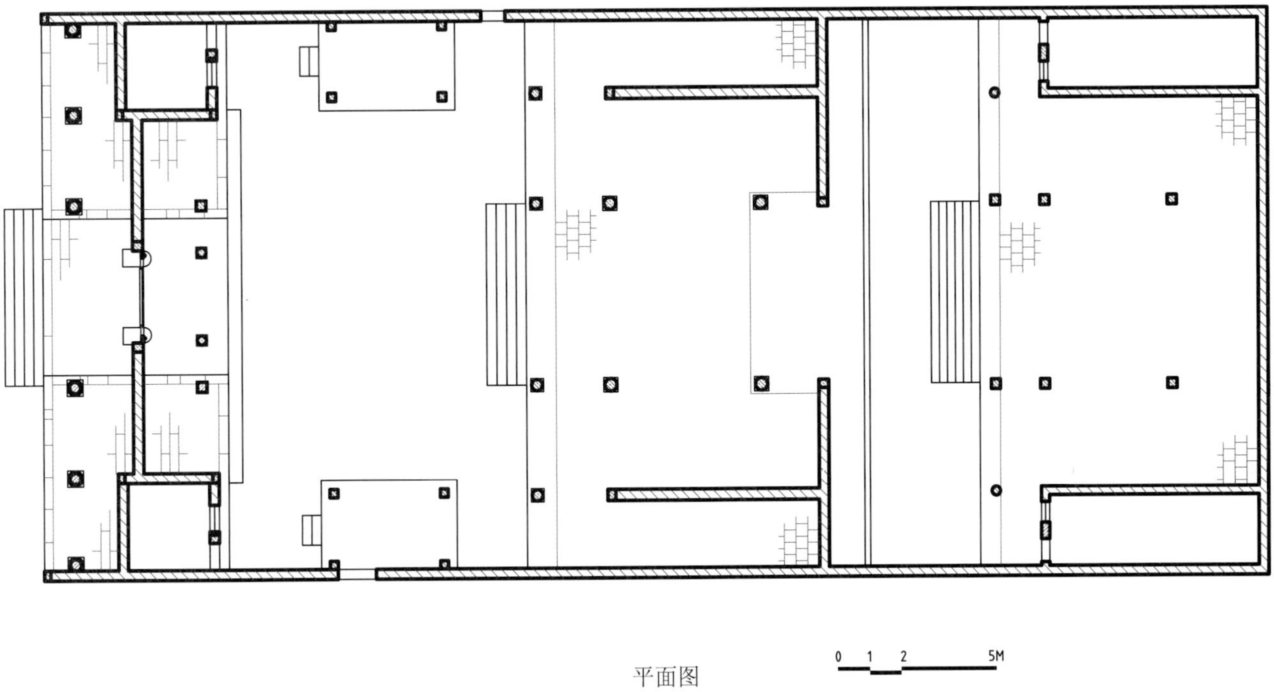

平面图

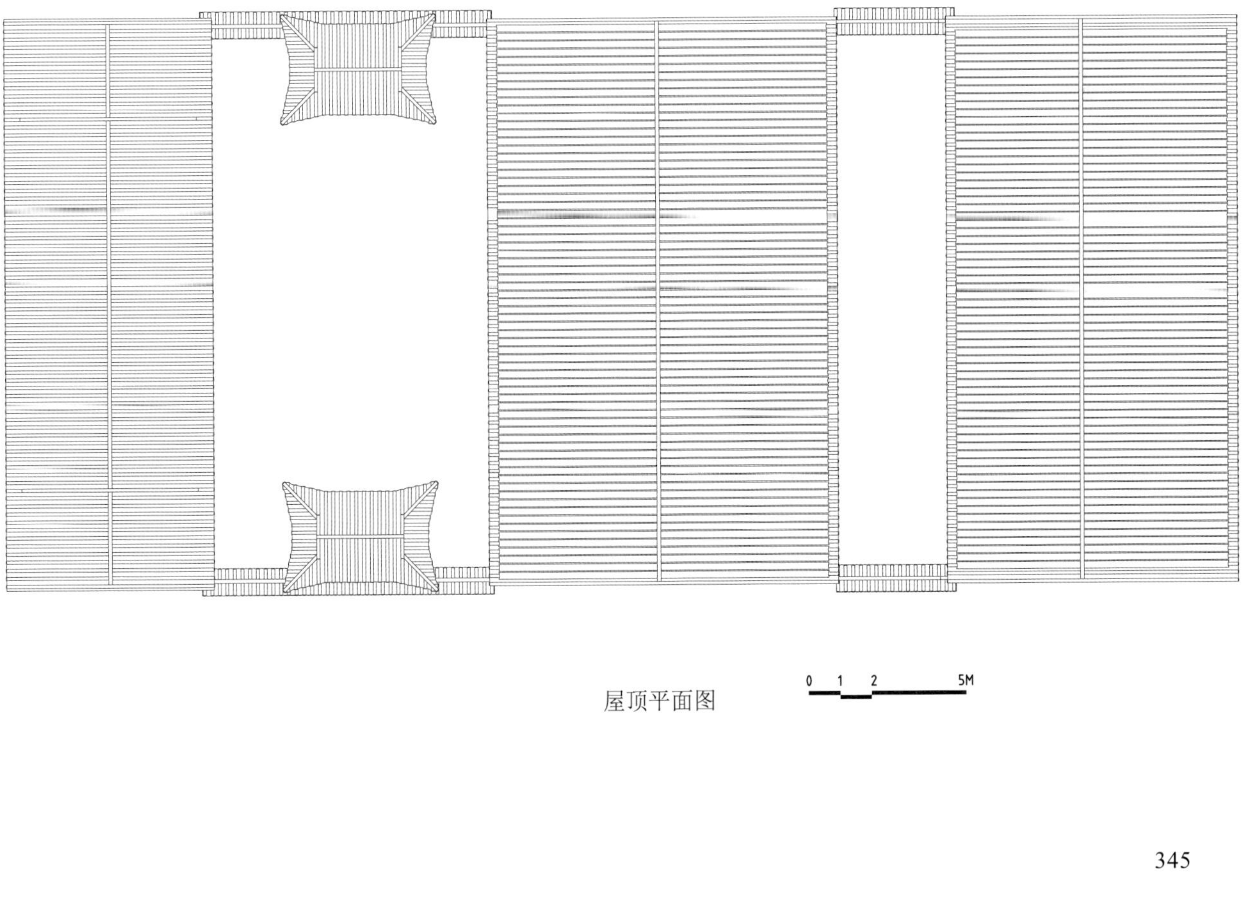

屋顶平面图

塘边刘氏宗祠中堂

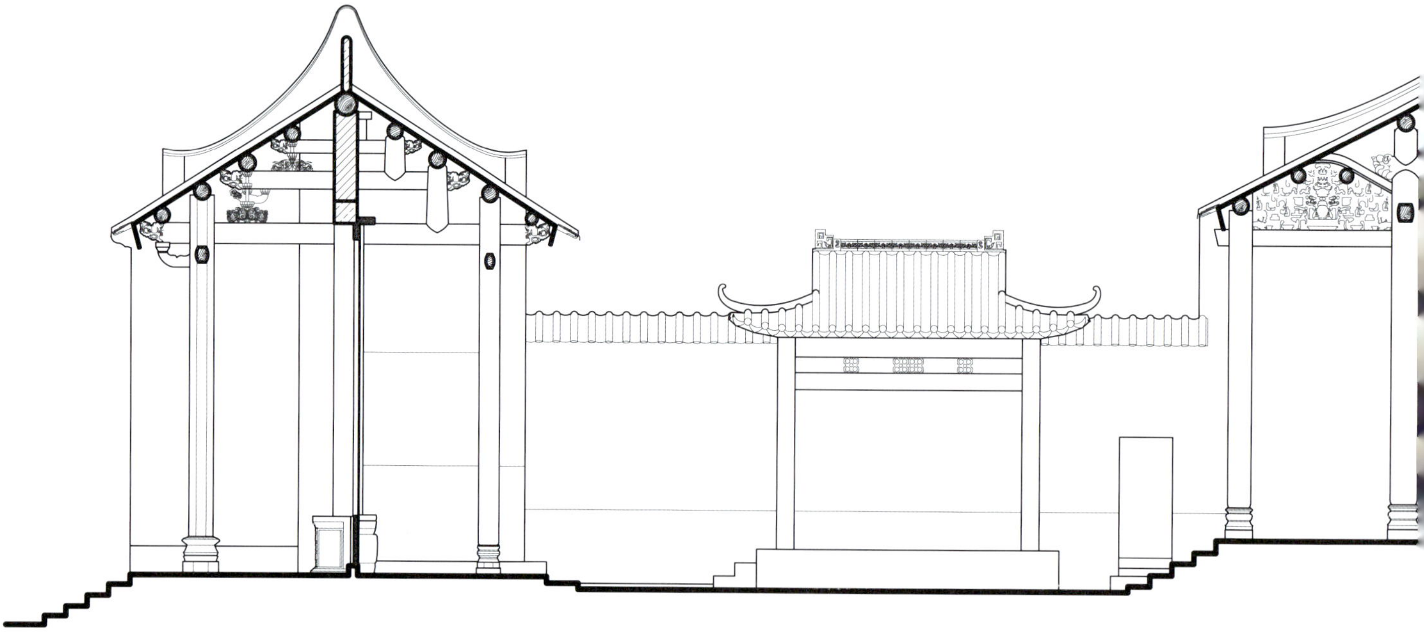

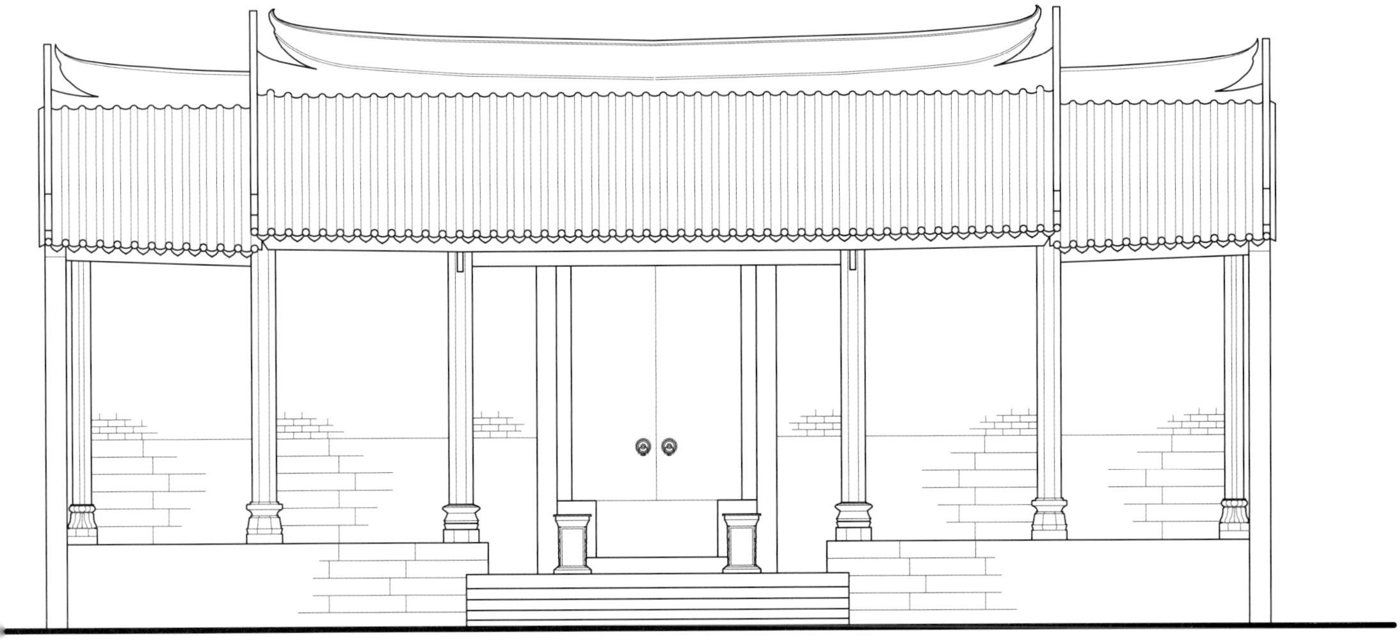

正立面图

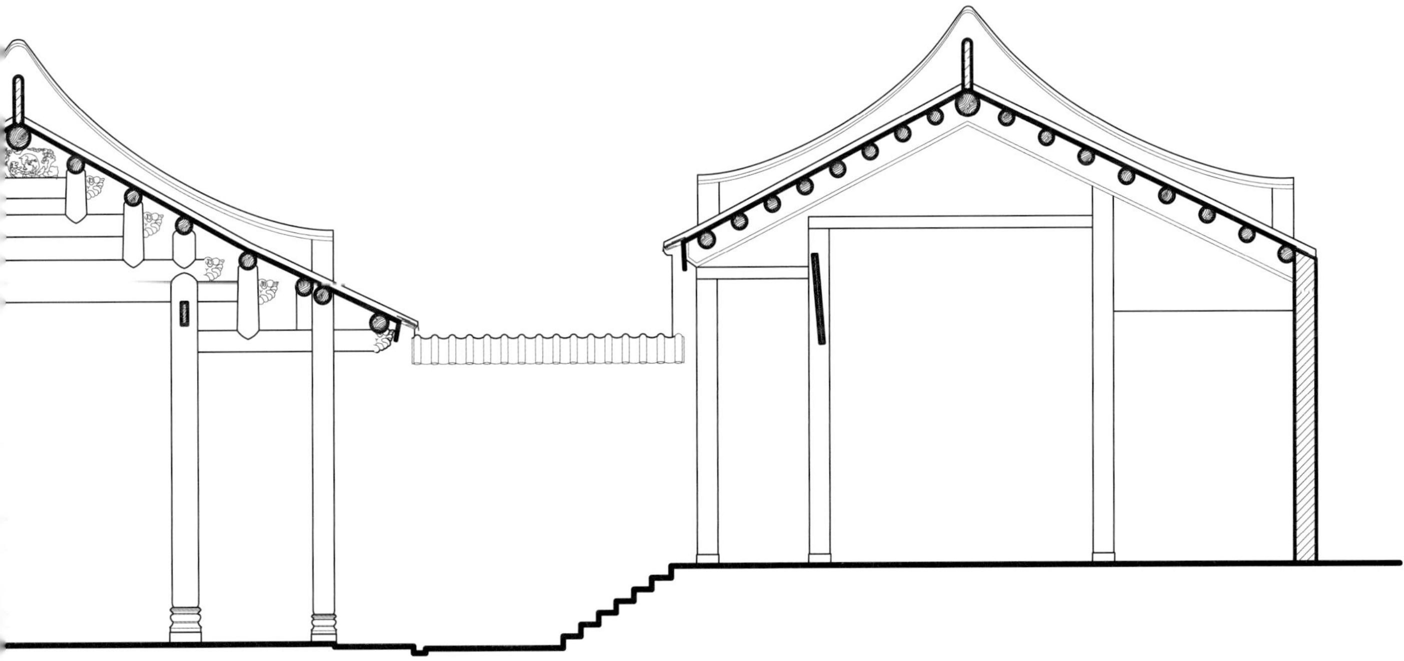

纵剖面图

塘边大厦 分布图编号：28

塘边大厦是公共饭堂的典型代表，建于1958年10月至次年6月，规模与一座五开间三进的大型祠堂相当，主体宽15.3米，总长36.4米，门面高达10.3米，且坐落在一个两米多的高台之上。正立面苏式造型，五开间，左右对称。一层中间内凹，2根独立柱子发券成中间高两边低的3个拱券，形成拱廊，两侧各凸出一个阳台，以方柱平梁支撑，水泥花格栏杆，犹如太师椅的两臂。二层立面以壁柱分成五开间，左右开门通向阳台，中间各开一窗，与其下拱券对应，中大次小。窗上中间灰塑“唐边大厦”（疑“塘”的提土旁脱落），两侧分别为“石龙”和“公社”。最上为典型的三角山花和两侧巴洛克式小翼，中间五角星大部分已经剥落，五角星为人民公社化时期公共建筑的普遍特征。内部只有门廊上方有局部二层，其后是桁架瓦顶搭建而成的大空间，中间两列砖柱，左侧有凸出主体的耳房，有门与大堂相通，估计是厨房所在。最后是高一米余的舞台。

建筑模型

建筑全景

塘边大厦

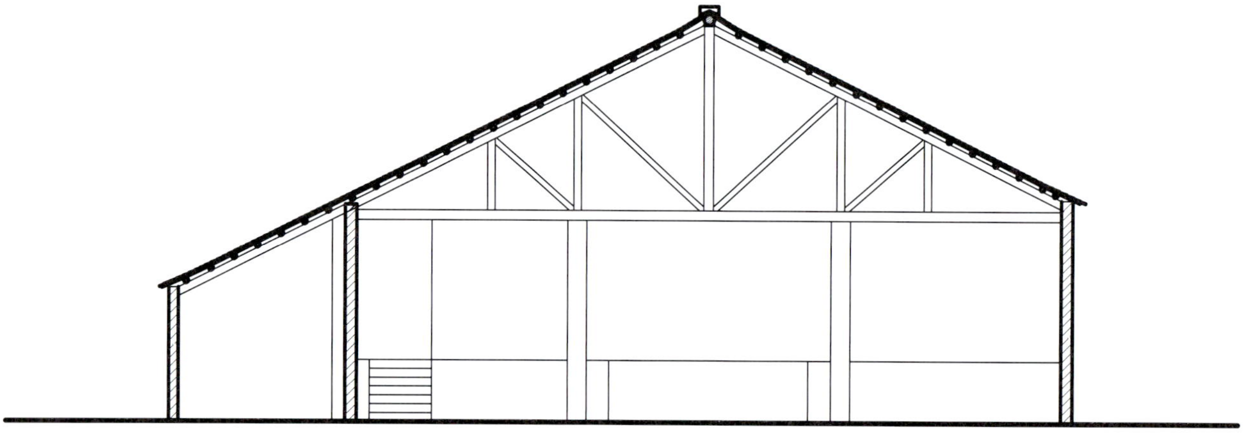

1—1剖面图

0 1 2 3 4 5M

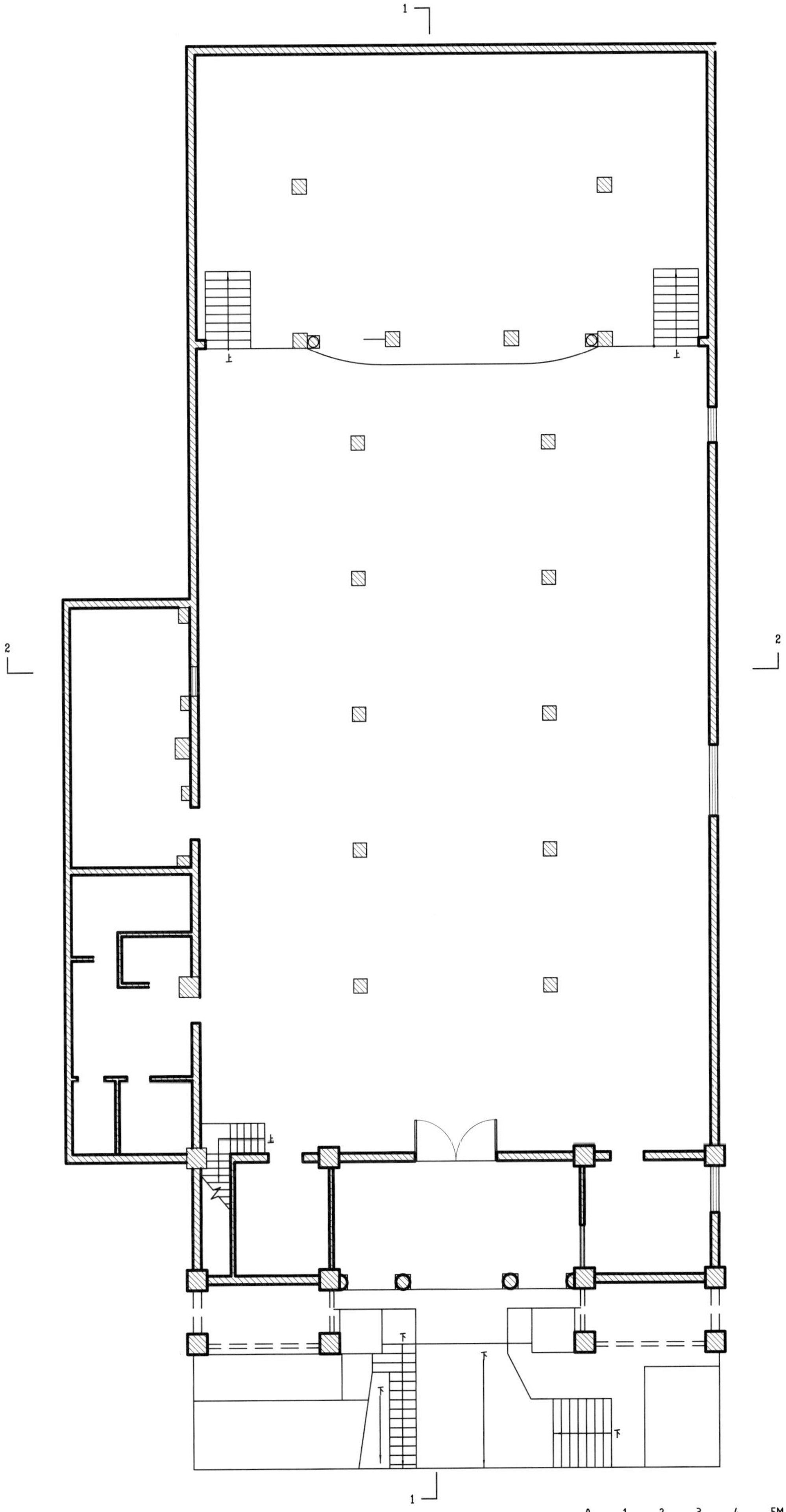

平面图

塘边大厦

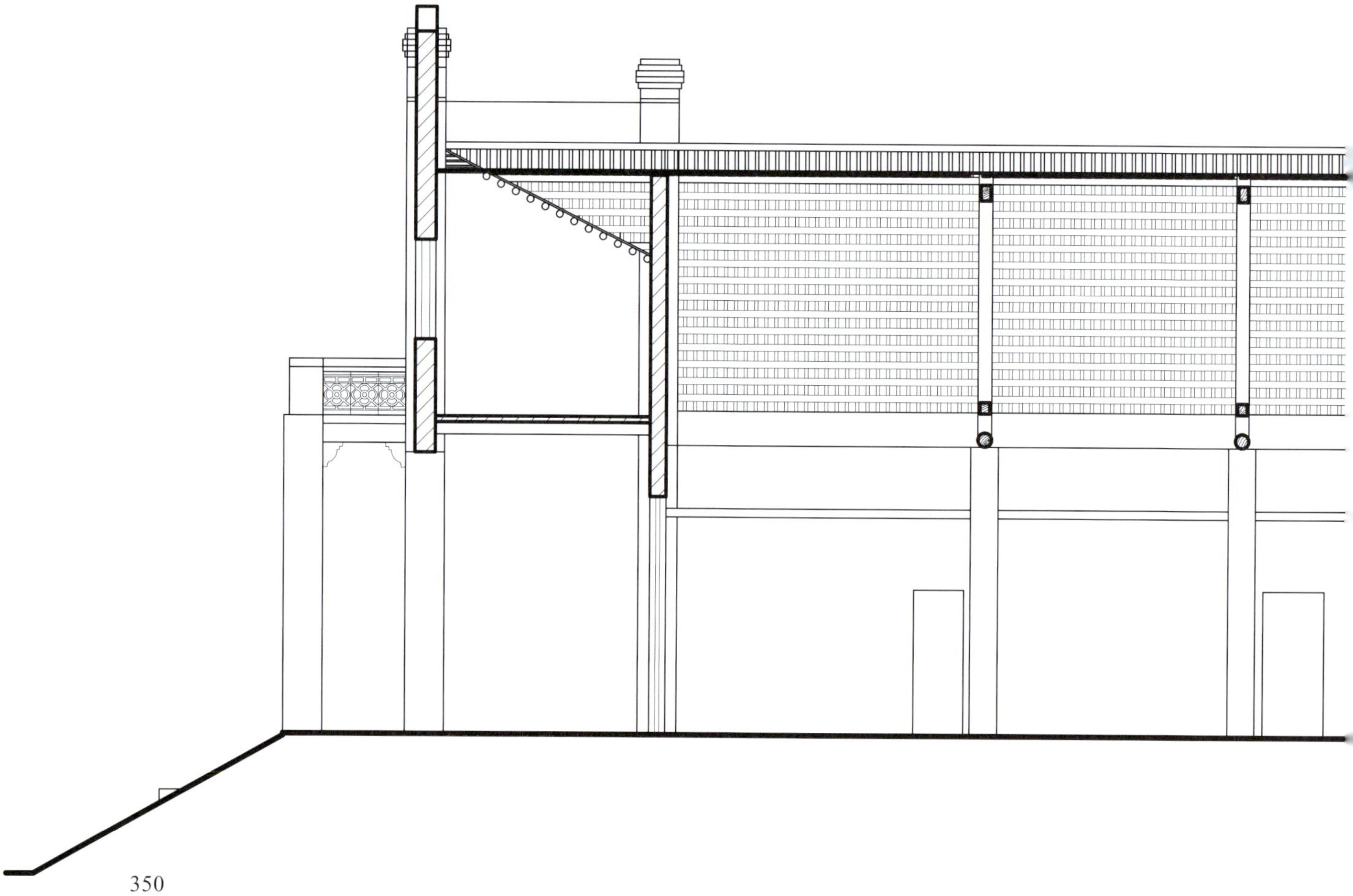

正立面图 0 1 2 3M

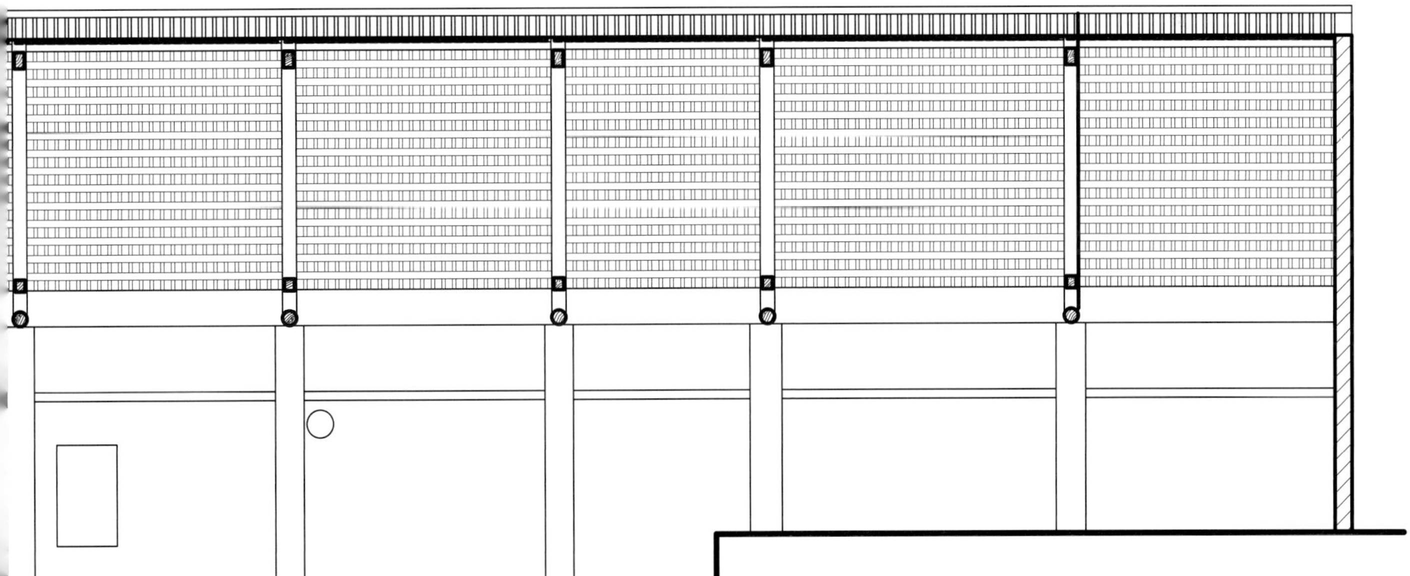

2—2剖面图 0 1 2 3M

文亭公祠

分布图编号：13

文亭公祠为三开间两进祠堂，凹斗式，山墙大式飞带，正脊缺失，碌筒素瓦，琉璃剪边，檐下“八仙醉酒”人物壁画生动活泼，可惜部分已褪色或被人为毁坏。

文亭公祠

文亭公祠檐下“八仙醉酒”人物壁画

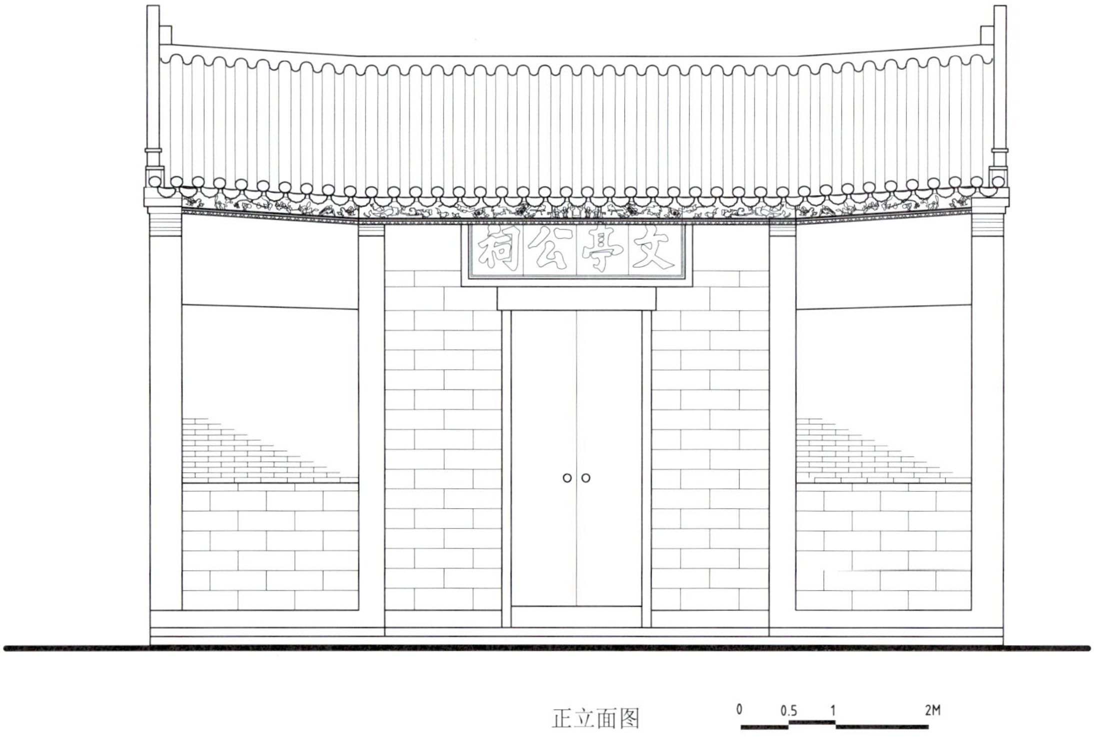

正立面图

卢屋田唇街四巷1号 分布图编号：37

卢屋田唇街四巷1号为民国时期民居，在传统的金字屋形制基础上将一侧房间增高至2层，并在二层设置阳台，阳台侧面用西式柱式和圆拱支撑屋顶。该建筑是传统民居近代发展的一个阶段性典型代表。

卢屋田唇街四巷1号

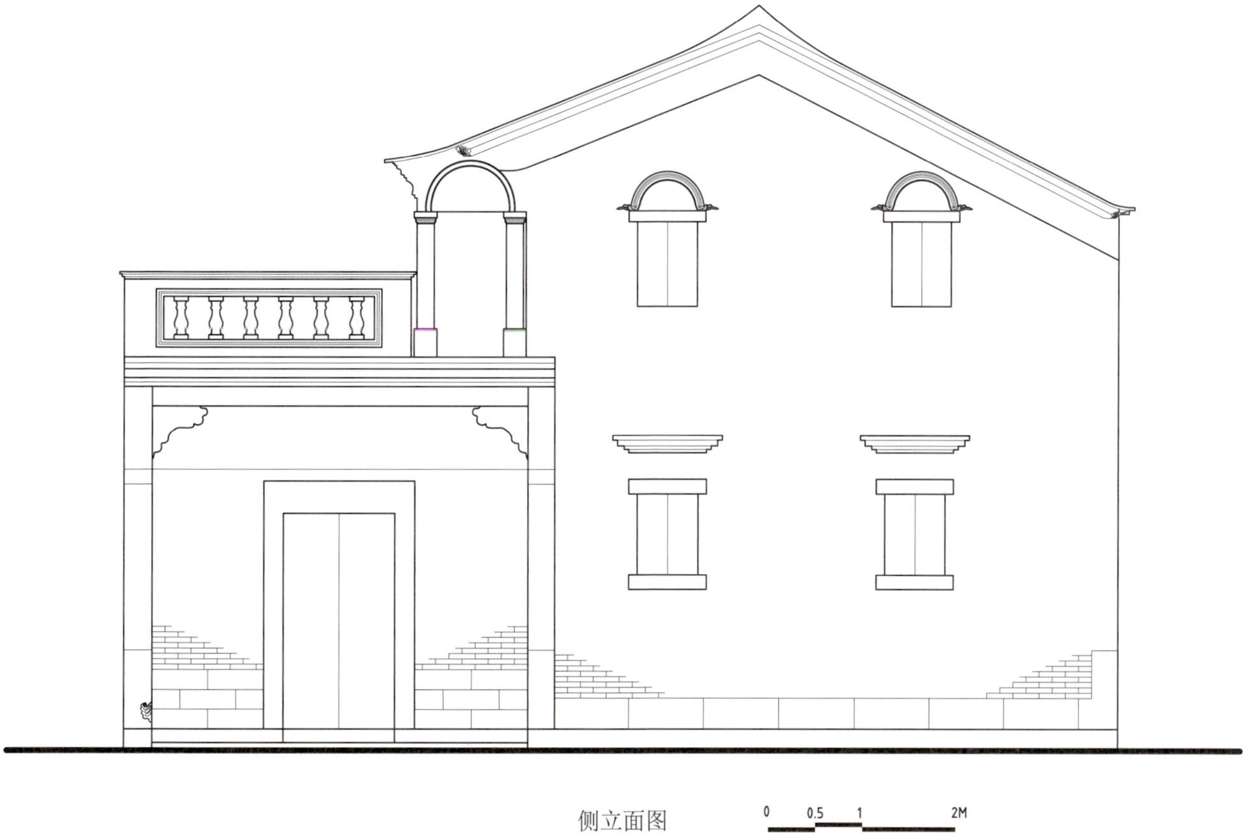

侧立面图

卢边村

卢边于宋末立村，当时村前寒溪河芦苇丛生，故取名芦边，后因村民多姓卢而改为卢边。聚落沿龙岭、黄边、祠堂园3处山岭呈品字形分布。

本次普查卢边村旧村面积约88 040平方米，共录入具有不同程度建筑遗产价值的建筑66处（占全镇4.1%），其中A类7处、B类13处、C类46处。A、B类建筑中，始建于清代或清代之前的13处、中华人民共和国成立后7处；保存状态方面，保存良好17处、一般2处、残破1处；类型方面，祠堂1处、中华人民共和国成立初期公共建筑3处，其余为民居。

被录入的建筑中，遗产价值较高的有：卢边粮仓、卢边大队部、大巷坊路5号、大巷坊路19号、大巷坊路九巷10号、南山路八巷25号等。

村落全景

卢边村建筑遗产分布图

井
8
井
井
井
20

卢边粮仓

分布图编号：20

卢边粮仓位于大巷坊路六巷1号，由3座长方形仓库并排组成，正面为山墙面，可以看到3个仓体的三角形山面，墙体分三段，从上往下逐段加厚，上段开窗以便通风。大门开在山墙正中，原有门廊（檐），已毁。侧立面有特有的扶壁结构，与西方早期哥特式建筑的飞扶壁具有类似的形式和功能，即一段段与侧墙垂直的短墙顶扶着侧面墙体，且由上往下逐级增阔。这种结构有助于侧面墙体抵抗屋顶和仓内谷物的侧推力，为仓库或大屋顶建筑的特有构造。更为特殊的是其内部的支撑结构，一般的建筑用的是三角形木桁架，但卢边粮仓使用了预制水泥密肋拱，肋拱间距约240毫米，即刚好为一块瓦的宽度，以便直接承托其上瓦片。因此这种密肋拱结构同时替代了传统结构中的桷板和桁条，中间也不需要梁，使得室内净高增加，空间更为整体，存储量更多。更重要的是，水泥不怕潮气侵蚀，这点比起木结构来说尽显优势。不过缺点也是有的，即会对墙体产生更大的侧推力，而这点正好被前文所说的扶壁抵消。因此，外面的扶壁和立面的密肋拱，是一套精心考量、设计的结构系统。这种密肋拱施工方便、结构合理、空间大、耐潮气，且在如今看来也极具结构美感，也许这种结构在当时未能得到广泛推广是因为当时水泥极为匮乏。

建筑模型

建筑全景

卢边粮仓

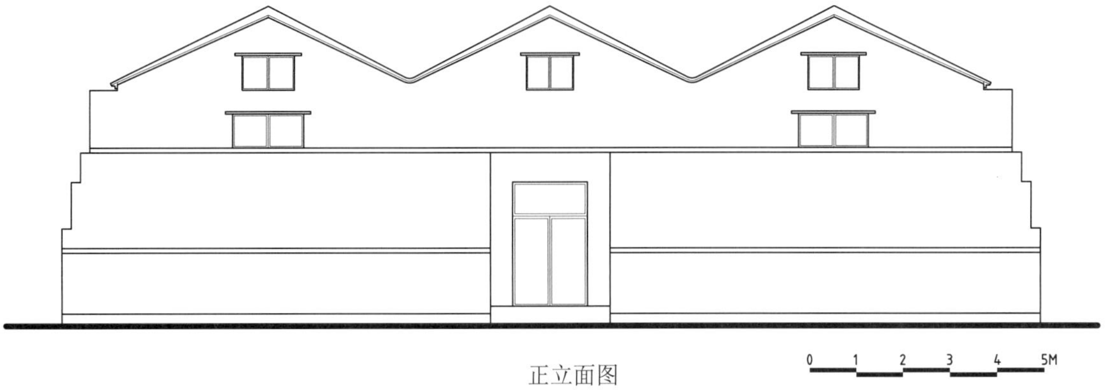

正立面图

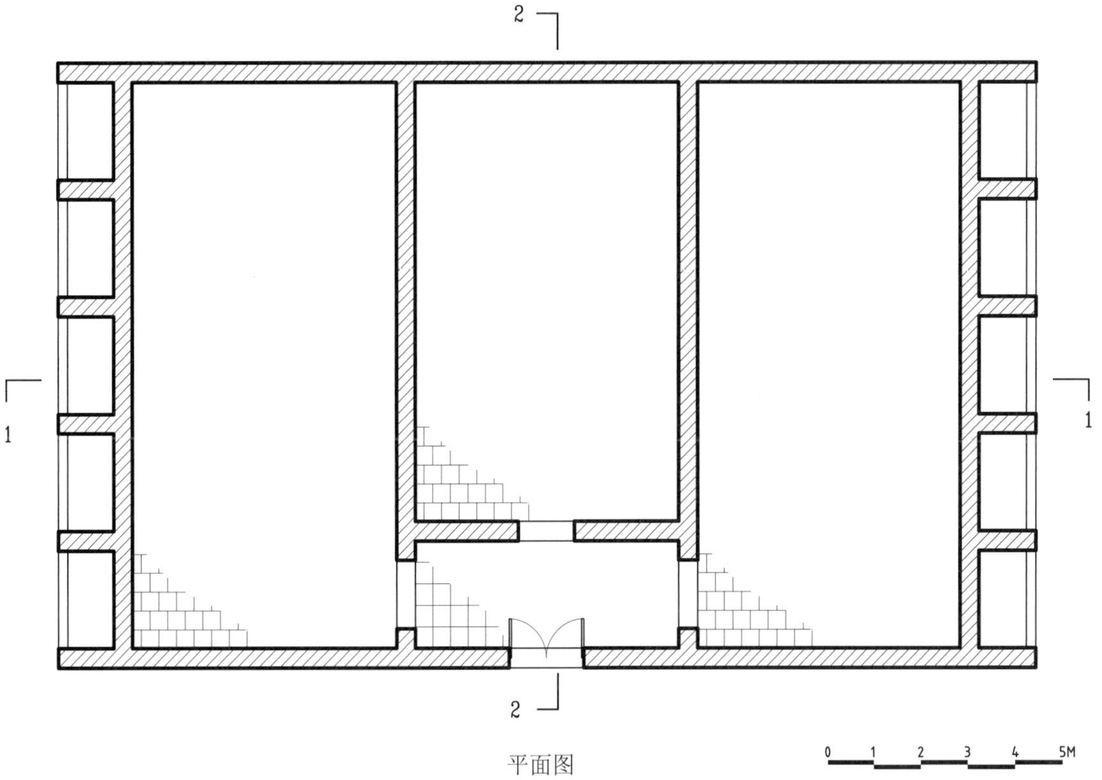

平面图

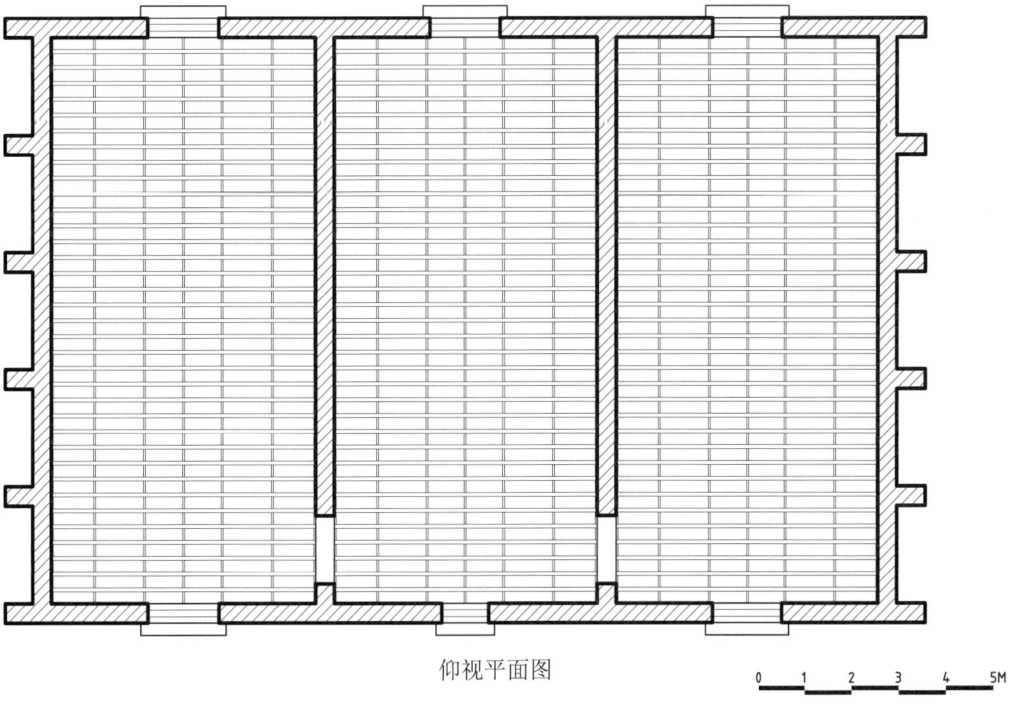

仰视平面图

水泥密肋拱

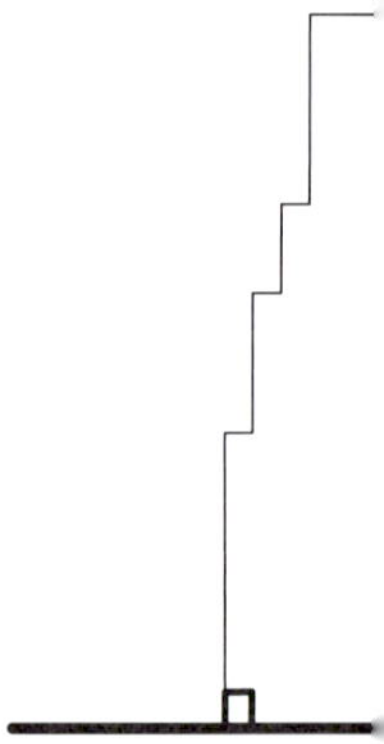

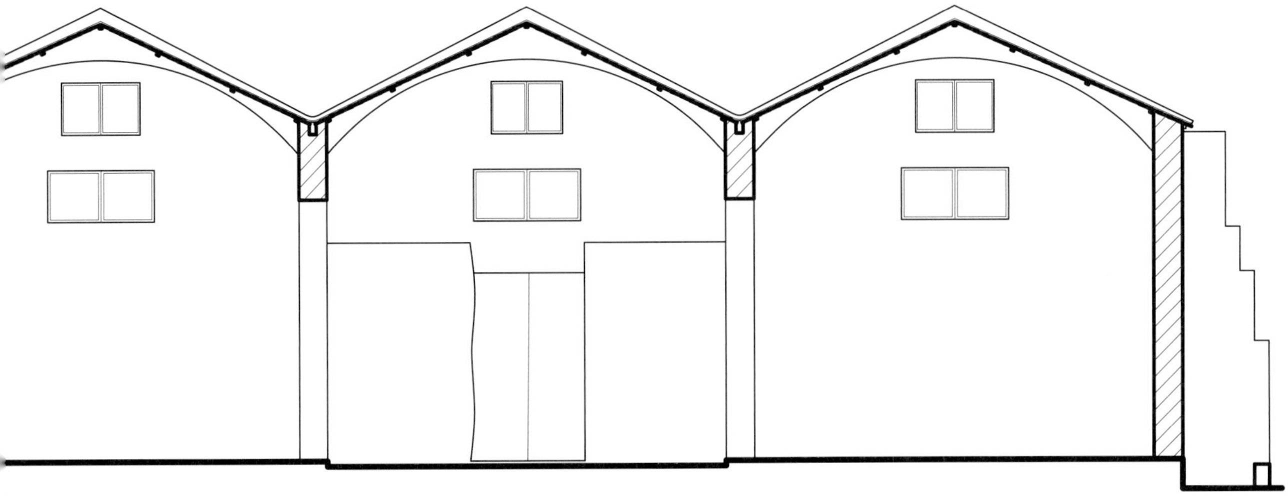

1-1剖面图

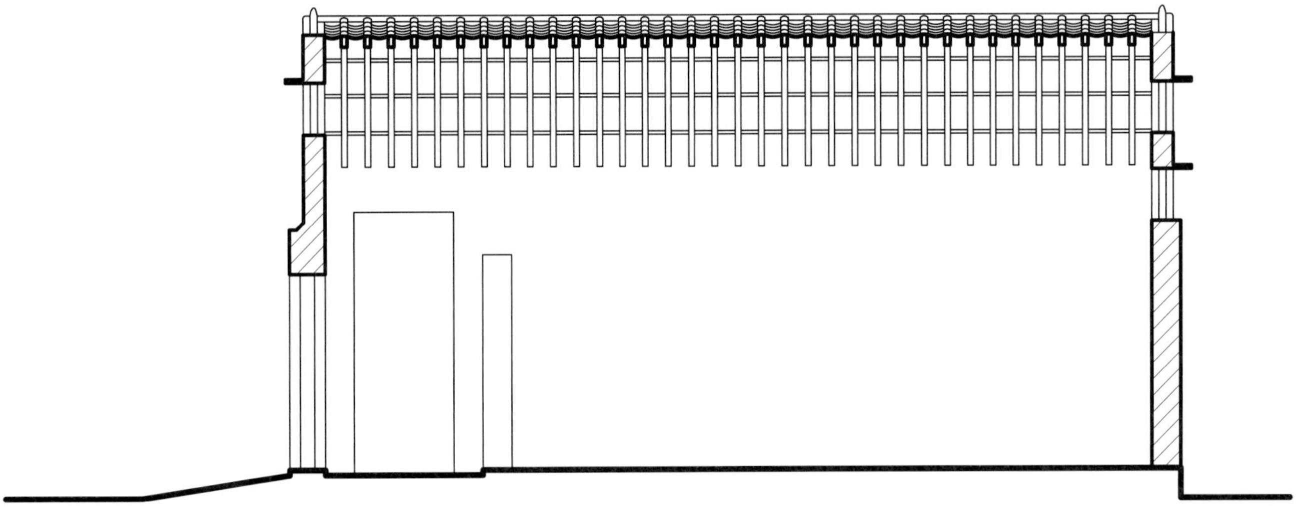

2-2剖面图

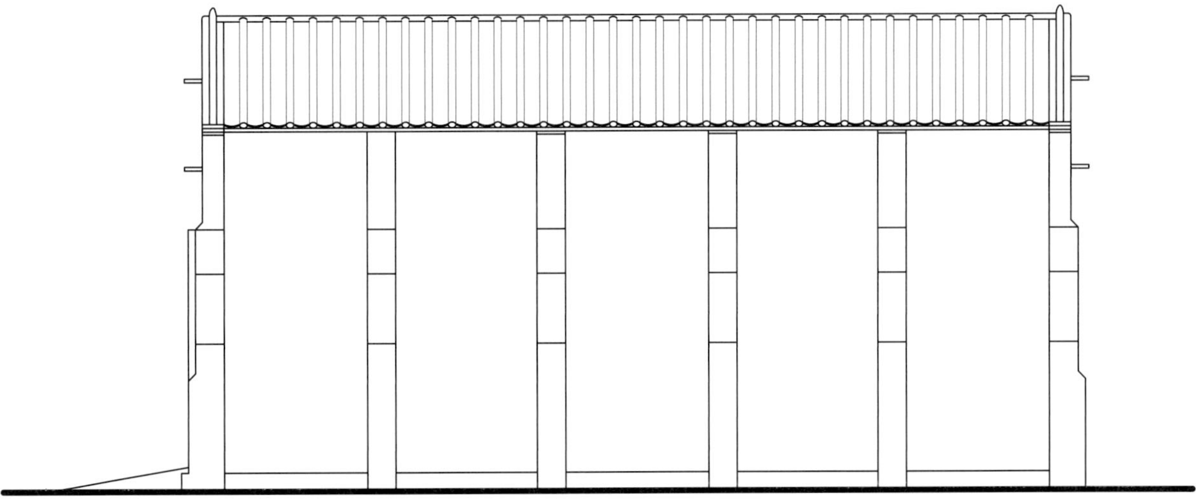

侧立面图

卢边大队部

分布图编号：13

建筑模型

位于卢边大巷坊路28号，是中华人民共和国初期卢边大队的大队部，是民居式的大队部建筑，2层，主体清水红砖墙，一层侧墙则大部分用青砖。二层出挑水泥阳台，水泥花格栏杆，二层坡顶前有跌级式山花，中间有灰塑红色五角星。

卢边大队部

剖面图　0　0.5　1　2M

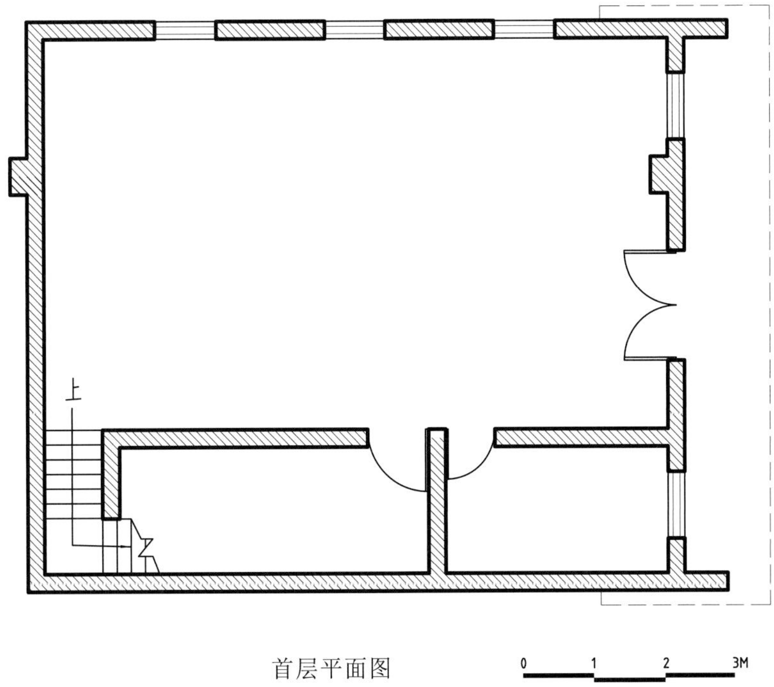

首层平面图

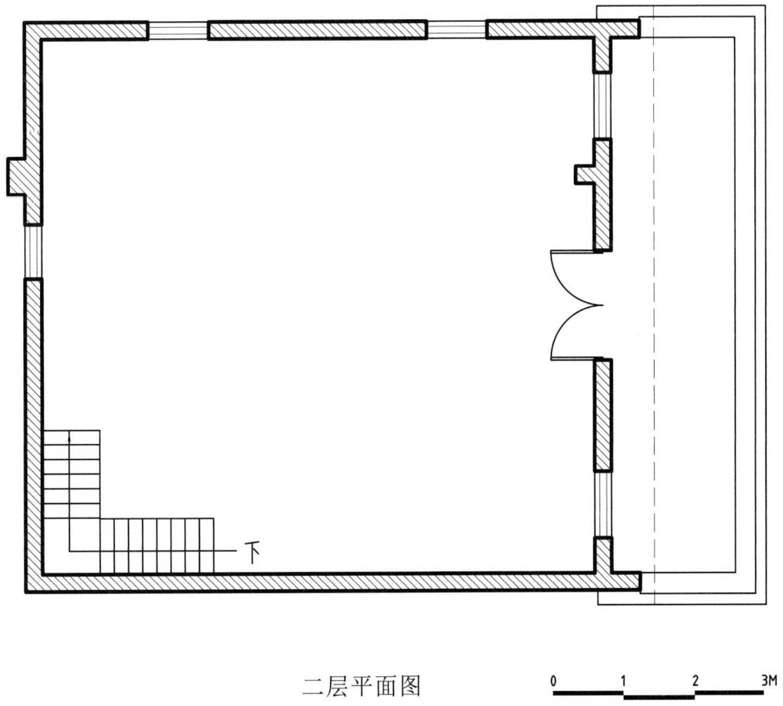

二层平面图

寒溪水村

寒溪水村原名蟠溪水、韩屋水，原有韩姓族人，由于地形地利的局限，韩姓外迁，而该村地处寒溪河畔，后改为“寒溪水”。南宋绍兴二十二年（1152年）左右莫氏、元初罗氏先后迁居至此，今村民多姓罗。

本次普查寒溪水村旧村面积约48 480平方米，共录入具有不同程度建筑遗产价值的建筑47处（占全镇2.9%），其中文物（W类）3处、A类5处、B类11处、C类28处。W、A、B类建筑中，始建于清代或清代之前的18处、中华人民共和国成立后1处；保存状态方面，保存良好16处、一般2处、残破1处；类型方面，祠堂3处、楼阁1处、巷门1处，其余为民居。

被录入的建筑中，遗产价值较高的有：罗氏宗祠、方祖、前塘街二巷7号、岭仔五巷33号、前塘街一巷2号、前塘街一巷8号、大路头三巷10号、岭仔三巷1号等。

村落模型

村落全景

寒溪水村建筑遗产分布图

罗氏宗祠 分布图编号：1

罗氏宗祠为东莞市不可移动文物，始建于明隆庆六年（1572 年），现存建筑为清代风格，三开间三进，头门敞楹式，山墙为大式飞带，垂脊尾塑博古、立狮子，正脊为博古脊，末段立陶塑鳌鱼，但均为近期重修新换。檐柱用花岗岩，两次间用花岗岩虾公梁，上承“狮子顶花篮”石雕（金花狮子），花岗岩、虾公梁、“狮子顶花篮”等材质和样式在茶山并不多见，但流行于广州、肇庆等地区。

建筑模型

建筑全景

罗氏宗祠

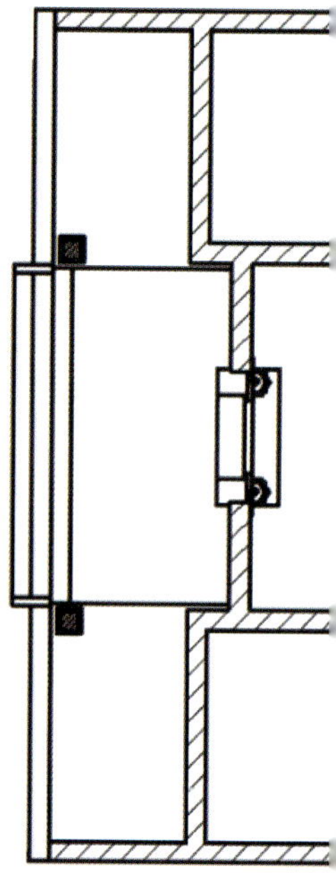

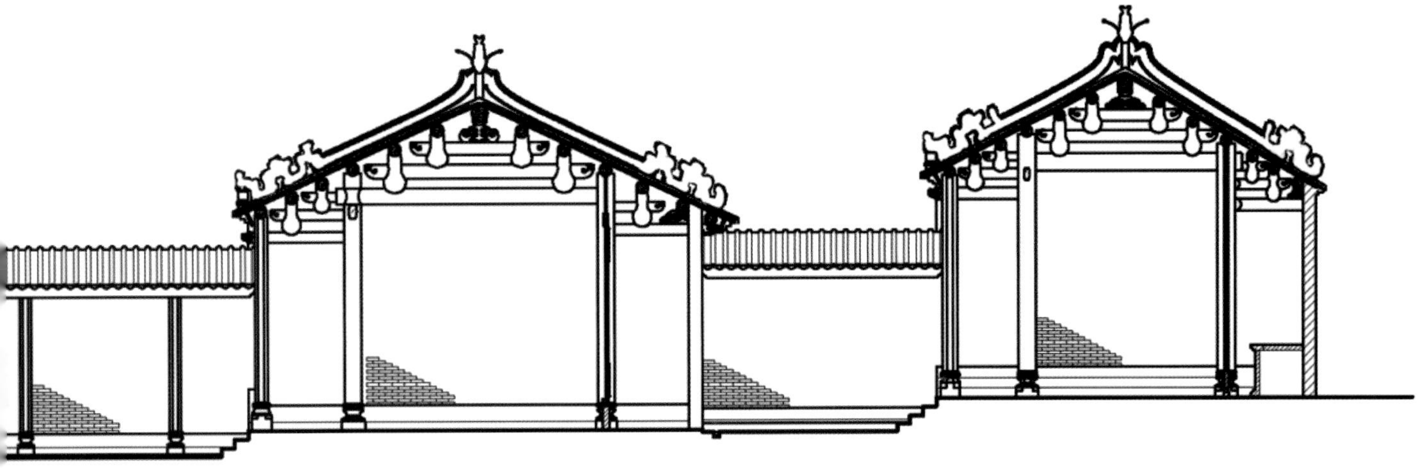

纵剖面图

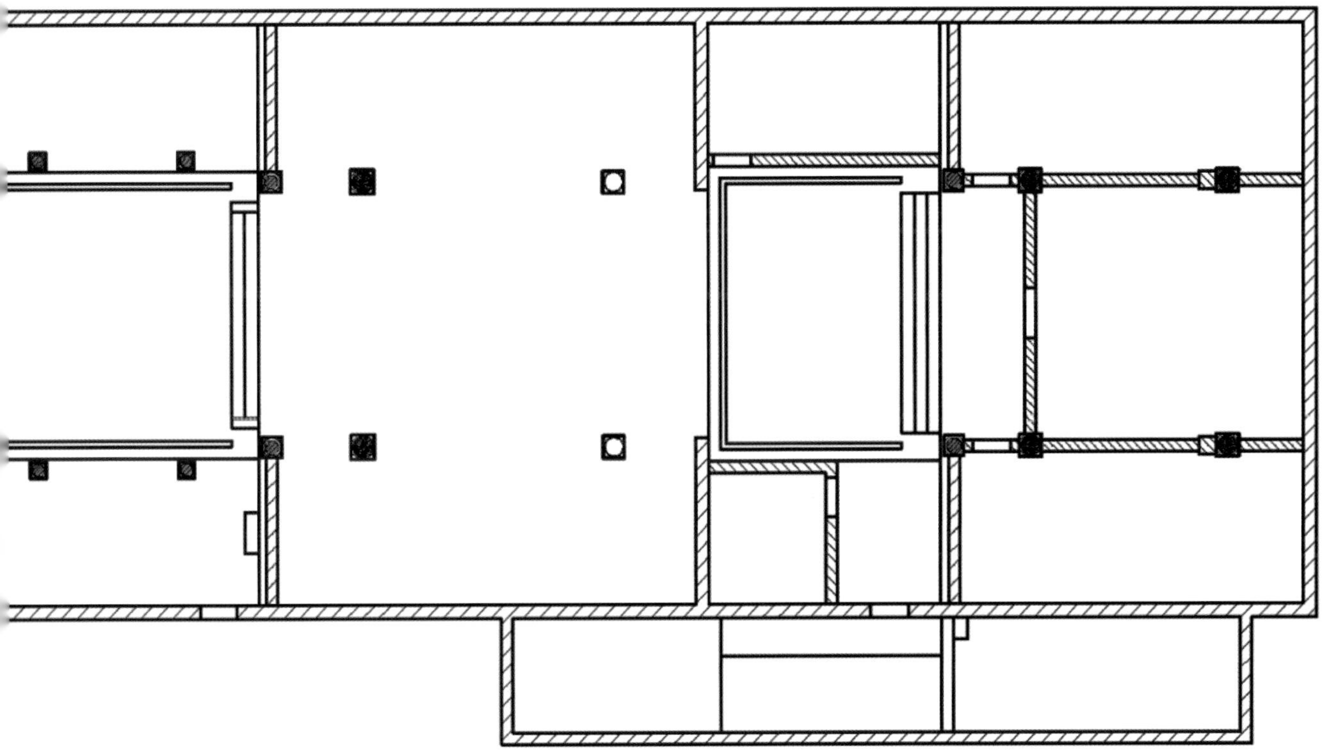

平面图

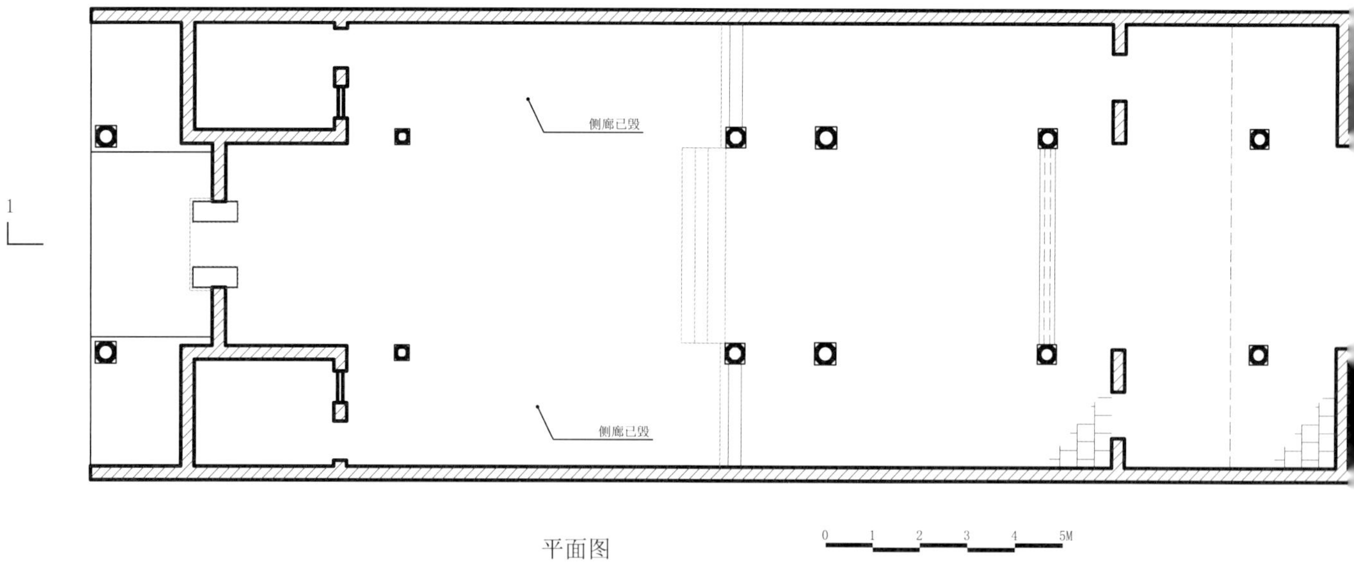

平面图

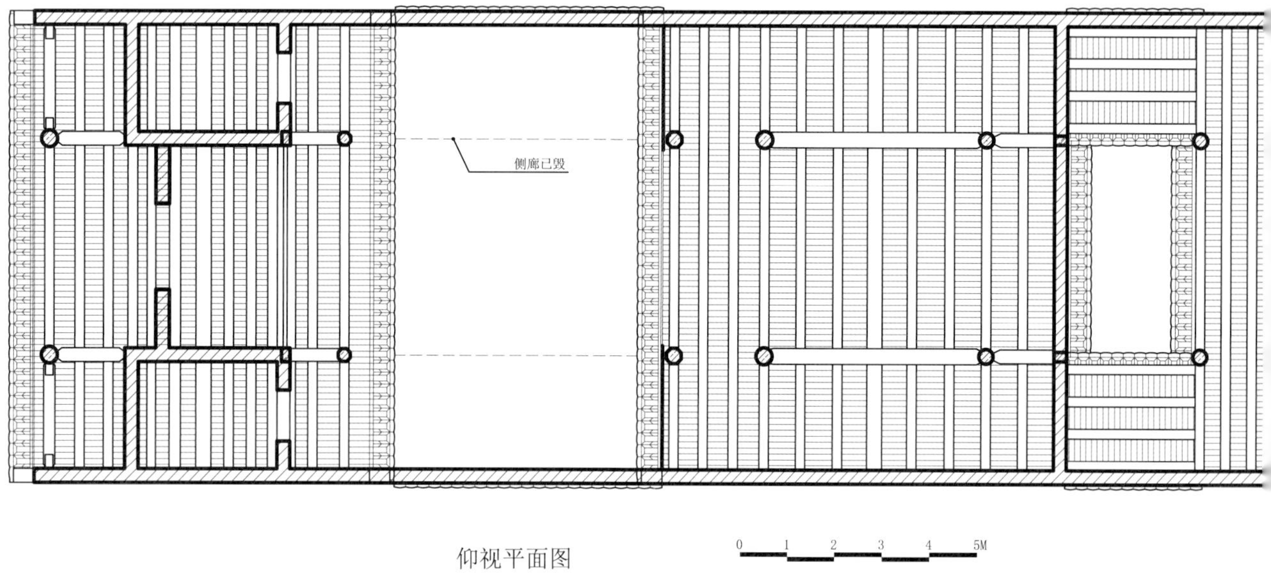

仰视平面图

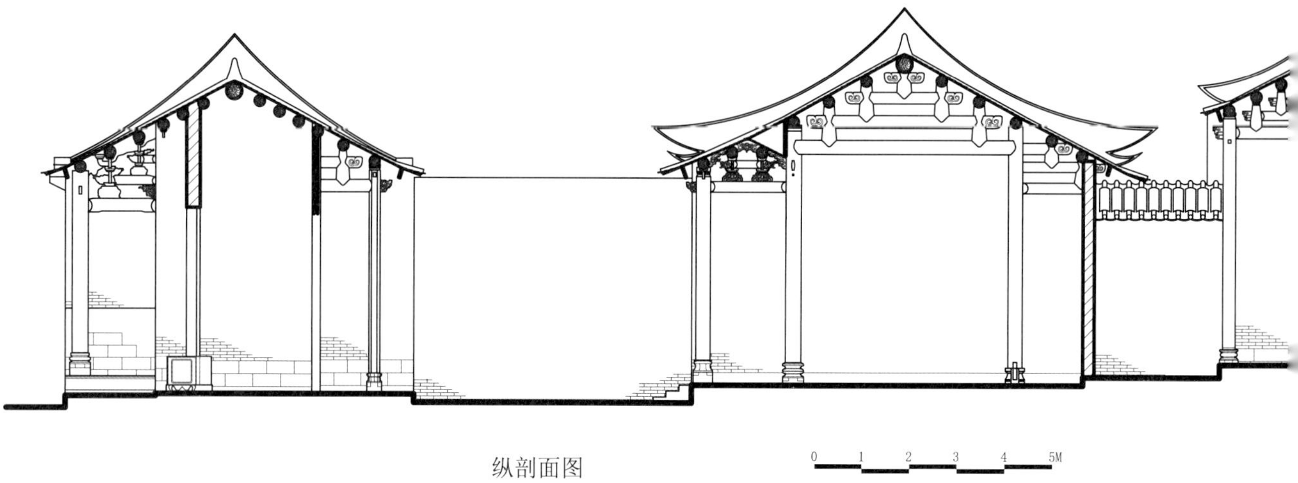

纵剖面图

方祖　分布图编号：3

三开间三进，头门檐柱、虾公梁和其上的柁墩斗栱用花岗岩，和罗氏宗祠一样，异于东莞地区一般的祠堂。山墙大式飞带，博古脊，立面整体高宽比较大，呈现明显的清末建筑特征。中堂梁架用柁墩斗栱卷棚前轩，后为沉式瓜柱梁架，后天井极窄，寝堂进深很浅，高深比悬殊。

建筑模型

方祖

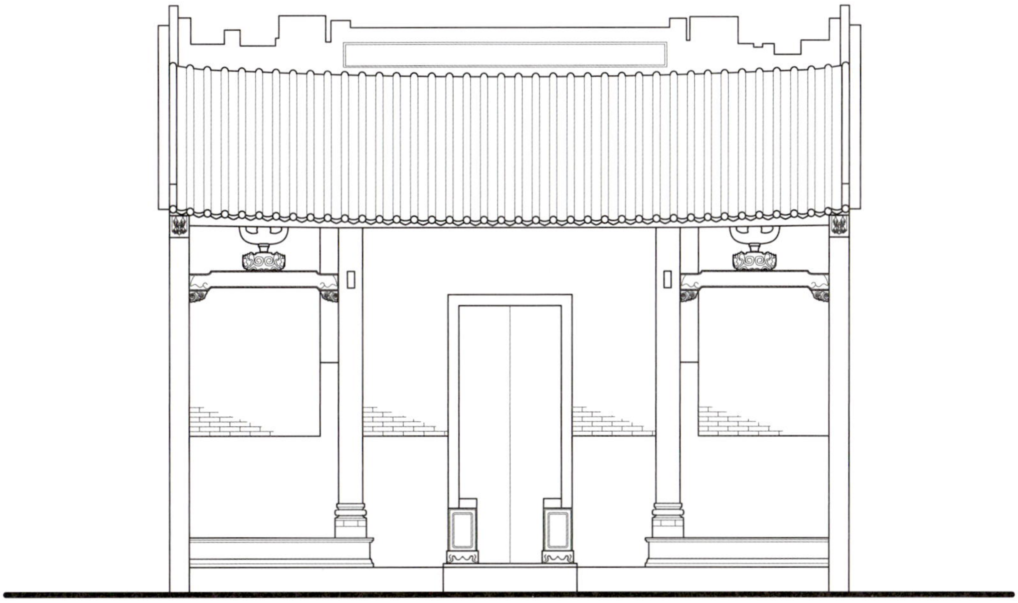

正立面图

0　1　2　3M

第五章
保护：茶山历史建筑的修缮保护建议

1.关于建筑保护的历史回顾

在中国，建筑遗产保护是一个近代才发展起来的概念，但早在19世纪上半叶西方便掀起了对古代建筑保护的讨论，其时主要的两派观点为以法国建筑学家维奥莱·勒·迪克（Viollet-le-Duc，1814—1879）为代表的“风格化”（Stylistic）和以英国艺术评论家约翰·罗斯金（John Ruskin，1819—1900）为代表的“画意风格”（Picturesque）。

前者认为修复应该恢复古建筑的风格特征，对缺失甚至原来不够“风格”的部分，可以基于该建筑原本的风格特征进行典范创作。勒·迪克本人为法国哥特复兴建筑（Gothic Revival）的中心人物，其对哥特建筑的研究启发了现代建筑，而他在建筑修复上最有名的成就是修复了中世纪哥特式的巴黎圣母院，2019年巴黎圣母院在大火中倒塌的尖塔正是勒·迪克的“创作”。该尖塔在巴黎圣母院最初的建筑中并不存在，深谙哥特建筑精髓的勒·迪克觉得原来的圣母院不够“哥特风”，故在修缮中增加了尖塔，以使其更具哥特风格。

后者在英国兴起。随着东方文化传入欧洲，东方园林的写意自然深刻地影响了欧洲的景观创作，园林风格开始由法国古典园林的几何态转向英国园林的自然态。在这种思潮的影响下，荒野中破败的中世纪教堂便被赋予一种画意般的趣味。罗斯金认为古代建筑包含着工匠们的劳作精神与时间赋予的历史沧桑，在修复过程中应该最大限度地保护这些建筑现有的一切。当人为保护不能使它们保留下来的时候，宁可不采取任何措施，让它自然地、一点一点地腐朽下去，也好过任何随意的修复。

这两种截然不同的保护理念各自影响着不同的修复实践甚至建筑创作。直到第二次世界大战结束，千疮百孔的欧洲面临重建，许多历史建筑也亟需修复。1964年在意大利威尼斯召开的第二届历史古迹建筑师及技师国际会议上，通过了《保护文物建筑及历史地段的国际宪章》（即《威尼斯宪章》），确定并在其后实践中延伸了“原真性、可逆原则、最少干预、可识别性”等原则。《威尼斯宪章》是迄今为止建筑遗产保护领域内最重要的文件之一，这些原则也在当代保护实践中被视为重要指导方针。其中“原真性”（Authenticity）在某程度上反对了勒·迪克的“风格化”思想，认为修复应当尊重古迹的原貌，且这种原貌应该建立在充分的研究与探讨的基础上，而不是臆想。与此同时，为了恢复、呈现建筑遗产的原貌与精神价值，接受对其进行复原，而不是罗斯金希望的保持“画意”的沧桑感，但在修复过程中除了尊重原真性，还要注意“最少干预原则”，即以最少的措施防止遗产价值灭减；“可逆原则”，即当代的修复工作需要可逆，以备以后发现错误或者有更好的解决办法时可以拆除此前修复的部分而不损害原物；“可识别性原则”，即缺失部分的修补必须与整体保持和谐，但同时须区别于原作，以使修复不歪曲其艺术或历史见证。

《威尼斯宪章》在其后数十年的全球建筑保护实践中发挥着重要的指导作用，但进入多元化的当代，更多的细节理念与地域差异性也逐步被补充。

1979年《巴拉宪章》提出“文化意义”（Cultural significance）作为保护实践的核心目的，正如美国学者兰德尔·梅森所说：文化是一个过程，而非一连串的事物（culture is a process，not a set of things），因此，古迹的“当代价值”即为文化意义的重要一环，而非只是单纯的“原貌”。奥地利著名艺术史家阿洛斯·李格尔认为，“如果并不存在这样一种永恒的艺术价值，只有相对的、现代的价值，那么一处文物的艺术价值就不再持续地具有纪念性，而是会被一种当代价值所代替，只要文物除了其历史和纪念价值以外，还可能有一种实用性的、时下关注的意义，那么文物保护工作就不得不作出考虑。”

1994年《奈良真实性文件》以“文化多样性和遗产多样性”为铺垫，强调文化遗产中多样性的意义。文件提出，真实性不能基于固定的标准来评判，反之，“出于对所有文化的尊重，必须在相关文化背景之下来对遗产项目加以考虑和评判”，它为原本弱势的东方文化遗产保护取得与西方同等的地位，在文件理论支持下的具体实践中，木构传统的东方建筑较石构传统的西方建筑更能接受对材料的更新，即使用“原材料”“原工艺”“原形制”的新木构件对腐朽的木结构进行更换。

反观中国的遗产保护，梁思成先生1964年在《文物》杂志发表了《闲话文物建筑的重修与维护》一文，认为“整旧如旧”是针对文物修缮后“焕然一新”而论述的，修缮应该“延年益寿”而且要避免“返老还童”。[①]其时，《威尼斯宪章》（1964年）的保护准则还未在中国语境下推广和被关注与讨论，梁思成先生的保护理念反对“修旧如旧”（非“整旧如旧”）的人为“作旧”处理，在当时已经相当先进。但“修旧如旧”这个朗朗上口的词语却被后人屡屡误解，传播至今。

我国的主要官方文物保护相关条例和准则也未将“修旧如旧”列入，而是结合《威尼斯宪章》和《奈良真实性文件》，以“不改变文物原状”作为总体的保护原则。如1982年《文物保护法》规定“对不可移动文物进行修缮、保养、迁移的时候，必须遵守不改变文物原状的原则”。随后的《中国文物古迹保护准则》（2002年）和《文物保护工程管理办法》（2003年）等都将“不改变文物原状”作为保护工作的原则。“不改变文物原状”中关于“原状”的阐释是宽容和多元的。《中国文物古迹保护准则》（2015年）中第二章“保护原则”，已对文物古迹的“原状”作了多方面的阐释，既包括现状（实施保护之前的状态），也包括某个重要历史时期的状态（历史上经修缮、改建、重建后留存的有价值的状态，以及能体现重要历史因素的残毁状态），还包括复原后的状态（局部坍塌、掩埋、变形、错置、支撑，但仍保留原构件和原有结构形制，经过修整后恢复的状态）等。这一阐释为具体的保护实践提供了更加宽松的操作政策，但即便宽容如此，也并未提及将“修旧如旧”作为原则或是将“作旧”作为修复方式。[②]

---

①梁思成．闲话文物建筑的重修与维护．文物，1964年第7期。

②华建集团历史建筑保护设计院．梁思成先生：别了，修旧如旧！“整旧如旧”与“修旧如旧”不可混为一谈［N/OL］．文汇报，2019-06-05［2020-10-18］．http://www.whb.cn/zhuzhan/cs/20190605/268319.html.

2.关于茶山的建筑遗产保护

茶山的历史建筑（主要是祠堂、庙宇）一般历代均有修缮，但大部分修缮都并非视历史建筑为“文化遗产”或文物而进行，而是单纯从实用性角度予以加固，或者在资金充足的情况下加装当时最流行的装饰，甚至拆除重建成更加堂皇的新建筑，这一般会被认为是一件“光宗耀祖”的事情。在遗产保护意识没有形成的古代，这种情况无可厚非，但实际上“实用主义”和“喜新厌旧”的意识和做法在当下仍然流行。

根据现存的历史建筑判断，中华人民共和国成立后茶山经历过两次建筑修缮潮。一次是二十世纪八九十年代改革开放时，依靠华侨捐款或乡民在积攒了相当财富后陆续重建或修缮在“文化大革命”中被毁的祠堂、庙宇。这一阶段的修缮一般由民间甚至是个人进行，随意性较大，以实用主义为原则，虽然大体还是延续古代风格，但在具体操作中采用当时的工艺和材料（如水泥、红砖、瓷片等）进行建造和装潢。如何屋何真公祠，墙体铺满绿色瓷砖，瓦面也用更为堂皇的琉璃瓦，屋脊为订做现成的琉璃龙船脊而非传统的砖砌灰塑工艺。类似的情况出现在当时许多重建或者修缮的建筑中，例如南社百岁坊、谢氏大宗祠，后者头门垂脊更是镶嵌了非常梦幻的粉红色瓷砖。20世纪80年代中国的文物保护尚在起步阶段，乡间对祖先建筑遗产的修缮作出如此具有时代特色的创作，可以被理解为遗产保护向现代转型的一个过渡。

2006年，南社村古建筑群被核定为第六批全国重点文物保护单位，这是茶山文物保护的一个重要里程碑。大批资金与专业力量进入南社，协助南社以最高的保护标准修缮其中的文物建筑。南社以外的茶山域内的文物建筑不多，但随着南社明清古村落宣传的扩散，文物或更为广泛的建筑遗产保护意识得以推广。但这种“意识”多是泛泛而谈的“修旧如旧”或者“传统文化”，甚至是带有功利色彩的商业、旅游业策略，至于“原真性”“文化意义”“当代价值”，哪怕是国内的“不改变文物原状”准则，都未得到认真讨论，陆续有不少价值较高的祠堂被整体拆除重建成焕然一新的新祠。民众对遗产保护原则之类的知识也无更多途径去获取，文化遗产的公民教育缺失也是一直以来遗产保护的一大障碍。

各级政府在最近十余年逐步加大对文化遗产保护的投入，陆续有更多的古建筑得到修缮。与20世纪80年代的修缮潮不同的是，这次修缮热潮基本为政府行为，特别是近几年，自上而下的政策、资金支持，更是使得这种修缮充满“任务”色彩，大量祠堂、庙宇修缮项目伴随着乡村环境整治同时涌现。在本书调研期间（2019—2020年），便遇到14座祠堂（占全镇祠堂总量117座的12%）、4座庙宇或中华人民共和国初期公共建筑在重建或修缮，而更多的建筑已经在此前不久刚修缮重建完毕，或即将开展相关工程。大量集中出现的修缮项目和环境整治因缺乏专业知识的支撑，导致诸多问题。

虽然茶山除了南社村和少数其他文物保护单位以外，绝大部分地区并无法定必须保护的建筑文化遗产，但更为广义的文化遗产除了是祖先留下的精神载体以外，还是一种厚积薄发的文化资源或蕴藏的发展能量，慎重、专业、细致地对待从规划、修缮到管理的各个阶段，是遗产保护乃至后续发展得以良性持续的关键。

但建筑修缮本质上是一个复杂因素纠缠下的社会行为，涉及社会、经济、文化等多个方面，本书不寻求给出一些能照顾各方面的万能方案，在前文宏观分析之后，罗列一些关于古建筑修缮或村落环境整治的意见和建议，仅供参考。

（一）关于环境整治

传统村落布局中往往缺乏较大片的公共空间，这是基于传统社会组织而形成的特点。但近代以来对公共性和集体生活的强调打破了这种传统，对公共空间的需求与紧凑的村落空间产生矛盾，20世纪90年代开始，因为水塘在现代已经失去了明显的泄洪与防火意义，且位于中心位置，紧邻民居，多数村落便选择填塘造地，在其上修建篮球场或者市场。但有意思的是，所有村落都不会把水塘完全填埋，而是尽可能保留部分水体。这大概是根植在广府人心中的"风水"情结，毕竟这些看似没用的水体有一个传承多年的名字——"风水塘"。然而近年因汽车保有量暴增，停车位成为所有村落面临的棘手问题，旧村用地再次告急。仅存的"风水塘"在传统意识逐代变弱的背景下能否保存下去，实乃一大问题。

环境整治表面上是美化围面的环境，但更本质的任务应该是解决空间矛盾。但无论如何，现在仅存的水体都不应该继续削减。撇开"风水"不论，它还是一个村落格局的问题。前文论及村落的布局模式，这种格局也是文化遗产的一部分，如果我们想更好地保护村落文化遗产，首先要做好整体格局的保护。对大部分村落而言，是山—居—水的梳式布局，后山不应进行过度建设，应保持植被，前水也要最大限度地保留。霞坑村是梳式布局的典范，可惜在新近的村落整治中，将后山植被砍掉，局部夷平，建成广场。后山植被的传统名称是"风水林"，被毁后，"风水"是否受到影响未可知，但传统梳式布局确已被严重破坏，前文描述的热压通风系统也被打破，过去后山植被所蕴藏的下山凉风在改造后的受晒即产生热空气的广场中荡然无存，一旦通风条件不好，广场上的热空气很可能凭借高地势往村居内流动，造成热风穿堂。

2020年的霞坑村

（来源：自摄）

至于围面与水塘，则是环境整治工程的热门对象。从最新拍摄的航拍图可以看到，不少村落大概聘请了专业的设计单位，对这些区域进行了新的环境设计，例如寒溪水、坑口、孙屋、何屋、游屋等。从空中看，设计后的围面及水塘四周出现优美的曲线，但这种现代景观美学却与传统村落格格不入，或许设计者在设计之时甚少甚至没有考虑到传统与现代美学之间的张力。现代美学并非不可介入传统环境，只是需要更加谨慎与尽可能寻找新设计与旧村落之间的关系，而非在图纸上照搬城市景观图案放在乡村里。这些图案不但与传统环境不协调，其生成的环境空间在实际的使用体验中也并不实用，只是流于形式。这也许是设计师们应该反思的地方。

出于安全的考虑，近年各村纷纷在水塘边增加了栏杆，早年添加的栏杆较为朴素、纤细、通透，但近几年新换或新增的栏杆则兴起仿古风，往往使用昂贵且不环保的石材，雕刻繁冗，使得栏杆厚重而不透气，且通常过高，严重影响了视野和气场的通透，也破坏了亲水的乡村氛围。这种情况在国家级历史文化名村南社也同样存在，也许这样做是考虑到游客较多，且需要符合古村风貌。但对比其他同级别历史名村，例如安徽的西递、宏村，同样游人如织，但水塘边始终保持无栏杆的原始状态。就算是世界知名的杭州西湖也一样，连伸进湖里的集贤亭的步道，都未加栏杆。事实上，石质栏杆不仅不会使村落显得有文化底蕴，还可能会起相反效果。相比之下，如果为了安全一定

（a）2019年

（b）2020年

坑口村围面水塘前后对比

（来源：自摄）

石质栏杆

（来源：自摄）

叶屋村围面铁质栏杆

（来源：自摄）

安徽黟县宏村围面

（来源：自摄）

要加装栏杆，叶屋村则可以作为范例来参考，其围塘栏杆只用简单的铁方通组拼而成，涂上灰银色防锈漆，简洁低调，通透轻盈，不喧宾夺主，还价廉环保。在本书写作之时，仅上周塘未加装围塘栏杆，让我们得以感受到最为恰当的围面氛围，但在即将进行的围面整治项目结束之后，这种氛围大概也难以复存。

（二）关于建筑保护的观念

1. 保护建筑的历史多样性

受“文化大革命”时期的“破四旧”和改革开放的实用主义影响，现代村民多半对村内古建筑漠不关心，只有一些念念不忘祖先福荫的老人家会期待修缮祠堂。随着近年舆论对传统文化的造势，祠堂等代表宗族传统的纪念性建筑越发受到重视。但如果我们超越“传统文化”的成见，见证其他历史的建筑同样值得重视。中华人民共和国初期的公共建筑，便是其中之一。虽然它们年代不算久远，但承载了当时时代烙印的建筑都应该被适当保存。这是历史多样性的一环，一个村落保存着各个时期的历史建筑，可以让后代子孙更能明白祖辈的经历。

中华人民共和国初期的建筑，主要建于人民公社化时期，多位于村落的围面，主要有公共饭堂、大会堂、大队部、粮仓、代销店等，此外还包括水灾后集体建造的联排住宅、知青宿舍、牌坊和一些集体农业设施（如高架泵水渠、泵房）等。经普查数据统计，此类建筑全镇尚存 34 处。很多村落会将它们用作本村的村委会、老人活动中心、治安队办公室等，又或者储物、出租，乃至丢空荒废。这些建筑多属集体所有，体量往往都比较大，在近年用地紧张的情况下，村委有权处置的建筑物也只有此类建筑和祠堂。既然祠堂不能随意处理，那么人民公社化时期的公共建筑便成为可选的利用对象，所以近年陆续有此类建筑被拆除，重建成办喜酒的宴会堂等各种新建筑。在本书调研期间，京山的大会堂被拆除重建成四五层高的现代小高层，并且在顶部设计了巨大的坡屋顶；下周塘也拆除了大会堂，准备建造宴会厅，超朗下围拆除了粮仓复建邓氏宗祠，还有横江拆除罕见的代销店，重建了一座样貌类似的老人活动中心，叶屋牌坊被意外撞毁而重建……这些决定固然各有因由，但从遗产保护或前述历史多样性角度而言，除了叶屋牌坊因意外重建及超朗下围的原址重建祠堂具有说服力，其他都让人遗憾。而超朗陈屋做了不一样的抉择，他们将人民公社化时期的公共饭堂修复一新，虽然主体建筑因为破败不堪而不得不重建，但门面得以保留修复，且整体原貌，甚至工艺、材料都基本保持了原貌：立面依然保持水刷石材质，虽然这大概是80年代改造的结果，正面依然是繁体“龍頭陳屋村”，其下依然是粤语拼音“LUNG TOU CHAN OOK CHEEN”，而没有试图改成简体与普通话拼音，屋顶依然铺瓦，桁架依然为木构，地板依然铺黏土大阶砖，室内增设了现代化的厕所。尽管竣工后被村民抱怨厕所没有分男女、瓦片铺得不够密、插电口不够用，但这些都是可以改进的旁枝末节。其能按原貌保留并修缮这类人民公社化时期的建筑，已是同类修缮中难得的积极案例。

修缮后的龙头陈屋村公共饭堂

（来源：自摄）

修缮后的龙头陈屋村公共饭堂室内

（来源：自摄）

除了人民公社化时期的建筑，改革开放早期的代表性建筑作为历史多样性的一环也应该予以重视，尽管它们只有30多年的历史。这些建筑包括一些水塔（如超朗陈屋水塔、叶屋水塔、茶山凤山水塔等）、小学（如京山、刘黄、博头、下朗、下周塘小学等）、代表性的工厂或公司的厂房和宿舍（如峡运宿舍等）、村门牌坊（如卢屋、刘黄、京山等），甚至是一些具有时代代表性的新式民居（如茶山解放巷6号、红卫巷46号、红卫巷念慈庐、麦屋念湖园等）和村委会建筑（如增埗大楼）。[①]

2. 保护建筑的历史痕迹

19世纪上半叶勒·迪克与罗斯金关于建筑保护的隔空论战在当时并没有得出结论，但勒·迪克的风格化修复被后来的现代修复理论否定，罗斯金的画意风格虽然没有被广泛接受，但为后来《威尼斯宪章》的“原真性”原则提供了不少启发。可是，在中国的建筑保护实践中，风格化修复依然深得人心，毕竟它满足了人们对想象中的“完美状态”的渴望，而需要更多思辨能力的罗斯金的精神，却很难在扁平的时代中得到理解。

罗斯金认为，古代建筑包含着工匠们的劳作精神与时间赋予的历史沧桑，在修复过程中应该最大限度地保护这些建筑现有的一切，而不期求它恢复到最初状态甚至是臆想的完美状态。也就是说，他重视的是蕴藏在建筑物质性背后的非物质的意义，这点仿佛与百年之后的《巴拉宪章》所提出的“文化意义”（Cultural significance）有所联结。简单而言，所有在建筑物本身留下的历史印记都具有意义，而建筑保护作为一种行动，

①详见第四章相关内容。

应该辨析这些意义的价值，至少是对于当下的价值，从而选择性地予以保留，这是一种“以价值为中心的历史保护”（Values-Centered Preservation）。

例如，沙墩刘氏宗祠柱子和下朗村楼下巷32号民居外墙的水号标记，[①]都是一段重要历史（水灾）的印证。如果按照风格化修复的理念，这些都是破坏完美状态的伤痕，应该予以抹平，但是“以价值为中心的历史保护”则会细心保护这些痕迹，将其作为历史的信息传递下去。但有的时候不同的信息痕迹会重叠在一起，或者一种信息痕迹破坏了另一种。当两种价值发生不可调和的矛盾时，我们需要作出判断与选择。例如祠堂墙面上的“文化大革命”时期标语，我们需要判断恢复祠堂的宗族意义与保留“文化大革命”历史痕迹哪个比较重要。某种程度上，我们需要考虑某个特殊群体的感情，正如我们需要考虑宗教、宗族拥护者的情感一样。所以“以价值为中心的历史保护”注定是一个没有标准答案的“过程”，而非有明确目标的“结果”。

试举两个国际上较为著名的以价值为中心的历史保护的案例帮助大家理解：

2001年美国“9·11”事件中，建于18世纪的圣保罗教堂成为救援人员的避难所。在它被作为避难所使用了一个月之后要重新修缮时，人们决定将当时救援人员的设备无意中在教堂长椅上造成的刮痕保留下来，而不是把它们清理掉。这样，“9·11”时救援人员的刮痕和印迹就获得了和教堂里乔治·华盛顿的长椅和皮埃尔·朗方的圣坛雕塑同等的纪念性地位。[②]

纽约圣保罗教堂

（来源：《建筑遗产》2016年03期）

“9·11”时救援人员在圣保罗教堂长凳上留下的刮痕

（来源：《建筑遗产》2016年03期）

德国议会大楼的穹顶在二战中被盟军炸毁，建筑师福斯特在修复方案中恢复了穹顶的形状，但更换了材质与内部结构。新的穹顶由钢架和玻璃构成，内部设置了漏斗形的结构以解决温室效应问题。同时，新的玻璃穹顶可供市民进入参观，他们可以透过透明的玻璃观看下方议员们讨论国家大事的过程，这是作为一种对纳粹化的反思。这种将旧的形态、新的材料技术新旧结合，且在修复中赋予建筑新的意义的方案，突破了许多传统的保护观念，极具启发意义。

①详见第三章相关内容。

②兰德尔·梅森，卢永毅，潘玥，等. 论以价值为中心的历史保护理论与实践［J］. 建筑遗产，2016（3）.

德国议会大楼

（来源：万亿摄）

德国议会大楼重建穹顶内部

（来源：荒梁摄）

（三）关于建筑保护的原则

在古建筑保护的项目中，只有文物建筑的修缮需要由具有资质的设计单位和施工单位进行设计和施工，并且有一系列的监督保障制度。茶山的文物保护单位集中在南社，此外只有少量建筑被列为保护对象。也就是说，其他所有古建筑的修缮活动并不受相关法律约束。这种政策有利有弊，利是使得大部分非文物建筑免除繁冗的报批程序和过高的修缮经费，弊是导致许多优秀的非文物建筑在没有监督的情况下被随意处置，或在不受监管的修缮过程中因为缺乏专业指导而导致遗产价值灭减。

但事实上，文物建筑与非文物建筑之间除了法律属性外，没有本质区别，也就是对于整体的文化遗产价值而言，它们是量的区别而非质的区别，且这种价值的量的区别在判断上也未必准确，因为“价值”本身就是相对主观的。因此，两者的保护原则理应一致，只是在执行中结合实际情况尽可能地执行。以下我们结合茶山的情况，总结了几点原则性建议，以供非文物建筑修缮主理者参考。

1. 尽可能以修缮代替重建

在民间普遍存在一种喜新厌旧或以更宏伟的建筑光宗耀祖的心态。以至于许多村落在积攒足够财富后，便会优先选择拆旧建新。这种情况多不胜数，最让人遗憾的是下朗袁氏大宗祠。当然也有因为维修太麻烦、太困难而选择重建的，如冲美刘氏宗祠和横江代销店。但自文化遗产保护概念产生以来，历史本身也成为一种价值，保存祖先的原物，也是对他们的尊重与追忆。一个具有越多历史原物的地方，越容易赢得他人的尊重。所以，如果不是破败到无可修复，都应尽可能以修缮代替重建。若因为资金、技术等问题难以执行，则宁可先做必要加固保护，待时机成熟后再议。

2. 尽可能使用原有构件

许多修缮工程在执行过程中往往因为追求统一、方便，节约人工等原因而将旧构件大量换新。我们在调研过程中恰遇某村宗祠重修，正在揭瓦。揭瓦工人坦言，揭下来的老瓦远远比新买的瓦片的质量和色泽都要好（据说是柴烧瓦和煤烧瓦的区别），而且大部分旧瓦清洗一下便可以重新使用。但回收后能用的旧瓦毕竟不足以铺满屋面，此时较为合适的做法是优先将旧瓦铺满前坡面，后坡面再以新瓦铺满，或将各进所有可用旧瓦铺到同一进，新瓦再铺在另一进，如寒溪水罗氏宗祠的二、三进。

寒溪水罗氏宗祠修缮后的屋面

（来源：自摄）

木质梁架如果没有出现影响结构安全的损坏也应该尽可能保存，破损处用同质木材加以修复即可，下朗菊隐公祠寝堂梁架的修复便是如此，这样可以使建筑价值得到最大限度的保存。可惜的是，其4根木柱在落架后发现中间已被蛀空，故不得已更换成新柱。但事实上可能不必如此，柱子用的木都是硬木，与桁条用的杉木不同，硬木内部腐朽蛀空是常态，只要经检测壁厚强度足够，且防止害虫继续蛀蚀，桶状的柱子依然可以继续承重。全国重点文物保护单位、岭南最古老的木构建筑——肇庆梅庵大殿的木柱，便是如此。桁条的杉木则相反，外表的横向裂缝是常态，裂缝深入中心或出现竖缝才必须更换。这些都是关键的细节，需要设计方、施工方与甲方在修缮过程中密切沟通解决。

下朗菊隐公祠寝堂梁架修缮细节

（来源：自摄）

3. 尽可能不改变建筑原状

《文物保护法》中规定："对不可移动文物进行修缮、保养、迁移的时候，必须遵守不改变文物原状的原则。"对非文物的修缮、保护，也应该尽可能遵循此原则。原状的定义无严格限定，一般情况指的是始建原状或最具价值时期的状态。如果无法确定所谓的"原状"，则可以参考同地区、同时段的其他同类建筑的形制。

在实际修缮工程中，常常会因为各种原因而改变原状，如下朗民国桐山小学校校舍，原状柱子排布非常特别，4 根檐柱与 2 根金柱错位，正面看来呈现出六柱前后错落但又均分的错觉。可惜在近期修缮中，因担心次间横梁刚度不够而增加了两根柱子，破坏了民国时期精心设计的原貌。这并非不可调和的矛盾，例如可以重浇横梁、加强刚度等等，技术难度不高，只是需要更多的时间和耐心。

屋脊是屋顶一个重要的构成元素，硬山顶中有正脊和垂脊两类。正脊在茶山常用的形式是灰塑龙船脊和灰塑博古脊，前者更为普遍，还有少数用琉璃博古脊。在早期的修缮中，很多灰塑龙船脊被改为琉璃龙船脊——一种从未在历史中出现过的形式，如南社百岁坊头门牌楼便是典型例子。虽然在近年的修缮工程中，这种情况渐渐减少，但重做的屋脊的形式却不一定准确。如吉街陈氏宗祠重建的头门牌楼戗脊的脊饰，竟用了北方民间传说中的仙人走兽。作为东莞市文物保护单位的东岳庙香亭与大殿也犯了同样错误。对比民国《茶山乡志》所刊照片，香亭正脊鳌鱼由含脊变成位于脊上，下檐戗脊脊饰也由鳌鱼变成仙人走兽，从专业角度看来，这是严重的错误。下朗民国时期桐山小学校的校舍为一歇山顶建筑，民国新式建筑有简化装饰的倾向，校舍斜对角同期的亭子的垂脊便素雅无雕刻，只在脊尾做弯卷的形态以求姿态轻盈。虽然校舍在 20 世纪 80 年代重修时重建了屋顶，我们无法准确知晓其屋脊形式，但其时重修大概也是按照原貌重做，即与亭子屋脊类似，只是形态略笨重。但在最近的修缮中，校舍屋脊被设计成清代的龙船脊形式，并以灰塑卷草花纹装饰，硬生生把一个民国建筑改成了清代风格。这也是修缮中的严重失误，不仅破坏了原貌，还混淆了历史，抹杀了民国时期建筑力求简化的时代精神。

关于这方面的其他具体建议，将在下文“关于建筑保护的细节”中作详细说明。

下朗桐山小学校校舍原貌

（来源：自摄）

下朗桐山小学校校舍修缮后新貌

（来源：自摄）

4. 最少干预、可识别、可逆原则

最少干预指的是用最少的动作、最大限度地保存建筑的价值，不必要的臆想、画蛇添足尽量避免。如果不得不施加新的动作，例如前文所说对木质梁架的修补、更换梁柱、更换瓦片，甚至是增加新的功能空间（如厕所等），应做到具有可识别性，即新增、新补的部分应该忠于新构件的属性，不能人为做旧或不宜故意涂抹成与旧材一致的颜色，让后人可以判断原物与后物，不至于混淆。这个观念可能会冲击所谓的“修旧如旧”观点，但为了不至于太过突兀，设计时应该注意选材和选色的和谐，做到新旧“远看一致，近看有别”的状态。实际上，新材只要与旧材同质，经历一定年月后自然会渐趋统一，做旧伪装反而会随着时间而原形毕露，届时更为突兀。同时，如果需要新增原来没有的构件或空间，需要注意可逆原则，即这些后加物可以较容易地拆除，且拆除后不会损害原建筑。关于这点，必须强调在古建筑修复中要慎用水泥，因为水泥的性质决定了它很容易对原建筑造成不可逆的破坏。

5. 做好信息、遗构保存工作

无论采取何种保护方法，甚至要拆除建筑，都必须在事前做好信息保存工作。最简单的方法是拍照，取样应尽量多、丰富，也可采用全景摄影等技术。在这方面下朗袁氏大宗祠的拆前影像保存就做得较为到位，在没有无人机的年代，专门请来专业摄影师和高空作业车，升至高位拍摄鸟瞰全景图。除了影像保存外，更专业的信息保存形式是对建筑物进行测绘、建模。这些都是重要的资料，除了有助于后续的重建，也可供后人观赏，对学术研究也有很大意义。

因重建或修缮拆除下来的构件，如果不能重新利用，应当尽可能保存，特别是一些价值较高的部分，例如门匾、石雕、梁架等。将石柱础用作便民座凳是乡间常见的做

东莞理工学院松山湖校区内的茶山冲美刘氏宗祠梁架

（来源：自摄）

法，门匾也应妥善保存或展览。如横江村目前仍保存着其南村门“瑞霭南天”匾和东门“东鲁遗风”匾，近年被拆除的代销社最具特色的水泥灰砂制“代销社”三字也得以保存，算是不幸中的大幸。冲美刘氏宗祠被拆除后，梁架捐赠予东莞理工学院建筑工程系保存并在松山湖校区内重构展示，成为一处校园景观和教学构件，让学生近距离接触、观察木构件的构造原理，从而转宗族纪念意义为遗产教育意义。

（四）关于建筑保护的细节

关于建筑保护的细节，正确的做法往往只有“不改变原貌”一种，但相对的错误做法数不胜数，本书最后以最重要的外立面瓦面为重点，提出一些我们在调研中经常碰到的修缮误区和相对合适的做法，以供参考。

东莞地处广府、客家两大民系的交汇处，故在瓦面的形制上兼有两者的特点，即广府的碌筒瓦与客家的蝴蝶瓦。一般而言，茶山的民居或其他小型的建筑都使用蝴蝶瓦，而较大型的建筑，如祠堂，常用形制是第一进使用碌筒瓦，第二、三进使用蝴蝶瓦。总体而言，蝴蝶瓦是茶山地区最常用的铺瓦形式。但由于碌筒瓦被认为是更高级的形制，或看起来（仅仅是看起来）更防水，很多修缮工程会将原来的蝴蝶瓦换成碌筒瓦或琉璃瓦。琉璃瓦更受欢迎，因为其形制更高级，在古代，只有大型庙宇或者皇亲国戚才有资格使用，而如今没有禁止僭越的规则，民间便随其所好，碌筒（实际修缮施工中往往换成更方便的灰色琉璃瓦，如棠里围面祠堂）、绿色琉璃瓦（如下朗袁氏大宗祠、吉街陈氏宗祠、塘角陈氏宗祠）、甚至是紫色琉璃瓦（如粟边陈氏宗祠）层出不穷。对于建筑遗产修缮而言，“原形制”是一个重要准则，如果没有福斯特的德国议会大楼新穹顶一样的新意义，老建筑的修缮还是以“不改变原貌”为原则比较恰当。寒溪水方祖的修缮便依原状用蝴蝶瓦，素瓦当滴水，严格忠实于原貌，修缮效果相当理想。

蝴蝶瓦面

（来源：自摄）

碌筒瓦面

（来源：自摄）

近代修缮中错用的琉璃瓦面

（来源：自摄）

瓦面的另外一个常犯错误是，剪边的瓦当和滴水不符合传统形制。剪边，是传统形制中一种为了使瓦面更好看、更高级但又避免僭越的做法，把素瓦当头、滴水头换成琉璃，但后面依然是素板瓦和碌筒。茶山的许多祠堂、寺庙都会使用这种做法，但近代在修缮时常常使用了形式错误的滴水和瓦当（如京山新铭叶公祠）。正确的剪边滴水瓦应该只有三角形的滴水部分上釉，板瓦部分仍为素瓦，剪边瓦当则只有瓦当头上釉，筒瓦部分为素瓦，且直径比瓦当头小一点，留作碌灰的厚度，此谓之“丁头瓦当”。常见的剪边错误是，滴水全上釉，瓦当也是全上釉，且瓦筒没有缩小。这显然是直接套用全琉璃瓦时使用的瓦当、滴水，而没有考虑剪边的特殊性。这个细节错误在当代修缮中屡屡出现，甚至在文物建筑里也常常看到。当然，在这点上要做到符合传统形制确实不易，一来是专业认知问题，二来是施工队往往反映工厂没有这种特殊的瓦当滴水。后者是一个产业链条和资金问题，但并非无法解决，只是需要付出更多的耐心，我们在坑口袁氏宗祠修缮工地上，便见到这种专门订做的全新“丁头瓦当”。

正确的剪边瓦当（丁头瓦当）

（来源：自摄）

正确（左）与错误（右）的剪边瓦当

（来源：自摄）

结语

本书一方面希望通过普查、统计和制图描画出一个关于茶山历史建筑的宏观图景，另一方面，当我们把视野穿透数据和图纸，总能发现许多简单结论无法涵盖的例外。所以，我们并不是想、也没有得出诸如“茶山镇建筑遗产丰富”或者相反的任何结论，而是将普查的数据和情况客观地呈现给大家。因此，我们没有必要简单地跟其他地方比较，从而决定应该好好保护这些丰富的遗产还是“破罐子破摔”，例如我们完全没有必要拿其他村落跟南社作对比，然后觉得其他村应该放弃文物保护，转向其他发展，南社村也许也没有必要把所有期待都押在古村和孝德文化上以发展旅游业。在我们了解了自己的乡土还留存什么遗产之后，考虑重点大概是如何给我们的后代留下最真实、多元的历史，同时我们还应该通过这些遗产映照当下，明白我们如今做的任何建设都是未来的遗产，从而更为长远而慎重地经营好我们的人居环境。

我们不希望所有人提起茶山的建筑遗产时只知道南社、牛过蓢，也不希望提起南社的历史文化时只知道祠堂与孝德。我们更感兴趣的是那个80年前在严肃合照里站在屋顶上挥手，仿佛穿越回去的年轻人。总是有些正常秩序外的“离经叛道”书写了不为人知的历史，而往往是这些细节推动了巨轮的转向。

很显然，我们已经从一个重儒尊祖的传统社会，历经拥抱西方、文化革命、韬光养晦，来到了重拾文化自信的年代。我想，这种自信大概不应该只来自过往某个最辉煌的节点，也不只是泛泛而谈的五千年中华传统文化，而是我们对过往所有一切的总结与反思。正因为我们繁盛过也衰落过，对过也错过，最后坦然面对，反身自省，这才值得我们自信。

这种反身自省大概是来源于我们对“现代性”的思考，我们从追逐西方的现代性过渡到一种与之截然相反的东方现代性，但其实在某种程度上如出一辙。法国学者布鲁诺・拉图尔一语惊人，认为“我们从未现代过”，这是看出现代性的假象，即长久以来现代主义者所宣称的纯净的现代性从来没有正视“混种物”的无处不在与建设性意义。真正的现代，应该是“多重本体论”的。

本书的最后，借结语对整个成书过程作一些回顾。

2018年夏天，茶山文广中心邀我写一本关于茶山古建筑的书。当时我正带领学生在做下朗菊隐公祠等建筑的测绘实习，未有多想便一口答应。但其实我作为一名茶山人当时对茶山的古建筑家底并没有太深入的了解，连东岳庙都未曾踏足过。但多年的学习与实践考察让我不至于被家乡情怀所牵绊，稍能以抽离一点的角度去接受这项工作，由远而近地重新认识这片既熟悉又陌生的土地。就如当初我从广州回到东莞，走进莞城老城区的骑楼街，特别是未经整饰的一段，遇见市井生活熙熙攘攘的时候，才真正与高中时在东莞中学读书生活的日子联结起来，真是每一次初次见面都是久别重逢。这种喜出望外的感受一次次出现在我再访茶山粮仓、下朗桐山小学校等地方的时候。

承蒙各方信任和支持，一切进展顺利，直到2020年初“新冠”疫情爆发。

疫情使得进行到关键期的调研全面停顿。度过了最严峻的寒假后，又由于学校改成网络授课而使学生无法返校，课题组内几乎所有学生都不在东莞。可是出版日期已定，在期待学生返校无望后，我只能单兵作战，利用教学以外的所有时间，努力推动调研的进度。

在这段时间里，我几乎每天都拿着一年多前编成的调研初稿在茶山各地进行复查，以一个戴着帽子、口罩，几乎看不到脸的怪异形象出现在农村的大街小巷。在复查的过程中，我以一个观察者的视角看到了疫情之下的乡村百态，看到老人在旧房子里独自呆坐，看到本地居民聊着贷款与楼市，看到恶犬低吼着警告我离开，看到租客在门口全神贯注地玩着手游、刷着发出怪笑的视频，看到打工者的小孩们在昏暗的出租屋里做作业或在破落的巷道里嬉闹。见到我时，也只有这些小孩会充满好奇地问我在干什么。本地人当然也会问，但多是问什么时候拆迁或这个月水表多少度之类的民生问题。而外地成年人基本不会过问，对我的异常装束和举动顶多是疑惑地看一眼。在后来的课堂里跟学生讨论到关于乡村的问题时，我逐渐意识到，这些写照是多么的真实，在我们的传统村落、老建筑里，生活着的大部分是外来务工人员、期待着离开的本地人和不愿或者没有能力离开的老人家。外来租客们从来只把这里当作临时落脚之地，对脚下的土地充满着疏离感，也没有主人翁的身份认同，所以他们看到我这样可疑的陌生人也不会多问究竟。然而他们的小孩生于斯、长于斯，对闯进他们领域的一切都会感到好奇。我在下朗碰到的一个外来工小孩子甚至还带我去看他的家，希望可以登记一下。我突然就有一种“错觉”，乡村振兴、遗产保护，他们才是希望所在呀。

在博头的调研中，我遇到一位独自建造自家新房的村民。房子宅基地狭窄，当时只建到一楼墙体。但是奇特的结构方式马上吸引了我的注意：它没有使用农村惯用的承重砖墙或者水泥框架，而是用了剪力墙结构，即整个墙体用水泥一段段地现浇。这种方法在农村几乎不会出现，由一个人独自完成民宅建造则更是奇异。于是我便跟他攀谈起来，屋主人刘先生说疫情期间没事可做，也没有人来帮忙，就一个人慢慢地建造自己的房子，给自己退休后居住，让自己有个百年归老的地方。看起来只有四十多岁的刘先生不仅想得够远，对于建造的观念也超前，他之所以用这样的方法建筑，是觉得这是一种未来的趋势，坚固防水、环保耐用，夹模板而留下的墙钉他也不打算磨掉，而是用来种植垂直绿化，使屋内降温，不需要空调。他说他了解到新加坡有许多这样的建筑。至于施工的方法，例如如何让墙体光滑，模板要多长多高才能让一个人就可以完成操作，什么样的模板耐用，混凝土的水灰比例是多少……他都通过一连串的试验得出了一个比较理想的方案，但也因此使施工变得十分缓慢。我越听越惊讶，这竟然是一个没有受到太多专业训练的普通农村人做的事。唯一值得担心的是，某一天这里被统一征用，这一切努力都会化为乌有，得到的只是跟其他破旧的房子一样的补偿金。这也是大多数人，包括本地和外地人对乡村没有信心投入而只是投机的原因。

我想，刘先生的房子在数十年甚至百年以后，如果没有被拆掉，一定会在这堆平凡的村屋里脱颖而出。这便是我如今给予许多几十年前特立独行的房子较多注意的原因。它们的主人或者设计者带着更多的主人翁的身份认同，更加用心去经营这片土地，而时代也因他们而得以前进。

调研和写作在2020年的夏天，随着团队里的学生专程从各地回归东莞而得以加速推进，期间也得到各方支持与帮助，本书终于在年底顺利如期完稿。在此需要特别感谢对本书作出贡献的所有人：

本书副主编陈贺周先生为本书做出非常大的贡献。从本书筹备阶段的提案、立项，再到调研阶段的工作协调，再到编著阶段的全书框架讨论、文献资料搜集，陈贺周先生全程悉心跟进，并负责了中华人民共和国成立前的部分文史材料的写作。藉由陈先生在文史方面的知识，本书减少了许多相关错误。

本研究团队的主要成员包括：王冠军、王泽文、郑世霖、张婉遥、林靖童，他们分担了许多调研、数据、绘图、建模等工作，是本书的重要基础。疫情期间，他们还从各地回到东莞，蜗居在我家开展调研，这实在是雪中送炭。此外还有许多学生专门参与本书相关调研和绘图工作，包括：刘泽华、莫杰灵、许培楷、钟晓琳、劳礼雯、吴海庭、郭予川、许佳士、杨锐聪、郑杰宇、颜愉晴、张开心、陈兆春、姚振怀等。另外还有2012级、2015级、2016级、2017级四届学生共约55人在测绘实习中分别对南社、下朗、横江和茶山其他村落进行了调研和测绘，人数众多，恕不一一详列。

调研期间，民俗学者、茶园游会非遗传承人骆炳根先生对我们在茶山寨的研究指点极多，还亲自带路探访古迹；茶山资深摄影师林锡南先生接受采访并提供多帧宝贵的茶山老照片；考古学者陈效坚先生给我们展示其发掘收藏的汉代陶器并提供了相关照片；茶山公仔非遗传承人林暖钦先生、茶山民国洋楼屋主袁钜明先生、上步林屋林氏大宗祠管理人林会亨先生、横江晏公庙庙祝袁志伟先生、横江村民袁振文先生在采访、交流中给我们提供了许多线索；另外，东莞市规划展览馆提供了多张历史图片，茶山文广中心吴沃根和各村相关负责人为我们的调研、测绘提供了很多协助，在此一并感谢。

广州大学岭南建筑研究所提供了部分测绘图纸，所长兼本人导师、广州大学教授汤国华先生为本书作序并提了不少专业意见。汤老师是本人在岭南建筑学术道路上的引路人，我在古村暴走、在屋顶飞檐走壁的本领，也尽是汤老师的真传。

此外还要感谢在我疫情居家隔离写作期间给予帮助和关怀的朋友Sue、Vincent、Fashion。

最后要感谢我的父母。我自外出求学起便很少在家，但因为本书调研而多了许多在家的时间，也多了许多跟他们聊天的话题。通过“家庭采访”，我才了解到更多关于他们的时代故事。父亲还领我去横江旧队部寻找建造日期的刻字、看初世祖墓的碑刻。母亲带我拜访她的表哥林锡南先生，还为我和在我家暂住开展调研的学生提供了强大的后勤支持，可谓功不可没。

由于本人学识有限，又遇疫情耽误，本书有许多未及完善之处。读者如发现错误或有任何建议，望不吝赐教。如得知任何未被录入本研究的有价值之建筑、遗迹，亦欢迎指点、相告。最后引用袁应淦先生在《茶山乡志》序里的最后一句，作为本书的结束：

后之作者倘能绳其纰缪而纠正之，则幸矣！

袁艺峰

2020年秋于茶山横江/松山湖

参考资料

古代文献、方志

［1］［清］屈大均．广东新语．北京：中华书局，1985.

［2］［清］桐山居士．茶山乡志，1904.

［3］［清］阮元．广东通志．广州：广东人民出版社，1994.

［4］［民国］陈伯陶．东莞县志．东莞：养和印刷局，1927.

［5］［民国］袁应淦．茶山乡志．东莞：南方印务局，1935.

专著

［1］东莞市博物馆．东莞市茶山镇岗地遗存考古调查报告，2019.

［2］《东莞市茶山镇志》编纂委员会．东莞市茶山镇志［M］．广州：岭南美术出版社，2010.

［3］楼庆西，李秋香．南社村［M］．石家庄：河北教育出版社，2004.

［4］有林，郑新立，王瑞璞．中华人民共和国国史通鉴［M］．北京：红旗出版社，1993.

［5］陈贺周．茶山历代碑刻［M］．广州：世界图书出版广东有限公司，2018.

［6］汤国华．岭南湿热气候与传统建筑［M］．北京：中国建筑工业出版社，2005.

［7］汤国华．岭南历史建筑测绘图选集［M］．广州：华南理工大学出版社，2004.

［8］陆琦．广东民居［M］．北京：中国建筑工业出版社，2008.

［9］程建军．岭南古代大式殿堂建筑构架研究［M］．北京：中国建筑工业出版社，2002.

［10］程建军．梓人绳墨：岭南历史建筑测绘图选集［M］．广州：华南理工大学出版社，2013.

［11］王其钧．中国建筑图解词典［M］．新北：枫书坊文化出版社，2017.

［12］冯江．祖先之翼：第2版［M］．北京：中国建筑工业出版社，2017.

［13］东莞市文化局．东莞文物图册［M］．北京：中国建筑工业出版社，2005.

［14］东莞市第三次全国文物普查领导小组办公室，茶山镇第三次全国文物普查办公室．东莞市第三次全国文物普查成果图册（茶山篇），2011.

［15］东莞市规划展览馆．莞城之印记，2016.

［16］卢忠光．莞商密码［M］．广州：花城出版社，2018.

期刊/报告/学位论文

［1］兰德尔·梅森，卢永毅，潘玥，等．论以价值为中心的历史保护理论与实践［J］．建筑遗产，2016（3）.

［2］赖瑛．珠江三角洲广府民系祠堂建筑研究［D］．广州：华南理工大学，2010.

［3］袁艺峰，郑宜武．东莞历史城区保存现状及保护对策［J］.遗产与保护研究，2016（3）.

附录

茶山历代建设记事

说明：本记事根据［民国］《东莞县志》、［民国］《茶山乡志》、2010年版《东莞市茶山镇志》、2018年版《茶山历代碑刻》及茶山各姓族谱、建筑实物、口述历史等资料，按年代先后辑录其中，并收录茶山建设相关的史事。恕不能一一尽列，仅供参考。

商、周—战国

（约公元前1600—公元前221年）

塘角一带岗地有人类活动踪迹：为在茶山发现的最早的人类遗迹。（《东莞市茶山镇岗地遗存考古调查报告》）

汉

（公元前202—公元220年）

京山—上元一带存在砖室墓葬：出土的陪葬品有各式建筑模型，形制与中原地区类似。（陈效坚藏汉代陶屋）

南朝

（420—589年）

502—549年（梁武帝时）

建雁塔寺：僧人建雁塔寺于铁炉岭（寺下村后山），僧人沿山种茶，茶山由此得名。（《东莞市茶山镇志》）

唐

（618—907年）

北宋

（960—1127年）

1084年（元丰七年）

上茶园袁氏先祖袁君能致仕：本年之前，袁君能曾到茶园。袁君能为“宋元丰奉议大夫”，“领使命于广，道经文顺乡（按，茶园在文顺乡辖下），乐其风土，志留焉”，“甲子还政”。“元丰甲子”（1084年）是已知文献所载的茶山先人来到茶山的最早年代。（《石屏遗集》《茶山乡东隅坊袁氏族谱》）

1087年（元祐二年）

筑京西鳌大堤：知县李岩筑东江堤（京西鳌大堤）。（《东莞市茶山镇志》）

1111—1118年（政和年间）

庾观圣迁居茶园：“宋政和间，为广南东路提举，因公至茶园，乐观风土之美，遂占籍焉，故名其处为庾家坊。”庾观圣葬于茶园象粥岭（今东岳公园），其墓今存。其子庾昆善创建爱月楼。（《庾氏族谱》）

1124年（宣和六年）

周塘陈氏先祖墨庄公迁居茶园。（据《周塘陈氏族谱》所载推算）

南宋

（1127—1279年）

1127—1130年（建炎年间）

卫屋立村：卫宁远携三子卫弘、四子卫衍抵达茶山，建立大桥头卫屋、塘边卫屋。（《卫氏族谱》）

1152年（绍兴二十二年）

寒溪水莫氏先祖莫遗卒：其墓今存卢边村，其第六子居蟠溪水（亦名“韩屋水”，今名寒溪水）。（《莫氏族谱》）

1160年（绍兴三十年）

下朗立村，横江其后。（《雄绪堂袁氏族谱》）

1162年（绍兴三十二年）

横江、下朗始祖袁祯（天佑公）回江西探亲，年老未返，妻莫氏葬于横江白雾岭，后人将天佑公灵位放于莫氏墓穴，同享后人拜祭。现存遗址为明代袁昌祚重建，乡人称“初世祖墓”。（《雄绪堂袁氏族谱》）

1162—1189年（宋孝宗时）

上茶园袁氏始迁祖袁松华迁居文顺乡之象岭（今属茶山镇）。（《茶山乡东隅坊袁氏族谱》）

1163—1164年（隆兴年间）

淳家坊钟氏始迁祖钟亮任福建归化县主簿：本年之后，迁居茶园。（《淳家坊钟氏族谱》）

1206年（开禧二年）

龙头陈屋立村：陈彦清寓居茶山，置田宅于龙湖头，遂立村。陈彦清之孙陈昌盛迁居下朗，为下朗陈氏之祖。（《陈氏族谱》）

1216年（嘉定八年）

卫申宗墓碑：卫宁远之孙卫申宗卒于嘉定八年十二月十二日（1216年1月2日），其墓今存，其墓碑是茶山目前已发现的年代最早的碑刻。（“宋故卫公墓”碑）

1228—1233年（绍定年间）

下步林屋立村。（《南川冰蘖全集》）

1238年（嘉熙二年）

京山、茶山、龙头叶氏先祖叶仲伟卒：本年之前，叶仲伟迁居茶山，其长子叶纯祐为京山始祖；次子叶匡龙，生子叶祚居茶山水步头，叶祚曾孙叶盛迁居龙湖头（后称“龙头”）。（《龙湖头叶氏族谱》）

1253—1258年（宝祐年间）

筑牛过蓢堤、龙湖堤：邑宰杨公顺筑牛过蓢堤，后乡人在牛过蓢堤外增修龙湖堤，长300丈（1000米），护田200余顷，建石桥为水门，以资蓄水。（《东莞市茶山镇志》）

1257年（宝祐五年）

何真祖父何发藻卒：本年之前，何发藻居员头山，立何屋村。（《茶山历代碑刻》）

1259年（开庆元年）

邓氏先祖获“选贡”荣誉：本年之后，其子迁居超朗、茶山立村。（《茶山邓氏家谱》）

1265年（咸淳元年）

骆氏迁居簕竹岗：骆氏先祖荆宾公从南雄珠玑巷迁居东莞簕竹岗（今称“近江”，属增埗村）。（骆炳根先生供稿）

1265—1274年（咸淳年间）
北帝庙立匾：铁炉岭侧之北帝庙内有一匾上书“玄天真宰”，落款咸淳年。（［民国］《茶山乡志》卷二）
沙墩刘氏始迁祖刘仲平迁居增埗。（《东莞市茶山镇志》）

1273年（咸淳九年）
周塘陈氏始迁祖蒙庵公卒：本年之前，蒙庵公从茶园迁居周塘立村（今下周塘）。（《周塘陈氏族谱》）

1276年（德祐元年）
“茶园”地名有确切记载：据《始祖蒙庵公暨配谭氏墓》，“始居茶园……时宋德祐元年岁在乙亥十二月念五日（1276年1月12日）。”这是关于“茶园”地名已知最早的、有明确纪年的记载。（《周塘陈氏族谱》）

1276—1278年（景炎年间）
上步林屋立村。（《茶山上步林氏谱传》）
社吉坊刘氏迁居茶山。（［民国］《茶山乡志》卷十二）

1277年（景炎二年）
塘角陈氏始迁祖陈应甲（1255年进士）卒：本年之前，迁居塘角。“偕四子避隐于东莞，择地置田，筑室凿池，池上建阁以居，因名之曰‘塘阁’”。（“宋朝奉大夫知南雄州初祖考巨山陈公太府君之墓”碑）

1279年（祥兴二年）
南社始迁祖谢尚仁迁居茶山：宋末，南社始迁祖谢尚仁徙于东莞茶园之芦荻墩，而见其荒旷，复迁于南社定居焉，是为谢之初祖。（《南社谢氏族谱》）
博头刘氏始迁祖刘文奎迁居涵头（今博头村）：在宋末。（壆头《刘氏族谱》）

十排义渡创建：此义渡在刘黄、孙屋附近，宋朝时“砌埗接济行人，概不用钱……原设有碑，自宋迄今（1754年）无异”。（《十排义渡碑记》）

元

（1271—1368年）

元初
员头山刘屋立村：宋亡，刘宗与从弟刘玉退隐员头山（今刘黄、孙屋、粟边一带），立员头山刘屋村。（《宋东莞遗民录》）
寒溪水罗氏先祖罗宽迁居寒溪水。（《寒溪水罗氏族谱》）

1316年（延祐三年）
建牛过蓢元吉祖祠：牛过蓢最古老的祠堂，后多次重修，最后一次在1997年。（《东莞市茶山镇志》）

1326年（泰定三年）
大饥荒，下朗袁菊隐捐巨资赈灾，得到皇帝颁诏书褒奖，建御书楼。（《茶山历代碑刻》）

1342年（至正二年）
福隆堤溃：溃35处，民舍、田庄漂没。（《东莞市茶山镇志》）

1366年（至正二十六年）
王成树栅据守茶山，何真破之。真悬赏购成，成仆擒其主，献于雁塔寺。此为最早对雁塔寺作记录的史料。（［民国］《东莞县志》卷三十引张穆《茶山志》）

元末
孙屋村孙氏始迁祖孙贵荣与何真交善，

遂与父、弟迁居何真家乡员头山。（《孙氏族谱》）

上周塘杨氏始迁祖杨梦阳（1348年—1429年）迁居周塘（今上周塘）。（《杨氏族谱》）

明

（1368—1644年）

1368年（洪武元年）
何真归顺明朝。（《庐江郡何氏家记》）

1368—1398年（洪武年间）
京山叶氏大宗祠创建。（茶山文物资料）

1370年（洪武三年）
立京山巡检司：于茶山铁炉岭。（《东莞市茶山镇志》，［民国］《茶山乡志》卷一）

1381年（洪武十四年）
李氏迁居茶山。（《东莞市茶山镇志》）

1386年（洪武十九年）
迁京山巡检司：于京山村。（《东莞市茶山镇志》）

1438年（正统三年）
迁茶山社学：从北门邱氏祠迁往雁塔寺，其时雁塔寺已废。（［民国］《茶山乡志》卷三）

1461年（天顺五年）
黄涵作乱，知县吴中来讨平之，并代茶山禀请立寨。（《东莞市茶山镇志》）

1462年（天顺六年）
筑茶山寨城：十二月二十四日起，与广州新城同日兴工，次年四月告成。（［民国］《茶山乡志》卷一）

1463年（天顺七年）
建广济桥未就：林宜信等倡，于两岸拓地盖屋十一间，岁收其租以待嗣兴。（［民国］《茶山乡志》卷一）

1514年（正德九年）
重修东岳庙①：茶山现存最古老的庙宇。（《东莞市茶山镇志》，［民国］《茶山乡志》卷二）

1515年（正德十年）
筑广济桥：乡人林南川、钟云瑞（黄山）、袁东溪等倡建，1518年竣工，钟云瑞撰《创建广济石桥记》。（《东莞市茶山镇志》，［民国］《茶山乡志》卷三）

1542年（嘉靖二十一年）
重修东岳庙：（《茶山历代碑刻》）

1547年（嘉靖二十六年）
南社东园公祠（老）创建：纪念南社谢氏始迁祖谢尚仁，同治七年（1868年）重修，今为全国重点文物保护单位。（茶山文物资料）

1555年（嘉靖三十四年）
建南社谢氏大宗祠：第九代孙建，此后1613、1793、1909、1996年四次修缮。（《东莞市茶山镇志》）

①此处存疑，虽民国《茶山乡志》标记林光《重修东岳庙碑记》年份为正德九年，但原碑并无正德九年重修之说，也无撰文落款日期，只有立碑日期为正德十五年。碑文正德九年只是林光的返乡年份，是否与其后见到东岳庙已重修好的时间为同一年则存疑。

1558年（嘉靖三十七年）
增筑茶山寨垣：日本浪人自虎门入寇，茶山戒严防御。（《东莞市茶山镇志》）

1566年（嘉靖四十五年）
增修城墙雉堞：乡人钟黄山怕因饥荒致乱，请知县扬守仁向上申请修筑城墙，增修雉堞，以防盗贼。城墙500余丈，4城门、3小门。（《东莞市茶山镇志》，［民国］《茶山乡志》卷一）

1567年（隆庆元年）
建慕德祠：为钟黄山建的生祠，外有仪门。1767 年重修，大约毁于“大跃进”时期（1960年前后）。（《东莞市茶山镇志》）

1572年（隆庆六年）
建寒溪水罗氏宗祠。（寒溪水村委会介绍）

1576—1580年（万历四至八年）
下朗袁氏大宗祠创建。（据“雄绪堂”匾所载推测）

1580年（万历八年）
建炳灵宫：里人袁昌祚撰《炳灵宫记》。（《东莞市茶山镇志》）
茶山社学在兹堂落成：里人钟继英撰《在兹堂记》。（《东莞市茶山镇志》）

1583年（万历十一年）
上步林氏宗祠创建。（《茶山上步林氏谱传》）

1592年（万历二十年）
南社百岁祠创建：为纪念百岁老人谢哲（爱简）而建，清光绪三年（1877年）由谢遇熊重建。（据茶山文物资料）

1592—1598年（万历二十至二十六年）
南社百岁坊创建。（《南社谢氏族谱》）

1595年（万历二十三年）
谢彦庆立“百岁翁祠记”“百岁翁社田自述”二碑：谢彦庆在碑记中指示子孙在其身后将所居之堂改建为祠。
晚翠公祠创建：本年之前，谢彦庆为其曾祖父谢松英（号晚翠）创建，民国二十六年（1937年）重修，今为全国重点文物保护单位。（《百岁翁祠记》、壁画所载纪年）

1611年（万历三十九年）
重修广济桥：袁昌祚倡捐。桥之南堤数百丈用石筑，系刘孔武捐资增筑。（《东莞市茶山镇志》）

1617年（万历四十五年）
南社晚节公祠创建：清乾隆四十四年（1779年）重修，同治三年（1864年）重修。（茶山文物资料）

1624年（天启四年）
谢彦庆子孙据其遗愿将故居改建为百岁翁祠（社田公祠），清光绪十年（1884年）、民国六年（1917年）、1999年重修。（茶山文物资料）

1640年（崇祯十三年）
牛过蓢麦氏宗祠重修。（匾额所载纪年）

1644年（崇祯十七年）
南社修筑围墙：经过前一年寇贼劫村后，开始筑围，次年建成。（《南社村》）

南明

（1644—1662年[①]）

1647—1653年（永历元年—七年、清顺治四年—十年）
李万荣四劫茶山：抗清明将张家玉旧部李万荣不愿降清，为筹军饷四劫茶山，杀人无数，广惠庵僧人收白骨于东岳庙左。（《东莞市茶山镇志》、［民国］《茶山乡志》卷二）

1648年（永历二年、清顺治五年）
李万荣攻南社未果：新建的围墙起了关键作用。（《南社村》）

1649年（永历三年、清顺治六年）
牛过萌建围墙和更楼。（《东莞市茶山镇志》）

1656年（永历十年、清顺治十三年）
李万荣投抚：总兵黄应杰攻大鹏所，李万荣投抚，茶山由此渐安。（《东莞市茶山镇志》）

清

（1662—1911年）

1662—1722年（康熙年间）
南社在村墙外向东扩建。（《东莞市茶山镇志》）

1680年（康熙十九年）
合建魁阁、社学：于铁炉岭。（《东莞市茶山镇志》）

1687年（康熙二十六年）
重建东岳庙香亭。（［民国］《茶山乡志》卷二）

1690年（康熙二十九年）
塘角陈氏宗祠营建。（匾额所载纪年）

1694年（康熙三十三年）
修广济桥：里人邓奇倡修，越年竣工，其子邓延喆纪之以诗。（《东莞市茶山镇志》）

1697年（康熙三十六年）
建南社关帝庙。（《东莞市茶山镇志》）

1702年（康熙四十一年）
下周塘乐野公祠创建。（《周塘陈氏族谱》）

1703年（康熙四十二年）
重修东岳庙：二年后（1705年）告竣。（［民国］《茶山乡志》）

1707年（康熙四十六年）
谢泓、谢淮约在本年迁居茶山：为茶山谢家之先祖。（《谢氏家谱》）

1708年（康熙四十七年）
南社云蟠公祠创建：纪念南社谢氏十一世祖谢腾（号云蟠），今为东莞市历史建筑。（茶山文物资料）

1721年（康熙六十年）
上周塘杨氏宗祠营建：民国四年（1915年）、1988年重修。（匾额所载纪年）

①明政权在1644年覆亡，但南明政权在南方持续抗清，至1662年桂王朱由榔被杀，南明始亡。按广东而论，可以662年为广义明朝覆亡年份。

1723—1724年（雍正元—二年）
下朗袁氏大宗祠重修。（《重修袁氏大宗祠记》）

1750年（乾隆十五年）
创大圳圩：南社村人创，于大圳埔。（《东莞市茶山镇志》）
吉街百拙公祠重修：本祠始建于明代，本年、光绪三十一年（1905年）、2000年重修。（茶山文物资料，匾额、壁画所载纪年）

1754年（乾隆十九年）
京山巡检司迁回茶山旧址：王亮臣年前造反，故将巡检司（即衙署）迁回茶山。（《东莞市茶山镇志》）
今刘黄、孙屋附近的十排义渡恢复公益性质。（《十排义渡碑记》）

1755年（乾隆二十年）
福隆壆溃：各村庐舍、田地被淹，损失甚大。（《东莞市茶山镇志》）
大圳圩文兴社学创建。（《超朗村志》）

1758年（乾隆二十三年）
南社照南公祠创建：纪念清康熙年间南社富商谢照南，今为东莞市不可移动文物。（茶山文物资料）

1766年（乾隆三十一年）
棠里永和里门楼营建。（匾额所载纪年）

1770年（乾隆三十五年）
南社应洛公祠创建：纪念南社谢氏十四世祖谢应洛。（茶山文物资料）

1771年（乾隆三十六年）
下朗修村围、村门：1764年动工，1771年告竣。（下朗《修围记》、《茶山历代碑刻》）

1773年（乾隆三十八年）
建下朗菊隐公祠。（下朗《建祠记》、《茶山历代碑刻》）
水灾：沙墩刘氏宗祠石柱刻有“乾隆癸巳”水号。（沙墩刘氏宗祠石柱刻字）

1786年（乾隆五十一年）
迁文庙：由东门外原址迁于北门内旧魁阁原址，里人邓大林撰《文庙记》。（《东莞市茶山镇志》）

1789年（乾隆五十四年）
叶至刚立“丁丑进士”匾。（匾额所载纪年）

1797年（嘉庆二年）
重建东岳庙：是年飓风大作，庙宇摧毁，但神像巍峨不动。八月起重修大殿及其他建筑，十二月完工。邓大林撰记。（［民国］《茶山乡志》卷二）

1809年（嘉庆十四年）
上步林氏宗祠重修世享堂。（《茶山上步林氏谱传》）

1840年（道光二十年）
京山帝相庙创建。（匾额所载纪年）

1876年（光绪二年）
南社谢元俊中进士：本年之前，谢元俊营建住宅。（茶山文物资料）

1877年（光绪三年）
谢遇熊在西怀公祠原址建简斋公祠：2004年重修。（《简斋公祠碑记》）

1878年（光绪四年）
重建社学、新建杨公祠、改建张王爷庙。（《东莞市茶山镇志》）

1882 年（光绪八年）
建南社资政第。（《东莞市茶山镇志》）

1888 年（光绪十四年）
福隆堤决：东江遇百年未见大水，福隆堤决七十余丈，茶山水淹半年，田舍多毁，民多露宿。（《东莞市茶山镇志》）

1898 年（光绪二十四年）
南社家庙创建。（茶山文物资料）

1902 年（光绪二十八年）
南社谢启厚民居创建：今为东莞市历史建筑。（壁画所载纪年）

1903 年（光绪二十九年）
开设县立第八初等小学：明伦堂拨款，为茶山近代学校之始。（《东莞市茶山镇志》）

1903—1908 年（光绪二十九—三十四年）
麦日桃在牛过蓢营建住宅。（壁画所载纪年）

1906 年（光绪三十一年季冬）
牛过蓢建少恭麦公祠。（《倡建本祠数目并序》）

1907 年（光绪三十三年）
开筑广九铁路：经茶山，成于宣统三年（1911 年）。（《东莞市茶山镇志》，［民国］《茶山乡志》卷一）

1909 年（宣统元年）
建福音堂：于茶山刘屋市，为茶山基督教传教之所。（《东莞市茶山镇志》）

1910 年（宣统二年）
横江旭和家塾创建。（木构件所载纪年）
麦日桃重修牛过蓢洪圣古庙。（《蓢溪洪圣古庙重修序》）

1911 年（宣统三年）
下朗少泉公祠重修。（匾额所载纪年）
黄屋黄氏宗祠重修。（匾额所载纪年）

中华民国
（1911—1949 年）

民国初期
重建牛过蓢东、北更楼。（《东莞市茶山镇志》）

1912 年（民国元年）
设区府于叶祠：废司立区，茶山属第六区，区府设在晚市街叶祠内。（《东莞市茶山镇志》）
重建叶屋永赖桥。（《东莞市第三次全国文物普查成果图册（茶山篇）》）

1913 年（民国二年）
设小学于刘氏宗祠：刘屋市刘氏宗祠。（《东莞市茶山镇志》，［民国］《茶山乡志》卷一）

1922 年（民国十一年）
孙中山驻马茶山殷氏宗祠：孙中山东征，经茶山赴横沥。（《东莞市茶山镇志》）

1924 年（民国十三年）
创大成陶窑：超朗邓球等人。（《东莞市茶山镇志》）

1928 年（民国十七年）
霞坑积羡陈公祠创建。（壁画所载纪年）

1929 年（民国十八年）

开办茶园小学：茶山中心小学前身。（《东莞市茶山镇志》）

1930 年（民国十九年）

上林里林氏芦山祖祠内设赠医所：茶山社学拨款、聘陈渔洲为医师。（《东莞市茶山镇志》）

开办上元拔萃小学。（［民国］《茶山乡志》卷一）

建茶山擢昇梁公祠。（壁画所载纪年）

1932 年（民国二十一年）

茶山圩改建街道：将晚市街、打铁街、正兴街、天平街等主要街道的石板路扩宽，建成水泥路。（《东莞市茶山镇志》）

开办下朗桐山小学、横江莞沙小学、坑口小学。（《东莞市茶山镇志》、［民国］《茶山乡志》卷一）

牛过蓢仪一麦公祠创建：今为东莞市不可移动文物。（灰塑、壁画所载纪年）

1935 年（民国二十四年）

袁应淦《茶山乡志》付梓：由石龙南方印务局印行。（［民国］《茶山乡志》）

寒溪水闸建成：用 22 万银元，保护 56 村、8.1 万亩农田。（《东莞市茶山镇志》）

1937 年（民国二十六年）

卢沟桥事变。日军轰炸石龙桥，茶山夜间时见石龙方向有火箭上升，是汉奸为日机指引目标。（《东莞市茶山镇志》）

霞坑秀吉书院创建。（壁画所载纪年）

1938 年（民国二十七年）

茶山袁鉴坤自宅落成：落成后即被日军占据。（袁钜明口述）

日军驻军于茶山圩天元当铺：后迁石龙，自此茶山很多人逃往香港。（《东莞市茶山镇志》）

日军扫荡京山村。（《东莞市茶山镇志》）

壮丁队在东岳庙后迎击日军：11 月 18 日。（《东莞市茶山镇志》）

1939 年（民国二十八年）

日军傀儡在京山帝相庙设维持会。（《东莞市茶山镇志》）

建京山日军堡垒：于蟾蜍岭。（《东莞市茶山镇志》）

1940 年（民国二十九年）

京山帝相庙成日伪警察所。（《东莞市茶山镇志》）

京山叶氏大宗祠中堂遭日军烧毁。（京山村委会介绍）

1941 年（民国三十年）

建茶山念慈庐纪母亭。（对联落款）

1945 年（民国三十四年）

日本投降，国民党新一军派兵进驻茶山。（《东莞市茶山镇志》）

1946 年（民国三十五年）

南畲塱水闸排水工程竣工：明伦堂兴建。（《东莞市茶山镇志》）

1947 年（民国三十六年）

涌尾壆崩决：房屋倒塌 1000 多间、淹死 41 人。（《东莞市茶山镇志》）

1949 年（民国三十八年）

武工队奉命接收茶山：9 月。（《东莞市茶山镇志》）

中华人民共和国[①]

1949 年

东莞全境中华人民共和国成立：10 月 17 日。

1950 年代

建茶山大戏院：位于卫生路叶氏宗祠旧址，为茶山最早的影剧院。（《东莞市茶山镇志》）

1952 年

建立茶山粮仓：茶山最早的粮仓，存粮 111.65 吨。（《东莞市茶山镇志》）

1953 年

土地改革开始。

土改完成，重新建立茶山乡政府。

京西鳌堤决堤。

实施粮票制。

1956 年

茶山砖瓦厂：由何湖砖瓦窑公私合营转成。（《东莞市茶山镇志》）

1958 年

大炼钢铁。

石龙人民公社成立：10 月成立，茶山在其属下。

茶山办集体饭堂。

创办茶山幼儿园、茶山中学：茶山中学位于林屋大祠堂。

茶山砖瓦厂改称茶山建材厂。（《东莞市茶山镇志》）

1959 年

京西鳌围决堤：6 月 11 日，百年一遇洪水，茶山遭遇洪水冲断广九铁路京山段。茶山普遍受灾严重。

成立茶山人民公社：6 月 29 日，由石龙人民公社分出。

“重建家园”运动：受水灾各村在灾后统一重建住宅。（相关采访）

开展大规模水利建设：修复京西鳌围决口，改青鹤湾水道筑茶山大围，建南畲塱电排站。

茶山至石龙公路建成通车：全程 5 千米。

建茶山公园。（《东莞市茶山镇志》）

扩建茶山圩道路：爱国路、卫生路和健康路。（《东莞市茶山镇志》）

1960 年

建塘边大饭堂。（依墙面灰塑推断）

茶山大围完工。

1961 年

解散集体饭堂：3 月。

1962 年

城镇知青下乡，茶山成立知青安置办公室。

南畲塱电排站建成。

改建广济桥：改为 4 孔石桥，可通汽车。

寒溪河水利工程完工。

1963 年

大圳埔电排站建成。

历年最严重的春旱：旱期长达 3 个月。（《东莞市茶山镇志》）

1964 年

朱德访问增埗大松山。

①如无特殊出处说明，即出自《东莞市茶山镇志》P7-P60《大事记》。

1965 年
《治水六年，茶山巨变》报告在《人民日报》发表。

1966 年
“文化大革命”开始：许多古建筑在“文化大革命”期间被毁。
“文化大革命”期间，南社大队党委支部书记谢袁桥劝阻红卫兵破坏古屋。

1968 年
下半年起，知青分批下放农村，茶山圩最后一批知青的下放时间为次年 5 月 4 日。

1969 年
各处大挖防空洞：中央提出为备战而“深挖洞、广积粮”。

1972 年
茶山水泥厂建成投产。

1974 年
开展“批林批孔”运动、掀起横扫“四旧”热潮。

1975 年
茶山石场建成投产。（《东莞市茶山镇志》）
寒溪河整治工程动工：为东莞运河拓宽工程的一部分。

1976 年
“文化大革命”结束。

1977 年
南畲塱系统整治工程动工。

1978 年
党的十一届三中全会召开，开展社会主义现代化建设，改革开放开始。

1979 年
引进茶山服装玩具厂：为茶山第一家“三来一补”企业。
建叶屋新围一巷 1、2 号新民居。（栏杆灰塑）

1981 年
京山小学竣工：香港同胞 130 多人集资 37 万元建设。与上元拔萃小学一并是茶山最早的砖混结构校舍，当时被誉为茶山校舍之冠。（《东莞市茶山镇志》）
筹建茶山自来水厂：可供 2.5 万人饮用。

1982 年
茶山大桥建成：改建自永和桥。

1983 年
重建茶山中心小学。
茶园综合商场开办。
建水塔于凤山。

1984 年
中山大学教授商承祚为茶山自来水塔题写“清泉长流，春满茶山”篆书横幅。

1986 年
各乡道均铺上水泥，与茶山大公路接通。

1987 年
茶山撤区建镇，改名为茶山镇。
重修、扩建茶山公园。
茶山大桥落成通车。

1988 年
扩建茶山水泥厂。
建成茶山敬老院、汽车站、新农贸市场。

1989 年
兴建茶山医院：次年落成。
茶山市场投入使用。

改建广济桥：改为单孔石桥。（《东莞市茶山镇志》）
东岳庙被公布为东莞市文物保护单位。

1990年
卢边建村标：形如芦笋，为全镇第一个村标。（《东莞市茶山镇志》）

1991年
自来水厂二厂、茶山电子工业城、茶山酒店等项目落成。

1993年
寒溪大桥竣工通车。
茶山政府新办公楼奠基。
多家工厂、产业基地、多条公路相继竣工。

1995年
镇标“东江骏马”竣工。

1999年
寒溪河横江段堤脚塌坡：水位达历史新高。
加筑寒溪河两岸堤围。

2001年
茶山镇政府与京山、横江、增埗、南社等村委会签订统筹土地合同。

2004年
镇标“东江骏马”迁移至茶山工业园。

2005年
南社村被评为第二批中国历史文化名镇（村）。

2006年
南社村古建筑群被核定为第六批全国重点文物保护单位。

2010年
《东莞市茶山镇志》出版：所记录诸事时至2007年。（《东莞市茶山镇志》）